Governance einer Forschungskooperationsgesellschaft unter Beteiligung von Wirtschaftsunternehmen

Europäische Hochschulschriften Recht

European University Studies in Law

Publications Universitaires Européennes de Droit

Band/Volume 6159

Florian Schulz

Governance einer Forschungskooperationsgesellschaft unter Beteiligung von Wirtschaftsunternehmen

PETER LANG

Bibliografische Information der Deutschen Nationalbibliothek
Die Deutsche Nationalbibliothek verzeichnet diese Publikation in der Deutschen Nationalbibliografie; detaillierte bibliografische Daten sind im Internet über http://dnb.d-nb.de abrufbar.

Zugl.: Heidelberg, Univ., Diss., 2019

Gedruckt auf alterungsbeständigem, säurefreiem Papier.
Druck und Bindung: CPI books GmbH, Leck

D 16
ISSN 0531-7312
ISBN 978-3-631-81260-0 (Print)
E-ISBN 978-3-631-82050-6 (E-PDF)
E-ISBN 978-3-631-82051-3 (EPUB)
E-ISBN 978-3-631-82052-0 (MOBI)
DOI 10.3726/b16880

Peter Lang – Berlin · Bern · Bruxelles · New York · Oxford · Warszawa · Wien

Diese Publikation wurde begutachtet.

www.peterlang.com

Vorwort

Die vorliegende, im November 2019 von der Juristischen Fakultät der Ruprecht-Karls-Universität Heidelberg als Dissertation angenommene Arbeit hätte ohne die hilfreiche und freundliche Unterstützung zahlreicher Personen nicht in dieser Gestalt erscheinen können. Ihnen allen sei an dieser Stelle herzlich gedankt.

Mein erster Dank gilt meinem Doktorvater, Herrn Prof. Dr. Dr. h.c. mult. *Peter Hommelhoff* für seine hervorragende Unterstützung und sein persönliches Engagement bei der Betreuung dieser Arbeit. Durch seine konstruktiven Anregungen und Hinweise lieferte er einen entscheidenden Beitrag zum Gelingen dieser Arbeit. Die Zusammenarbeit mit ihm war mir eine persönliche Ehre. Ebenfalls bedanken möchte ich mich bei Prof. Dr. *Stefan J. Geibel*, Maître en droit (Université Aix-Marseille III) für die Übernahme des Zweitgutachtens sowie bei Prof. Dr. *Christoph A. Kern*, LL.M. (Harvard) für die Übernahme des Prüfungsvorsitzes im Rahmen der Disputation.

Vielfältige Anregungen und sachliche Kritik erhielt ich von Freunden und Studienkollegen, auch dafür danke ich. Besonders hervorgehoben seien meine Korrekturleser *Hannah Zenk*, *Kathrin Lauterbach*, *Fabian Appadoo* und *Andreas Hakberdi*, die sich mit bewundernswertem Eifer auf der Suche nach Fehlern durch diesen Text gelesen haben.

Der größte Dank gilt meinen Eltern *Angela* und *Roland Schulz*. Sie haben mir diese Ausbildung überhaupt erst ermöglicht und mich auf meinem bisherigen Lebensweg bedingungslos unterstützt und gefördert. Ihr steter Rückhalt, ihr Zuspruch und ihre Liebe bilden den Grundstein für meine persönliche und berufliche Entwicklung. Ihnen ist diese Arbeit gewidmet.

Florian Schulz
Berlin, im Advent 2019

Inhaltsverzeichnis

Abkürzungsverzeichnis

a.A.	andere(r) Ansicht
ABl.	Amtsblatt der Europäischen Union
Abs.	Absatz
AcP	Archiv für civilistische Praxis (Zeitschrift)
AEUV	Vertrag über die Arbeitsweise der Europäischen Union
AG	Aktiengesellschaft
AGB	Allgemeine Geschäftsbedingungen
AktG	Aktiengesetz
Anm.	Anmerkung
AO	Abgabenordnung
AöR	Archiv des öffentlichen Rechts (Zeitschrift)
ArbNErfG	Gesetz über Arbeitnehmererfindungen
Art.	Artikel
Aufl.	Auflage
AÜG	Arbeitnehmerüberlassungsgesetz
BAG	Bundesarbeitsgericht
BayHSchG	Bayerisches Hochschulgesetz
BayObLGZ	Amtliche Sammlung der Entscheidungen des BayObLG in Zivilsachen
BayOLG	Bayerisches Oberstes Landesgericht
BB	Betriebsberater (Zeitschrift)
Bd.	Band
Bearb.	Bearbeiter
BeckRS	Beck online Rechtsprechung
Begr.	Begründer
Beschl. v.	Beschluss vom
BetrVG	Betriebsverfassungsgesetz
BFH	Bundesfinanzhof
BFHE	Amtliche Sammlung der Entscheidungen des Bundesfinanzhofs
BFuP	Betriebswirtschaftliche Forschung und Praxis (Zeitschrift)
BGB	Bürgerliches Gesetzbuch
BGBl.	Bundesgesetzblatt
BGH	Bundesgerichtshof
BGHZ	Amtliche Sammlung der Entscheidungen des Bundesgerichtshofs in Zivilsachen
BHO	Bundeshaushaltsordnung
BMF	Bundesfinanzministerium
BMWi	Bundesministerium für Wirtschaft und Energie

BMWi-Muster	Mustervereinbarungen für Forschungs- und Entwicklungskooperationen, Ein Leitfaden für die Zusammenarbeit zwischen Wissenschaft und Wirtschaft, Bundesministerium für Wirtschaft und Energie, 3. Auflage 2017
BStBl.	Bundessteuerblatt
BVerfG	Bundesverfassungsgericht
BVerfGE	Amtliche Sammlung der Entscheidungen des Bundesverfassungsgerichts
BVerwG	Bundesverwaltungsgericht
BVerwGE	Amtliche Sammlung der Entscheidungen des Bundesverwaltungsgerichts
BW	Baden-Württemberg
BY	Bayern
bzw.	beziehungsweise
CCZ	Corporate Compliance Zeitschrift
DB	Der Betrieb (Zeitschrift)
DCGK	Deutscher Corporate Governance Kodex
ders.	derselbe
d.h.	das heißt
DKFZ	Deutsches Krebsforschungszentrum
DNotZ	Deutsche Notar-Zeitschrift
DÖV	Die öffentliche Verwaltung (Zeitschrift)
DrittelbG	Gesetz über die Drittelbeteiligung der Arbeitnehmer im Aufsichtsrat (Drittelbeteiligungsgesetz)
Drs.	Drucksache
DVBl.	Deutsches Verwaltungsblatt (Zeitschrift)
DStR	Deutsches Steuerrecht (Zeitschrift)
EG	Europäische Gemeinschaft
EL	Ergänzungslieferung
engl.	englisch
ERIC	European Research Infrastructure Consortium
ESFRI	Europäisches Strategieforum für Forschungsinfrastrukturen
et al.	et alii/et alia („und andere")
EuGRZ	Europäische Grundreche-Zeitschrift
EuR	Europarecht (Zeitschrift)
EUR	Euro (Währung)
EUV	Vertrag über die Europäische Union
EuZW	Europäische Zeitschrift für Wirtschaftsrecht
EVTZ	Europäischer Verbund territorialer Zusammenarbeit
EWG	Europäische Wirtschaftsgemeinschaft
EWIV	Europäische Wirtschaftliche Interessenvereinigung (Rechtsform)

EWS	Europäisches Wirtschafts- und Steuerrecht (Zeitschrift)
f.	folgende(r)
ff.	folgende
FK	Forschungskooperation (Rechtsform)
FS	Festschrift
FuE	Forschung und Entwicklung
GbR	Gesellschaft bürgerlichen Rechts
GebrMG	Gebrauchsmustergesetz
GemO	Gemeindeordnung
GenG	Gesetz betreffend die Erwerbs- und Wirtschaftsgenossenschaften
GesRZ	Der Gesellschafter (Zeitschrift)
GG	Grundgesetz
gGmbH	gemeinnützige Gesellschaft mit beschränkter Haftung
GmbH	Gesellschaft mit beschränkter Haftung
GmbHG	Gesetz betreffend die Gesellschaften mit beschränkter Haftung
GmbH & Co KG	Gesellschaft mit beschränkter Haftung & Compagnie Kommanditgesellschaft
GmbHR	GmbH-Rundschau (Zeitschrift)
GMBl	Gemeinsames Ministerialblatt
GRUR	Gewerblicher Rechtsschutz und Urheberrecht (Zeitschrift)
GRUR Int.	Gewerblicher Rechtsschutz und Urheberrecht Internationaler Teil (Zeitschrift)
GRUR-Prax	Gewerblicher Rechtsschutz und Urheberrecht, Praxis im Immaterialgüter- und Wettbewerbsrecht (Zeitschrift)
GS	Gedächtnisschrift
HGrG	Haushaltsgrundsätzegesetz
HochSchG-RLP	Hochschulgesetz Rheinland-Pfalz
HochschulG	Hochschulgesetz
HRG	Hochschulrahmengesetz
Hrsg.	Herausgeber
Hs.	Halbsatz
IAS	International Accounting Standards
IHK- Muster	IHK Innovationsberatung Hessen, Forschungs- und Entwicklungsverträge zwischen Unternehmen und Hochschulen, ein Leitfaden mit Mustertexten, 2. Auflage 2008
insb.	insbesondere
JA	Juristische Arbeitsblätter (Zeitschrift)
JZ	Juristen-Zeitung

JuS	Juristische Schulung (Zeitschrift)
JZ	Juristenzeitung (Zeitschrift)
KG	Kommanditgesellschaft
KMU	Kleine und mittlere Unternehmen
KommJur	Kommunaljurist (Zeitschrift)
LAG	Landesarbeitsgericht
LG	Landgericht
LHO	Landeshaushaltsordnung
LMK	Zivilrecht – LMK (in Fortführung der „Kommentierten BGH-Rechtsprechung Lindenmaier-Möhring")
MedR	Medizinrecht (Zeitschrift)
MitbestG	Gesetz über die Mitbestimmung der Arbeitnehmer (Mitbestimmungsgesetz)
MittBayNot	Mitteilungen des Bayerischen Notarvereins, der Notarkasse und der Landesnotarkammer Bayern (Zeitschrift)
MüKo	Münchener Kommentar
MV	Mecklenburg-Vorpommern
MusterBMWi	Mustervereinbarungen für Forschungs- und Entwicklungskooperationen – Ein Leitfaden für die Zusammenarbeit zwischen Wissenschaft und Wirtschaft
m.w.N.	mit weiteren Nachweisen
NJOZ	Neue Juristische Online-Zeitschrift
NJW	Neue Juristische Wochenschrift (Zeitschrift)
NJW-RR	Neue Juristische Wochenschrift – Rechtsprechungsreport
Nr.	Nummer
NRW	Nordrhein-Westfalen
NVwZ	Neue Zeitschrift für Verwaltungsrecht
NZA	Neue Zeitschrift für Arbeitsrecht
NZG	Neue Zeitschrift für Gesellschaftsrecht
öAT	Zeitschrift für das öffentliche Arbeits- und Tarifrecht
OdW	Ordnung der Wissenschaft (Zeitschrift)
OECD	Organisation für wirtschaftliche Zusammenarbeit und Entwicklung
OLG	Oberlandesgericht
PatG	Patentgesetz
PharmR	Pharma Recht (Zeitschrift)
RabelsZ	Rabels Zeitschrift für ausländisches und internationales Privatrecht
RdA	Recht der Arbeit (Zeitschrift)
RG	Reichsgericht
RGZ	Amtliche Sammlung der Entscheidungen des Reichsgerichts in Zivilsachen

RhPf	Rheinland-Pfalz
RNotZ	Rheinische Notar-Zeitschrift
RWiss	Zeitschrift für deutsches und europäisches Wissenschaftsrecht
S.	Seite; Satz
SAB	Scientific Advisory Board
SächsGO	Sächsische Gemeindeordnung
SächsHSFG	Sächsisches Hochschulfreiheitsgesetz
sog.	sogenannte/-r/-s
StRR	StrafRechtsReport (Zeitschrift)
TRIPS	Agreement on Trade-Related Aspects of Intellectual Property Rights
TU München	Technische Universität München
TUM-Muster	Technische Universität München, Forschungs- und Wirtschaftskooperationen, Grundsätze, Vertragstypisierung, Vertragsmuster
u.a.	unter anderem
UG (haftungsbeschränkt)	Unternehmergesellschaft (haftungsbeschränkt)
UrhG	Gesetz über Urheberrecht und verwandte Schutzrechte (Urheberrechtsgesetz)
UrhR	Urheberrecht
Urt. v.	Urteil vom
VBlBW	Verwaltungsblätter für Baden-Württemberg (Zeitschrift)
vgl.	vergleiche
VO	Verordnung
VVDStRL	Veröffentlichungen der Vereinigung der Deutschen Staatsrechtslehrer (Zeitschrift)
WIPO	World Intellectual Property Organisation
WissFG	Wissenschaftsfreiheitsgesetz
WissR	Wissenschaftsrecht (Zeitschrift)
WM	Zeitschrift für Wirtschafts- und Bankrecht
WuW	Wirtschaft und Wettbewerb (Zeitschrift)
ZBl	Schweizerisches Zentralblatt für Staats- und Verwaltungsrecht (Zeitschrift)
ZD	Zeitschrift für Datenschutz
ZEuP	Zeitschrift für Europäisches Privatrecht
ZEV	Zeitschrift für Erbrecht und Vermögensnachfolge
ZfBR-Beilage	Zeitschrift für deutsches und internationales Bau- und Vergaberecht - Beilage
ZfgG	Zeitschrift für das gesamte Genossenschaftswesen
ZGR	Zeitschrift für Unternehmens- und Gesellschaftsrecht
ZHR	Zeitschrift für das gesamte Handels- und Wirtschaftsrecht

ZIP	Zeitschrift für Wirtschaftsrecht
ZRP	Zeitschrift für Rechtspolitik
ZRph	Zeitschrift für Rechtsphilosophie
ZUM	Zeitschrift für Urheber- und Medienrecht
ZUM-RD	Zeitschrift für Urheber- und Medienrecht – Rechtsprechungsdienst

Einleitung

A. Zur Bedeutung wissenschaftlicher Kooperationen

„Nach unserer Überzeugung gibt es kein größeres und wirksameres Mittel zu wechselseitiger Bildung als das Zusammenarbeiten überhaupt, [...].“[1] Bereits *Johann Wolfgang von Goethe* war sich der Vorteile des Kooperierens bewusst. Dies gilt ohne Abstriche, ja sogar im verstärkten Maße, auch für Kooperationen in der Wissenschaft.[2] Gewiss bildet individuelle Kreativität nach wie vor die Keimzelle zur Entstehung neuer Ideen. Dennoch werden heutzutage die wegweisenden wissenschaftlichen Erkenntnisse nicht mehr von Einzelforschern, sondern vorwiegend von wissenschaftlichen Kooperationen hervorgebracht, etwa bestehend aus Universitäten, außeruniversitären Forschungseinrichtungen und Wirtschaftsunternehmen.[3] Ein beeindruckendes Beispiel ist der Nobelpreis für Physik, dessen Verkündung am 3. Oktober 2017 erfolgte: Die Anzahl der Autoren, die an der Veröffentlichung des bahnbrechenden Aufsatzes zur Messung von Gravitationswellen mitwirkten, war vierstellig.[4] *Rainer Weiss*, einer der drei Nobelpreisträger, betrachtet dabei die Verleihung „mehr als eine Sache, die die Arbeit von eintausend Menschen anerkennt“.[5] Dabei können Verbünde hinsichtlich ihrer Kapitalausstattung in beachtliche Dimensionen vorstoßen. In manchen Fällen erfolgt eine Förderung gar in mehrstelliger Millionenhöhe.[6] Beispielsweise stellte 2013 die Böhringer Ingelheim Stiftung der Johannes Gutenberg-Universität Mainz 50 Mio. Euro zur Einrichtung und Förderung eines Exzellenzzentrums für Lebenswissenschaften zur Neuausrichtung des Fachbereichs Biologie zur Verfügung.[7] Insbesondere die

---

1 *v. Goethe*, Über die Entstehung des Festspiels zu Ifflands Andenken, 18. März 1816, in: Morgenblatt für gebildete Stände, Verlag der Cotta´schen Buchhandlung in Tübingen, Zehnter Jahrgang 1816, S. 265, 266.

2 Vgl. etwa *Krekel*, in: Mielert/Kaiser (Hrsg.), FS Polter, 2007, S. 201; *Martini*, NVwZ 2004, 713.

3 So auch *Eberbach/Hommelhoff/Lappe*, OdW 2017, 1; *Hommelhoff*, OdW 2018, 47; *Möslein*, OdW 2018, 99, 101.

4 *Möslein*, OdW 2018, 99, 101.

5 Mitteilung „Preis für Entdecker der Gravitationswellen“, BR Wissen v. 03.10.2017.

6 Beispielsweise investierte 2010 die Stiftung Mercator 22 Millionen Euro in ein neu gegründetes Mercator Research Center Ruhr zur Verbesserung der strategischen Kooperation der Ruhr-Universität Bochum, der Technischen Universität Dortmund und der Universität Duisburg-Essen, abrufbar unter http://www.mercur-research.de/stiftung-mercator-investiert-22-millionen-euro-in-die-wissenschaft-in-der-metropole-ruhr/ [zuletzt abgerufen am 07.07.2017].

7 Vgl. „Chance zur Erneuerung. Der Fachbereich Biologie in Mainz.“, abrufbar unter https://www.boehringer-ingelheim-stiftung.de/was-wir-foerdern/initiativen-fuer-die-region/fachbereich-biologie-uni-mainz.html [zuletzt abgerufen am 02.12.2018].

außeruniversitären Forschungseinrichtungen sind in Deutschland dabei tragende Akteure. So sind etwa Zentren der Helmholtz-Gemeinschaft bei den Projekten der Exzellenzinitiative im Jahr 2012 an 17 Exzellenzclustern, zwölf Graduiertenschulen und zehn Zukunftskonzepten der siegreichen Universitäten beteiligt.[8]

Gerade in einer immer stärker global agierenden Wirtschaft gewinnt die Entwicklung innovativer Produkte und Dienstleistungen ein fortwährend stärkeres Gewicht.[9] Der Anteil der Ausgaben einer Volkswirtschaft für Forschung und Entwicklung stellt einen bedeutenden Indikator für das Innovationsvermögen des Landes dar, weshalb umgekehrt Länder, die sich durch ein ausgeprägtes Engagement in Forschung und Entwicklung auszeichnen, regelmäßig ein höheres Wirtschaftswachstum aufweisen.[10] Deshalb ist man sich auch in der Politik der Bedeutung der kooperierenden Forschung durchaus bewusst. So heißt es etwa in einem gemeinsamen Positionspapier aus Industrie und Forschung: „Effektive Forschungskooperationen zwischen wissenschaftlichen Institutionen und Wirtschaftsunternehmen bilden eine entscheidende Grundlage für die Sicherung und Steigerung der Innovationsleistung und damit für die Wettbewerbsfähigkeit der zunehmend wissenschaftsbasierten deutschen Volkswirtschaft."[11]

Die immense Bedeutung und das große Potential wissenschaftlicher Zusammenarbeit sind dabei kein Zufallsprodukt, sondern lassen sich vielmehr mit rationalen Überlegungen begründen. In der Industrie liegt der Schwerpunkt der Forschung aus Effizienz- und Kostengründen weniger auf der Erzielung sogenannter Durchbruchsinnovationen als vielmehr auf der Verbesserung bestehender Produkte und der effizienteren Nutzung vorhandenen Wissens, während an den Universitäten

---

8 Vgl. hierzu „Gemeinsam stärker – Helmholtz und Hochschulen", abrufbar unter https://www.helmholtz.de/ueber_uns/kooperationsmodelle/kooperationen_mit_hochschulen/ [zuletzt abgerufen am 07.07.2017] sowie beispielhaft die Auflistung der zahlreichen wissenschaftlichen Kooperationen des Deutschen Zentrums für Neurodegenerative Erkrankungen in der Helmholtz-Gemeinschaft, abrufbar unter https://www.dzne.de/forschung/kooperationen/wissenschaftliche-kooperationen.html [zuletzt abgerufen am 07.07.2017].

9 *Zirkel*, in: Mielert/Kaiser (Hrsg.), FS Polter, 2007, S. 51, 53.

10 *Zirkel*, in: Mielert/Kaiser (Hrsg.), FS Polter, 2007, S. 51, 53.

11 „Innovation durch Kooperation – Maßnahmen für eine effektive Nutzung des Forschungspotentials von Wissenschaft und Wirtschaft", Positionspapier des Bundesverband der Deutschen Industrie, Bundesvereinigung der Deutschen Arbeitgeberverbände, Deutsche Forschungsgemeinschaft, Fraunhofer-Gesellschaft, Helmholtz-Gemeinschaft, Hochschulrektorenkonferenz, Leibniz-Gemeinschaft, Max-Planck-Gesellschaft, Stifterverband für die Deutsche Wissenschaft und des Wissenschaftsrates, 2007, S. 2, abrufbar unter https://www.mpg.de/9048617/071112-allianz-forschungspotentials.pdf [zuletzt abgerufen am 07.07.2017]; vgl. auch „Internationale Kooperationen – Aktionsplan des Bundesministeriums für Bildung und Forschung", 2014, S. 2, 55 ff., abrufbar unter https://www.bmbf.de/pub/Aktionsplan_Internationale_Kooperation.pdf [zuletzt abgerufen am 07.07.2017].

und außeruniversitären Forschungseinrichtungen – auch aufgrund des fehlenden Marktdrucks – mehr Raum für Grundlagenforschung und damit auch verbesserte Chancen für die Erzielung von Durchbruchsinnovationen bestehen.[12] Andererseits fehlen Universitäten und außeruniversitären Forschungseinrichtungen die Strukturen in der Produktion und im Vertrieb sowie die Erfahrung, um erzielte Innovationen umzusetzen.[13] Die Verbindung dieser unterschiedlichen Akteure zu einer Forschungskooperation ermöglicht daher die bestmögliche Entfaltung der jeweiligen Potentiale.

Nicht zuletzt nach Art. 5 Abs. 3 S. 1 Var. 2 GG ist der Gesetzgeber im Geiste des „*enabling law*" aufgerufen, dieser (kooperativen) Forschung einen Rahmen zur optimalen Verwirklichung des ihr innewohnenden Entwicklungspotentials zur Verfügung zu stellen.[14] Dazu gehört nicht nur die finanzielle Ausstattung, sondern auch die Schaffung einer innovationsorientierten Infrastruktur und die institutionelle Förderung.[15] Ein Beispiel hierfür vermag die Verbesserung der finanziellen Rahmenbedingungen bei der Förderung der Spitzenforschung durch den Bund mit der Novellierung des Art. 91 b GG darzustellen.[16] Letztlich bleibt festzuhalten, dass durch die zunehmende Erzielung von Erkenntnissen in Kooperationen und der elementaren Aufgabe des Rechts, diese zu ermöglichen, die Förderung wissenschaftlicher Forschungskooperationen zu einer Zukunftsaufgabe der Rechtwissenschaft werden könnte.[17]

B. Fragestellung und Zielsetzung

Allerdings wurden gerade den spezifisch wissenschaftlichen kooperationsrechtlichen Aspekten in der Rechtswissenschaft bislang nur wenig Stellenwert beigemessen.[18] In den Fokus einer näheren Betrachtung sind dabei im Wesentlichen lediglich die öffentlich-rechtlichen[19], wettbewerbsrechtlichen[20], datenschutzrechtliche[21]

---

12 *Neubauer*, Freiburger Universitätsblätter 2016, 167, 173.
13 *Neubauer*, Freiburger Universitätsblätter 2016, 167, 174.
14 Weitergehend zur Forschungsfreiheit siehe Kap. 1 A II 1.
15 *Zirkel*, in: Mielert/Kaiser (Hrsg.), FS Polter, 2007, S. 51, 53.
16 Vgl. Gesetz zur Flexibilisierung von haushaltsrechtlichen Rahmenbedingungen außeruniversitärer Wissenschaftseinrichtungen vom 05.12.012 (BGBl. I S. 2457); im Übrigen siehe Kap. 1 A II 3.
17 *Möslein*, OdW 2018, 99, 102.
18 *Möslein*, OdW 2018, 99, 101.
19 So etwa *Hoffmann-Riem*, AöR 131 (2006), 255 ff.; *Frieling*, GRUR 1987, 407 ff.; *Errass*, ZBl 111 (2010), 203 ff.; *Kahl*, ZRph 2004, 1 ff.
20 Vgl. *Fritzsche*, EuZW 2011, 208 ff.; *Gutermuth*, Wuw 2012, 237 ff.; *Soltész*, NJW 2014, 3128 ff.; *Besen/Slobodenjuk*, GRUR 2011, 300 ff.; *Ködel*, PharmR 2014, 141 ff.
21 Etwa *Deutsch*, NJW 1984, 2611 ff.; *Lippert*, in: Ahrens/von Bar/Fischer/Spickhoff/Taupitz (Hrsg.), FS Deutsch, 2009, S. 359 ff.; *Molnár-Gábor/Korbel*, ZD 2016, 274 ff.; *Spindler*, MedR 2016, 691 ff.; *Wellbrock*, MedR 2003, 77 ff.

und immaterialgüterrechtlichen[22] Aspekte wissenschaftlicher Zusammenarbeit gerückt.[23] Kaum Eingang in den wissenschaftlichen Diskurs dagegen haben das Organisationsrecht bzw. gesellschaftsrechtliche Aspekte gefunden. Dies überrascht, denn gerade bei umfangreicheren, auf eine längere Zeitspanne hin angelegten Forschungsverbünden entsteht eine Fülle regelungsbedürftiger organisationsrechtlicher Fragestellungen, wie etwa Festlegung des exakten Ziels des Verbundes, Berufung des Geschäftsführers bzw. der Geschäftsführer, Zuständigkeitsabgrenzung zwischen der Geschäftsführung und der Trägerinstitution, Lösung von Konflikten innerhalb der Trägerversammlung, Konstituierung eines Aufsichtsorgans, Einbindung der Forscher in die Entscheidungsprozesse der Kooperation sowie Ausgestaltung der Informationsströme. Diese und ähnliche Problemfelder belasten die Verwaltungen der Universitäten und außeruniversitären Forschungseinrichtungen regelmäßig durch hohen zeitlichen und finanziellen Vorbereitungs- und Planungsaufwand. Denn mangels der Existenz einer Rechtsform speziell für wissenschaftliche Kooperationen müssen die betreffenden Kooperationsverträge stets in arbeitsintensiver Einzelfallarbeit verhandelt werden.[24] Auch die Bereitstellung von Musterverträgen seitens der Ministerien oder anderer Stellen[25] vermag dies nicht hinreichend zu kompensieren.[26] Darüber hinaus erweisen sich die derzeit vom Gesetzgeber zur Verfügung gestellten Rechtsformen wegen zu großer

---

22 So etwa *Niedzela-Schmutte*, Miterfindungen in Forschungs- und Entwicklungskooperationen, 1998, passim; *Rupprath*, Die Rechte an den Ergebnissen aus Forschungs- und Entwicklungskooperationen im Siebten Forschungsrahmenprogramm, 2011, passim.

23 Zum Haushaltsrecht siehe Kap. 1 A V.; zum unionalen Beihilferecht vgl. Kap. 1 A VI.; zum IP-Recht weitergehend Kap. 1 A IV.

24 Hierzu *Eberbach/Hommelhoff/Lappe*, OdW 2017, 1, 1 f.

25 Exemplarisch der Musterleitfaden des BMWi, im Folgenden bezeichnet als BMWi-Muster, abrufbar unter https://www.bmwi.de/Redaktion/DE/Publikationen/Technologie/mustervereinbarungen-fuer-forschungs-und-entwicklungskooperationen.pdf?__blob=publicationFile&v=6 [zuletzt abgerufen am 02.07.2018]; Mustervertrag für Kooperationen, die durch das „horizon2020"-Programm der EU Förderung begehren, im Folgenden DESCA-Muster, abrufbar unter http://www.desca-2020.eu/ [zuletzt abgerufen am 08.07.2017]; Musterleitfaden der TU München, im Folgenden TUM-Muster, abrufbar unter https://www.tum.de/fileadmin/w00bfo/www/Wirtschaft/Broschueren_Kooperationen/130318_TUM_CCC_Forsch-Wirt_Brosch-dt.pdf [zuletzt abgerufen am 08.07.2017]; „Forschungs- und Entwicklungsverträge zwischen Unternehmen und Hochschulen", Leitfaden mit Mustertexten, Innovationsberatung IHK Hessen, 2. Auflage 2008, im Folgenden IHK-Muster, abrufbar unter https://www.innovationsfoerderung-hessen.de/mm/IHK_FuE_Vetraege_Leitfaden_2008.pdf [zuletzt abgerufen am 27.12.2017]; Vertragsbausteine „Berliner Vertrag", 2003, im Folgenden Berliner Vertragsbausteine, abrufbar unter http://docplayer.org/11495727-Vertragsbausteine-berliner-vertrag.html [zuletzt abgerufen am 27.12.2017].

26 Weitergehend zur Governance-relevanten Regelungen in den Musterverträgen siehe Kap. 1 B I.

Haftungsrisiken, langwieriger Gründungszeiträume oder der Verdrängung der Trägerinstitutionen in den Hintergrund als unpassend.[27] Diese Situation widerspricht jedoch dem Geiste des „enabling law“: Das Recht soll die Forschung nicht lediglich determinieren oder gar behindern, sondern vielmehr durch die Bereitstellung von rechtlichen Handlungsmöglichkeiten und -spielräumen fördern.[28] Zu dieser unbefriedigenden rechtlichen Ausgangssituation gesellt sich die Schwierigkeit, für die spezifischen Anforderungen von Wissenschaftskooperationen eine zufriedenstellende (vertragliche) Lösung zu finden. Einem kalifornischen Anwalt wird etwa das Zitat zugeschrieben: „An agreement for the joint development of new technology is probably the most difficult type of agreement for business-people and lawyers to negotiate, draft and administer.“[29] Der Gesetzgeber ist daher, auch aufgrund des Regelungsauftrags aus Art. 5 Abs. 3 S. 1 Var. 2 GG[30], dazu aufgerufen, eine geeignete, speziell auf die Bedürfnisse der Kooperationsforschung zugeschnittene Rechtsform bereitzustellen, um eine effiziente, mit möglichst geringem Verwaltungsaufwand durchführbare Forschung im kooperativen Verbund zu ermöglichen. Diese Ansicht bildete sich bereits auf dem Symposium des Deutschen Krebsforschungszentrums (DKFZ) in Heidelberg am 12./13. November 2015 mit dem Titel „Kooperationen in der Wissenschaft als Rechtsproblem“ heraus, woraufhin sich ebenfalls in Heidelberg die Arbeitsgruppe „Rechtsformalternative de lege ferenda“ mit dem Ziel bildete, eine neue Rechtsform für Wissenschaftskooperationen zu formen.[31] In Anknüpfung hieran ist das Ziel dieser Bearbeitung die Entwicklung der Governance-Struktur einer Forschungskooperationsgesellschaft, welche die spezifischen Bedürfnisse und beschriebenen Problemlagen wissenschaftlicher Kooperationen berücksichtigt und in einen angemessenen Ausgleich zueinander bringt.

C. Begriffsklärung und Eingrenzung des Untersuchungsgegenstands

Zur Verwirklichung dieses Anliegens bedarf es jedoch zunächst in Anbetracht der Vielschichtigkeit dieses Themengebiets in rechtlicher, aber auch tatsächlicher

---

27 So auch *Eberbach/Hommelhoff/Lappe*, OdW 2017, 1, 2 ff.; weitergehend siehe Kap. 2 B I.

28 Dazu *Eberbach/Hommelhoff/Lappe*, OdW 2017, 1, 9; *Eberbach*, OdW 2018, 51, 64; *Kumpan*, OdW 2018, 115.

29 *Winzer*, Forschungs- und Entwicklungsverträge – Ein Vertragshandbuch, 2. Auflage 2011, einleitend im Auszug aus dem Vorwort zur 1. Auflage; ebenso *Möslein*, OdW 2018, 99, 100.

30 Dazu weiter Kap. 1 A II 1 b aa.

31 Diesem Arbeitskreis gehören *P. Hommelhoff*, *W. Eberbach*, *S. Geibel*, *H. Beuche*, *M. Grzeganek*, *J. Hoppenau*, *A. Kalous*, *S. Deimel*, *J. Lappe* sowie *P. Dolzer* an.

Hinsicht einer gewissen terminologischen Klarstellung sowie einer exakten Eingrenzung des Untersuchungsgegenstands.

I. Terminologie

Zur Vermeidung terminologischer Unklarheiten sollen im Folgenden zentrale Begriffe dieser Untersuchung näher beleuchtet und voneinander abgegrenzt werden.

Der Begriff „Forschungskooperation“ bildet ein Äquivalent zu „kooperativer Forschung“. „Forschung“ entspricht dabei der allgemein verwendeten Terminologie „Forschung und Entwicklung“ bzw. „FuE“[32], wird dementsprechend im Folgenden gleichbedeutend verwendet und meint jede „systematische, schöpferische Arbeit zur Erweiterung wissenschaftlicher und technischer Erkenntnisse und deren Verwendung mit dem Ziel, neue Anwendungsmöglichkeiten zu finden“[33]. Im Grundsatz sind Grundlagenforschung, angewandte Forschung und experimentelle Forschung zu unterscheiden.[34] Diese Differenzierung zeitigt Auswirkungen insbesondere im Kartellrecht, kann aber auch Relevanz im Hinblick auf etwaige divergierende Interessen der beteiligten Kooperationspartner entfalten.[35]

Dem natürlichen Sprachgebrauch entsprechend wird unter dem Begriff „Kooperation“ zunächst jegliche Form der Zusammenarbeit, gleich welchen Grades an Organisation, verstanden. Die rechtliche Qualifikation kann hierbei erheblich differieren und ist auch Untersuchungsgegenstand dieser Arbeit.

Gewisse Schwierigkeiten bereitet die Differenzierung zwischen „Forschung“ und „Entwicklung“. Entlang des natürlichen Sprachgebrauchs bedeutet „Erforschen“ eine Tätigkeit zum Erkenntnisgewinn über eine Begebenheit auf technischem, biologischem, chemischen oder physikalischem Terrain, währenddessen mit „Entwickeln“ eine Tätigkeit zur Kreierung von Neuem, jedenfalls möglicherweise in der Praxis verwendbaren Produkten oder Verfahren gemeint ist. Gleichzeitig wird jedoch das Substantiv „Forschung“ nicht immer nur als „Erforschen“ im engeren Sinn verwendet, sondern wird teilweise auch, zum Beispiel bei der „Forschungsförderung“, die „Forschung“ als Förderung der gesamten FuE einschließlich der „Entwicklung“ begriffen.[36] Demgegenüber wird Forschung in der Rechnungslegung nach § 255 Abs. 2a S. 3 HGB definiert als „die eigenständige und

---

32 Vgl. etwa BGH, *Urt. v.* 16.07.2002 – X ZR 27/01 = BGHZ 151, 330 ff. = NJW 2002, 3323 ff.; BAG, *Urt. v.* 13.02.2013 – 7 AZR 284/11 = NZA 2013, 1271 ff.; *Rosenberger*, Verträge über Forschung und Entwicklung, 2010, S. 3 ff.; *ders.*, GRUR 2012, 721, 721 f.; *Schäfer/Missling*, NZG 2002, 1081.

33 So die *OECD* im Frascati-Handbuch, S. 11; ähnlich *Kern/Schröder*, Forschung und Entwicklung in der Unternehmung, 1977, S. 16.

34 So auch *Lux*, Rechtsfragen der Kooperation zwischen Hochschulen und Wirtschaft, 2002, S. 9.

35 Siehe weitergehend Kap. 1 B II 3.

36 *Rosenberger*, Verträge über Forschung und Entwicklung, 2010, S. 5.

planmäßige Suche nach neuen wissenschaftlichen oder technischen Erkenntnissen oder Erfahrungen allgemeiner Art, über deren technische Verwertbarkeit und wirtschaftliche Erfolgsaussichten grundsätzlich keine Aussagen gemacht werden können", während nach S. 2 mit Entwicklung „die Anwendung von Forschungsergebnissen oder von anderem Wissen für die Neuentwicklung von Gütern oder Verfahren oder die Weiterentwicklung von Gütern oder Verfahren mittels wesentlicher Änderungen" gemeint ist.[37] Hierbei ist die Unterscheidung zwischen Forschung und Entwicklung besonders bedeutsam, denn Forschungskosten werden regelmäßig als Aufwand erfasst, während Entwicklungskosten bei der Aktivierung selbst geschaffener, immaterieller Vermögensgegenstände nach § 248 HGB bilanziellen Ansatz finden können (insofern besteht ein Wahlrecht), falls nach § 255 Abs. 2a S. 4 HGB eine verlässliche Trennung der beiden Kostenarten gewährleistet wird.[38] Der dem HGB zugrunde liegende Forschungsbegriff stimmt im Übrigen mit der Definition nach IAS 38.8 überein und ist vergleichbar mit dem Begriff der Grundlagenforschung gemäß § 51 Abs. 1 Nr. 2 u) aa) EStG.[39] Trotz der (in § 255 Abs. 2a S. 4 HGB suggerierten) Abgrenzungsschwierigkeiten wird in dieser Bearbeitung der Fokus auf Forschung im engeren Sinn gelegt, nämlich als einer Suche nach Erkenntnissen unter Ausblendung der technischen Verwertbarkeit oder wirtschaftlicher Erfolgsaussichten.

Mit „Wirtschaft" bzw. „Wirtschafts-/Industrieunternehmen" sind im Rahmen dieser Arbeit lediglich die Privatwirtschaft bzw. privatwirtschaftliche Unternehmen gemeint. Wenngleich diese im forschungskooperativen Kontext wohl mehrheitlich dem Sekundärsektor, also der Industrie, angehören, sind ebenso Unternehmen aus dem tertiären (Dienstleistung) oder quartären (Information) Sektor als Kooperationspartner denkbar. So finanziert beispielsweise die Deutsche Bank im Rahmen einer gemeinsamen Forschungsinitiative das Institut für Finanzmathematik sowie zwei Stiftungsprofessuren an der Humboldt-Universität und der Technischen Universität Berlin.[40] Nicht berücksichtigt werden dagegen Unternehmen der öffentlichen Wirtschaft. Gewiss ließen sich manche im Gang dieser Untersuchung erzielte Aussagen ebenso auf Kooperationen etwa zwischen Hochschulen und der öffentlichen Wirtschaft erstrecken, jedoch wäre auch mit erheblichen Abweichungen zu

37 *Poll*, in: BeckOK zum HGB, § 255 Rn. 58 f.

38 Hierzu *Schubert/Hutzler*, in: Beck´scher Bilanz-Kommentar, § 255 Rn. 487 ff.

39 Vgl. auch BGH, *Urt. v.* 16.07.2002 – X ZR 27/01 = BGHZ 151, 330, 333 = NJW 2002, 3323, 3324; sowie teilweise mit abweichender Meinung *Möffert*, Der Forschungs- und Entwicklungsvertrag, 3. Auflage 2008, S. 3, 37 f.; *Zirkel*, in: Mielert/Kaiser (Hrsg.), FS Polter, 2007, S. 51, 58.

40 Vgl. *Lübke-Narberhaus/Trenkamp*, Deutsche-Bank-Deal mit Berliner Unis – Kauf Dir einen Prof, Spiegel Online vom 28.05.2011, abrufbar unter www.spiegel.de/lebenundlernen/uni/deutsche-bank-deal-mit-berliner-unis-kauf-dir-einen-prof-a-765337.html [zuletzt aufgerufen am 02.12.2018].

rechnen, die ihren Ursprung vor allem in der Bindung der öffentlichen Wirtschaft an das öffentliche Recht haben.[41]

Dagegen werden Kooperationspartner, deren zentrales Anliegen die Erzielung von Forschungsergebnissen, nicht hingegen deren wirtschaftliche Verwertung ist, als „reine Forschungsträger" bezeichnet, wozu etwa Hochschulen, staatliche forschende Einrichtungen und private gemeinnützige Forschungseinrichtungen gehören.

II. Heterogenität wissenschaftlichen Forschens im Verbund

Im Rahmen einer Auseinandersetzung mit den in der Praxis existenten Forschungsverbünden fällt zunächst die außergewöhnliche Bandbreite und Diversität an Zusammenschlüssen ins Auge. Potentielle Vertragspartner sind regelmäßig Hochschulen, außeruniversitäre Forschungseinrichtungen und Wirtschaftsunternehmen. Doch auch Universitätsklinika, private Hochschulen sowie Ressortforschungseinrichtungen des Bundes und der Länder treten mitunter als Trägereinrichtung im Forschungsverbund auf.[42] Letztere sind ministeriell geschaffene Einrichtungen, die den (Bundes-)Ministerien nachgeordnet und mit Forschungs- und Entwicklungsaufgaben betraut sind sowie einer strikten, rechtlich uneingeschränkten Ministerialkontrolle unterliegen.[43] Keine der theoretisch möglichen Kombinationen erscheint dabei von vornherein abwegig, sodass sich eine große Anzahl an potentiellen Trägerkombinationen ergibt.

Daneben ist in systematischer Hinsicht zwischen vertikalen und horizontalen Kooperationen einerseits sowie der Auftragsforschung andererseits zu differenzieren: Während bei horizontalen Kooperationen die Kooperationsunternehmen (jedenfalls potentiell) im Wettbewerb zueinanderstehen, ist bei vertikalen Kooperationen das Resultat der gemeinsamen Zusammenarbeit etwas, das von dem einen Kooperationspartner produziert und von dem anderen vermarktet wird.[44] Zudem ist die Forschungskooperation bzw. -zusammenarbeit im engeren Sinn von der Auftragsforschung abzugrenzen. Die Forschungskooperation zeichnet sich dadurch aus, dass die beteiligten Forschungsträger jeweils Beiträge für den Kooperationserfolg einbringen und überdies auch die abhängig von der konkreten Gestaltung eintretenden Kooperationsrisiken und -erfolge teilen, während im Gegenzug bei der Auftragsforschung die Industrieunternehmen die Forschungstätigkeit an die öffentliche Forschungseinrichtung auslagern und dementsprechend die Kosten in voller Höhe dafür übernehmen.[45] Die Durchführung ist damit

41 So auch *Lux*, Rechtsfragen der Kooperation zwischen Hochschulen und Wirtschaft, 2002, S. 7.
42 Dazu *Geis*, OdW 2018, 77, 77 f.
43 Eingehend *Barlösius*, in: Simon/Knie/Hornbostel (Hrsg.), Handbuch Wissenschaftspolitik, 1. Auflage 2010, S. 377 ff.; *Geis*, OdW 2018, 77, 77 f.
44 *Winzer*, Forschungs- und Entwicklungsverträge, 2. Auflage 2011, S. 225 ff.
45 So auch *Schwendinger*, GRUR 2013, 447 ff.

spezifisch auf die Interessen des Auftraggebers zugeschnitten, welcher als Gegenleistung regelmäßig einen finanziellen Beitrag erbringt.[46] In diesem Kontext sind ferner Lizenzvereinbarungen sowie der Verkauf von Erfindungen zu nennen, bei denen es sich jedoch naturgemäß ebenfalls nicht um Formen der kooperativen Forschung handelt.[47] Unter dem Begriff „Forschungs- und Entwicklungsvertrag" (FuE-Vertrag) ist dagegen die Erbringung von Forschungs- und Entwicklungsleistungen in einem gemeinsam festgelegten Gebiet und Umfang zu verstehen.[48] FuE-Verträge bilden dabei eine Möglichkeit, ein gemeinsames Forschungsvorhaben schnell und unkompliziert anzugehen. Der Begriff des FuE-Vertrages hat – mit Ausnahme seiner Verortung im Schuldrecht – keine festen Konturen, vielmehr werden damit im Einzelfall sehr unterschiedliche Fallgestaltungen bezeichnet.[49] Es können Elemente aus Dienst- und Werkvertrag miteinander verbunden werden, wodurch man sich im Bereich der Auftragsforschung befände.[50] Allerdings kann ein FuE-Vertrag auch vertikale und horizontale Forschungskooperationen abdecken. Während vertikale Forschungskooperationen einen reinen Austauschcharakter aufweisen, können horizontale Kooperationen einen gemeinsamen Zweck verfolgen.[51]

Überdies lassen sich weitere Differenzierungen nach dem Institutionalisierungsgrad und der Dauer des Zusammenschlusses vornehmen. Denkbar sind etwa nur projektbezogene, einzelne Forschungsvorhaben auf der einen, sowie permanente Gründungs- und Leistungszentren auf der anderen Seite.[52] Auch kann nach dem Forschungsgegenstand differenziert werden. Während etwa DFG-Forschergruppen vornehmlich Grundlagenforschung betreiben, liegt der Schwerpunkt von Leistungszentren beruhend auf einer Initiative der Fraunhofer-Gesellschaft eher auf der anwendungsbezogenen Forschung.[53]

Zutreffend weist *Möslein* auf die fließenden Grenzen zwischen Forschungskooperationen und anderen Formen der Kooperation hin, was die Notwendigkeit einer Typenbildung erzeugt, die wiederum nach unterschiedlichen Kriterien

---

46 Dazu *Ulf*, in: Mielert/Kaiser (Hrsg.), FS Polter, 2007, S. 19, 22.

47 Zur Einbettung in diesen Kontext etwa *Neubauer*, Freiburger Universitätsblätter 2016, 167, 170.

48 *Schmeißer/Zirkel*, MDR 2003, 849.

49 *Zirkel*, in: Mielert/Kaiser (Hrsg.), FS Polter, 2007, S. 51, 57.

50 Dazu BGH, *Urt. v.* 16.07.2002 – X ZR 27/01 = NJW 2002, 3323 ff.; *Schmeißer/Zirkel*, MDR 2003, 849 ff.; *Nicklisch*, in: Nicklisch (Hrsg.), Forschungs- und Entwicklungsverträge in Wissenschaft und Technik, 2003, S. 5 ff.; *Sandberger*, in: Nicklisch (Hrsg.), Forschungs- und Entwicklungsverträge in Wissenschaft und Technik, 2003, S. 17 ff.

51 *Winzer*, Forschungs- und Entwicklungsverträge, 2. Auflage 2011, S. 2; *Lappe*, Kooperationen wissenschaftlicher Einrichtungen, 2019, S. 46 ff.

52 Hierzu *Möslein*, OdW 2018, 99, 106 f.

53 Siehe zu den Leistungszentren der Fraunhofer Gesellschaft etwa https://www.fraunhofer.de/de/institute/kooperationen/leistungszentren.html [zuletzt abgerufen am 04.07.2018]; dazu *Hiermaier*, in: Neugebauer (Hrsg.), Ressourceneffizienz, 2017, S. 23, 24 ff.; *Möslein*, OdW 2018, 99, 106 f.

erfolgen kann: nach dem Inhalt – dient eine Kooperation der wissenschaftlichen Forschung? –, dem Kreis der beteiligten Forschungsträger – ist etwa eine Universität involviert? – oder nach der Zielsetzung – verfolgt die Kooperation einen gemeinsamen Zweck, der nicht ausschließlich gewinnorientiert ist?[54] Will man sich systematisch der Kooperationsforschung nähern, erscheint eine Festlegung unablässig.

III. Gegenstand dieser Bearbeitung

Aus dieser extrem heterogenen Masse an Forschungskooperationen und den diversen Möglichkeiten der Typenbildung allgemeine Leitlinien für sämtliche Formen kooperativer Forschung zu formulieren, erscheint letztlich kaum möglich, will man es nicht bei vagen und unpräzisen Aussagen belassen. Erforderlich erscheint daher die Festlegung auf einen bestimmten Bereich der Verbundforschung. Dieser Bereich ist sowohl nach Inhalt, anhand der beteiligten Trägereinrichtungen als auch nach dem Kooperationszweck festzulegen.

Zum einen muss die Kooperation dem Inhalt nach wissenschaftliche Forschung betreiben. Auch wenn dieses Abgrenzungskriterium auf den ersten Blick vage erscheint und an dessen Rändern mitunter Missbrauchsmöglichkeiten bergen könnte, so ist diese inhaltliche Offenheit in Anbetracht der eben geschilderten Heterogenität nach der hier vertretenen Ansicht unablässig und durch eine scharfe Konturierung des Forschungsbegriffs letztlich handhabbar. Zum Zweiten liegt der Fokus dieser Bearbeitung auf horizontalen Forschungskooperationen. Damit fällt der gesamte Bereich der Auftragsforschung, des Technologietransfers, des Verkaufs von Erfindungen, der Lizenzvereinbarungen sowie der vertikalen Kooperation aus dem Gegenstand dieser Bearbeitung. Auf der anderen Seite ist durch die Möglichkeit der Verfolgung eines gemeinsamen Zwecks der Anwendungsbereich des Gesellschaftsrechts (in Abgrenzung zum Schuldrecht) eröffnet.[55] Zum Dritten, und dies ist gewiss die folgenreichste Abgrenzung, erfolgt eine Beschränkung des Untersuchungsgegenstands auf die Beteiligung von Wirtschaftsunternehmen an der Forschungskooperation. Gerade auf die Spezifika, die die Beteiligung von Wirtschaftsunternehmen ausmachen, wird an späterer Stelle gesondert einzugehen sein.[56] Sämtliche weiteren Ausführungen dieser Bearbeitung stehen unter dem diesem Leitbild der wissenschaftlich ausgerichteten, horizontalen Forschungskooperationen unter Beteiligung von Wirtschaftsunternehmen.

---

54 *Möslein*, OdW 2018, 99, 108 f.

55 Dazu eingehend *Oetker*, Das Dauerschuldverhältnis und seine Beendigung, 1994, S. 232 f.; *Wiedemann/Schultz*, ZIP 1999, 1 ff.; *Möslein*, OdW 2018, 99, 100; siehe auch *Fleischer/Hahn*, NZG 2017, 1, 3; *Schäfer*, in: MüKo zum BGB, § 705 Rn. 142.

56 Siehe Kap. 1 B II.

D. Untersuchungsgang

Zur Ermittlung einer Governance-Struktur einer horizontalen Forschungskooperationsgesellschaft unter Beteiligung eines Wirtschaftsunternehmens gliedert sich die Bearbeitung in zwei Blöcke.

I. Rechtliche und tatsächliche Determinanten in der Verbundforschung

Im ersten Kapitel werden zunächst die relevanten Determinanten zur Ausgestaltung wissenschaftlicher Kooperationen näher beleuchtet. Dort werden im ersten Teil (A.) die rechtlichen Rahmenbedingungen behandelt, beginnend mit den grundlegenden Gestaltungsmöglichkeiten im Gesellschaftsrecht (I.), gefolgt von den Vorgaben, die das Grundgesetz an wissenschaftliche Kooperationen stellt (II.). Sodann widmet sich diese Bearbeitung den organisationsrelevanten Regelungen im forschungskooperativen Kontext aus dem Arbeits- (III.), IP- (IV.) und Haushaltsrecht (V.), komplettiert von einem Resümee (VI.). Nach der Ausleuchtung des rechtlichen Rahmens folgt im Abschnitt B. eine Untersuchung der sonstigen organisationsrelevanten Gestaltungsparameter jenseits rechtlicher Vorgaben. Hier spielen die in der Praxis existenten Musterverträge (I.) sowie der Institutionalisierungsgrad (III.) eine Rolle. Vor allem aber wird der Frage nachgegangen, welche Besonderheiten die Beteiligung von Wirtschaftsunternehmen an einer Forschungskooperation mit sich bringen (II.). Schlussendlich werden im ersten Kapitel die entscheidenden Zielsetzungen für eine gelungene Governance-Struktur (IV.) behandelt.

II. Entwicklung einer Governance-Struktur und Auslotung der Verortungsmöglichkeiten im bestehenden Rechtssystem

Das zweite Kapitel widmet sich der der Entwicklung einer Governance-Struktur für eine Forschungskooperationsgesellschaft sowie deren Einbettung in das geltende Recht. Hierzu wird im ersten Teil (A.) der Versuch der Ausgestaltung einer idealen Organisationsverfassung unternommen, wobei sowohl auf den Gesellschaftsvertrag (I.) als auch auf die potentiellen Organtypen, namentlich Leitung (II.), Trägerversammlung (III.), Aufsichtsrat und wissenschaftlicher Beirat (IV.) sowie Forscherversammlung (V.) eingegangen wird. Zuletzt erfolgt eine Untersuchung des Informationsmanagementsystems (VI.) sowie eine Zusammenfassung der Ergebnisse hinsichtlich der Ausformung der Organisationsverfassung im Forschungsverbund (VII). Im zweiten Teil dieses Kapitels wird die Frage aufgeworfen, wie sich die erzielten Ergebnisse bestmöglich ins geltende Recht integrieren lassen (B.). Hierzu erfolgt ein Abgleich mit den bestehenden Rechtsformen (I.) des öffentlichen Rechts (1.) sowie des Privatrechts (2.). Untersucht wird jeweils deren Tauglichkeit für wissenschaftliche Kooperationen, insbesondere die zu realisierende Governance-Struktur. Im Ergebnis zeigt dieses Kapitel den dringenden Bedarf nach einer neuen, eigens für wissenschaftliche Kooperationen bereitstehenden

Rechtsform (II.) auf, wobei darüber hinaus die Frage erörtert wird, wo diese in das geltende Recht im Kontext eines stimmigen Gesamtkonzepts für die rechtliche Behandlung von Forschungskooperationen in organisatorischer Hinsicht integriert werden sollte (III.) Mit einer Zusammenfassung der Untersuchung in Thesenform (Kapitel 3) endet die Untersuchung.

Kapitel 1 Determinanten für die Governance-Struktur wissenschaftlicher Kooperationen

Im ersten Kapitel dieser Bearbeitung richtet sich der Fokus auf diejenigen Determinanten, die für die Governance-Struktur von Forschungsverbünden Auswirkungen zeitigen. Diese gliedern sich in rechtliche Rahmenbedingungen sowie sonstige organisationsrelevante Gestaltungsparameter jenseits des geltenden Rechts.

A. Rechtliche Rahmenbedingungen

Bevor die Zielvorstellung einer effizienten und ausgewogenen Organisationsverfassung formuliert werden kann, muss notwendigerweise zunächst herausgearbeitet werden, welche Voraussetzungen und Gestaltungsmöglichkeiten das (nationale) Rechtssystem zur Verfügung stellt, damit deren Realisierbarkeit gesichert erscheint.

I. Gestaltungsmöglichkeiten im Gesellschaftsrecht

In einem ersten Schritt ist auszuloten, welche Gestaltungsmöglichkeiten das Gesellschaftsrecht eröffnet. Denn nicht zuletzt dieses Rechtsgebiet ist für die Organisationsverfassung von Forschungskooperationen richtungsweisend, jedenfalls ab einem gewissen Grad an Institutionalisierung. Auch wenn das Gesellschaftsrecht rechtstechnisch weit entfernt von einer einheitlichen gesetzlichen Normierung ist, so sind doch gewisse übergreifende Strukturprinzipien vorhanden. Im Folgenden werden diese, sofern sie eine Relevanz für die Verbundforschung aufweisen, aufgeführt, deren Freiheiten und Grenzen beleuchtet sowie die jeweiligen Konsequenzen für die kooperative Forschung dargestellt. Eine abschließende Klärung konkreter Fragestellungen im Bereich der kooperativen Forschung soll allerdings erst an späterer Stelle erfolgen. Dieser Abschnitt dient vielmehr zur Auslotung der betreffenden Fragen- und Problemkreise, deren Möglichkeiten und Grenzen.

1. Numerus clausus und Typengesetzlichkeit

Gewiss handelt es sich beim Gesellschaftsrecht im Grundsatz um ein Teilgebiet des Zivilrechts, sodass die Rechtssubjekte in den Genuss der Privatautonomie kommen, welche diesen einen weiten Spielraum bei der Wahl und näheren Ausgestaltung der im Einzelfall geeigneten Rechtsform eröffnet.[57] Es besteht kein Rechtsformzwang, der etwa für die Zusammenschlüsse von Personen nach Art,

---

57 *Windbichler*, Gesellschaftsrecht, § 4 Rn. 1.

Größe oder Zielsetzung eine bestimmte Rechtsform vorschreibt.[58] Dennoch gilt der *numerus clausus* der Rechtsformen: Zwar steht es jeder Person frei, ob und mit wem sie eine Gesellschaft gründet[59], allerdings müssen sich die Gründer einer vom Gesetz vorgesehenen Rechtsform bedienen und können sich keine Gesellschaftsform nach Belieben „zusammenbauen".[60] Begründet wird dies mit dem Gedanken des Verkehrsschutzes und der Rechtssicherheit.[61] Wichtig ist jedoch auch zu betonen, dass der *numerus clausus* der Rechtsformen kein unverrückbares Rechtsprinzip darstellt, sondern es vielmehr dem Gesetzgeber offensteht, Gesellschaften aus dem vorhandenen Rechtsformenangebot zu streichen oder neue Rechtsformen hinzuzufügen, wofür als Beispiel die GmbH dienen mag, welche im Jahr 1892 aufgrund eines praktischen Bedürfnisses für eine kapitalgesellschaftliche Rechtsform unterhalb der Aktiengesellschaft geschaffen wurde.[62] Ebenso gab es in der Rechtsgeschichte Situationen, in denen bestimmte Konstrukte im Verbandsleben bereits vorhanden waren und der Gesetzgeber die passende Rechtsform zur Sicherung nachgeliefert hat, wie etwa die Aktiengesellschaft.[63] Vorgesellschaften im GmbH- oder Aktienrecht verdeutlichen, dass in gewissen Grenzen eine Korrektur im Wege der Rechtsfortbildung möglich ist.[64] Was die Verbundforschung betrifft, so fördert ein Blick in den aktuellen Koalitionsvertrag zutage: „Wir prüfen, ob zur Erleichterung von Forschungskooperationen eine neue Rechtsform für diese Art der Zusammenarbeit eingeführt werden sollte."[65] Es bleibt daher abzuwarten, ob der Gesetzgeber tatsächlich von seiner exklusiven Gestaltungsmacht zur Veränderung des Rechtsformenangebots Gebrauch macht und es zur Schaffung einer neuen Rechtsform für Forschungskooperationen kommt.

Dennoch gilt es zu beachten, dass es nicht immer der Bereitstellung einer gänzlich neuen Rechtsform bedarf, sondern vielmehr das bestehende Rechtsformenangebot mitunter dehnbare Strukturen aufweist, die eine verstärkte individuelle Gestaltbarkeit zulassen. Denn nach dem Phänomen der Typengesetzlichkeit als einer Frage des Regelungszuschnitts einer Norm weisen die vorhandenen Gesellschaftsformen eine unterschiedlich stark ausgeprägte Offenheit für Abwandlungen auf, je nachdem, in welchem Maße das Gesetz einen vorgeprägten Normaltypus

---

58 *Schäfer*, Gesellschaftsrecht, § 3 Rn. 1; *Windbichler*, Gesellschaftsrecht, § 4 Rn. 1.
59 Siehe hierzu weitergehend Kap. 1 A II 2.
60 *Eberbach*, OdW 2018, 51, 55; *Schäfer*, Gesellschaftsrecht, § 3 Rn. 1.
61 *Schäfer*, Gesellschaftsrecht, § 3 Rn. 1; *K. Schmidt*, Gesellschaftsrecht, § 5 II 1, S. 96 ff.; *Saenger*, Gesellschaftsrecht, Rn. 36.
62 *K. Schmidt*, Gesellschaftsrecht, § 5 II 1, S. 97.
63 *K. Schmidt*, Gesellschaftsrecht, § 5 II 1, S. 97.
64 *K. Schmidt*, Gesellschaftsrecht, § 5 II 1, S. 97.
65 Koalitionsvertrag zwischen CDU, CSU und SPD vom 14.03.2018 für die 19. Legislaturperiode, Zeilen 6085–6087, abrufbar unter https://www.bundesregierung.de/Content/DE/_Anlagen/2018/03/2018-03-14-koalitionsvertrag.pdf;jsessionid=D70B2FEA3074BD5FAA83AC52D29224FE.s3t2?__blob = publicationFile&v = 5 [zuletzt abgerufen am 12.06.2018].

fordert.[66] Demnach bestehen Rechtsformen, die einen ausgeprägten gesetzlichen Regeltypus aufweisen und klare Antworten auf die überwiegende Anzahl an Rechtsfragen geben, sodass als Konsequenz in der Praxis homogene Gestaltungen anzutreffen sind.[67] Als Beispiel hierfür dient etwa die Genossenschaft. Auf der anderen Seite kann eine besondere Variationsbreite bestehen, die im Extremfall sogar dazu führt, dass es für die jeweilige Rechtsform keinen Normaltypus und damit kein fertiges Lösungsmodell gibt, wie etwa bei der GbR.[68] In dieser Frage bilden Rechtszwang auf der einen und Gestaltungsfreiheit auf der anderen Seite die sich gegenüberstehenden Grundgedanken.[69] Dementsprechend ist die Frage aufzuwerfen, ob bereits eine Rechtsform existiert, welche über die richtigen Kernaspekte und eine hinreichende Variationsbreite verfügt, sodass letztlich diese durch die Inanspruchnahme der bestehenden Gestaltungsmöglichkeiten als für die Kooperationsforschung geeignet einzustufen wäre. Hierauf wird an späterer Stelle eingegangen.[70]

2. *Kriterien für die Rechtsformwahl*

Steht der Entschluss zur Gründung einer Gesellschaft fest, stellt sich die Frage nach der passenden Rechtsform. Die Gründer müssen unter den zur Verfügung stehenden Rechtsformen eine Auswahl zu treffen. Die beiden entscheidenden Aspekte sind dabei Zulässigkeit und Zweckmäßigkeit.[71] Zwar können die Gesellschafter bei der Gründung frei zwischen den verfügbaren Rechtsformen wählen, müssen allerdings deren gesetzliche Voraussetzungen erfüllen.[72] Diese können sich neben dem Gesellschaftsrecht auch aus dem öffentlichen Recht ergeben.[73] Im Gesellschaftsrecht sind Rechtsformen vorhanden, die universell verwendbar sind, wie etwa die AG, die GmbH oder (mit Ausnahme des Betreibens eines Handelsgewerbes) auch die Gesellschaft bürgerlichen Rechts.[74] Daneben bestehen Rechtsformen, die auf bestimmte Zwecke beschränkt sind, wie zum Beispiel die eingetragene Genossenschaft oder die Partnerschaftsgesellschaft.[75] Beschränkungen aus dem öffentlichen Recht korrespondieren zumeist mit der Wirtschaftsaufsicht oder dem

---

66 *Kübler/Assmann*, Gesellschaftsrecht, S. 332 ff.; *K. Schmidt*, Gesellschaftsrecht, § 5 II 4, S. 106 f.; vgl. etwa zur Gestaltungsfreiheit in der Europäischen Aktiengesellschaft *Hommelhoff*, in: Habersack/Hommelhoff/Hüffer/K. Schmidt (Hrsg.), FS Ulmer, 2003, S. 267 ff.; weitergehend zum Regelungszuschnitt siehe Kap. 1 A I 3 a bb.

67 *Saenger*, Gesellschaftsrecht, Rn. 36 f.; *K. Schmidt*, Gesellschaftsrecht, § 5 II 4, S. 106 f.

68 *K. Schmidt*, Gesellschaftsrecht, § 5 II 4, S. 106 f.

69 *Kübler/Assmann*, Gesellschaftsrecht, S. 332 ff.

70 Dazu weitergehend Kap. 2 B I.

71 *Saenger*, Gesellschaftsrecht, Rn. 17.

72 *Schäfer*, Gesellschaftsrecht, § 3 Rn. 2.

73 *K. Schmidt*, Gesellschaftsrecht, § 5 II 2, S. 98.

74 *K. Schmidt*, Gesellschaftsrecht, § 5 II 2, S. 98.

75 *Saenger*, Gesellschaftsrecht, Rn. 18 ff.; *K. Schmidt*, Gesellschaftsrecht, § 5 II 2, S. 98.

beruflichen Standesrecht.[76] Sobald die Grenzen der Zulässigkeit hinsichtlich der Rechtsform für das beabsichtigte Vorhaben ausgelotet sind, stellt sich die Frage nach der Zweckmäßigkeit. Hier gilt es, eine Vielzahl von Gesichtspunkten gegeneinander abzuwägen.[77] Von besonderer Bedeutung dürften etwa die Haftung, die Art der Besteuerung sowie Buchführungs- und Bilanzierungspflichten sein.[78] Weitere Aspekte sind der mit der Gründung und dem laufenden Betrieb einer Gesellschaft verbundene Aufwand sowie die damit einhergehenden Kosten.[79] Im Fall von Unternehmungen, die auf einen längeren Zeitraum hin angelegt sind, besteht ein gesteigertes Bedürfnis nach einer Sicherung des Unternehmensbestandes.[80] Letztlich dürfte es nur in den seltensten Fällen die perfekte Rechtsform geben. Stets sind die Vor- und Nachteile der jeweiligen Rechtsform im konkreten Fall gegeneinander abzuwägen.

Doch welche spezifischen Charakteristika folgen aus der Verbundforschung für die gesellschaftsrechtliche Gestaltung? Zunächst ist zu konstatieren, dass Forschungskooperationen mangels des Betreibens eines Handelsgewerbes die Rechtsformen der OHG und der KG verwehrt sind, denn diese verlangen wesensnotwendig den Betrieb eines Handelsgewerbes als Gesellschaftszweck.[81] Da Forschungskooperationen stets einem bestimmten Zweck dienen, nach dessen Erreichen der Verbund endet, spielen Aspekte der Unternehmenssicherung, wie beispielsweise der Erbfolge im Todesfall, keine (besondere) Rolle. Weitaus bedeutender gestaltet sich die Lage hinsichtlich der Haftung. Gerade im medizinischen Bereich, bei Studien an Patienten etwa, besteht größtes Interesse auf Seiten des Forschungspersonals, von einer persönlichen Haftung ausgenommen zu sein. Zudem ist regelmäßig die öffentliche Hand *ex lege* dazu angehalten, keine (privatrechtlichen) Unternehmungen einzugehen, die eine unbeschränkte persönliche Haftung begründen können.[82] Buchführungs- und Bilanzierungspflichten könnten einen sensiblen Punkt darstellen, wenn es um die Geheimhaltung eingesetzter Mittel und gewonnener Erkenntnisse geht. Gerade Industrieunternehmen und außeruniversitäre Forschungseinrichtungen, deren Geschäftsmodell mitunter einen Erkenntnisvorsprung gegenüber anderen Marktteilnehmern voraussetzen kann, dürften an strengster Geheimhaltung interessiert sein. Da es denkbar erscheint, dass solche Kooperationen auf einen zündenden Gedanken hin ins Rollen gebracht werden, sollte insbesondere die Gründung in möglichst kurzer Zeit erfolgen

76 *K. Schmidt*, Gesellschaftsrecht, § 5 II 2, S. 98; *Klunzinger*, Grundzüge des Gesellschaftsrechts, S. 7 f.

77 Hierzu auch *Saenger*, Gesellschaftsrecht, Rn. 21; *K. Schmidt*, Gesellschaftsrecht, § 5 II 2, S. 99.

78 *Saenger*, Gesellschaftsrecht, Rn. 22, 25, 28; *Bitter/Heim*, Gesellschaftsrecht, S. 2 f.

79 *Bitter/Heim*, Gesellschaftsrecht, S. 3; *Saenger*, Gesellschaftsrecht, Rn. 29 ff.

80 *Saenger*, Gesellschaftsrecht, Rn. 33.

81 *Kübler/Assmann*, Gesellschaftsrecht, S. 36 f.; *Saenger*, Gesellschaftsrecht, Rn. 264, 332;

82 Siehe Kap. 1 A V 1.

können. Ebenso sollten von Seiten der Hochschulen bzw. der Rechtsaufsicht möglichst keine bürokratischen Hürden entgegenstehen. Bei der Akquirierung von Drittmitteln und sonstigen Fördergeldern spielt ferner das Image der Rechtsform eine nicht zu unterschätzende Rolle. Je öffentlichkeitswirksamer das Kooperationsvehikel präsentiert werden soll, desto problematischer wird das Bestehen von Ressentiments gegenüber der verwendeten Rechtsform sein. Eine weitergehende Auseinandersetzung mit den einzelnen Parametern erfolgt im Zuge dieser Bearbeitung. An dieser Stelle bleibt lediglich festzuhalten, dass im forschungskooperativen Kontext eine Fülle von Aspekten die Rechtsformwahl beeinflusst.

3. Zwingendes und dispositives Recht

Nun hat es im Allgemeinen mit der Wahl einer bestimmten Rechtsform allein nicht schon sein Bewenden. Denn der Gesetzgeber hat nicht sämtliche klärungsbedürftigen Fragen der jeweiligen Rechtsform bereits abschließend einer gesetzlichen Regelung zugeführt. Vielmehr gibt es eine Vielzahl an Wahlrechten und sonstigem dispositiven Recht.

Dabei ist im Gesellschaftsrecht schon die Abgrenzung von zwingendem und dispositivem Recht mitunter keine leichte Aufgabe. So sind zum Schutz von Geschäftsverkehr und Gläubigern die Regelungen zum Außenverhältnis bei allen Rechtsformen im Grundsatz zwingend.[83] Dagegen muss bei den Regelungen der inneren Organisationsverfassung nach Rechtsform und Schutzrichtung unterschieden werden: So fordert der Grundsatz der Satzungsstrenge im Aktien- (§ 23 Abs. 5 AktG) und Genossenschaftsrecht (§ 18 S. 2 GenG) auch im Innenverhältnis zwingende Regelungen.[84] Im GmbH-Recht ist kein einheitliches Prinzip erkennbar, normspezifisch dispositive Regelungen und zwingendes Recht sind gleichermaßen vorhanden.[85] Dagegen besteht im Personengesellschafts- und Vereinsrecht im Grundsatz weiter Dispositionsspielraum.[86] Die Grenzen der Gestaltungsfreiheit sind dort erreicht, wo die Funktionsfähigkeit der jeweiligen Rechtsform oder Schutzinteressen von Gesellschaftern beeinträchtigt werden, wobei der exakte

83 *Möslein*, Dispositives Recht, 2011, S. 22; dazu auch *K. Schmidt*, Gesellschaftsrecht, § 5 III 1, S. 110.

84 Dazu *Hirte*, in: Lutter (Hrsg.), Gestaltungsfreiheit im Gesellschaftsrecht, 1998, S. 61; *Mertens*, ZGR 1994, 426; *Fleischer*, ZIP 2006, 451, 452; *Möslein*, Grenzen unternehmerischer Leitungsmacht im marktoffenen Verband, 2007, S. 388 f.; *Bayer*, in: v. Grundmann/Haar/Merkt (Hrsg.), FS Hopt, 2010, S. 373, 377 ff.; *Habersack*, AG 2009, 1, 6 ff.; *Richter*, ZHR 172 (2008), 419, 449; *Spindler*, AG 2008, 598, 600 ff.; *Windbichler*, JZ 2008, 840, 842 f., 846; *Hirte*, DStR 2007, 2166 ff.; *Beuthien*, NZG 2008, 210, 212; *Keßler*, BB 2006, 561, 562.

85 Dazu *Hommelhoff*, in: Lutter (Hrsg.), Gestaltungsfreiheit im Gesellschaftsrecht, 1998, S. 36 ff.; *Möslein*, Dispositives Recht, 2011, S. 22 f.

86 *Wüst*, in: Pawlowski (Hrsg.), FS Duden, 1977, S. 749 ff.; *Steinbeck*, Vereinsautonomie und Dritteinfluß, 1999, S. 26; *Möslein*, Dispositives Recht, 2011, S. 23.

Verlauf dieser Grenzen mitunter nur schwierig ermittelt werden kann, woran auch die Faustformel des unabänderbaren Wesenskerns nichts substantiell zu ändern vermag.[87] Stets sind naturgemäß auch die allgemeinen Gestaltungsgrenzen im Privatrecht, namentlich §§ 134, 138 BGB, zu beachten.[88]

a. *Zur Lehre der Regelsetzung*

Ganz allgemein betrachtet gilt, dass zwingende Normen eine Begrenzung der Gestaltungsfreiheit der Beteiligten darstellen, während dispositive Vorschriften Privatautonomie und Vertragsfreiheit fördern.[89] Auf diese Weise kann der Staat die Regelerzeugung ganz oder teilweise nicht nur zwischen Gesetzgeber, Gerichten und der Exekutiven aufteilen, sondern auch auf Private delegieren (Selbstregulierung).[90] Dies kann auf unterschiedliche Arten geschehen, etwa durch die Kodifizierung privater Verkehrssitten[91], die Statuierung offener, dynamischer Verweisungen[92], die Delegation an private Einrichtungen (so kann beispielsweise die mit privaten Experten besetzte Regierungskommission Corporate Governance Kodex-Regelungen mit gesetzesähnlicher Wirkung erlassen[93]) oder gar durch die vollständige Verlagerung der Regelerzeugung in die private Hand[94]. Hierdurch ist bereits angedeutet, dass die Unterscheidung zwischen zwingendem und dispositivem Recht keine Schwarz-Weiß-Malerei darstellt. Vielmehr gibt es in rechtstechnischer Hinsicht eine facettenreiche Abschichtung in verschiedenen Grautönen. So ist es möglich, dass die Erzeugung maßgeblicher, verbindlicher Regeln in den verschiedensten Formen zwischen Staat und Privaten aufgeteilt werden kann, wodurch ein hohes Maß an Gleichordnung, privater Gestaltungsfreiheit und Selbstverantwortung erreicht wird.[95] Überdies weist das Umfeld des dispositiven Rechts, insbesondere auch der forschungskooperative Kontext, durch Innovation, Globalisierung und Entstaatlichung ein hohes Maß an Dynamik auf, was die Methodenfragen und Regelungsstrategien vor neue Herausforderungen stellt, aber auch zahlreiche Möglichkeiten mit sich bringt.[96] Daher lohnt sich ein näherer Blick auf die Regelsetzungslehre, die nicht den Inhalt einer Norm zum Gegenstand hat,

87 Vgl. dazu *Möslein*, Dispositives Recht, 2011, S. 23; *Beuthien/Gätsch*, ZHR 156 (1992), 459; *Bürkle*, Rechte Dritter in der Satzung der GmbH, 1991, S. 6 ff.; *Hellgradt*, in: v. Grundmann/Haar/Merkt et al. (Hrsg.), FS Hopt, 2010, S. 765.

88 Hierzu eingehend etwa *Vossler*, in: BeckOK zum BGB, § 134 Rn. 1 ff.; *Armbrüster*, in: MüKo zum BGB, § 138 Rn. 1 ff.; *K. Schmidt*, Gesellschaftsrecht, § 5 III 1, S. 110.

89 *Möslein*, Dispositives Recht, 2011, S. 1; *K. Schmidt*, Gesellschaftsrecht, § 5 III 1, S. 109 f.

90 *Möslein*, OdW 2018, 99, 102 f.

91 Vgl. dazu *Jansen/Michaels*, RabelsZ 71 (2007), 345 ff.

92 *Möslein*, OdW 2018, 99, 103.

93 Hierzu etwa *Schüppen*, ZIP 2002, 1269 ff.; *Leyens*, ZEuP 2016, 388 ff.

94 Dazu *Möslein*, OdW 2018, 99, 103.

95 *Möslein*, Dispositives Recht, 2011, S. 1.

96 *Möslein*, Dispositives Recht, 2011, S. 3.

sondern vielmehr die Art und Weise der Regelsetzung fokussiert und damit eine Art Werkzeugkasten zur Analyse und Erzeugung von Regelungen liefert[97], wenngleich die Betrachtung in Anbetracht der Weite dieses Rechtsgebiets nur exemplarisch erfolgen kann.

aa. Regelungsintensität

Dispositive Regelungen lassen sich zum einen nach der Regelungsintensität einteilen. Hier stellt sich die Frage, wie tief eine Regelung in den Gestaltungsspielraum des Rechtsadressaten hineinwirkt. Damit bieten Normen die Möglichkeit zur abgestuften Begrenzung des Gestaltungsspielraums. Materielle Kautelen der Abbedingung einerseits erlauben inhaltliche Dispositionsfreiheit bis zu einer gewissen Grenze. So sind etwa halbzwingende Normen nicht in ihrem ganzen Inhalt, sondern nur teilweise zwingend, beispielsweise in zeitlicher Hinsicht.[98] Daneben gibt es die Möglichkeit abweichender Vereinbarungen, wie etwa in § 114 HGB.[99] Dabei sind sowohl starre Schranken, die durch eine präzise gesetzliche Abgrenzung gekennzeichnet sind, als auch bewegliche Schranken denkbar, die die Möglichkeit gewähren, auf die konkreten Umstände des Einzelfalls Rücksicht zu nehmen.[100] Im Gesellschaftsrecht ist die zwingende Grenze, die durch den Grundsatz der Selbstorganschaft markiert wird, zu beachten.[101]

Daneben normieren prozedurale Dispositionsvoraussetzungen auf der anderen Seite keine konkreten materiellen Vorgaben für den Inhalt einer privatautonomen Disposition, sondern sind im Grundsatz ergebnisoffen.[102] Sie definieren vielmehr die Voraussetzungen einer wirksamen Abbedingung.[103] Hierbei lassen sich wiederum „strenge" und „weiche" Optionsmodelle unterscheiden.[104] Das weite Spektrum erstreckt sich beispielsweise über gesetzliche Muster, welche nicht „automatisch" anwendbar sind, sondern nur dann, wenn die Vertragspartner diese übernehmen wollen, wodurch diesen regelmäßig gewisse Vorteile in Aussicht gestellt sind, oder ferner Regelungsaufträge, bei denen lediglich gesetzlich angeordnet ist, dass bestimmte Fragen einer Regelung bedürfen, und Anregungsnormen, die nur auf eine bestimmte Möglichkeit zur privaten Rechtsgestaltung hinweisen, wie etwa ein fakultativer Aufsichtsrat.[105] Abweichungsmöglichkeiten können ferner von der

---

97 So beschreibt es *Möslein*, OdW 2018, 99, 102.

98 Dazu etwa *Wolf/Neuner*, Allgemeiner Teil des Bürgerlichen Rechts, § 3 Rn. 19.

99 Eingehend zu § 114 HGB etwa *Klimke*, in: BeckOK zum HGB, § 114 Rn. 40.

100 So etwa *Zöllner*, Die Schranken mitgliedschaftlicher Stimmrechtsmacht bei den privatrechtlichen Personenverbänden, 1963, S. 97 ff.

101 *Möslein*, OdW 2018, 99, 104.

102 *Möslein*, Dispositives Recht, 2011, S. 217 ff.; *Binder*, ZGR 2007, 745, 774 f.

103 *Kähler*, JZ 2002, 181, 200; *Möslein*, Dispositives Recht, 2011, S. 217 f.

104 Dazu *Bachmann*, JZ 2008, 11, 13 f.

105 *Möslein*, OdW 2018, 99, 104; vgl. eingehend *Hommelhoff/Schwab*, in: Hommelhoff/Hopt/v. Werder (Hrsg.), Handbuch Corporate Governance, 2003, S. 51 ff.

Information des Vertragspartners oder der Einhaltung bestimmter Formvorschriften abhängig gemacht werden.[106]

bb. Regelungszuschnitt

Darüber hinaus erfolgt eine Differenzierung anhand des Regelungszuschnitts. Dabei kommt es darauf an, wie detailliert und präzise eine Regelung gefasst ist.[107] Je detaillierter die gesetzlichen Vorgaben sind, desto höher ist die Normdichte.[108] Mit steigender Normdichte sinkt der Entscheidungsspielraum des Normadressaten, jedoch steigt die Effektivität des betreffenden Regelungsinstruments.[109] Hierbei stellt sich letztlich die Frage nach der Kompetenzaufteilung zwischen Gesetzgeber und Rechtsprechung. Denn je unbestimmter eine Regelung formuliert ist, desto mehr bedarf diese der Ausgestaltung durch die Gerichte. Als Beispiel dient § 242 BGB, welcher keinen Rechtssatz mit deskriptiven Tatbestandsmerkmalen enthält, aus dem durch Subsumtion bestimmte Rechtsfolgen geschlossen werden können, sondern vielmehr eine Generalklausel als Einfallstor für die richterrechtliche Rechtsfortbildung darstellt.[110] Insofern erlangt diese Fragestellung nicht nur mit dem Gewaltenteilungsprinzip eine verfassungsrechtliche Dimension und damit gleichzeitig eine untere Gestaltungsgrenze.[111] Denn unbestimmte und offene Regelungen können sich zudem problematisch im Hinblick auf die vom Rechtsstaatsprinzip geforderte Rechtssicherheit auswirken.[112] Weitergehend lässt sich unter dem Regelungszuschnitt die bereits angesprochene Frage nach der Typengesetzlichkeit eines Vertrags oder einer Rechtsform fassen.[113] Auch die zeitliche Dimension einer Regelung bildet einen Parameter dieser Kategorie. So können Normen etwa nur für einen festgelegten Zeitraum, *ex post* oder *ex ante* gelten.[114]

cc. Regelungsstrategie

Jenseits von Regelungsintensität und Regelungszuschnitt lassen sich innerhalb der Grenzen, die das höherrangige Recht vorgibt, unterschiedliche Strategien verfolgen. Denn es sind mehrere Ansätze denkbar, mit denen der mit dem Erlass einer Regelung bezweckte Erfolg erzielt werden kann. Der Regelgeber hat bei der Wahl

---

106 So etwa *Möslein*, OdW 2018, 99, 104.

107 Dazu *Binder*, Regulierungsinstrumente und Regulierungsstrategien im Kapitalgesellschaftsrecht, 2012, S. 45 f.; *Möslein*, OdW 2018, 99, 105.

108 *Morell*, AcP 217 (2017), 61, 65 ff.

109 *Möslein*, OdW 2018, 99, 106.

110 *Sutschet*, in: BeckOK zum BGB, § 242, Rn. 2.

111 Hierzu *P. Kirchhof*, in: Maunz/Dürig, GG, Art. 3 Rn. 130.

112 Dazu etwa *Grzeszick*, in: Maunz/Dürig, GG, Art. 20 Abs. 3, Rn. 75 ff.

113 Siehe hierzu Kap. 1 A I 1; ebenso *Auer*, Materialisierung, Flexibilisierung, Richterfreiheit, 2005, S. 159 ff.; *Möslein*, Dispositives Recht, 2011, S. 49 ff.

114 Dazu *Steinhaus*, Gesetze mit Verfallsdatum – ein Instrument des Bürokratieabbaus?, 2008.

der Regelungsstrategie die spezifischen Funktionen, Organisationsstrukturen und Werteorientierungen des betreffenden gesellschaftlichen Bereichs zu beachten, wobei sich der bestehende Spielraum in sämtliche Richtungen erstreckt, also sowohl bezüglich des „ob" als auch des „wie" einer dispositiven Regelung.[115] An erster Stelle ist die Typizität anzuführen, nach der eine Regelung möglichst präzise und zielgenau zu sein hat, um den Regelungsadressaten zum gewünschten Verhalten zu bewegen.[116] Dies mag dem Vernehmen nach als „Standardmodell" dienen, ist jedoch nur ein denkbarer Ansatz von mehreren. So setzt daneben die Regelungsstrategie der Flexibilität auf eine offenere Gestaltung: Es sollen, etwa durch Anregungsnormen oder Regelungsaufträge, individuelle Anpassungsmöglichkeiten geschaffen werden, wodurch zwar zunächst eine gewisse Unsicherheit entsteht, die jedoch durch dezentrales „Experimentieren" gelöst werden kann.[117] Angesichts der umwälzenden Veränderungen unserer Zeit, allen voran der Globalisierung und der fortschreitenden Innovationsdynamik, drängt sich eine anpassungsfähige (dispositive) Rechtssetzungsgestaltung geradezu auf.[118] Zuletzt bildet die Transparenz eine besonders flexible strategische Gestaltungsvariante im Normsetzungskontext.[119] Hierbei soll das gewünschte Verhalten der Regeladressaten durch Offenlegungs- und Begründungspflichten erreicht werden. Dieser Ansatz sieht sich jedoch Problemen in der Rechenschaft und objektiven Überprüfung von Entscheidungen ausgesetzt. Welche Regelungsstrategie nun im konkreten Fall jeweils zu verfolgen ist, wird einen hohen Argumentationsaufwand und die Berücksichtigung der besonderen Umstände des jeweiligen Einzelfalls erfordern.

b. Leitlinien für den forschungskooperativen Kontext

Es gilt, sich die in Andeutungen aufgezeigte Breite und Vielfalt der Regelsetzungslehre zunutze zu machen, um eine – von der gesetzlichen Ausgangslage zunächst losgelöste – Ideal-Governance-Struktur zu entwickeln. Eine Lösung für einzelne Sachfragen soll dabei an späterer Stelle dieser Arbeit präsentiert werden; zunächst sollen lediglich allgemeine Leitlinien formuliert werden. Im Grundsatz bietet sich ein offener Regelungszuschnitt an. Hierdurch kann ein „Entdeckungsprozess" eröffnet werden, in dem Gerichte und auch die Kooperationen selbst zur genaueren Ausformung beitragen können.[120] Eine konsequente und ausnahmslose Verfolgung der Regelungsstrategie der Typizität dürfte dagegen im forschungskooperativen Kontext fehl am Platz sein, denn durch die ausgeprägte Heterogenität wissenschaftlicher Kooperationen wird ein in allen Einzelheiten detailliert ausgestaltetes Regelungsregime schnell an seine Grenzen stoßen, sodass es eines Kompromisses

115 *Möslein*, Dispositives Recht, 2011, S. 438 f.
116 Dazu *Möslein*, OdW 2018, 99, 108 f.
117 *Möslein*, OdW 2018, 99, 109 f.
118 Dazu eingehend *Möslein*, Dispositives Recht, 2011, S. 438 ff.
119 Vgl. zur Transparenz in der Rechnungslegung etwa *Kühnberger*, DStR 2018, 755 ff.
120 So *Möslein*, OdW 2018, 99, 110.

zwischen der Wahrung der nötigen Breite im Anwendungsbereich und der Passgenauigkeit des Regelungsregimes bedarf. So gestaltungsoffen und dynamisch, wie sich flexible Regelungssysteme zeigen, so wenig bieten diese jedoch Gewähr zur Formulierung von festen Regeln und Leitlinien. Dies wiederum ist der Übersichtlichkeit und Verlässlichkeit einer Forschungskooperationsgesellschaft aus Sicht des Rechtsverkehrs im Allgemeinen und einer Governance-Struktur im Besonderen abträglich, sodass dieser Ansatz ebenfalls nicht uneingeschränkt verfolgt werden sollte. Es erscheint daher zur Wahrung der Flexibilität und der Abdeckung eines möglichst breiten Spektrums praktischer Ausgestaltungen im Grundsatz eine Unterscheidung zwischen zwingenden Kernregelungen, die ein rechtsstrukturell stets identisches Fundament gewährleisten, einerseits und dispositiven Erweiterungen oder Zusatzmodulen andererseits, welche die Kooperationspartner wählen können, sobald sie diese benötigen, angezeigt. Um die nötige Flexibilität zu erzielen, könnten daher insbesondere governance-relevante Fragen eher dispositiv ausgestaltet sein. Namentlich könnte dies etwa die Frage nach einem Vorsitzenden im Leitungsorgan, einem Überwachungsorgan oder einem wissenschaftlichen Beirat betreffen, doch dazu an späterer Stelle mehr.[121] Dagegen sollte im Themenbereich der Transparenz oder der Zuordnung geistigen Eigentums mit zwingendem Charakter operiert werden.[122] Unter Transparenzgesichtspunkten ist aufgrund der Zielsetzung von Forschungskooperationen – also dem Erkenntnisgewinn – festzuhalten, dass diese im Gegensatz zu wirtschaftlichen, profitorientierten Unternehmungen deutlich schwerer zu bemessen ist, weshalb Offenlegungs- und Begründungspflichten zu einer besseren Beurteilung der Forschungsarbeiten beitragen könnten.[123] Gesteigerte Bedeutung erlangt ferner der Grundsatz der Selbstorganschaft. Dieser setzt je nachdem, ob es sich beim Kooperationsvehikel um eine Personengesellschaft oder eine Kapitalgesellschaft handelt, unterschiedliche Grenzen in der Gestaltung, die allerdings in dieser Bearbeitung gesondert behandelt werden.[124]

4. Sichtbarkeit – Innen- und Außengesellschaft

Ein grundlegendes Kriterium zur Einordnung von Rechtsformen ist die Unterscheidung zwischen Innen- und Außengesellschaft. Damit einher geht die Frage nach der Sichtbarkeit der Kooperation bzw. der Kooperationspartner. Eine Innengesellschaft liegt vor, wenn die Beteiligten nur Regelungen für das Innenverhältnis vereinbaren und im Rechtsverkehr nicht gemeinschaftlich auftreten.[125] Tritt

---

121 Zum Vorsitzenden im Leitungsorgan Kap. 2 A II 3 c; zum Überwachungsorgan Kap. 2 A IV 1; zum wissenschaftlichen Beirat Kap. 2 A IV 2.

122 *Möslein*, OdW 2018, 99, 100.

123 So auch *Möslein*, OdW 2018, 99, 110.

124 Siehe Kap. 1 A I 6.

125 *Saenger*, Gesellschaftsrecht, Rn. 38.

die Gesellschaft dagegen dem Gesellschafterwillen entsprechend nach außen geschlossen auf und wird somit Dritten gegenüber offengelegt, tritt zum Innenverhältnis ein Außenverhältnis hinzu (Außengesellschaft).[126]

Für Forschungskooperationen hat dieser Aspekt auch abseits rein rechtlicher Konsequenzen große Bedeutung, denn gerade bei der Bewerbung um Drittfinanzierungsmittel ist die Sichtbarkeit des Verbunds als solcher regelmäßig zumindest förderlich.[127] Sollen nach dem Ende der Forschungskooperation deren Ergebnisse gemeinsam publiziert werden, so liegt es ebenfalls nahe, dies unter einheitlicher Bezeichnung der Kooperation zu tun, damit auch der Arbeits-/Erkenntnisprozess dargelegt werden kann.[128] Hinzu kommt, dass ein im Zuge kooperativer Forschung nach außen erfolgender einheitlicher Auftritt eine Motivations- und Integrationswirkung beim forschenden Personal erzielen kann, denn auf diese Weise wird die Bildung einer *corporate identity* befördert.[129] Regelmäßig wird von Seiten der Kooperationspartner mit der Kooperation auch ein über den reinen Erkenntnisgewinn hinausgehender Zweck verfolgt, denn bereits das Eingehen der Kooperation lässt sich mitunter zu Vermarktungszwecken nutzen.[130] Andererseits haben die Trägerinstitutionen als Kooperationspartner ihrerseits ein Interesse an größtmöglicher Sichtbarkeit und Identifikation mit den erzielten Forschungsergebnissen und die damit einhergehende Reputation.[131] Diese dürften nicht daran interessiert sein, dass sich die Kooperation ihnen gegenüber in der öffentlichen Wahrnehmung verselbstständigt. Hier droht also ein Interessenskonflikt, den es durch geeignete (gesellschaftsrechtliche) Maßnahmen zu lösen gilt.

In diesem Kontext nicht unerwähnt bleiben darf neben der Verteilung von Reputation zwischen der Kooperation und den Kooperationspartnern die Beachtung von Rechtsfähigkeit und Haftung als Konsequenzen der Sichtbarkeit nach außen. Denn tritt der Verbund als solcher im Rechtsverkehr auf, besteht etwa die

---

126 *Saenger*, Gesellschaftsrecht, Rn. 38.

127 Dazu *Lee/Meschke/Nicklas*, in: Hanebuth/Lee/Meschke/Nicklas (Hrsg.), Forschungskooperationen zwischen Wissenschaft und Praxis, 2015, S. 169, 170 ff.; *Lappe*, Kooperationen wissenschaftlicher Einrichtungen, 2019, S. 50 f.

128 *Ortiz*, Kooperationen zwischen Unternehmen und Universitäten, 2012, S. 126 f.; *Lappe*, Kooperationen wissenschaftlicher Einrichtungen, 2019, S. 50 f.

129 Dazu *Dienel*, in: Strübing/Schulz-Schaeffer/Meister/Gläser (Hrsg.), Kooperationen im Niemandsland, 2004, S. 210, 226; *Lappe*, Kooperationen wissenschaftlicher Einrichtungen, 2019, S. 51.

130 Wissenschaftsrat, Drs. 7865-07, S. 34 f., abrufbar unter: https://www.wissenschaftsrat.de/download/archiv/7865-07.pdf [zuletzt abgerufen am 12.06.2018]; *Lappe*, Kooperationen wissenschaftlicher Einrichtungen, 2019, S. 51.

131 *Lee/Meschke/Nicklas*, in: Hanebuth/Lee/Meschke/Nicklas (Hrsg.), Forschungskooperationen zwischen Wissenschaft und Praxis, 2015, S. 169, 170 f.; *Lappe*, Kooperationen wissenschaftlicher Einrichtungen, 2019, S. 52; *Meschke*, in: Hanebuth/Lee/Meschke/Nicklas (Hrsg.), Forschungskooperationen zwischen Wissenschaft und Praxis, 2015, S. 101, 105 f.

Gefahr der (ungewollten) GbR-Gründung mit der damit verbundenen persönlichen Gesellschafterhaftung.[132] Andererseits erleichtert die damit einhergehende Rechtsfähigkeit der Kooperation wesentlich die arbeitsrechtliche Gestaltung sowie den Umgang mit vorhandenen und entstehenden Immaterialgütern.[133] Es bleibt also an dieser Stelle zunächst festzuhalten, dass die Frage nach der Sichtbarkeit der Kooperation eine Fülle von Aspekten tangiert, die sorgsam gegeneinander abgewogen werden müssen, um den mit der Kooperation bezweckten Erfolg für alle Beteiligten zu gewährleisten.

5. Rechtsfähigkeit des Kooperationsvehikels

Von zentraler Bedeutung für die rechtliche Organisation ist die Rechtsfähigkeit der Kooperation. Möglichst zu Beginn des Forschungsvorhabens sollten sich die Kooperationspartner darüber im Klaren sein, ob der Kooperation selbst Rechtsfähigkeit zukommen soll oder es sich vielmehr um ein rein schuldrechtliches Konstrukt handelt. Denn die Rechtsfähigkeit des Kooperationsvehikels zeitigt nicht nur mannigfaltige Auswirkungen auf die verschiedensten Rechtsgebiete. Vielmehr erfordert bereits die Frage selbst, ob Rechtsfähigkeit anzunehmen ist, mitunter größte Aufmerksamkeit, da diese zu unbeabsichtigten und einschneidenden Konsequenzen führen könnte.

a. Austauschvertrag oder gemeinsame Zweckverfolgung – die (ungewollte) Qualifizierung von Forschungsverbünden als Gesellschaft bürgerlichen Rechts

Das weite Spektrum an Spielarten wissenschaftlicher Forschungskooperationen in der Praxis reicht von schuldrechtlichen Austauschverträgen – dem FuE-Vertrag – bis hin zu internationalen, stark institutionalisierten, mit mehreren Forschungsabteilungen ausgestatten Kooperationen in den unterschiedlichsten Formen des Gesellschaftsrechts. Da es sich bei (den in dieser Bearbeitung fokussierten) horizontalen FuE-Verträgen um schuldrechtliche Austauschverträge handelt, bleibt es bei den im Vorfeld der Kooperation vorhandenen Rechtssubjekten. Fragen etwa der gegenseitigen Pflichten und der Haftung (gegenüber Dritten) scheinen damit geklärt.

Doch womöglich stellt sich die rechtliche Qualifikation der Kooperation bereits gänzlich anders dar, als es sich die Beteiligten vorstellen. Denn in der Praxis werden die Vertragspartner oftmals vor der praktischen Notwendigkeit stehen, die Kooperationsebene organisationsrechtlich selbständig zu interpretieren und dieser in mancherlei Hinsicht ein eigenständiges Auftreten im Rechtsverkehr zu ermöglichen.[134] Nur auf diese Weise können gewisse Prozesse und Akteure in den

---

132 Dazu etwa *Kübler/Assmann*, Gesellschaftsrecht, S. 43, 52, 57 ff.

133 Weitergehend hierzu siehe Kap. 1 A III.

134 *Geibel*, OdW 2018, 87, 88.

Kooperationsbetrieb integriert werden und im Außenverhältnis die Kooperation am Rechtsverkehr teilnehmen.[135] Hierbei besteht allerdings die Gefahr, dass die Grenze des rein schuldrechtlichen FuE-Vertrages überschritten wird. Denn zum Abschluss des Gesellschaftsvertrages einer GbR ist bereits ausreichend, dass sich die Vertragspartner ohne die Wahrung weitergehender Formerfordernisse zur Förderung eines gemeinsamen Zwecks verabreden, indem sie gegenseitige und verbindliche Verpflichtungen eingehen.[136] Nimmt die Kooperation darüber hinaus noch als solche am Rechtsverkehr teil, entsteht nach der geltenden Rechtsprechung des BGH automatisch eine rechtsfähige Außen-GbR.[137] Dieser zwingende Vorgang kann sich ereignen, ohne dass die Beteiligten dies wahrnehmen; auch durch eine Vereinbarung einer „Rechtsformverneinungs"-Klausel im Vorfeld kann dies nicht verhindert werden, da (auch) das Drittverhältnis tangiert ist.[138] In diesem Fall wird die Kooperation selbst sodann Zuordnungssubjekt künftiger abgeschlossener Verträge und neu entstehender geistiger Eigentumsrechte.[139] Darüber hinaus tritt unweigerlich die unbeschränkte persönliche und unmittelbare Haftung der Kooperationspartner analog § 128 HGB für sämtliche Verbindlichkeiten der Kooperation ein.[140]

Gerade vor dem Hintergrund, dass Forscher von Trägereinrichtungen, welche den Kooperationsvertrag selbst mitunterzeichnen, nach allgemeiner Vertragsauslegung als Gesellschafter der Kooperations-GbR gewertet werden können[141], würden etwa in der patientenbezogenen Forschung ungeahnte und unzumutbare Haftungsrisiken für das Forschungspersonal entstehen. Diese mitunter dramatischen potentiellen Umwälzungen rechtfertigen es, der rechtlichen Qualifikation der Kooperation in der Grauzone zwischen schuldrechtlichem Austauschvertrag und der Verfolgung gemeinsamer Zwecke im Gewand der GbR jedenfalls größte Aufmerksamkeit zukommen zu lassen. Natürlich können sich die beteiligten Trägereinrichtungen bewusst zu einer GbR mit sämtlichen daraus resultierenden Konsequenzen zusammenschließen. Doch in der Praxis wird dieser Vorgang vermutlich oftmals ungewollt und unbewusst stattfinden. In Anbetracht dessen erscheint der Gedanke vorzugswürdig, sich zu einer (rechtsfähigen) Kooperation mit von vornherein überschaubaren und begrenzten Haftungsrisiken, einer vorgefertigten, auf die Verbundforschung zugeschnittenen Governance-Struktur sowie

---

135 *Geibel*, OdW 2018, 87, 88.

136 Dazu *Saenger*, Gesellschaftsrecht, Rn. 69.

137 Grundlegend hierzu BGH, *Urt. v.* 29.01.2001 – II ZR 331/00 – Weißes Ross = BGHZ 146, 341; dazu auch *Eberbach/Hommelhoff/Lappe*, OdW 2017, 1, 2; *Geibel*, OdW 2018, 87, 89; *Geis*, OdW 2018, 77, 81.

138 *Eberbach/Hommelhoff/Lappe*, OdW 2017, 1, 2; *Geibel*, OdW 2018, 87, 89.

139 *Geibel*, OdW 2018, 87, 89.

140 *Geibel*, OdW 2018, 87, 89.

141 Dazu weitergehend Kap. 1 A III 2.

die Möglichkeit zur Anpassung im Fall einer fortschreitender Institutionalisierung zu organisieren.

b. Zur steuerrechtlichen Behandlung

Neben diesem rein gesellschaftsrechtlichen Aspekt wirkt sich die Rechtsfähigkeit der Kooperation auf eine Vielzahl anderer Rechtsgebiete aus. Hinsichtlich des Steuerrechts gilt es im Grundsatz festzuhalten, dass sich nur ein schuldrechtliches Gebilde durch „reine" Transparenz bzw. Durchlässigkeit auszeichnet. Bedienen sich aber die Trägereinrichtungen eines rechtsfähigen Kooperationsvehikels, sind in einer steuerrechtlichen Betrachtung insbesondere gemeinnützigkeitsrechtliche Problematiken sowie umsatzsteuerrechtliche Erwägungen in den Blick zu nehmen, wenngleich die betreffende Darstellung in Anbetracht des Gegenstands und Umfangs dieser Arbeit lediglich überblicksartig erfolgen kann. Überdies zeitigt gewiss nicht nur die Frage Steuerwirkungen, ob sich die Kooperationspartner eines rechtsfähigen Kooperationsvehikels bedienen, sondern auch, welche Rechtsform diese verwenden. Hierauf vereinzelt wird an späterer Stelle einzugehen sein. Sonstige steuerrechtliche Auswirkungen im forschungskooperativen Kontext, welche zwar zweifelsfrei vorhanden sind, für die Governance bzw. deren Vorfragen aber keine Relevanz aufweisen, wie etwa die Gewinn- und Verlustzuordnung, bleiben in dieser Bearbeitung dagegen außen vor.

aa. „Betrieb gewerblicher Art" durch öffentlich-rechtlich organisierte Kooperationspartner

Auf der Ebene der Kooperationspartner könnte im Falle eines rechtsfähigen Kooperationsvehikels der gemeinnützige, öffentlich-rechtliche Träger durch die aktive Einflussnahme als Gesellschafter auf die Kooperationsgesellschaft einen wirtschaftlichen Geschäftsbetrieb ausüben, der partiell zu versteuern ist.[142] Denn weder wird dabei die Trägereinrichtung vermögensverwaltend tätig, noch die Forschungskooperation ihrerseits, was zu einer Ausnahme von der Besteuerung führen würde.[143] Hierbei spielt es aus der Sicht des öffentlich-rechtlich organisierten Kooperationspartners überdies keine Rolle, ob der Forschungsverbund als Körperschaft oder Personengesellschaft organisiert ist, denn im Grundsatz können auch Personengesellschaften Betriebe gewerblicher Art sein.[144]

---

142 Vgl. BFH, *Urt. v.* 25.08.2010 – I R 97/09 = BFH/NV 2011, 312; dazu *Geibel*, OdW 2018, 87, 92.

143 Vgl. dazu BFH, *Urt. v.* 25.05.2011 – I R 60/10 = DStR 2011, 1460, 1461 = BStBl. II 2011, 858; *Lorenz*, in: Winheller/Geibel/Jachmann-Michel, Gesamtes Gemeinnützigkeitsrecht, § 14 AO, Rn. 108 ff.; *Geibel*, in: Winheller/Geibel/Jachmann-Michel, Gesamtes Gemeinnützigkeitsrecht, Anhang zu § 51 AO, Rn. 406; *ders.*, OdW 2018, 87, 92.

144 Vgl. BFH, *Urt. v.* 09.05.1984 – I R 25/81 = NVwZ 1985, 295, 296; vgl. dazu auch *Brönner/Schroller*, in: Schneider/Rückle/Küpper/Wagner (Hrsg.), FS Siegel, 2005, S. 479 ff.; *Geibel*, OdW 2018, 87, 92.

bb. Wahrung des Gemeinnützigkeitsstatus der Kooperationspartner

Darüber hinaus besteht für den gemäß §§ 51 ff. AO gemeinnützigen Kooperationspartner die Gefahr des Verlusts seines Gemeinnützigkeitsstatus durch die Finanzierungs- bzw. Gründungstätigkeit im Zusammenhang mit dem rechtsfähigen Kooperationsvehikel. Den Ausgangspunkt diesbezüglich bildet der sog. Unmittelbarkeitsgrundsatz gemäß § 57 AO, nach dem jede gemeinnützige Körperschaft selbst zur gemeinnützigen Verwendung der Finanzmittel verpflichtet ist.[145] Die Zweckverfolgung hat dabei durch Selbstverwirklichung zu erfolgen, indem die betreffende Tätigkeit entweder von vertretungsberechtigten Organen der Körperschaft selbst oder von Angestellten oder freien Mitarbeitern vorgenommen wird, deren Tätigkeit der Körperschaft auf schuldrechtlicher oder gesetzlicher Basis zugerechnet wird.[146] Damit kommt es auf die rechtliche Organisation des Kooperationsvermögens an bzw. ob der Kooperation Rechtsträgerschaft zukommt. Denn würde etwa ein gemeinnütziger Kooperationspartner Finanzmittel an den rechtsfähigen Forschungsverbund, der ebenfalls regelmäßig gemeinnützige Zwecke verfolgt, weiterleiten, ohne dass dessen Tätigkeit wie eine Tätigkeit der gemeinnützigen Körperschaft anzusehen ist und von ihr zudem überwacht wird, droht dem betreffenden Kooperationspartner unter Umständen der Verlust seines Gemeinnützigkeitsstatus.[147]

Eine Weiterleitung von Finanzmitteln der gemeinnützigen Körperschaft an eine andere ist nur in den Fällen des § 58 Nr. 1–3 AO vorgesehen.[148] Dabei ist umstritten, inwieweit die in der Satzung festgelegten Zwecke von Mittel weiterleitender und Mittel empfangender Körperschaft identisch sein müssen, um den Voraussetzungen des § 58 Nr. 1–3 AO zu genügen.[149] Während der *BFH*[150] diese Frage unbeantwortet ließ, forderte die Vorinstanz[151] zur Wahrung des Gemeinnützigkeitsstatus der fördernden Körperschaft die vollständige Identität der Zwecke, die in der Satzung der fördernden Körperschaft beschrieben sind, mit den Satzungszwecken der geförderten Körperschaft. Diese restriktive Ansicht wurde jedoch in der Literatur als zu eng bewertet, stattdessen sei eine teilweise Übereinstimmung der in der Satzung festgelegten Zwecke bereits ausreichend.[152]

---

145 *Gersch*, in: Klein, AO, § 57 Rn. 1; *Koenig*, in Koenig, AO, § 57 Rn. 2; *Schunk*, Kooperationen zwischen gemeinnützigen Körperschaften und das Unmittelbarkeitsgebot nach § 57 AO, 2014, S. 46 ff., 126 ff., 133 ff., 139 f.

146 *Koenig*, in: Koenig, AO, § 57 Rn. 1.

147 *Gersch*, in: Klein, AO, § 57 Rn. 1.

148 Dazu eingehend *Gersch*, in: Klein, AO, § 58 Rn. 2 ff.; *Koenig*, in: Koenig, AO, § 58 Rn. 5 ff.

149 Vgl. *Schütz/Runte*, DStR 2013, 1261, 1262.

150 BFH, *Urt. v.* 25.06.2014 – I R 41/12 (NV) = BeckRS 2014, 96542.

151 Hessisches FG, *Urt. v.* 26.04.2012 – 4 K 2239/09 = DStRE 2013, 434 ff.

152 *Kirchhain*, DStR 2013, 2141, 2143; *Weidmann/Kohlhepp*, DStR 2015, 1273, 1274; vgl. auch *Schütz/Runte*, DStR 2013, 1261, 1263; siehe auch zum Verbandszweck Kap. 2 A I 1 b.

Im forschungskooperativen Kontext erscheint es *prima vista* nicht schlechterdings ausgeschlossen, dass die in der Satzung jeweils festgelegten Zwecke von gemeinnütziger Trägereinrichtung und forschendem Kooperationsvehikel (zumindest in Teilen) divergieren, sodass unter Umständen zwar eine Teilidentität, aber keine vollständige Identität der satzungsmäßigen Zwecke vorliegt. Dementsprechend ist bei der Ausgestaltung des Kooperationsvertrages darauf zu achten, dass dieser sämtliche Satzungszwecke der involvierten gemeinnützigen Trägereinrichtungen beinhaltet.[153]

cc. Zur Umsatzsteuerpflichtigkeit

Auf der Kooperationsebene ist zu beachten, dass umsatzsteuerrechtlich betrachtet mit der Kooperation ein weiterer Unternehmer hinzutritt, wenn diese in einem rechtsfähigen Gewand betrieben wird. Deshalb können Leistungen zwischen den Trägereinrichtungen untereinander und mit dem Kooperationsvehikel im Grundsatz der Umsatzsteuer unterliegen, wenngleich Bareinlagen der Träger hierbei keinen entgeltlichen Leistungsaustausch darstellen.[154] Aufgrund dessen besteht die Motivation, einen (sonstigen) Leistungsaustausch über separate vertragliche Abreden abzuwickeln und diesen so vom umsatzsteuerlich relevanten Bereich des Leistungsaustauschs fernzuhalten.[155]

c. *Sonstige Konsequenzen im Überblick*

Ohne die Annahme von Rechtsfähigkeit und dem damit einhergehenden Hinzutreten eines weiteren Rechtssubjekts besteht keine Möglichkeit einer Haftungskanalisierung für die Kooperationspartner bzw. Vertragspartner als auf diese selbst. Denke man etwa an den medizinischen Bereich der patientenbezogenen translationalen Grundlagenforschung in Kombination mit der in rechtlicher Hinsicht möglichen, aber ungewollten Einordnung von Forschungspersonal als Gesellschafter der Kooperations-GbR und der damit einhergehenden unbeschränkten persönlichen Haftung wie eben beschrieben, empfiehlt sich dringend ein rechtsfähiges Kooperationsvehikel. Gewiss kann allein die Rechtsfähigkeit des Kooperationsvehikels keine Haftungsabschottung bewirken, doch ist diese zumindest denklogische Voraussetzung für die Inanspruchnahme haftungsabschottender Gesellschaftsformen wie etwa der GmbH, wenngleich auch hier ein (deliktsrechtlicher) Haftungsdurchgriff nicht gänzlich ausgeschlossen werden kann.[156]

---

153 So bereits *Lappe*, Kooperationen wissenschaftlicher Einrichtungen, 2019, S. 44.

154 BFH, *Urt. v.* 06.06.2002 – V R 43/01 = DStR 2002, 1346, 1347 f.; *Geibel*, OdW 2018, 87, 93; vgl. auch *Lappe*, Kooperationen wissenschaftlicher Einrichtungen, 2019, S. 42 ff.

155 So *Geibel*, OdW 2018, 87, 93; vgl. etwa BFH, *Urt. v.* 27.05.1982 – V R 110-111/81 = BFHE 136, 315 = BStBl. II 1982, 678; *Küffner/Rust*, DStR 2016, 1633 ff.

156 Zur Durchgriffsproblematik im Allgemeinen ausführlich *K. Schmidt*, Gesellschaftsrecht, § 9, S. 217 ff.

Regelmäßig werden die Sichtbarkeit der Kooperation und deren Rechtsfähigkeit durch einen einheitlichen Außenauftritt Hand in Hand miteinander gehen. Ist es etwa vorgesehen, sich im Zuge des gemeinschaftlichen Forschungsvorhabens um Drittmittel zu bewerben, so drängt sich ein Außenauftritt der Kooperation auf; ein Schuldvertrag selbst kann sich nicht bewerben. Zur Signalisierung einer gewissen Ernsthaftigkeit und Tiefe des Forschungsprojekts und damit zur Erhöhung der Chancen ist es daher empfehlenswert, der Kooperation durch die Verleihung von Rechtsfähigkeit einen eigenen Außenauftritt zu verleihen.

Doch die Ausstattung der Kooperation mit Rechtsfähigkeit bringt nicht nur rein rechtliche Konsequenzen mit sich, vielmehr trägt ein solches Vorgehen auch zur fortschreitenden Emanzipation der Kooperation von den Trägereinrichtungen bei. Diese haben im Grundsatz ein Interesse an der Wahrung der Rückkoppelung der Kooperationen zu ihnen selbst.[157] Je selbstständiger die Kooperation im Rechtsverkehr agiert, umso mehr treten die Kooperationspartner in den Hintergrund. Werden im Zuge der Forschungsarbeiten bahnbrechende Erkenntnisse erzielt, besteht die Gefahr, dass die Träger um die Anerkennung gebracht werden könnten. Gewiss ist die Rechtsfähigkeit des Kooperationsvehikels in dieser Hinsicht nicht der maßgebliche Faktor, der zur Emanzipation der Kooperation führt, jedoch ein erster Schritt in eine solche Richtung, sodass auch dieser Aspekt bei der Ausgestaltung bedacht werden sollte.

Das Hinzutreten eines neuen Rechtsträgers wirkt sich überdies auf eine Fülle weiterer Aspekte im forschungskooperativen Kontext aus, namentlich etwa die Zurechnung von Handlungen und Finanzzuflüssen, die Bündelung und Kanalisierung neu gewonnener Schutzrechte sowie die (vergrößerte) Bandbreite an Möglichkeiten zur Zuordnung von Personal zur Kooperation. Auch ein stärker ausdifferenziertes Organgeflecht wird letztlich als Grundlage ein rechtsfähiges Kooperationsvehikel erfordern. Hierauf wird an späterer Stelle eingegangen.[158]

6. *Körperschaftliches oder personengesellschaftsrechtliches Gepräge*

Für Forschungskooperationen spielt es nicht nur eine Rolle, ob das Kooperationsvehikel mit Rechtsfähigkeit versehen ist, sondern auch, ob es (im Falle einer Einordnung als Gesellschaft) ein körperschaftliches oder personengesellschaftsrechtliches Gepräge aufweist, jeweils aufbauend auf der Unterscheidung im BGB zwischen den beiden gesellschaftsrechtlichen Grundformen, dem Verein, §§ 21 ff. BGB, und der GbR, §§ 705 ff. BGB.[159] Dem folgend ist im Falle von Lücken in der gesetzlichen Ausgestaltung einer konkreten Gesellschaftsform je nachdem, ob es sich um eine Körperschaft oder eine Personengesellschaft handelt, subsidiär das

---

157 *Eberbach/Hommelhoff/Lappe*, OdW 2017, 1, 8.

158 Vgl. zum Arbeitsrecht Kap. 1 A III 1; zum IP-Recht Kap. 1 A IV 1 b cc; zum Institutionalisierungsgrad Kap. 1 B III.

159 *Heider*, in: MüKo zum AktG, § 1 Rn. 14; *Saenger*, Gesellschaftsrecht, Rn. 11.

Vereinsrecht oder das Recht der BGB-Gesellschaft anwendbar (sog. Schachtelprinzip).[160] Zwischen diesen beiden Gestaltungsmöglichkeiten bestehen grundlegende Unterschiede, die entscheidenden Einfluss auf die Forschung im Verbund nehmen können. Deshalb sind diese Aspekte nicht zuletzt auch bei der Frage nach der Schaffung einer neuen Rechtsform hinsichtlich deren Einordnung in dieses Raster näher zu beleuchten.

a. Grad der mitgliedschaftlichen Bindung

Wesentliches Kriterium der Personengesellschaften ist deren Abhängigkeit vom konkreten Mitgliederbestand. Da die Übereinkunft der Gesellschafter durch deren persönliches Vertrauen untereinander geprägt ist, ist für den weiteren Bestand der Personengesellschaft die unveränderte Zusammensetzung der Gesellschafter im Grundsatz essentiell.[161] Körperschaften weisen dagegen einen deutlich ausgeprägteren Grad an Verselbstständigung gegenüber deren Gesellschaftern auf.[162] Durch deren Veranlagung zum Mitgliederwechsel wird der Fortbestand der Körperschaft weder durch Tod, noch durch Ein- und Austritt von Mitgliedern oder der Übertragung von Anteilen beeinträchtigt.[163] Der Grund hierfür ist darin zu finden, dass der Gesellschafter in Bezug auf die Körperschaft im Wesentlichen nicht als Person in Erscheinung tritt, sondern vielmehr in erster Linie als Kapitalgeber fungiert, weshalb Körperschaften oftmals gleichzeitig auch Kapitalgesellschaften sind.[164] Diese Grundsätze bilden naturgemäß lediglich Ausgangspositionen, im Einzelfall können sich auf gesetzlicher oder tatsächlicher Ebene gewiss Abweichungen ergeben.

Wissenschaftliche Forschungskooperationen zeichnen sich regelmäßig jedenfalls zu Beginn – etwa im Gegensatz zu Publikumsgesellschaften – durch eine überschaubare Anzahl an Gesellschaftern aus. Die Trägereinrichtungen werden sich untereinander als Vertragspartner mit Bedacht ausgewählt haben. In diesem Lichte betrachtet entspräche eher das personengesellschaftsrechtliche Leitbild des engen, vertrauensvollen Verhältnisses der Gesellschafter untereinander dem Charakter kooperativer Forschungsverbünde. Allerdings ist es durchaus vorstellbar, dass sich Forschungskooperationen im Zuge der Forschungstätigkeiten erweitern. Neue Forschungsgelder, technische Hilfsmittel oder Personal könnten (mitunter unvorhergesehen) erforderlich sein. Insbesondere im Falle einer erfolgreichen Entwicklung des Forschungsverbunds könnte eine Verlängerung oder Vertiefung der Kooperation bevorstehen, die auch eine Erweiterung des Gesellschafterkreises mit sich bringt. Zwar wird regelmäßig der Tod eines Gesellschafters in Forschungskooperationen aufgrund des Umstands, dass es sich bei den Trägereinrichtungen

---

160 *Kindler*, Grundkurs Handels- und Gesellschaftsrecht, § 9 Rn. 13; *Koch*, Gesellschaftsrecht, § 1 Rn. 4.

161 *Schäfer*, Gesellschaftsrecht, S. 5; *Windbichler*, Gesellschaftsrecht, § 9 Rn. 1.

162 *Windbichler*, Gesellschaftsrecht, § 20 Rn. 2; *Schäfer*, Gesellschaftsrecht, S. 5.

163 *Saenger*, Gesellschaftsrecht, Rn. 13.

164 *Saenger*, Gesellschaftsrecht, Rn. 13; *Schäfer*, Gesellschaftsrecht, S. 5.

um juristische Personen handelt, keine Rolle spielen. Auch werden sich die Gesellschafter in der Regel nicht lediglich auf einen Einsatz von Kapital in der Kooperation beschränken, sondern vielmehr (auch) Forschungspersonal, technische Geräte oder bestehende Schutzrechte einbringen. Dennoch bietet ein körperschaftliches Gepräge, gerade bei umfangreicheren Kooperationen, ein flexibleres Gerüst in Anbetracht des ungewissen Verlaufs der Kooperation, der der Forschung wesensimmanent ist.

b. Haftung

Körperschaften sind regelmäßig juristische Personen, die ihre Rechtsfähigkeit entweder mit der Eintragung in ein staatliches Register (Normativsystem) oder durch staatliche Verleihung (Konzessionssystem) erlangen.[165] Für Gesellschaftsschulden haftet den Gläubigern gegenüber sodann nur die Körperschaft, nicht aber die Mitglieder mit deren Privatvermögen (zB §§ 13 Abs. 2 GmbHG, 1 Abs. 1 S. 2 AktG); andererseits ist den Gläubigern der Gesellschafter der Rückgriff auf das Gesellschaftsvermögen verwehrt (Trennungsprinzip).[166] Eine Durchgriffshaftung kommt nur höchst ausnahmsweise in Betracht.[167] Demgegenüber stellen Personengesellschaften Gesamthandsgemeinschaften dar. Inzwischen ist nach der höchstrichterlichen Rechtsprechung die (Außen-)GbR zwar (teil-)rechtsfähig, sodass auch den Gesamthandsgemeinschaften Rechtsfähigkeit zukommt.[168] Allerdings haften die Gesellschafter von Personengesellschaften im Gegensatz zu denen der Körperschaften im Grundsatz gemäß § 128 HGB in direkter oder analoger Anwendung akzessorisch mit ihrem Privatvermögen in unbeschränkter Höhe.[169]

Insofern kommt den Körperschaften mit der Beschränkung der Haftung auf das Kooperationsvehikel im Grundsatz ein entscheidender Vorteil gegenüber den Personengesellschaften zu. Denn eine Haftungskanalisierung auf die Kooperationsgesellschaft ist nach den obigen Ausführungen[170] dringend empfehlenswert, damit die Forscher und auch die Trägereinrichtungen gerade in haftungssensiblen Bereichen keinen unnötigen Haftungsrisiken ausgesetzt sind. So wäre es beispielsweise undenkbar, dass sich die Kooperation zwischen dem Helmholtz-Institut HITRON mit dem DKFZ sowie dem Forschungsinstitut für Translationale Onkologie an der Universitätsmedizin Mainz bei der Patientenforschung einer

165 *Windbichler*, Gesellschaftsrecht, § 20 Rn. 1.
166 *Saenger*, Gesellschaftsrecht, Rn. 15
167 Vgl. dazu etwa *Bayer*, in: Lutter/Hommelhoff, GmbHG, § 13 Rn. 11 ff.; *Lieder*, in: Michalski/Heidinger/Leible/J. Schmidt, GmbHG, § 13 Rn. 422 ff.
168 BGH, *Urt. v.* 27.09.1999 – II ZR 371/98 = BGHZ 142, 315 = DStR 1999, 1704; vgl. auch *Elsing*, BB 2003, 909, 910; *Habersack*, BB 2001, 477, 478.
169 *Saenger*, Gesellschaftsrecht, Rn. 15; *Schäfer*, in: MüKo zum BGB, § 705 Rn. 11.
170 Siehe Kap. 1 A I 5 a.

unbeschränkten, persönlichen Gesellschafterhaftung aussetzen würde.[171] Allerdings ist einschränkend anzumerken, dass mit der Partnerschaftsgesellschaft auch eine Personengesellschaft zur Verfügung steht, welche nach § 8 Abs. 4 PartGG eine Haftungsbeschränkung auf das Gesellschaftsvermögen im Falle des Vorhandenseins einer Berufshaftpflichtversicherung vorsieht.[172]

c. Willensbildung – Einstimmigkeits- vs. Mehrheitsprinzip

Unterschiede zwischen Personengesellschaften und Körperschaften zeigen sich weitergehend im Mechanismus der Willensbildung innerhalb der Gesellschaft. So gilt im Bereich der Personengesellschaften (jedenfalls als Ausgangsposition) das Einstimmigkeitsprinzip, §§ 709 BGB, 119 Abs. 1 HGB.[173] Aufgrund dessen bedarf es der Zustimmung aller Gesellschafter zu jeder Geschäftsführungsmaßnahme; eine Ausnahme gilt lediglich für einen Stimmrechtsausschluss wegen Interessenkollision.[174] Zu beachten ist jedoch, dass § 709 Abs. 1 BGB lediglich einen gesetzlichen Regelfall darstellt, der nur dann eingreift, wenn die Gesellschafter ausdrücklich oder konkludent im Gesellschaftsvertrag nichts Abweichendes vereinbaren.[175] Diese haben nämlich die Freiheit, im Gesellschaftsvertrag Mehrheitsentscheidungen zuzulassen.[176] Demgegenüber gilt im Körperschaftsrecht grundsätzlich das Mehrheitsprinzip, vgl. §§ 32 Abs. 1 S. 3 BGB, 133 Abs. 1 AktG, 47 Abs. 1 GmbHG.[177] Hierbei ist zu differenzieren zwischen solchen Beschlussgegenständen, über welche mit einfacher Mehrheit entschieden wird und denen, die eine qualifizierte Mehrheit verlangen.[178] Per entsprechender Mehrheit kann dabei über den Kernbereich des Zusammenschlusses, wie etwa einer Änderung der Verbandsverfassung, entschieden werden.[179]

Gewiss bietet die Statuierung des Mehrheitsprinzips grundsätzlich eine flexiblere Handhabe sowie eine verringerte Gefahr von Blockadesituationen. Andererseits sei auf die sich aus der an späterer Stelle erfolgenden (pauschalisierten) Gegenüberstellung der Interessen und Professionalisierungsgrade von Hochschulen, außeruniversitären Forschungseinrichtungen und Wirtschaftsunternehmen ergebende Schutzbedürftigkeit vermeintlich schwächerer Kooperationspartner

171 Deshalb wird die Kooperation in Gestalt einer gGmbH betrieben, vgl. hierzu *Eberbach*, OdW 2018, 51, 55.

172 Hierzu *Schöne*, in: BeckOK zum BGB, § 8 PartGG Rn. 31 ff.

173 Dazu *Schöne*, in: BeckOK zum BGB, § 709, Rn. 20; *Saenger*, Gesellschaftsrecht, Rn. 14, 156; *Wicke*, MittBayNot 2017, 125 ff.

174 *Schäfer*, in: MüKo zum BGB, § 709 Rn. 39.

175 *Schäfer*, in: MüKo zum BGB, § 709 Rn. 38.

176 BGH, *Urt. v.* 15.11.1982 – II ZR 62/82 = BGHZ 85, 350, 354.

177 Zu § 32 BGB eingehend etwa *Arnold*, in: MüKo zum BGB, § 32 Rn. 42; zu § 47 Abs. 1 GmbHG etwa *Bayer*, in: Lutter/Hommelhoff, GmbHG, § 47 Rn. 7.

178 *K. Schmidt*, Gesellschaftsrecht, § 16 II, S. 452 f.

179 *K. Schmidt*, Gesellschaftsrecht, § 16 II, S. 452.

hingewiesen, welche für eine Forschungskooperationsgesellschaft zumindest als Ausgangspunkt die Statuierung des Einstimmigkeitsprinzips erfordern könnte.[180]

d. Organschaftliche Vertretung – Prinzip der Selbstorganschaft

Ein weiterer Kernaspekt personengesellschaftsrechtlicher oder körperschaftlicher Prägung ist die Frage, welcher Freiraum den Gesellschaftern bei der Besetzung bestimmter Organe zukommt, oder anders formuliert, ob die Organfunktionen an die Mitgliedschaft gebunden sind oder nicht.[181] So ist im Grundsatz für Personengesellschaften kennzeichnend, dass die Geschäfte von den Gesellschaftern selbst geführt werden (Prinzip der Selbstorganschaft, vgl. §§ 709 ff. BGB, 114, 125 HGB)[182], während es dagegen den Gesellschaftern im Recht der Körperschaften gestattet ist, das Leitungsorgan mit Dritten zu besetzen (Prinzip der Dritt- oder Fremdorganschaft, vgl. etwa § 6 Abs. 3 S. 1 GmbHG).[183] Der Grundsatz der Selbstorganschaft ist also ein Prinzip im personengesellschaftsrechtlichen Organisationsrecht, das eine mitgliedschaftliche Legitimation sämtlicher Herrschaftsbefugnisse sowie die Beschränkung der Organvertretung auf die persönlich haftenden Gesellschafter fordert.[184] Aus ihm folgt ein „Organmonopol der unbeschränkt haftenden Gesellschafter als Vertretungsorgane".[185] Sinn und Zweck dieses die privatautonome Gestaltungsfreiheit beschneidenden Prinzips ist die zwingende Korrelation von Herrschaft und Haftung im Unternehmen.[186] Die unbeschränkt haftenden Gesellschafter sollen zu ihrem eigenen Schutz die Leitung des Unternehmens in den Händen halten[187], außerdem trägt das Zusammenfallen von Leitung und Haftung zur Sicherung des Rechtsverkehrs sowie der übrigen Gesellschafter vor falschen Entscheidungen im Bereich des Managements bei[188]. *Flume* führt im Kern an, dass sich ein Verband ebenso wenig selbst entmündigen könne, wie eine natürliche Person.[189] Eine weitere Begründung für die Existenz dieses Prinzips liefert § 717 S. 1

180 Siehe zur Schutzbedürftigkeit Kap. 1 B II 4 a sowie zur letztlichen Ausgestaltung in der Trägerversammlung Kap. 2 A III 2 b.

181 *K. Schmidt*, Gesellschaftsrecht, § 14 II 2, S. 409.

182 *Saenger*, Gesellschaftsrecht, Rn. 14.

183 *Saenger*, Gesellschaftsrecht, Rn. 14.

184 *K. Schmidt*, Gesellschaftsrecht, § 14 II 2, S. 410.

185 *K. Schmidt*, Gesellschaftsrecht, § 14 II 2, S. 411.

186 Vgl. dazu *K. Schmidt*, Gesellschaftsrecht, § 14 II 2, S. 413.

187 Vgl. dazu *Wiedemann*, Gesellschaftsrecht, Band I, § 6 IV 1 a; *K. Schmidt*, Gesellschaftsrecht, § 14 II 2, S. 413.

188 *Wiedemann*, Gesellschaftsrecht, Band I, § 6 VI 1; *K. Schmidt*, Gesellschaftsrecht, § 14 II 2, S. 411.

189 *Flume*, Allgemeiner Teil des Bürgerlichen Rechts, Bd. I/1 – Die Personengesellschaft, S. 240 ff.; so auch *Berghoff*, Die organschaftliche Vertretung der Gesellschaft bürgerlichen Rechts, 2005, S. 35; vgl. auch *Lappe*, Kooperationen wissenschaftlicher Einrichtungen, 2019, S. 425 ff.

BGB, nach dem eine Abspaltung und Übertragung organschaftlicher Geschäftsführungs- und Vertretungsbefugnisse als Ausfluss der Mitgliedschaft ausgeschlossen ist.[190] Zwar ist dieses objektive Prinzip in den vom Gesetzgeber gezogenen Grenzen für Privatrechtssubjekte zwingend im Sinne einer absoluten Gestaltungsgrenze, jedoch steht es dem Gesetzgeber seinerseits offen, die bestehenden Grenzen zu durchbrechen oder zu verschieben.[191] Mit anderen Worten ist es auch denkbar, Personengesellschaften mit Fremdorganschaft zuzulassen, was sich beispielsweise bei der Europäischen Wirtschaftlichen Interessenvereinigung (EWIV) zeigt.[192]

Im Grundsatz können selbstredend auch wissenschaftliche Forschungskooperationen im Rechtskleid einer Personengesellschaft betrieben werden. Hierbei ist es im nächsten Schritt denkbar, gewisse Leitungs- und Aufsichtsorgane mit jeweils umfassenden Kompetenzen zu implementieren, welche mit Vertretern der Trägereinrichtungen, aber auch mit Vertretern von Mittelgebern sowie Mitarbeitern der Kooperationspartner besetzt werden. Im gesellschaftsrechtlichen Sinne wären allerdings diese Arbeitnehmer sowie Mittelgeber-Vertreter Dritte, die mitunter nicht nur über Geschäftsführungsangelegenheiten, sondern – je nach Ausgestaltung des Kompetenzkatalogs – auch über Grundlagengeschäfte der Kooperation mitentscheiden könnten. Es stünde zu befürchten, dass eine solche Gestaltung dem Prinzip der Selbstorganschaft widerspricht. Daher muss die Frage aufgeworfen werden, welche Grenzen im Einzelnen das personengesellschaftsrechtliche Prinzip der Selbstorganschaft für die Ausgestaltung der Governance-Struktur zieht, um zu einer verwertbaren Aussage für die Gebräuchlichkeit personengesellschaftsrechtlicher Rechtsformen im forschungskooperativen Kontext zu gelangen.

aa. Freiräume bei der Besetzung der jeweiligen Organtypen mit Dritten

Zur Beantwortung der aufgeworfenen Frage ist im Hinblick auf die an späterer Stelle erfolgende Ausgestaltung der Governance-Struktur sowie zur Wahrung der Übersichtlichkeit zu differenzieren zwischen Aufgaben, die typischerweise ein Leitungsorgan übernimmt sowie denen eines Aufsichtsorgans. Überdies sind Geschäftsführungsangelegenheiten von Grundlagengeschäften zu unterscheiden.

Bei der Besetzung des Leitungsorgans mit gesellschaftsfremden Dritten stellen sich üblicherweise Fragen nach der Zuweisung von Kompetenzen im Bereich der Geschäftsführung und Vertretung nach außen. Jedoch gestattet das Prinzip der Selbstorganschaft nach der vorherrschenden Interpretation weder die

190 *Rawert*, in: MüKo zum HGB, § 114 Rn. 25; *Schöne*, in: BeckOK zum BGB, § 709 Rn. 5; *Habersack*, BB 2005, 1695, 1697.

191 *K. Schmidt*, Gesellschaftsrecht, § 14 II 2, S. 410; dazu ferner *Lappe*, Kooperationen wissenschaftlicher Einrichtungen, 2019, S. 424 ff.

192 *K. Schmidt*, Gesellschaftsrecht, § 14 II 2, S. 410; siehe EWIV-VO (EWG) Nr. 2137/85, Abl.EG 1985 L 199/1.

organschaftliche Bemächtigung Dritter zur Geschäftsführung noch die entsprechende Vertretungsmacht hierfür.[193] Allerdings besteht die Option eines schuldrechtlichen Ersatzkonstrukts, soweit gesichert ist, dass die organschaftliche Geschäftsführungs- und Vertretungsbefugnis daneben weiterhin vorhanden ist, die Beseitigung der schuldrechtlichen Organstellung an das Vorhandensein eines wichtigen Grundes gebunden ist sowie der Gesellschafterbeschluss zum Entzug der schuldrechtlichen Stellung als Geschäftsführer mit einfacher Mehrheit getroffen werden kann.[194] Diese Ansicht der Rechtsprechung geht jedoch Teilen der Literatur zu weit; gefordert wird, dass die schuldrechtliche Organstellung zumindest voraussetzungslos beendet werden können müsse.[195] Zumindest jedoch ist durch die Aufstellung einer Geschäftsordnung das Konkurrenzverhältnis der schuldrechtlichen sowie organschaftlichen Geschäftsführungsmacht und Vertretungsbefugnis zueinander zu regeln.[196]

In Bezug auf die Ausübung von Überwachungstätigkeiten und der Entscheidungsfindung im Rahmen eines Aufsichtsorgans ist es nach der herrschenden Meinung in Grundlagenfragen nicht gestattet, in einer Personengesellschaft Dritten organschaftliche Macht einzuräumen und dabei sämtlichen Gesellschaftern die Organstellung zu entziehen, wodurch das Prinzip der Selbstorganschaft letztlich als zwingendes Verbot der Drittorganschaft zu interpretieren sei.[197] Daneben sei es aber gestattet, organschaftliche Entscheidungsbefugnisse in Angelegenheiten der Geschäftsführung gesellschaftsfremden Dritten zu übertragen.[198] Der Rechtsprechung zufolge ist lediglich nötig, dass die Stimmrechtseinräumung an einen gesellschaftsfremden Dritten entziehbar bleibt, was auf das Vorhandensein eines wichtigen Grundes beschränkbar ist.[199] Die exakte Ausprägung des Umfangs der

---

193 BGH, *Beschl. v.* 20.01.2011 – V ZB 266/10 = DNotZ 2011, 361, 362; *Sprau*, in: Palandt, BGB, Vorbem. v. § 709 Rn. 3a; *Schöne*, in: BeckOK zum BGB, § 709 Rn. 4; *Ulmer*, ZIP 2005, 1341, 1343 f.; vgl. hierzu *Lappe*, Kooperationen wissenschaftlicher Einrichtungen, 2019, S. 415 ff.

194 BGH, *Urt. v.* 16.11.1981 – II ZR 213/80 = NJW 1982, 877, 878; BGH, *Urt. v.* 20.09.1993 – II ZR 204/93 = NJW-RR 1994, 98, 99; *Lappe*, Kooperationen wissenschaftlicher Einrichtungen, 2019, S. 415 ff.; *Roth*, in: Baumbach/Hopt, HGB, § 114 Rn. 24.

195 *Flume*, Allgemeiner Teil des Bürgerlichen Rechts, Bd. I/1 – Die Personengesellschaft, S. 246; *Jaeniche*, Die Dritteinflussnahme bei Personengesellschaften, 1995, S. 163.

196 Vgl. hierzu *Helm/Wagner*, BB 1979, 225, 227; *Lappe*, Kooperationen wissenschaftlicher Einrichtungen, 2019, S. 420; *Thümmel*, DB 1995, 2461, 2462.

197 BGH, *Urt. v.* 11.07.1960 – II ZR 260/59 = BGHZ 33, 105, 108 = NJW 1960, 1997, 1998; BGH, *Urt. v.* 20.09.1993 – II ZR 204/92 = NJW-RR 1994, 98; *Schöne*, in: BeckOK zum BGB, § 709 Rn. 4; *Eisenhardt*, Gesellschaftsrecht, S. 49.

198 Dazu *Servatius*, in: Henssler/Strohn, Gesellschaftsrecht, § 709 Rn. 3; *Lappe*, Kooperationen wissenschaftlicher Einrichtungen, 2019, S. 402 f.; *Schäfer*, in: MüKo zum BGB, § 709 Rn. 10.

199 BGH, *Urt. v.* 22.02.1960 – VII ZR 83/59 = NJW 1960, 963, 964; so auch *Schöne*, in: BeckOK zum BGB, § 709 Rn. 44; *Hadding/Kießling*, in: Soergel, BGB, § 709 Rn. 31;

Geschäftsführungsangelegenheiten, über die gesellschaftsfremde Dritte befinden können, ist jedoch in der Literatur umstritten; einige Literaten fordern weitergehende Einschränkungen.[200] Jedenfalls aber ist ein „echtes" Drittstimmrecht losgelöst vom Willen der Gesellschafter in Angelegenheiten der Geschäftsführung nicht mit dem Prinzip der Selbstorganschaft in Einklang zu bringen.[201] Des Weiteren gilt es zu beachten, dass im Bereich der Grundlangenangelegenheiten gesellschaftsfremden Dritten zwar keine Stimmrechte bei der Änderung des Gesellschaftsvertrags eingeräumt werden können, nach dem BGH wohl aber im Bereich sonstiger Grundlagengeschäfte, etwa der Abberufung der Geschäftsführung.[202] Zudem wird die Einräumung von Zustimmungsvorbehalten in Bezug auf bestimmte Geschäftsführungsangelegenheiten überwiegend als zulässig erachtet.[203]

Ein weiterer Aspekt, der im Kontext wissenschaftlicher Forschungskooperation eine Rolle spielen könnte, ist die Anrufung eines Schiedsgerichts zur Lösung von Konflikten.[204] Da in einem solchen Fall (Letzt-)Entscheidungsbefugnisse auf gesellschaftsfremde Dritte übertragen werden können, ist auch diese Gestaltungsvariante einer Prüfung anhand des Prinzips der Selbstorganschaft zu unterziehen. Zur Beantwortung dieser Frage lassen sich Anleihen aus der Wertung des § 146 Abs. 1 HGB entnehmen. Dieser lässt eine gewisse Form der Drittorganschaft in der Liquidation zu, woraus Rechtsprechung und Literatur erweiternd folgern, dass in einer „liquidationsähnlichen Sonderlage" Gesellschaftsfremden eine Organstellung zugesprochen werden kann, was beispielsweise beim Prozess der Gesellschaft gegen ihren alleinigen Geschäftsführer zum Ausschluss desselben gelte.[205] Dazu kann ein Dritter die Geschäfte der Gesellschaft leiten sowie die Gesellschaft im Prozess vertreten.[206] Da das Prinzip der Selbstorganschaft als Ausdruck eines gleichgerichteten Gesellschafterwillens zu verstehen sei, beansprucht es keine Geltung, wenn ein derartiger Wille nicht mehr vorhanden ist.[207] Diese Begründung ist keine handelsrechtliche Besonderheit, sodass

---

Westermann, in: Erman, BGB, § 717 Rn. 4; *Thümmel*, DB 1995, 2461, 2463 ff.; vgl. *Lappe*, Kooperationen wissenschaftlicher Einrichtungen, 2019, S. 407 ff.

200 Siehe etwa *Flume*, Allgemeiner Teil des Bürgerlichen Rechts, Bd. I/1 – Die Personengesellschaft, S. 237; *Nitschke*, Die kapitalistisch strukturierte Personengesellschaft, 1970, S. 289; *Reuter*, in: Baur/Hopt/Mailänder (Hrsg.), FS Steindorff, 1993, S. 229, 241.

201 So auch *Lappe*, Kooperationen wissenschaftlicher Einrichtungen, 2019, S. 410.

202 BGH, *Urt. v.* 22.02.1960 – VII ZR 83/59 = NJW 1960, 963, 964; vgl. auch *Lappe*, Kooperationen wissenschaftlicher Einrichtungen, 2019, S. 410 f.

203 *Weipert/Oepen*, ZGR 2012, 585, 592; *Wälholz*, DStR 2003, 511, 513; a.A. *Lappe*, Kooperationen wissenschaftlicher Einrichtungen, 2019, S. 411 ff.

204 Dazu ausführlicher Kap. 2 A III 2 b cc.

205 BGH, *Urt. v.* 11.07.1960 – II ZR 260/59 = BGHZ 33, 105, 109 f. = NJW 1960, 1997, 1998; dazu bereits RG, *Urt. v.* 27.10.1888 – I 226/28 = RGZ 22, 169, 170; *Weitemeyer*, in: Oetker, HGB, § 114 Rn. 36; *Born*, in: Ebenroth/Boujong/Joost/Strohn, HGB, § 109 Rn. 15; *Steitz*, in: Henssler/Strohn, Gesellschaftsrecht, § 124 Rn. 11.

206 BGH, *Beschl. v.* 07.10.2010 – II ZR 2010/10 = NZG 2010, 1381, 1382 mit Anm. *Reiff/Röck*, LMK 2011, 312786.

207 BGH, *Beschl. v.* 07.10.2010 – II ZR 210/10 = NZG 2010, 1381, 1382.

dieser Gedankengang auch auf die GbR übertragen werden kann.[208] Nun ließe sich anführen, dass der Fall eines sog. *deadlock*, also einer Lage, in der die Gesellschaft aufgrund unterschiedlicher Positionen der Gesellschafter nicht mehr fähig ist, in einer konkreten Sachfrage eine Entscheidung zu treffen[209], dem einer „liquidationsähnlichen Sonderlage" vergleichbar sei, sodass auch in diesem Fall die Übertragung von Entscheidungsbefugnissen an Dritte, etwa ein Schiedsgericht, mit dem Prinzip der Selbstorganschaft in Einklang zu bringen sei.[210] Hierbei gilt es allerdings zu bedenken, dass zwar auch im Falle eines *deadlock* regelmäßig die Interessen der Gesellschafter nicht mehr gleichgerichtet sind, jedoch die Gesellschaft im Gegensatz zum Ausgangsfall nicht insgesamt handlungsunfähig ist, sondern „nur" im Hinblick auf eine einzelne Sachfrage und damit (jedenfalls zunächst) weit von einer liquidationsähnlichen Sonderlage bzw. einer generellen Handlungsunfähigkeit entfernt ist. Insofern ist eine Vergleichbarkeit der geschilderten Situationen nicht gegeben. Damit ist die Anrufung eines Schiedsgerichts im Falle eines *deadlock* in einer Personengesellschaft nicht mit dem Prinzip der Selbstorganschaft vereinbar.

bb. Konsequenzen für die Governance-Struktur

Da die Grenzen, die das Prinzip der Selbstorganschaft für die typische Ausgestaltung der Governance-Struktur einer wissenschaftlichen Forschungskooperation setzt, näher ausgeleuchtet wurden, ist nun darzulegen, inwieweit sich dies einschränkend auf die Gebräuchlichkeit personengesellschaftsrechtlicher Rechtsformen für die Forschung im Verbund auswirkt.

Sofern Forscher nicht selbst Vertragspartner des Kooperationsvertrages sind und damit auch Gesellschafter der Forschungskooperation – was jedoch vermieden werden sollte[211] –, ist es nicht möglich, Forscher mit organschaftlicher Leitungsbefugnis auszustatten. Hierfür kommen ausschließlich Vertreter der Trägereinrichtungen in Betracht. Dies liefe den Interessen der Träger ersichtlich zuwider. Denn es liegt zum einen – jedenfalls bei Kooperationen von geringem Institutionalisierungsgrad – in der Eigenheit des Forschens im Verbund begründet, dass Leitungsentscheidungen von Forschern getroffen werden. Zum anderen gebietet die organisationsrechtliche Dimension der Forschungsfreiheit nach Art. 5 Abs. 3 S. 1 Var. 2 GG, dass das Forschungspersonal in ungestörter Weise selbstständig den Forschungstätigkeiten nachkommt, was eine Besetzung des Leitungsorgans mit Forschern erforderlich macht.[212] Gewiss lässt sich dieser Umstand durch die Installation einer schuldrechtlichen Ersatzkonstruktion abfedern, doch stellt sich

---

208 Vgl. *K. Schmidt*, JuS 2011, 179, 181; *Lappe*, Kooperationen wissenschaftlicher Einrichtungen, 2019, S. 422 f.

209 Weitergehen hierzu siehe Kap. 2 A III 2 b cc.

210 So letztlich *Lappe*, Kooperationen wissenschaftlicher Einrichtungen, 2019, S. 422 ff.

211 Siehe weitergehend Kap. 1 A III 2.

212 Zur organisationsrechtlichen Dimension der Forschungsfreiheit nach Art. 5 Abs. 3 S. 1 Var. 2 GG siehe Kap. 1 A II 1 d bb; Kap. 2 A II 1.

hierbei als Folgeproblem die Aufstellung einer Geschäftsordnung, die das Verhältnis zur organschaftlichen Leitung regelt. Die Erstellung eines solchen Konstrukts ist in der Praxis aufgrund der diffizilen Materie regelmäßig fehleranfällig. Zudem sind durch das Vorhandensein zweier Leitungsbefugnisse – einer schuldrechtlichen und einer organschaftlichen – kompetenzielle Streitigkeiten absehbar.

Sollen Vertreter von institutionellen Förderern in einem Organ der Forschungskooperation verbindlich in Angelegenheiten der Kooperation mitentscheiden oder etwa über die Einhaltung der Vorgaben für die Bereitstellung von Mitteln wachen, so wäre deren (bedingt durch das Prinzip der Selbstorganschaft) schuldrechtlich eingeräumte Entscheidungsbefugnis stets entziehbar, womöglich sogar ohne das Vorliegen eines wichtigen Grundes. Somit wäre es etwa für Förderer auf gesellschaftsrechtlicher Ebene nicht möglich, rechtssicher über die Einhaltung der Förderbedingungen zu wachen. Dies würde die Attraktivität von Forschungskooperationen für externe Geldgeber erheblich einschränken. Würden sich etwa durch die Erzielung unerwarteter, bahnbrechender Erkenntnisse die Umstände in einer Forschungskooperation grundlegend ändern und damit eine Vertragsanpassung erforderlich machen, wären die Stimmen gesellschaftsfremder Dritter außen vor. Auch hier bleibt wiederum nur die Möglichkeit einer schuldrechtlichen Nachziehung oder der Abschluss von Stimmbindungsverträgen. Gleiches gilt für die Anrufung eines Schiedsgerichts im Falle eines *deadlock*.

Letztlich ist daher zu konstatieren, dass das Prinzip der Selbstorganschaft – jedenfalls nach der geltenden Gesetzeslage – für die Ausgestaltung wissenschaftlicher Forschungskooperationen einen wesentlichen Störfaktor darstellt. Zwar besteht die Möglichkeit einer schuldrechtlichen Ersatzkonstruktion, jedoch dürfte sich dies in der Praxis aufgrund der bestehenden Unsicherheit in einzelnen Sachfragen als in hohem Maße fehleranfällig erweisen, sodass nur ein erheblicher planerischer und damit regelmäßig auch finanzieller (Beratungs-)Aufwand nötig wäre, um den organisationsrechtlichen Anforderungen wissenschaftlicher Forschungskooperationen rechtssicher begegnen zu können. Damit erscheint letztlich das körperschaftliche Prinzip der Fremdorganschaft vorzugswürdiger.

e. Zwischenbilanz

Für eine personengesellschaftsrechtliche Ausgestaltung sprechen unbestreitbar die Sichtbarkeit der Trägereinrichtungen in der Kooperation sowie ein regelmäßig verringerter Gründungsaufwand. Dem stehen jedoch die Entwicklungsoffenheit für Kooperationsformen höheren Institutionalisierungsgrads sowie eine Haftungskanalisierung auf das Gesellschaftsvermögen, welche in sensiblen Forschungsfeldern geradezu essentiell ist, gegenüber. Im Übrigen können Personengesellschaften nach der derzeitigen Rechtslage (im Gegensatz zur GmbH) keinen Gemeinnützigkeitsstatus erlangen.[213] Auch der Einwand, dass Körperschaften

213 *Geibel*, OdW 2018, 87, 94; *ders.* in: Winheller/Geibel/Jachmann-Michel, Gesamtes Gemeinnützigkeitsrecht, Anhang zu § 51 AO, Rn. 394 ff.

für Forschungskooperationen von geringem Institutionalisierungsgrad untauglich sind, erweist sich bei näherer Betrachtung nicht als zwingend. Denn es existieren bereits körperschaftliche Organisationsformen wie etwa die UG (haftungsbeschränkt), die sich durch ein vereinfachtes Gründungsverfahren sowie ein geringes Stammkapital auszeichnen. Je nach weiter fortschreitendem Institutionalisierungsgrad ließen sich so auf körperschaftlichem Fundament optional weitere Organe hinzufügen, um dem Organisationsbedürfnis der Kooperation gerecht zu werden. Außerdem lässt sich der Prozess einer Verselbstständigung der Kooperation von den Trägern nur in begrenztem Maße mit gesellschaftsrechtlichen Mitteln entgegenwirken. Reputationskonkurrenz zwischen den Trägern auf der einen, sowie der Kooperation auf der anderen Seite hängt im Grundsatz nicht von einer personengesellschaftsrechtlichen oder körperschaftlichen Gestaltung ab. Hier empfiehlt sich vielmehr zielgerichtetes Marketing sowie die richtige Öffentlichkeitsarbeit. Am gewichtigsten wiegen jedoch wohl die Auswirkungen des Prinzips der Selbstorganschaft. Zwar mag auch dieses Prinzip zur Anbindung der Kooperation an die Trägereinrichtungen in einem gewissen Maße taugen, doch offenbaren sich bei näherer Betrachtung gravierende Mängel hinsichtlich des Gestaltungsbedarfs in der Verbundforschung. Damit ist zu konstatieren, dass sich für wissenschaftliche Forschungskooperationen, die ein solches Maß an Institutionalisierung erreicht haben, welches eine gesellschaftsrechtliche Fassung (in Abgrenzung zum FuE-Vertrag) rechtfertigt, ein körperschaftliches Gepräge besser eignet.

7. Zusammenfassung

Das Gesellschaftsrecht enthält zahlreiche Facetten, die für die Ausgestaltung wissenschaftlicher Forschungskooperationen beachtet werden sollten. Eine äußerste Grenze bildet der *numerus clausus* der Rechtsformen. Doch hat der Gesetzgeber in der jüngeren und älteren Geschichte mehrmals bewiesen, dass er willens ist, auf geänderte praktische Umstände oder Bedürfnisse angemessen zu reagieren. Unterhalb dieser Schwelle trifft der individuelle Gestaltungswille auf das Phänomen der Typengesetzlichkeit, dessen Ausprägung je nach Rechtsform stark variieren kann. Dabei hängt die Wahl der geeigneten Rechtsform von zwei wesentlichen Aspekten ab: Zulässigkeit und Zweckmäßigkeit. Unter der Zweckmäßigkeit wird eine Vielzahl an Parametern zusammengefasst, die es für den konkreten Einzelfall gegeneinander abzuwägen gilt. Für die Forschung im Verbund dürften dabei insbesondere Haftungskanalisierung, schnelle Gründung sowie eine möglichst flexible Handhabung von Bedeutung sein.

Neben der Wahl einer Rechtsform müssen sich die Kooperationspartner auch im Dickicht des dispositiven Rechts zurechtfinden. Hier überrascht bei genauerem Hinsehen die Breite an Gestaltungsmöglichkeiten für das gesetzgeberische Handeln. Das Gesellschaftsrecht zeigt sich in der Unterscheidung von dispositivem und zwingendem Recht sehr wechselhaft, wobei stets der unabänderbare Wesenskern der Rechtsformen und die Schutzinteressen der Gesellschafter beachtet werden müssen. Generell lässt sich eine dispositive Regelung nach Regelungsintensität, -zuschnitt und -strategie einteilen. Insbesondere durch einen offenen Regelungszuschnitt kann dabei der Praxis die Möglichkeit gegeben werden, gewisse Ausformungen zu erproben, was sich in Anbetracht der Heterogenität wissenschaftlicher Kooperationen empfiehlt. Doch auch gewisse Kernregelungen sollten vorhanden sein, um ein rechtsstrukturelles Fundament zu garantieren, gerade im Bereich der Transparenz oder des geistigen Eigentums.

Im Hinblick auf die Einwerbung von Drittmitteln, die Publikation der erzielten Ergebnisse sowie der Integrationswirkung beim Forschungspersonal empfiehlt sich ein einheitlicher Außenauftritt der Kooperation. Dieser muss jedoch die Sichtbarkeit der Trägerinstitutionen gleichermaßen gewährleisten.

Von grundlegender Bedeutung ist zudem die Rechtsfähigkeit des Kooperationsvehikels. Diese bewirkt in steuerrechtlicher Hinsicht umfassende Veränderungen sowie eine einfachere Handhabung von eingebrachten oder neu entstehenden geistigen Eigentumsrechten und der Zuordnung von Forschungspersonal. Rechtsfähigkeit ist ferner Ausgangspunkt für ein ausdifferenziertes Organgeflecht sowie eine Haftungskanalisierung auf die Forschungskooperation. Zuletzt bildet die Unterscheidung zwischen einem personengesellschaftsrechtlichen und einem körperschaftlichen Gepräge eine grundlegende Weichenstellung im Prozess der Rechtsformfindung, der weiter in Richtung eines kapitalgesellschaftsrechtlichen Gepräges beschritten werden sollte.

II. Verfassungsrechtliche Vorgaben

Nachdem die grundlegenden Gestaltungsmöglichkeiten im Gesellschaftsrecht im Hinblick auf wissenschaftliche Forschungskooperationen näher beleuchtet wurden, stellt sich die Frage, welche Vorgaben das Grundgesetz für deren Ausgestaltung statuiert.

1. *Freiheit der Wissenschaft, Forschung und Lehre, Art. 5 Abs. 3 S. 1 Var. 2 GG*

Dabei fällt der Blick naturgemäß zuerst auf die in Art. 5 Abs. 3 S. 1 Var. 2 GG geregelte Freiheit von Wissenschaft, Forschung und Lehre. Die Bedeutung dieses Grundrechts für die Gesellschaft kann nicht überschätzt werden. Denn die Fähigkeit des Menschen zum Wissenserwerb, der Auseinandersetzung mit seiner Umwelt und nicht zuletzt sein Erkenntnisdrang sind *conditio sine qua non* zur Entwicklung von Gesellschaft, Kultur, Staat und Recht.[214] Die Wissenschaftsfreiheit fördert dabei den zivilisatorischen Fortschritt nicht nur in materieller Hinsicht, sondern trägt auch zu einer wissensfundierten Allgemein- und Meinungsbildung

214 So bereits *Losch/Radau*, NVwZ 2003, 390, 391.

und damit letztlich zur Verwirklichung demokratischer Strukturen in Staat und Gesellschaft bei.[215] Nicht zuletzt ist der Erkenntnisdrang eine spezifisch menschliche Eigenart, weshalb die Forschungsfreiheit eine gesonderte Verbindung zur Menschenwürde als oberstem Verfassungsprinzip aufweist.[216]

Im forschungskooperativen Kontext stellen sich im besonderen Maße Fragen hinsichtlich des objektiven Gewährleistungsinhalts von Art. 5 Abs. 3 S. 1 Var. 2 GG, der Grundrechtsbindung von Unternehmen, des Regelungsauftrags des Gesetzgebers sowie die organisationsrechtliche Dimension der Wissenschaftsfreiheit. Im Zuge der folgenden Untersuchung wird der Versuch unternommen, die aus diesen Aspekten folgenden Auswirkungen auf die Gestaltung der Organisationsverfassung von wissenschaftlichen Forschungskooperationen aufzuzeigen.

a. Subjektiver Gewährleistungsinhalt

Doch zunächst bedarf es einer Klärung, inwieweit überhaupt der Schutzbereich von Art. 5 Abs. 3 S. 1 Var. 2 GG für die in der Kooperationsforschung involvierten natürlichen und juristischen Personen im Einzelnen eröffnet ist. Als einheitliches Grundrecht schützt Art. 5 Abs. 3 S. 1 Var. 2 GG die Freiheit von Wissenschaft, Forschung und Lehre gleichermaßen.[217] Hierbei ist zwischen persönlichem und sachlichem Schutzbereich zu differenzieren.[218]

In sachlicher Hinsicht umschreibt das BVerfG dabei die in den Schutzbereich fallende Wissenschaft unter Berücksichtigung der Schwierigkeiten um deren Definition[219] als „die auf wissenschaftlicher Eigengesetzlichkeit beruhenden Prozesse, Verhaltensweisen und Entscheidungen bei der Suche nach Erkenntnissen, ihrer Deutung und Weitergabe".[220] Hierzu gehören die Entscheidungen über die Fragestellung, die angewandte Methode, die Bewertung und Verbreitung des Forschungsergebnisses und gegebenenfalls auch des Forschungsvorgangs.[221] Unstreitig beinhaltet dies die Freiheit der Grundrechtsträger, sich mit privaten Unternehmen zu Forschungskooperationen zusammenzuschließen.

---

215 *Däubler*, NZA 1989, 945, 947; *Losch/Radau*, NVwZ 2003, 390, 391.

216 *Losch/Radau*, NVwZ 2003, 390, 391; *Wagner*, NVwZ, 1998, 1235, 1238.

217 BVerfG, *Urt. v.* 29.05.1973 – 1 BvR 424/71, 1 BvR 325/72 = BVerfGE 35, 79, 113; *Pernice*, in: Dreier, GG, Bd. I, Art. 5 III, Rn. 20; *Scholz*, in: Maunz/Dürig, GG, Art. 5 Abs. 3, Rn. 9; *Manssen*, Staatsrecht II – Grundrechte, S. 126 f.; *Gillich*, WissR 2017, 234, 251.

218 Dazu eingehend *Manssen*, Staatsrecht II – Grundrechte, S. 7 ff.

219 Vgl. dazu etwa *Classen*, Wissenschaftsfreiheit außerhalb der Hochschule, 1994, S. 80 m.w.N.; *Ipsen*, Staatsrecht II – Grundrechte, S. 148 f.

220 So BVerfG, *Beschl. v.* 11.01.1994 – 1 BvR 434/87 = BVerfGE 90, 1, 11 f.

221 BVerfG, *Beschl. v.* 11.01.1994 – 1 BvR 434/87 = BVerfGE 90, 1, 12; *Starck/Paulus*, in: v. Mangoldt/Klein/Starck, GG, Art. 5 Rn. 488.

aa. Persönlicher Schutzbereich

Grundrechtsträger sind zunächst Wissenschaftler, also natürliche Personen, die in eigenverantwortlicher Weise wissenschaftlich tätig sind oder tätig werden wollen.[222] Die an der Forschungskooperation beteiligten Hochschullehrer sind damit offenkundig Träger der Wissenschaftsfreiheit. Sobald sich diese forschend betätigen, können sich die Hochschullehrer in vollem Umfang auf das Grundrecht der Forschungsfreiheit berufen. Der subjektive Abwehranspruch steht den Hochschullehrern auch gegen die ihre Freiheit beschneidenden Maßnahmen der Hochschule bzw. ihrer Organe zu.[223] Dieser Umstand spielt eine entscheidende Rolle, wenn eine Hochschule unter Einbeziehung der betreffenden Hochschullehrer eine Kooperation mit einem Wirtschaftsunternehmen oder einer außeruniversitären Forschungseinrichtung eingeht.[224] Am grundrechtsgeschützten wissenschaftlichen Erkenntnisprozess partizipiert weitergehend der akademische Mittelbau, namentlich wissenschaftliche Assistenten.[225]

Ebenso sind juristische Personen des Privatrechts Träger der Wissenschaftsfreiheit, soweit diese selbst Wissenschaft betreiben oder die Wissenschaft fördern.[226] Denn auf sie ist Art. 5 Abs. 3 S. 1 Var. 2 GG seinem Wesen nach anwendbar im Sinne von Art. 19 Abs. 3 GG.[227] Hinzu kommen Hochschulen und Universitätsklinika, selbst wenn diese juristische Personen des öffentlichen Rechts sind.[228] Nach der Rechtsprechung des BVerfG sind diese dann grundrechtsfähig, wenn sie eine besondere Nähe zum grundrechtlich geschützten Bereich aufweisen, indem sie der Verwirklichung der dahinterstehenden individuellen Freiheit dienen.[229] Öffentliche Einrichtungen, welche der Pflege der Wissenschaft dienen, können demnach Eingriffe in ihre organisatorische Struktur, die zur Verhinderung einer freien wissenschaftlichen Betätigung führen, abwehren.[230] Da die Hochschulen und

222 BVerfG, *Beschl. v.* 16.01.1963 – 1 BvR 316/60 = BVerfGE 15, 256, 263 f.; *Britz*, in: Dreier, GG Bd. I, Art. 5 III (Wissenschaft), Rn. 63 f.; *Ipsen*, Staatsrecht II – Grundrechte, S. 147; *Starck/Paulus*, in: Mangoldt/Klein/Starck, GG, Art. 5 Rn. 483; *Jarass*, in: Jarass/Pieroth, GG, Art. 5 Rn. 140.

223 *Fink*, WissR 1994, 126 ff.; *Gillich*, WissR 2017, 234, 244.

224 So auch *Gillich*, WissR 2017, 234, 244.

225 *Pernice*, in: Dreier, GG Bd. I, Art. 5 III (Wissenschaftsfreiheit), Rn. 34; *Bethge*, in: Sachs, GG, Art. 5 Rn. 208; *Heintzen*, WissR 30 (1997), 218 ff.

226 *Britz*, in: Dreier (Hrsg.), GG Bd. I, Art. 5 III (Wissenschaft) Rn. 65; *Ipsen*, Staatsrecht II – Grundrechte, S. 147; *Scholz*, in: Maunz/Dürig, GG, Art. 5 Abs. 3, Rn. 125.

227 Im Allgemeinen hierzu *Hofmann*, in: Schmidt-Bleibtreu/Hofmann/Henneke, Art. 19 Rn. 3 ff.

228 Vgl. *Ipsen*, Staatsrecht II – Grundrechte, S. 147; daher die Formulierung „Grundrecht der deutschen Universität“ von *Smend*, Das Recht der freien Meinungsäußerung, VVDStRL 4 (1928), 57.

229 BVerfG, *Beschl. v.* 08.07.1982 – 2 BvR 1187/80 = BVerfGE 61, 82, 103; vgl. auch *Gillich*, WissR 2017, 234, 245.

230 BVerfG, *Urt. v.* 10.03.1992 – 1 BvR 454/91 u. a. = BVerfGE 85, 360, 384.

Universitätsklinika sicherzustellen haben, dass ihre Mitglieder die ihnen aus Art. 5 Abs. 3 S. 1 Var. 2 GG zukommenden Rechte wahrnehmen können, verfügen diese notwendigerweise über die Vertragsabschlusskompetenz in wissenschaftlichen Angelegenheiten, was auch den Abschluss von Kooperationsverträgen beinhaltet, sodass diese insoweit als rechts- und vertragsschlussfähig anzusehen sind.[231] Manche Landeshochschulgesetze enthalten gar ausdrückliche Ermächtigungsgrundlagen zum Abschluss von Forschungskooperationsverträgen mit Unternehmen.[232]

Außeruniversitäre Forschungseinrichtungen, die der Staat unterhält, also etwa auch die Institute der Max-Planck-Gesellschaft oder der Fraunhofer-Gesellschaft, sowie die dort arbeitenden Forscher genießen ebenfalls den Schutz von Art. 5 Abs. 3 S. 1 Var. 2 GG, wenngleich dieser eine Begrenzung durch die jeweilige Zweckbestimmung des Forschungsinstituts erfährt.[233] Die Begrenzung des Grundrechtsschutzes auf die Zweckbestimmung liegt in dem Umstand begründet, dass das Grundgesetz keine Vorgaben bezüglich der Gewichtung der Forschungszweige enthält.[234] Im einmal eingerichteten Institut haben jedoch die Forscher einen Anspruch auf die Bereitstellung derjenigen Mittel, die sie zur Verfolgung ihrer Forschungsaufgaben benötigen.[235]

bb. Adressaten der Forschungsfreiheit

Der Adressat von Grundrechten ist die öffentliche Gewalt im Sinne von Art. 1 Abs. 3 GG, mitsamt aller öffentlich-rechtlichen Körperschaften und Anstalten.[236] Hinsichtlich der Universität, der Fakultät und dem einzelnen Professor ergibt sich mitunter eine janusköpfige Grundrechtssituation, in der ein Rechtssubjekt sowohl grundrechtsberechtigt als auch grundrechtsgebunden sein kann.[237] Die Grundrechtsbindung staatlicher Einrichtungen wird auch nicht dadurch beseitigt, dass diese in privatrechtlicher Form betrieben werden, jedenfalls sofern diese von einer Mehrheit grundrechtsverpflichteter Institutionen getragen werden

231 *Gillich*, WissR 2017, 234, 241.

232 § 3 Abs. 12 HochschulG Hamburg: „Die Hochschulen können zur Unterstützung bei der Wahrnehmung ihrer Aufgaben Vereinbarungen mit Unternehmen treffen sowie mit Einwilligung der zuständigen Behörde Unternehmen gründen oder sich an Unternehmen beteiligen." Vgl. auch § 75 Abs. 1 HochschulG Saarland, § 14 Abs. 1 HochschulG Rheinland-Pfalz; dazu *Gillich*, WissR 2017, S. 234, 241.

233 *Starck/Paulus*, in: v. Mangoldt/Klein/Starck, GG, Art. 5 Rn. 530.

234 *Starck/Paulus*, in: v. Mangoldt/Klein/Starck, GG, Art. 5 Rn. 530.

235 *Starck/Paulus*, in: v. Mangoldt/Klein/Starck, GG, Art. 5 Rn. 530.

236 Dazu eingehend *Hillgruber*, in: BeckOK zum Grundgesetz, Art. 1 Rn. 65 ff.; *Höfling*, in: Sachs, GG, Art. 1 Rn. 85 f.; *Starck/Paulus*, in: v. Mangoldt/Klein/Starck, GG, Art. 5 Rn. 495

237 *Schmidt-Aßmann*, in: Becker/Bull/Seewald (Hrsg.), FS Thieme, 1993, S. 697, 702 ff.

(sog. Verwaltungsprivatrecht).[238] Dies gilt für die Verwendung zivilrechtlicher Handlungsformen wie für den Einsatz privatrechtlicher Organisations- und Gesellschaftsformen gleichermaßen; dem Staat ist mithin eine „Flucht aus der Grundrechtsbindung in das Privatrecht“ verwehrt.[239]

cc. Drittwirkung der Grundrechte zwischen Privatrechtssubjekten

Anders gestaltet sich die Situation im Verhältnis von Privatrechtssubjekten zueinander, im vorliegenden Fall zwischen privaten Forschungseinrichtungen mit eigener Rechtspersönlichkeit oder Forschungsabteilungen von Unternehmen und deren Wissenschaftler, die sie auf vertraglicher Basis beschäftigen. Hier stellt sich die Frage nach der Drittwirkung der Grundrechte.[240] In seiner früheren individualarbeitsrechtlichen Rechtsprechung hatte das BAG noch wegen einer vermeintlichen Strukturähnlichkeit von privater und staatlicher Macht Art. 1 Abs. 3 GG teleologisch erweitert, sodass gewisse Grundrechte im arbeitsrechtlichen Kontext auch zwischen Privaten galten.[241] Inzwischen wird unter einer Änderung dieser Rechtsprechung von einer mittelbaren Grundrechtsgeltung im privatrechtlichen Kontext, einer Ausstrahlungswirkung über die Generalklauseln ins Zivilrecht hinein, ausgegangen. Es erfolgt in methodischer Hinsicht eine Konkretisierung der arbeits- und zivilrechtlichen Generalklauseln entlang der Wertentscheidungen der Grundrechte.[242]

Im Hinblick auf die Wissenschaftsfreiheit nach Art. 5 Abs. 3 S. 1 Var. 2 GG gilt im Besonderen, dass sich private Forschungseinrichtungen nur dann auf die Wissenschaftsfreiheit berufen können, wenn diese in organisatorischer Hinsicht dafür Sorge tragen, dass der Betrieb von Wissenschaft mit sämtlichen dafür erforderlichen Freiheiten sichergestellt ist, weshalb derlei Einrichtungen ihren Mitarbeitern jedenfalls den Freiraum lassen müssen, welcher Voraussetzung für ihre wissenschaftliche Tätigkeit ist.[243] Daher erscheint es rechtsdogmatisch zumindest

---

238 Dazu *Gurlit*, NZG 2012, 249 ff.; *Lappe*, Kooperationen wissenschaftlicher Einrichtungen, 2019, S. 439 f.; *Sodan/Ziekow*, Grundkurs öffentliches Recht – Staats- und Verwaltungsrecht, S. 195, 491 ff.

239 BVerfG, Urt. v. 22.02.2011 – 1 BvR 699/06 – Fraport = BVerfGE 128, 226, 244 f.; dazu *Goldhammer*, JuS 2014, 891 ff.

240 Dazu im Allgemeinen *Sodan/Ziekow*, Grundkurs öffentliches Recht, S. 188 ff.; *Arndt/Fetzer*, Öffentliches Recht – Grundriss für das Studium der Rechts- und Wirtschaftswissenschaft, S. 97 ff.; *Ipsen*, Staatsrecht II – Grundrechte, S. 22 f.

241 BAG, Urt. v. 10.05.1957 – 1 AZR 249/56 = NJW 1957, 1688, 1689; ferner *Gurlit*, NZG 2012, 249, 250.

242 So etwa BAG, *Urt. v.* 10.11.1955 – 2 AZR 591/54 = BAGE 2, 221; *Herdegen*, in: Maunz/Dürig, GG, Art. 1 Abs. 3 Rn. 64; *Hillgruber*, in: BeckOK zum Grundgesetz, Art. 1 Rn 72; *Däubler*, NZA 1989, 945, 946 f.; *Bethge*, in: Sachs, GG, Art. 5 Rn. 217.

243 So jedenfalls *Classen*, Wissenschaftsfreiheit außerhalb der Hochschule, 1994, S. 150 ff.

denkbar, dass auf der Ebene der Grundrechtsschranken Rechtsgüter Dritter hinter der Wissenschaftsfreiheit zurückstehen müssen.

b. Objektiver Gewährleistungsinhalt – Regelungsauftrag an den Gesetzgeber in organisationsrechtlicher Hinsicht

Neben den subjektiven Schutzrechten beinhaltet die Wissenschaftsfreiheit auch einen objektiven Gewährleistungsinhalt, also Grundrechtswirkungen, die nicht unmittelbar subjektive Rechtsansprüche gewährleisten.[244] Dies folgt dem Verständnis der Grundrechte als Elemente einer objektiven Werteordnung.[245] Hinsichtlich des Gegenstands dieser Bearbeitung stellt sich die Frage, welche Anforderungen aus der Wissenschaftsfreiheit nach Art. 5 Abs. 3 S. 1 Var. 2 GG in objektiv-organisatorischer Hinsicht für die Ausformung wissenschaftlicher Forschungskooperationen zu beachten sind.

aa. Verpflichtung des Staates zur Pflege der freien Wissenschaft

Der objektive Gewährleitungsinhalt der Wissenschaftsfreiheit bezweckt die Schaffung einer Werteordnung, in der eine Verstärkung der Geltungskraft der Grundrechte zum Ausdruck kommt.[246] Auf diese Weise leistet die Wissenschaftsfreiheit einen Beitrag zur Kulturstaatlichkeit.[247] Der Staat ist verpflichtet, für die Pflege der freien Wissenschaft funktionsfähige Institutionen sowie ausreichende personelle, finanzielle und organisatorische Mittel zur Verfügung zu stellen.[248] Insofern verstärkt der objektive Gewährleistungsinhalt in rechtsdogmatischer Hinsicht die Geltungskraft der Grundrechte als subjektive Rechtspositionen.[249] Dies ist nicht zuletzt auch damit zu begründen, dass im organisierten Wissenschaftsbetrieb die individuelle Eingriffsabwehr der Grundrechte oftmals zu spät kommt, sodass bereits das objektive Recht einer Grundrechtsverletzung vorzubeugen hat.[250] Auf diese Weise statuiert die Forschungsfreiheit als einen speziellen Aspekt der objektiven Werteordnung gewisse staatliche Schutzpflichten und Handlungsaufträge.[251] Der Staat hat die Wissenschaft zu fördern und zu schützen sowie den entsprechenden

244 *Wendt*, in: von Münch/Kunig, GG, Bd. 1, Art. 5 Rn. 104.

245 Dazu eingehend *Di Fabio*, JZ 2004, 1 ff.; *Sodan/Ziekow*, Grundkurs öffentliches Recht – Staats- und Verwaltungsrecht, S. 188.

246 BVerfG, *Urt. v.* 29.05.1973 – 1 BvR 424/71 u. 325/72 – Hochschul-Urteil = BVerfGE 35, 79, 114; BVerfG, *Beschl. v.* 24.06.2014 – 1 BvR 3217/07 = BVerfGE 136, 338; hierzu auch *Wendt/Weth*, JM 2015, 290 ff.; *Bethge*, in: Sachs, GG, Art. 5 Rn. 201.

247 *Gröpl*, in: Gröpl/Windthorst/von Coelln, GG, Art. 5 Rn. 113.

248 *Antoni*, in: Hömig/Wolff, GG, Art. 5 Rn. 34; *Kempen*, in: BeckOK Grundgesetz, Art. 5 Rn. 186.

249 *Starck/Paulus*, in: v. Mangoldt/Klein/Starck, GG, Art. 5 Rn. 502.

250 *Gärditz*, WissR 2016, 349, 363; *Gillich*, WissR 2017, 234, 249.

251 *Bethge*, in: Sachs, GG, Art. 5 Rn. 201.

Lebensbereich auszugestalten.[252] Dabei muss er ein ausreichendes Maß an Partizipation durch die Grundrechtsträger ermöglichen.[253] Hierzu gehören nicht nur Ge- und Verbote, sondern auch die Bereitstellung geeigneter Verfahrensweisen zur Verwirklichung der Forschungsfreiheit.[254] Diesem Gedanken folgend fordert die Wissenschaftsfreiheit nach Art. 5 Abs. 3 S. 1 Var. 2 GG als verfahrensabhängiges und organisationsbedürftiges Grundrecht gewisse organisationsrechtliche Ausformungen im einfachen Recht.[255] Es bedarf einer weitergehenden Ausformung des von Seiten des Staates verantworteten Wissenschaftsbereichs zum Schutze der tätigen Wissenschaftler; die Forschungsfreiheit muss zur effektiven Gewährleistung einer grundrechtssichernden Binnenstruktur gesichert oder unter Umständen erst realisiert werden.[256]

In diesem Kontext bietet der Abschluss von Kooperationsvereinbarungen von Hochschulen mit privaten Unternehmen im Grundsatz die Möglichkeit, den Hochschulforschern neue Möglichkeiten zu schaffen sowie Perspektiven aufzuzeigen, wobei jedoch auch zu beachten ist, dass die vertragliche Verpflichtung der Hochschule wesensnotwendig zu einer Einschränkung der Forschungsfreiheit der Hochschullehrer führt, etwa hinsichtlich der Fokussierung auf bestimmte Forschungsgegenstände oder Prioritäten sowie die Verteilung der Forschungsmittel.[257] Wenn die Hochschule ihrer Pflicht zum Schutz ihrer Wissenschaftler vor einer grundrechtsverletzenden Inanspruchnahme durch Dritte nicht nachkommt oder gar selbst durch die Eingehung vertraglicher Verpflichtungen die Forschungsfreiheit der Hochschullehrer verletzt, so ist seinerseits der Staat zum Schutz der individuellen Forschungsfreiheit vor den Angriffen Privater oder verfassungswidriger Maßnehmen der Hochschule verpflichtet.[258] Der objektive Grundrechtsgehalt ist damit aus dem individuellen Gewährleistungsgehalt der Forschungsfreiheit abgeleitet und hat insoweit eine nachrangige und unterstützende Funktion.[259] Die subjektiven Grundrechtspositionen bilden letztlich sowohl den Grund als auch die Grenze der objektiven Gewährleistungsinhalte und damit deren verfassungsrechtlichen Rahmen.[260] Deshalb muss sich der Abschluss eines Kooperationsvertrages

---

252 *Gröpl*, in: Gröpl/Windthorst/von Coelln, GG, Art. 5 Rn. 113.

253 *Kempen*, in: BeckOK zum Grundgesetz, Art. 5 Rn. 186.

254 *Losch/Radau*, NVwZ 2003, 390, 397.

255 Dazu BVerfG, Urt. v. 26.01.2005 – 2 BvF 1/03 – Studiengebühren = BVerfGE 111, 226, 258; BVerfG, *Beschl. v.* 12.05.2015 – 1 BvR 1501/13 – 1 BvR 1682/13 = BVerfGE 139, 148; *Bethge*, NJW 1982, 1 ff.

256 *Bethge*, in: Sachs, GG, Art. 5 Rn. 202; *Geis*, Handbuch der Grundrechte in Deutschland und Europa IV, § 100 Rn. 47.

257 *Gillich*, WissR 2017, 234, 253.

258 *Gillich*, WissR 2017, 234, 254.

259 Vgl. hierzu BVerfG, *Urt. v.* 01.03.1979 – 1 BvR 532, 533/77, 419/78 und BvL 21/78 – Mitbestimmung = BVerfGE 50, 290, 337; *Gillich*, WissR 2017, 234, 255 f.; *Kempen*, DVBl. 2005, 1082 ff.; 1090; *Scholz*, in: Maunz/Dürig, GG, Art. 5 Abs. 3, Rn. 124.

260 Vgl. *Gillich*, WissR 2017, 234, 255.

durch die Hochschule an der subjektiven Forschungsfreiheit der Hochschullehrer messen lassen. Nicht zuletzt ist die Verpflichtung seitens des Gesetzgebers zur Schaffung einer grundrechtssichernden Binnenstruktur der tiefere Grund, weshalb sich der Gesetzgeber im Falle einer sich gegebenenfalls an späterer Stelle dieser Bearbeitung herausstellenden Lücke im vorhandenen gesellschaftsrechtlichen Rechtsformenangebot berechtigterweise der Forderung nach der Schaffung einer neuen Rechtsform eigens für wissenschaftliche Forschungskooperationen ausgesetzt sehen könnte.

bb. Anleihen aus der Organisation von Hochschulen und außeruniversitären Forschungseinrichtungen

Fraglich ist dabei, welche konkreten Anforderungen die Wissenschaftsfreiheit in organisationsrechtlicher Hinsicht an die Ausgestaltung von Forschungskooperationen stellt. Als Ausgangspunkt hierzu können Anleihen aus der Binnenorganisation von Hochschulen sowie außeruniversitären Forschungseinrichtungen entnommen werden.

Bezüglich der Organisation von Hochschulen lässt sich zunächst konstatieren, dass trotz des Rechts des Staates, über die Existenz der konkreten Hochschule zu verfügen, die Wissenschaftsfreiheit den Grundrechtsträgern jenseits der rein negatorischen Dimension gewisse originäre Teilhaberechte gewährt.[261] Diesbezüglich verfügt der Staat über einen erheblichen Gestaltungsspielraum.[262] Das Bundesverfassungsgericht führt hierzu aus: „Im Bereich des mit öffentlichen Mitteln eingerichteten und unterhaltenen Wissenschaftsbetriebes, d.h. in einem Bereich der Leistungsverwaltung, hat der Staat durch geeignete organisatorische Maßnahmen dafür zu sorgen, dass das Grundrecht der freien wissenschaftlichen Betätigung soweit unangetastet bleibt, wie das unter Berücksichtigung der anderen legitimen Aufgaben der Wissenschaftseinrichtungen und der Grundrechte der verschiedenen Beteiligten möglich ist."[263] Es hat zur Ermöglichung der Zusammenarbeit zwischen den Forschern sowie zur Schaffung eines Ausgleichs zwischen Forschung und Lehre eine gewisse Einbindung der Wissenschaftler in die Institution Universität zu erfolgen.[264] Zur Sicherstellung der Richtigkeit wissenschaftsrelevanter Entscheidungen müssen die darüber befindenden Organe so zusammengesetzt sein, dass regelmäßig sachgerechte Entscheidungen gewährleistet sind, und zwar durch die Fokussierung wissenschaftsbezogener Gesichtspunkte und Argumente

261 BVerfG, *Beschl. v.* 28.10.2008 – 1 BvR 462/06 = BVerfGE 122, 89, LS 4; *Bethge*, in: Sachs, GG, Art. 5 Rn. 217b.

262 *Starck/Paulus*, in: v. Mangoldt/Klein/Starck, GG, Art. 5 Rn. 501; *Wendt/Weth*, JM 2015, 290, 292.

263 BVerfG, *Urt. v.* 29.05.1973 – 1 BvR 424/71, 325/72 – Hochschul-Urteil – BVerfGE 35, 79, 115; bestätigend BVerfG, *Beschl. v.* 26.10.2004 – 1 BvR 911, 927, 928/00 = BVerfGE 111, 333, 353.

264 BVerfG, *Beschl. v.* 26.10.2004 – 1 BvR 911, 927, 928/00 = BVerfGE 333, 355 f.

im Willensbildungsprozess.[265] Bei Fragen, die unmittelbar die Forschung betreffen, muss der Gruppe der Hochschullehrer ein maßgeblicher Einfluss vorbehalten bleiben.[266] Im Fokus dieser verfassungsrechtlichen Betrachtung der Hochschule steht dabei regelmäßig das Verhältnis der Vertretungsorgane der Hochschule, namentlich insbesondere der Fachbereichsrat und Senat, zum Leitungsorgan, also Präsident und Dekan.[267] So kann sich dann eine Verfassungswidrigkeit der Organisationsverfassung der Hochschule ergeben, wenn dem Leitungsorgan substanzielle personelle und sachliche Entscheidungsbefugnisse im wissenschaftsrelevanten Bereich zugewiesen werden.[268] Zur Erhaltung der verfassungsrechtlich garantierten akademischen Selbstverwaltung muss das Recht zur Wahl des Hochschulleiters und der Fakultätsdekane aber bei den Hochschullehrern verbleiben.[269] Nach der Rechtsprechung des Bundesverfassungsgerichts sind Organisationsnormen dann mit Art. 5 Abs. 3 S. 1 GG letztlich nicht vereinbar, wenn durch sie ein Gesamtgefüge geschaffen wird, das die freie wissenschaftliche Betätigung und Aufgabenerfüllung strukturell gefährdet.[270]

Im Bereich der außeruniversitären Forschungseinrichtungen wird im Übrigen eine „wissenschaftsadäquate" Organisation gefordert, was jedoch (ebenfalls) einen weiten Gestaltungsspielraum zulässt.[271] Stets muss sichergestellt werden, dass sich der wissenschaftliche Sachverstand durchsetzt.[272] Der staatliche Einfluss findet seine Grenze letztlich bei den eigentlichen wissenschaftlichen Angelegenheiten, wobei die haushaltsrechtliche Kontrolle zulässig ist.[273]

Sicherlich lassen sich zur Beurteilung der verfassungsrechtlichen Anforderungen an die Organisationsverfassung von wissenschaftlichen Forschungskooperationen gewisse Anleihen aus der Binnenorganisation von Hochschulen und außeruniversitären Forschungseinrichtungen gewinnen, jedoch darf der Hinweis auf die beschränkte Vergleichbarkeit der jeweiligen Sachlagen nicht unterbleiben. Denn ist erst einmal der Betrieb der Forschungskooperation gemäß des vereinbarten Forschungsplans aufgenommen, so haben die tätigen Forscher diesem bereits

---

265 *Mallmann/Strauch*, Die Verfassungsgarantie der freien Wissenschaft, 1970, S. 50 f.

266 *Starck/Paulus*, in: v. Mangoldt/Klein/Starck, GG, Art. 5 Rn. 519; siehe auch BVerwG, *Beschl.* v. 12.05.2015 – 1 BvR 1501/13, = NVwZ 2015, 1370, 1373 f.; *Jacobsen*, BVlBW 2014, 328, 329 m.w.N.; dazu auch *Hufen*, JuS 2015, 378 ff.

267 *Hufen*, JuS 2015, 378, 379; vgl. eingehend etwa *Hommelhoff*, in: Mansel/Pfeiffer/Kronke/Kohler/Hausmann (Hrsg.), FS Jayme, 2004, S. 1133 ff.

268 BVerfG, *Beschl. v.* 20.07.2010 – 1 BvR 748/06 = NVwZ 2011, 224.

269 *Starck/Paulus*, in: v. Mangoldt/Klein/Starck, GG, Art. 5 Rn. 523.

270 BVerfG, *Beschl. v.* 26.10.2004 – 1 BvR 911, 927, 928/00 = BVerfGE 111, 333, 355.

271 Dazu *Classen*, Wissenschaftsfreiheit außerhalb der Hochschule, 1994, S. 307 ff.; *Meusel*, Außeruniversitäre Forschung im Wissenschaftsrecht, 2. Auflage 1999, S. 245 ff.; *Starck/Paulus*, in: v. Mangoldt/Klein/Starck, GG, Art. 5 Rn. 531.

272 *Classen*, Wissenschaftsfreiheit außerhalb der Hochschule, 1994, S. 323 ff.; *Starck/Paulus*, in: v. Mangoldt/Klein/Starck, GG, Art. 5 Rn. 531.

273 *Starck/Paulus*, in: v. Mangoldt/Klein/Starck, GG, Art. 5 Rn. 531.

zugestimmt.[274] In der Erteilung der Zustimmung liegt immer auch eine Einverständniserklärung mit der grundlegenden Arbeitsweise der Kooperation, sodass hierdurch deren Schutzbedürftigkeit zumindest in Teilen in den Hintergrund tritt.[275] Des Weiteren ist zu betonen, dass Forschungskooperationen Zusammenschlüsse von Forschungsträgern darstellen und diese Trägereinrichtungen selbst regelmäßig Grundrechtsträger der Wissenschaftsfreiheit sind, sodass diese bereits eine gewisse Staatsferne aufweisen (müssen), weshalb allein hierdurch der primäre Schutzweck der Grundrechte – nämlich die Gewährung von freien Entfaltungsräumen jenseits von staatlichem Einfluss – bereits mittelbar zumindest in Grundzügen gewährleistet wird.[276] Und nicht zuletzt muss auch die den Forschungsträgern eigene Grundrechtsposition berücksichtigt und in einen angemessenen Ausgleich zur Grundrechtsposition der einzelnen Forscher gebracht werden. Die Forschungsträger nämlich haben sich in Ausübung der ihnen selbst zukommenden Forschungsfreiheit ihrerseits zur kooperativen Projektforschung entschlossen.[277]

cc. Konsequenz: Vermeidung einer strukturellen Gefährdung für die Wissenschaftsfreiheit

Letztlich bleibt hinsichtlich des objektiven Gewährleistungsinhalts der Wissenschaftsfreiheit für die kooperative Forschung festzuhalten, dass die staatliche Schutzpflicht eine hinreichende Partizipationsmöglichkeit des einzelnen Forschers fordert, die auch durch die Bereitstellung von Verfahrensweisen sicherzustellen ist und somit die Organisationsverfassung der Kooperation in die Pflicht nimmt. Trotz der aufgezeigten eingeschränkten verfassungsrechtlichen Vergleichbarkeit von Hochschulorganisation mit der Governance-Struktur von Forschungskooperationen dürfte es auch für letztere im Kern um die Vermeidung einer strukturellen, also nicht nur im Einzelfall drohenden Gefährdung für die Wissenschaftsfreiheit gehen, wenngleich die Schwelle hierfür aufgrund der allenfalls mittelbar bestehenden Gefährdungslage höher angesetzt werden sollte. Hierzu kann es jedenfalls nur dann kommen, wenn der jeweilige Forscher überwiegend in der Forschungskooperation tätig ist, denn eine nur beiläufige Forschungsaktivität in einem ansonsten laufendem (universitären) Forschungs- und Lehrbetrieb vermag bereits von vornherein keine strukturelle Gefährdung für die Wissenschaftsfreiheit begründen.[278]

274 Denn Art. 5 Abs. 3 S. 1 Var. 2 GG fordert die Zustimmung des einzelnen Forschers zum Forschungsplan, dazu Kap. 1 A II 1 d aa.
275 *Lappe*, Kooperationen wissenschaftlicher Einrichtungen, 2019, S. 443.
276 So bereits *Lappe*, Kooperationen wissenschaftlicher Einrichtungen, 2019, S. 442 ff.
277 Ebenso *Lappe*, Kooperationen wissenschaftlicher Einrichtungen, 2019, S. 443.
278 *Lappe*, Kooperationen wissenschaftlicher Einrichtungen, 2019, S. 439.

c. *Schranken – sonstige zu berücksichtigende Grundrechte*

Auch wenn Art. 5 Abs. 3 S. 1 Var. 2 GG keinen ausdrücklichen Schrankenvorbehalt enthält, gelten die dortigen Grundrechte nicht schrankenlos.[279] Einschlägig sind dabei aber weder die Schranken des Art. 5 Abs. 2 GG noch diejenigen des Art. 2 Abs. 1 GG, sondern vielmehr die verfassungsimmanenten Schranken in Form von kollidierenden Verfassungsgütern.[280] Nach der Rechtsprechung des BVerfG müssen „die Konflikte zwischen der Gewährleistung der Wissenschaftsfreiheit und dem Schutz anderer verfassungsrechtlich garantierter Rechtsträger ... nach Maßgabe der grundgesetzlichen Wertordnung und unter Berücksichtigung der Einheit dieses Wertsystems durch Verfassungsauslegung gelöst werden. In diesem Spannungsverhältnis kommt der Wissenschaftsfreiheit gegenüber den mit ihr kollidierenden, gleichfalls verfassungsrechtlich geschützten Werten nicht schlechthin Vorrang zu."; vielmehr findet das Verhältnismäßigkeitsprinzip Anwendung.[281]

Nicht verkannt werden darf in diesem Kontext, dass auch sämtliche objektiv-rechtlichen Organisationsnormen des Staates, durch die wissenschaftsrelevante Interaktion verfahrensmäßig umgesetzt werden soll, unter dem Aspekt der Grundrechtsschranken Bestand haben müssen, denn jede von außerhalb vorgegebene Organisation stellt eine Beeinträchtigung der aus der Wissenschaftsfreiheit erwachsenden Spontanität und Selbstorganisation dar.[282] Daher müssen auch die Organisation (von Hochschulen aber auch Forschungskooperationen) betreffende Regelungen zur Gewährleistung der Zusammenarbeit mehrerer Forscher geeignet und notwendig sein, um die individuelle Freiheit möglichst unberührt zu lassen und somit von einer verfassungsrechtlichen Rechtfertigung ausgehen zu können.[283] Staatliche Maßnahmen, welche diese Grundsätze vernachlässigen, können zu einem unzulässigen Grundrechtseingriff führen.[284] Organisationsnormen oder -vereinbarungen, welche den Kernbereich der Forschungsfreiheit antasten, stellen dagegen stets einen unzulässigen Grundrechtseingriff dar.[285] Im

---

279 *Kempen*, in: BeckOK zum GG, Art. 5 Rn. 199.

280 BVerfG, *Beschl. v.* 24.02.1971 – 1 BvR 435/68 – Mephisto = BVerfGE 30, 173, 191; dazu auch *Schröder*, DVBl. 2008, 146 ff.; *Sodan/Ziekow*, Grundkurs öffentliches Recht – Staats- und Verwaltungsrecht, S. 280.

281 BVerfG, *Beschl. v.* 01.03.1978 – 1 BvR 333/75 – Hessisches Universitätsgesetz = BVerfGE 47, 327, 369; *Starck/Paulus*, in: v. Mangoldt/Starck/Klein, GG, Art. 5 Rn. 536; *Gillich*, WissR 2017, 234, 257 f.

282 BVerfG, *Beschl. v.* 31.05.1995 – 1 BvR 1379/94 – Universitätsgesetz NRW = BVerfGE 93, 85, 94 f.; BVerfG, *Beschl. v.* 26.10.2004 – 1 BvR 911, 927, 928/00 = BVerfGE 111, 333, 352 ff.; *Bethge*, in: Sachs, GG, Art. 5 Rn. 229.

283 *Starck/Paulus*, in: v. Mangoldt/Starck/Klein, GG, Art. 5 Rn. 538.

284 BVerfG, *Beschl. v.* 26.10.2004 – 1 BvR 911, 927, 928/00 = BVerfGE 111, 333, 352; *Geis*, in: Geis/Winkler/Bickenbach (Hrsg.), FS Hufen, 2015, S. 333, 338; *Bethge*, in: Sachs, GG, Art. 5 Rn. 229.

285 So auch *Gillich*, WissR 2017, 234, 258 f.

forschungskooperativen Kontext kommen als kollidierendes Verfassungsrecht insbesondere Grundrechte anderer Grundrechtsträger in Betracht. Stets muss hierbei in Anbetracht der Tatsache, dass sich in einer Forschungskooperation Grundrechtspositionen regelmäßig diametral gegenüberstehen, darauf geachtet werden, dass Grundrechte primär Abwehrrechte gegen den Staat darstellen und insofern nur dann unmittelbar zur Geltung kommen, wenn sich das jeweilige Rechtssubjekt einem Träger hoheitlicher Gewalt gegenübersieht.

aa. Berufsfreiheit der Wirtschaftsunternehmen, Art. 12 Abs. 1 GG

Ausgehend vom anfangs spezifizierten Leitbild einer horizontalen Forschungskooperation unter Beteiligung eines Wirtschaftsunternehmens ist dabei zunächst die Berufsfreiheit ebenjener nach Art. 12 Abs. 1 GG ins Feld zu führen.[286] Diese schützt unter anderem die freie Berufsausübung, die bei einem forschenden Wirtschaftsunternehmen eben auch die Forschung umfasst, und findet gemäß Art. 19 Abs. 3 GG regelmäßig auf Wirtschaftsunternehmen Anwendung.[287]

In Anknüpfung an die vom BVerfG entwickelte Drei-Stufen-Lehre[288] handelt es sich beim Tätigwerden eines Wirtschaftsunternehmens im Rahmen einer Forschungskooperation um die erste Stufe, den Bereich der Berufsausübung.[289] Damit ist die äußere Grenze der Berufsfreiheit im Fall einer beschränkenden Maßnahme eines grundrechtsverpflichteten Rechtsträgers dann erreicht, wenn vernünftige Allgemeinwohlerwägungen fehlen oder die Maßnahme im Übrigen unverhältnismäßig ist.[290] Im forschungskooperativen Kontext dürfte dann von einem Verstoß gegen die Berufsfreiheit auszugehen sein, wenn diese zugunsten der Forschungsfreiheit anderer Rechtsträger derart in den Hintergrund gedrängt wird, dass eine aus unternehmerischer Sicht erfolgsversprechende und verlässliche Betätigung im Rahmen von Forschungskooperationen organisatorisch nicht mehr gewährleistet erscheint. Entlang der spezifischen Interessenslage von Wirtschaftsunternehmen[291] ist davon etwa dann auszugehen, wenn die in der Kooperation tätigen Forscher eigenmächtig über den Forschungsgegenstand oder die Bereitstellung finanzieller Mittel disponieren könnten, was einer Nachschusspflicht aus Sicht des Wirtschaftsunternehmens entspräche, oder dem Wirtschaftsunternehmen keinerlei Möglichkeiten zur Überwachung der Forschungstätigkeiten beließen. Letztlich

---

286 Eingehend zur Berufsfreiheit im Allgemeinen *Ruffert*, in: BeckOK Grundgesetz, Art. 12 Rn. 1 ff.

287 *Ruffert*, in: BeckOK Grundgesetz, Art. 12 Rn. 47.

288 BVerfG, *Urt. v.* 11.06.1958 – 1 BvR 596/56 = BVerfGE 7, 377, 397 ff.

289 BVerfG, *Urt. v.* 11.06.1958 – 1 BvR 596/56 = BVerfGE 7, 377, 405 f.; *Ruffert*, in: Beck OK Grundgesetz, Art. 12 Rn. 94 ff.

290 BVerfG, *Beschl. v.* 05.12.1995 – 1 BvR 2011/94 = BVerfGE 93, 362, 369; zum Verhältnis der Stufenlehre zur allgemeinen Verhältnismäßigkeitsprüfung *Ruffert*, in: Beck OK Grundgesetz, Art. 12 Rn. 101.

291 Dazu weitergehend Kap. 1 B II 1 b.

gebietet die Berufsfreiheit nach der hier vertretenen Ansicht damit, dass den Wirtschaftsunternehmen, die den Gesetzlichkeiten des Marktes unterliegen, ein gewisses Maß an Kalkulierbarkeit und damit auch Einfluss auf die Kooperation verbleibt.

Zudem können sich Wirtschaftsunternehmen ebenfalls auf die Forschungsfreiheit nach Art. 5 Abs. 3 S. 1 Var. 2 GG berufen, wenn diese eigenverantwortlich forschendes Personal in die Forschungskooperation entsenden.[292] Deren allgemeine Handlungsfreiheit nach Art. 2 Abs. 1 GG ist jedoch gegenüber den spezielleren Freiheitsgrundrechten der Berufsfreiheit und der Forschungsfreiheit subsidiär und tritt insoweit zurück.[293]

bb. Wissenschaftsfreiheit von Hochschule, Universitätsklinika, außeruniversitärer Forschungseinrichtung und Forschungskooperation

Darüber hinaus sind nicht nur die einzelnen Forscher selbst Träger der Wissenschaftsfreiheit, sondern auch Hochschulen, Universitätsklinika und außeruniversitäre Forschungseinrichtungen ihrerseits.[294] Zudem unterliegen die Hochschulen als staatliche Einrichtungen der Allgemeinwohlbindung, indem sie wissenschaftliche Erkenntnisse im Dienste der Allgemeinheit finden und vermitteln.[295] Dementsprechend steht auch die Forschungsfreiheit des Hochschullehrers nicht losgelöst von der Bindung an das Wohl der Allgemeinheit.[296]

Als weiterer Grundrechtsträger kommt neben den Kooperationspartnern und dem Forschungspersonal überdies die Forschungskooperation selbst in Betracht, vorausgesetzt es handelt sich um ein rechtsfähiges Kooperationsvehikel. Dabei ist fraglich, ob eine (privatrechtliche) Gesellschaft im Falle einer Beteiligung der öffentlichen Hand überhaupt grundrechtsberechtigt sein kann. Das Bundesverfassungsgericht hat dies im Falle einer Außen-GbR im Hinblick auf Art. 14 GG und die Prozessgrundrechte grundsätzlich bejaht.[297] Den Ausganspunkt bildet auch hier Art. 19 Abs. 3 GG. Nach dem Bundesverfassungsgericht sei in einem solchen Fall die wesensmäßige Anwendbarkeit gegeben, wenn die Gesellschaft noch ein Instrument privater Grundrechtsbetätigung ist. Dies ist dann der Fall, wenn sich in der Bildung und Betätigung der privatrechtlichen Gesellschaftsform die freie

---

292 Hierzu *Kempen*, in: Beck OK Grundgesetz, Art. 5 Rn. 185.

293 Dazu im Allgemeinen *Lang*, in: Beck OK Grundgesetz, Art. 2 Rn. 2 ff.

294 *Scholz*, in: Maunz/Dürig, GG, Art. 5 Abs. 3 Rn. 119 ff.

295 *Gillich*, WissR 2017, 234, 258.

296 Vgl. *Fink*, EuGRZ 2001, 195, 197; *Gillich*, WissR 2017, 234, 258; *Classen*, Wissenschaftsfreiheit außerhalb der Hochschule, 1994, S. 134.

297 BVerfG, *Beschl. v.* 02.09.2002 – 1 BvR 1103/02 = NJW 2002, 3533; vgl. hierzu etwa auch *Forst*/*Traut*, DÖV 2010, 210, 216.

Entfaltung der privaten natürlichen Personen ausdrückt.[298] Gegenüber den öffentlichen Kooperationspartnern kann sich damit auch das Kooperationsvehikel unter diesen Umständen selbst auf die bereits angeführten Grundrechte berufen.

d. Rechtfertigung – Ausgleich der kollidierenden Verfassungsgüter im Wege praktischer Konkordanz auf der Governance-Ebene des Forschungsverbunds

All diese, sich teilweise diametral gegenüberstehenden Rechtspositionen müssen bei der Ausformung der Governance-Struktur einer Forschungskooperationsgesellschaft beachtet und – der herrschenden Grundrechtsdogmatik folgend auf der Rechtfertigungsebene – im Wege der praktischen Konkordanz[299] in einen angemessenen Ausgleich zueinander gebracht werden. Als Ausgangspunkt ist dabei festzuhalten, dass die Intensität des Grundrechtsschutzes der Forschungsfreiheit umso höher ist, je näher eine Maßnahme oder Regelung am Kernbereich der Forschungsfreiheit anzusiedeln ist.[300] Je stärker also die individuelle Forschungsfreiheit beeinträchtigt wird, umso höhere Anforderungen sind an deren Rechtfertigung bzw. an die entgegenstehenden Grundrechtspositionen zu stellen.[301] Vor einer Ausarbeitung der zentralen Aspekte sei in diesem Kontext der Vollständigkeit halber auf die negative Publikationsfreiheit der Forscher nach in § 42 Nr. 2 ArbNErfG verwiesen. Als (weiterer) Ausdruck der Forschungsfreiheit steht es demnach dem Hochschulforscher offen, die Offenbarung einer Erfindung zu unterlassen. Dies zeitigt mitunter erhebliche Auswirkungen auf die Ergebnisverwertung in der Kooperation und wird dementsprechend in den Ausführungen zum Arbeits- sowie dem IP-Recht näher behandelt.[302]

aa. Zustimmungserfordernis zum Forschungsplan

Finden sich mehrere Forschungsträger zu einem gemeinsamen Forschungsvorhaben zusammen, so empfiehlt sich regelmäßig die Aufstellung eines Forschungsplans, in dem Zielsetzung, Arbeitsweise, zur Verfügung gestellte Mittel und sonstige grundlegende die Forschung betreffende Aspekte festgehalten werden.[303] Im grundrechtlichen Kontext sticht dabei die Bindungswirkung des Forschungsplans hinsichtlich des einzelnen Forschers ins Auge. Denn sobald der Forschungsplan verbindliche

---

298 BVerfG, *Beschl. v.* 02.05.1967 – 1 BvR 578/63 – Sozialversicherungsträger = BVerfGE 21, 362, 369; BVerfG, Beschl. v. 08.07.1982 – 2 BvR 1187/80 – Sasbach = BVerfGE 61, 82, 101; dazu *Forst/Traut*, DÖV 2010, 210, 216.

299 Hierzu etwa *Kalenborn*, JA 2016, 6 ff.

300 *Gillich*, WissR 2017, 234, 259.

301 *Gillich*, WissR 2017, 234, 259; *Lappe*, Kooperationen wissenschaftlicher Einrichtungen, 2019, S. 440 f.

302 Siehe hierzu insbesondere Kap. 1 A IV 4 e.

303 Zum Forschungsplan im Allgemeinen siehe Kap. 2 A I 1 e.

Angaben zur Arbeitsweise oder dem Forschungsschwerpunkt macht, stellt dieser hinsichtlich der grundrechtsberechtigten Hochschullehrer wesensnotwendig eine Beschränkung der Forschungsfreiheit dar. Vereinbarungen zur kooperativen Forschung zwischen Universitäten und gesellschaftlichen Verbänden können aufgrund von Art. 5 Abs. 3 S. 1 Var. 2 GG *per se* weder Bindungswirkung für einzelne Forscher begründen, noch diese wirksam zur Bearbeitung bestimmter Forschungsgegenstände oder zum Forschen in eine gewisse gesellschaftspolitische Richtung verpflichten.[304] Deshalb müssen zur Wahrung der Forschungsfreiheit sämtliche bei einem grundrechtsverpflichteten Forschungsträger angestellten Forscher im Vorfeld der Kooperation dem Forschungsplan uneingeschränkt zustimmen, wenn dieser ihnen gegenüber auch Bindungswirkung entfalten soll.[305] So ist die freiwillige vertragliche Aufgabe von Grundrechtspositionen grundsätzlich keine Beeinträchtigung der Forschungsfreiheit.[306] Eine Ausnahme hiervon gilt jedoch bei „Verträgen, die einen der beiden Vertragspartner ungewöhnlich stark belasten und das Ergebnis strukturell ungleicher Verhandlungspartner sind".[307] Dies ist dann der Fall, wenn die vertragliche Verpflichtung des betreffenden Hochschulforschers nicht auf einer freien Entscheidung fußt, sondern sich dieser aufgrund bestimmter Abhängigkeiten, etwa finanzieller Natur, in einer derart ungünstigen Verhandlungsposition befindet, dass er nicht mehr eigenbestimmt handeln kann.[308] Diese Konstellation dürfte jedoch nur in besonderen Fällen anzunehmen sein, etwa bei einer vollständigen Finanzierung einer Stiftungsprofessur durch ein Industrieunternehmen. In den in dieser Arbeit fokussierten horizontalen Forschungskooperationen im engeren Sinn erscheint dies dagegen abwegig, sodass eine Zustimmung des Forschers zum Forschungsplan eine Grundrechtsverletzung in aller Regel ausschließt.

bb. Besetzung des Leitungsorgans mit Grundrechtsträgern

Des Weiteren stellt sich die Frage, wie eine Ausgestaltung der Leitung innerhalb der Forschungskooperation zu erfolgen hat, damit sämtliche Anforderungen aus Art. 5 Abs. 3 S. 1 Var. 2 GG erfüllt werden. Nach den verfassungsrechtlichen Ausführungen des BVerfG zur Forschungsorganisation werden die beteiligten Forschungsträger letztlich die Art und Weise der Mitwirkung der Forscher im wissenschaftsorganisatorischen Gesamtgefüge frei gestalten können, solange die wissenschaftlich Tätigen an wissenschaftsrelevanten Entscheidungen ausreichend

---

304 Dazu *Kirchhof*, ZRP 1976, 238 ff.

305 *Gillich*, WissR 2017, 234, 261.

306 *Gillich*, WissR 2017, 234, 261; *Misera*, Drittmittelforschung – Chancen, Risiken und Praxisprobleme, 2010, S. 67.

307 BVerfG, *Beschl. v.* 07.02.1990 – 1 BvR 26/84 – Handelsvertreter = BVerfGE 81, 242, 253 ff.

308 *Misera*, Drittmittelforschung – Chancen, Risiken, Praxisprobleme, 2010, S. 68; *Gillich*, WissR 2017, 234, 261.

mitwirken können.[309] Dies ist Ausdruck der ihnen zukommenden grundrechtlichen Freiheiten aus Art. 5 Abs. 3 S. 1 Var. 2, 12 Abs. 1, 2 Abs. 1 GG. Besonders strenge Maßstäbe gelten hinsichtlich des Forschungspersonals allerdings bei Angelegenheiten, die der Selbstbestimmung der Grundrechtsträger unterliegen.[310]

Gegen eine Beteiligung des Forschungspersonals im Leitungsorgan spricht die im Vergleich zur Hochschulorganisation weniger unmittelbar bestehende Gefährdungslage für die Forschungsfreiheit. Außerdem haben die Forscher bereits ihre Zustimmung zum Forschungsplan erteilt, sodass diese im Grundsatz mit den durchzuführenden Forschungstätigkeiten einverstanden sind. Ferner böte sich als alternatives Modell zur grundrechtswahrenden Integration des Forschungspersonals im Organgefüge der Kooperation ohne die Besetzung des Leitungsorgans mit Forschern der Ausschluss von Weisungsrechten des Leitungsorgans gegenüber dem Forschungspersonal an.[311]

Allerdings darf nicht verkannt werden, dass der Forschungsplan oftmals nur vage Formulierungen enthält, sodass zahlreiche konkrete Beschlüsse erst bei der Durchführung der Forschungstätigkeiten zu fassen sind und damit jenseits des konsentierten Forschungsplans hinreichend Spielraum zur Erzeugung einer strukturellen Gefährdungslage bestehen bleibt. Des Weiteren sind die Auswirkungen eines geringen Institutionalisierungsgrades des Forschungsverbundes zu beachten: Denn in diesem Fall müssen sich die Organisationsstrukturen in erster Linie möglichst flexibel und übersichtlich darstellen.[312] Daher dürfte es bei einer dualen Organstruktur bestehend aus einem Leitungs- und einer Trägerversammlung als Aufsichtsorgan bleiben.[313] Im Falle einer solchen dualen Organstruktur liegt jedoch die einzige Möglichkeit zur Sicherstellung der Mitwirkung von Forschern auf der Organebene in Angelegenheiten, die deren grundrechtlicher Selbstbestimmung unterliegen, in der (Teil-)Besetzung des Leitorgans mit entsprechendem Forschungspersonal. Ferner könnte durch die pluralistische Besetzung des potentiellen Leitungsorgans mit Forschern und Vertretern der Trägereinrichtungen sowohl ein Schutz vor wissenschaftsgefährdenden Entscheidungen erzielt, als auch die bestehenden Unterschiede in Ansichten und Interessen sachverständig eingebracht und zusammengeführt werden. Gegen den Ausschluss von Einzelweisungsrechten als alternative Gestaltungsvariante spricht zudem, dass das Leitungsorgan hierdurch letztlich über Gebühr entmachtet würde und insofern seine ursprünglichen Zwecke nicht effizient verfolgen könnte. Im Übrigen könnte

309 So etwa auch zur Hochschulorganisation *Wendt/Weth*, JM 2015, 290, 292.

310 Vgl. dazu *Wendt/Weth*, JM 2015, 290, 292.

311 Hierzu *Lappe*, Kooperationen wissenschaftlicher Einrichtungen, 2019, S. 444 f.

312 Weitergehend zu den Auswirkungen des Institutionalisierungsgrades siehe Kap. 1 B III.

313 Diesbezüglich eingehend auf die in der Praxis existenten Musterverträge *Lappe*, Kooperationen wissenschaftlicher Einrichtungen, 2019, S. 131 ff.

eine solche Konstruktion gegen gesellschaftsrechtliche Prinzipien verstoßen kann, namentlich gegen das Prinzip der Selbstorganschaft.[314]

Deshalb sollte letztlich das Leitungsorgan der Forschungskooperationsgesellschaft aus verfassungsrechtlichen Gründen zwingend mit Forschungspersonal zu besetzen sein. Nach der hier vertretenen Ansicht ist zur Vermeidung einer strukturellen Gefährdung der Forschungsfreiheit darüber hinaus eine Mehrheit an Forschungspersonal gegenüber sonstigem Leitungspersonal erforderlich.[315]

cc. Konstituierung einer Forscherversammlung

Fraglich ist zudem, ob aus dem objektiv-rechtlichen Gewährleistungsinhalt der Wissenschaftsfreiheit nach Art. 5 Abs. 3 S. 1 Var. 2 GG neben einem mehrheitlich mit Forschern besetzten Leitungsorgan die Pflicht zur Errichtung einer Forscherversammlung als weiteres Organ im Organgeflecht des Forschungsverbunds resultiert und bejahendenfalls, welche Befugnisse dieses aufzuweisen hat.

Auch in dieser Frage wirkt sich der Institutionalisierungsgrad der Kooperation aus. Denn gerade in einer umfassenden, auf Dauer angelegten Forschungskooperation mit zahlreichen Forschern oder gar Forschungsabteilungen sollte sich die Governance-Struktur statt durch größtmögliche Flexibilität und Übersichtlichkeit vielmehr durch eine klare Aufgaben- und Kompetenzverteilung auszeichnen. Hier würde sich ein Organ, in dem die involvierten Forscher ihre gemeinsamen Interessen herausarbeiten und effizient verfolgen können, anbieten, da es den Forschern ansonsten ab einer gewissen Anzahl schwer fallen könnte, gemeinsame Positionen zu erarbeiten. Auch dem Leitungsorgan könnte die Existenz eines Organs eigens für das Forschungspersonal, wodurch das Leitungsorgan allein schon zahlenmäßig entlastet werden würde, entgegenkommen. Denn kleine Leitungsorgane ermöglichen eine straffe Entscheidungsfindung und können in Distanz zu Fragen der grundrechtlichen Selbstbestimmung von Forschern in Verwaltungsangelegenheiten mitunter dynamischer agieren.[316] In Bezug auf das Verhältnis zwischen dem Forscherorgan (im Hochschul-Kontext dem Kollegialorgan) und dem Leitungsorgan führen *Wendt/Weth* aus: „Je höher Ausmaß und Gewicht der den Leitungspersonen zustehenden Befugnisse sind, desto eher muss die Möglichkeit gegeben sein, sich selbstbestimmt von diesen zu trennen."[317] Wie bereits herausgearbeitet ist es Pflicht des Staates, ein ausreichendes Maß an Partizipation der Grundrechtsträger zu ermöglichen. Daher erscheint die Ausformung einer Forscherversammlung

---

314 Hierzu insbesondere BGH, *Urt. v.* 05.10.1981 - II ZR 203/80 – Holiday-Inn = NJW 1982, 1817, 1817 f.; vgl. auch *Lappe*, Kooperationen wissenschaftlicher Einrichtungen, 2019, S. 444.

315 Weitergehend zum Grundsatz wissenschaftlicher Prägung des Leitorgans siehe Kap. 2 A II 1.

316 Vgl. dazu auch *Wendt/ Weth*, JM 2015, 290, 292.

317 *Wendt/ Weth*, JM 2015, 290, 293.

jedenfalls in Kooperationen mit fortgeschrittenem Institutionalisierungsgrad aus verfassungsrechtlichen Gründen erforderlich.

Zur näheren Ausgestaltung der Trennlinie, deren Überschreiten die Installation einer Forscherversammlung erfordert, sowie deren Befugnisse und Besetzung sind auch sämtliche anderen rechtlichen Rahmenbedingungen sowie sonstige organisationsrelevante Determinanten in den Blick zu nehmen. Deshalb erfolgt diese detaillierte Ausarbeitung dieses Organs an späterer Stelle.[318]

dd. Zum wissenschaftlichen Beirat

Als weiterer verfassungsrechtlich geforderter Aspekt der Governance-Struktur erscheint die Implementierung eines wissenschaftlichen Beirats (engl.: *Scientific Advisory Board*, SAB) denkbar. Dieser könnte etwa seiner bisherigen, in der Praxis existenten Ausgestaltung entsprechend mit trägerfremden Dritten besetzt werden und den wissenschaftlichen Erkenntnisprozess beratend begleiten. Auf internationaler Bühne hat sich diese Gestaltungsvariante in verschiedenen Fallkonstellationen bewährt, wenngleich sich diese in ihrer exakten Ausformung unterscheiden.[319] Zwar dient ein wissenschaftlicher Beirat grundsätzlich der Verwirklichung eines effizienten Forschungsmanagements. Jedoch geht es dabei weniger um die Durchsetzung der Interessen des forschenden Personals, sondern vielmehr um eine Begleitung der Forschungsaktivitäten der Kooperation unter wissenschaftlichen Gesichtspunkten. Ein solcher Beirat wäre also im Gesamtinteresse der Kooperation tätig und nicht (nur) im Interesse der Forscher oder sonstiger einzelner Grundrechtsträger. Dieser Umstand mildert die Relevanz des wissenschaftlichen Beirats hinsichtlich der effektiven Durchsetzung der Grundrechte erheblich ab. Im Übrigen müssen je nach Wahl des Kooperationsvehikels auch hier die Gestaltungsgrenzen des Gesellschaftsrechts beachtet werden.[320] An späterer Stelle dieser Bearbeitung erfolgen eine umfassende Auseinandersetzung sowie eine abschließende Klärung hinsichtlich der Implementierung eines SAB.[321]

2. Vereinigungsfreiheit, Art. 9 Abs. 1 GG

Neben der Wissenschaftsfreiheit aus Art. 5 Abs. 3 S. 1 Var. 2 GG spielt für die gesellschaftsrechtliche Organisation wissenschaftlicher Forschungskooperationen die Vereinigungsfreiheit gemäß Art. 9 Abs. 1 GG eine gewisse Rolle. Das subjektive Abwehrrecht kommt dem Einzelnen als Gründer oder Mitglied einer Vereinigung, aber auch der Vereinigung selbst zu und gewährleistet die Freiheit, sich zu Vereinigungen des privaten Rechts zusammenzuschließen sowie den Beitritt zu einer

---

318 Siehe Kap. 2 A V.

319 Siehe Kap. 2 A IV 2.

320 Dazu etwa *Thümmel*, DB 1995, 2461 ff.

321 Siehe Kap. 2 A IV 2.

Vereinigung oder das Verbleiben in einer solchen.[322] Hierdurch wird das Prinzip freier sozialer Gruppenbildung garantiert.[323] Die Grundrechtsträger können selbstbestimmt die eigene Organisation, das Verfahren ihrer Willensbildung sowie die Führung der Geschäfte regeln.[324]

Neben dem subjektiven Schutzumfang beinhaltet auch Art. 9 GG Ausgestaltungsaufträge an den Gesetzgeber: Dieser hat durch die Bereitstellung eines Kanons von verschiedenen Gesellschaftsformen, die den unterschiedlichen Bedürfnissen der Privatrechtssubjekte Rechnung tragen, für ein funktionsgerechtes Vereins- und Gesellschaftsrecht zu sorgen, um letztlich den Grundrechtsberechtigten einen Zugewinn autonomer Handlungsfreiheit zu gewähren.[325] Indem die Vereinigungsfreiheit zur Verwirklichung auf eine einfachgesetzliche Ausgestaltung angewiesen ist, handelt es sich um eine sog. teilweise normgeprägte Freiheit.[326] Hierbei ist dem Gesetzgeber ein weiter Gestaltungsspielraum zuzugestehen.[327] Denn mit der Erkenntnis einer positiven Wirkung gewisser legislativer Regelungen ist noch keine Aussage zu der Frage getroffen, welche Lebensbereiche im Einzelnen einer staatlichen Regelung entzogen sind und welche gerade nicht.[328] *Kemper* führt hierzu zutreffend aus: „Die Feststellung oder Behauptung einer aus wessen Sicht und nach welchen Maßstäben auch immer beurteilten Nützlichkeit zahlreicher Gesetze enthält noch keine Aussage zu deren Vereinbarkeit mit den freiheitsschützenden Grundrechten."[329] Jedoch gelangt das gesetzgeberische Ermessen dort an seine Grenze, wo eine bestehende gesetzliche Regelung die Funktionsfähigkeit der Vereinigungen nicht gewährleistet.[330]

Als subjektives Abwehrrecht erlangt Art. 9 Abs. 1 GG für die Kooperationsforschung dergestalt Bedeutung, dass hierdurch die Freiheit zum Abschluss des Kooperations-/Gesellschaftsvertrags geschützt wird. Da allerdings – die Beteiligung einer

---

322 Sog. Lehre vom „Doppelgrundrecht", dazu BVerfG, *Urt. v.* 29.07.1959 – 1 BvR 394/58 = NJW 1959, 1675, 1676; dazu auch *Cornils*, in: BeckOK Grundgesetz, Art. 9 Rn. 1, 3, 9.

323 BVerfG, *Beschl. v.* 18.12.1974 – 1 BvR 430/65, 259/66 = NJW 1975, 1265, 1266; vgl. auch *Löwer*, in: v. Münch/Kunig, Art. 9 Rn. 39.

324 BVerfG *Urt. v.* 01.03.1979 – 1 BvR 532, 533/77, 419/78, BvL 21/78 – Mitbestimmung = NJW 1979, 699, 706; *Cornils*, in: BeckOK Grundgesetz, Art. 9 Rn. 11.

325 BVerfG *Urt. v.* 01.03.1979 – 1 BvR 532, 533/77, 419/78, BvL 21/78 – Mitbestimmung = NJW 1979, 699, 706; *Cornils*, Die Ausgestaltung der Grundrechte, 2005, S. 401 ff.; *ders.*, in: BeckOK Grundgesetz, Art. 9 Rn. 2, 18.

326 *Cornils*, in: BeckOK Grundgesetz, Art. 9 Rn. 18.

327 BVerfG *Urt. v.* 01.03.1979 – 1 BvR 532, 533/77, 419/78, BvL 21/78 – Mitbestimmung = NJW 1979, 699, 706; *Höfling*, in: Sachs, GG. Art. 9 Rn 36; *Cornils*, in: BeckOK Grundgesetz, Art. 9 Rn. 34.

328 *Kemper*, in: v. Mangoldt/Klein/Starck, GG, Art. 9 Rn. 8.

329 *Kemper*, in: v. Mangoldt/Klein/Starck, GG, Art. 9 Rn. 8.

330 Vgl. BVerfG, *Beschl. v.* 09.10.1991 – 1 BvR 397/87 – Lohnsteuerhilfeverein = BVerfGE 84, 372, 378 f.; *Scholz*, in: Maunz/Dürig, GG, Art. 9 Rn. 69.

Hochschule oder einer sonstigen staatlichen Trägereinrichtung vorausgesetzt – diese staatlichen Stellen nicht etwa auf welche Weise auch immer hindernd auf den Vertragsschluss einwirken, sondern vielmehr selbst Vertragspartner werden, ist keine Gefährdungslage ersichtlich. Bei der Ausgestaltung droht den beteiligten Privatrechtsubjekten ebenfalls keine Grundrechtsgefährdung. Schließlich verhandeln diese mit den staatlichen Trägern in Ausübung ihrer ungehinderten Privatautonomie. Eine bestimmte Organstruktur oder sonstige beschränkende Aspekte können nicht einseitig von Seiten des Staates realisiert werden, da die staatlichen Stellen in dieser Konstellation nicht hoheitlich tätig werden, sondern vielmehr wie ein beliebiges Rechtssubjekt im Rechtsverkehr auftreten.

Gesteigerte Bedeutung kommt der Vereinigungsfreiheit vielmehr in ihrem objektiven Gewährleistungsinhalt zugute. Denn der Staat hat zur Verwirklichung des Rechts- und Wirtschaftsverkehrs für ein entsprechendes Rechtsformenangebot Sorge zu tragen. Gewiss kann nicht jedes im Ansatz begründete Bedürfnis nach einer exakt zugeschnittenen (neuen) Rechtsform den Gesetzgeber zum Handeln verpflichten, denn auch dieser hat mit seinen Ressourcen hauszuhalten und muss die Übersichtlichkeit des Rechtsformenangebots bewahren. Doch sollte sich im Lauf dieser Bearbeitung ein Handlungsbedarf ergeben[331], so darf in diesem Kontext die verstärkende Wirkung der Wissenschaftsfreiheit nach Art. 5 Abs. 3 S. 1 Var. 2 GG nicht verkannt werden, die zu einer über den Normalfall hinausgehenden Bedarfslage führen kann. In diesem Fall könnte sich das dem Gesetzgeber zukommende Ermessen gerade in dem Zusammenspiel von Art. 5 Abs. 3 S. 1 Var. 2 GG und Art. 9 Abs. 1 GG zu einer Handlungspflicht verdichten.

3. Art. 91b GG – Kooperation von Bund und Ländern in Wissenschaft und Bildung

Weitergehend Eingang in diese Bearbeitung findet Art. 91b GG. Dieser gestattet das Zusammenwirken von Bund und Ländern bei der Förderung von Wissenschaft, Forschung und Lehre und trägt damit dem Abstimmungs- und Koordinationsbedarf zwischen den Ebenen von Bund und Ländern Rechnung.[332] Durch eine Novellierung in jüngerer Vergangenheit soll eine langfristige und institutionelle Förderung von Forschung ermöglicht werden; ebenso wurden die Kooperationsmöglichkeiten wesentlich erweitert.[333] So sollen etwa auch Mischformen zwischen Hochschulen und außeruniversitären Einrichtungen von dieser kooperativen

---

331 Siehe im Ergebnis Kap. 2 B II.

332 *Schwarz*, in: Maunz/Dürig, GG, Art. 91b Rn. 1; vgl. hierzu auch *Seckelmann*, NVwZ 2015, 248 ff.; *Wolff*, DÖV 2015, 771 ff.; *Borgwardt*, Neuer Artikel 91b GG – Was ändert sich für die Wissenschaft?, Publikation zur Konferenz am 19. Mai 2015 in der Friedrich-Ebert-Stiftung, 1. Auflage 2015, Berlin, S. 16 ff., Schriftenreihe des Netzwerk Exzellenz an Deutschen Hochschulen.

333 *Suerbaum*, in: BeckOK Grundgesetz, Art. 91b Rn. 4a.

Förderung profitieren.[334] Als Vereinbarungen kommen dabei Staatsverträge und Verwaltungsabkommen in Betracht.[335] Die zulässigen Gegenstände des Zusammenwirkens sind in Art. 91b Abs. 1 GG abschließend aufgeführt, wobei ein weites Begriffsverständnis der Förderung der wissenschaftlichen Forschung zugrunde gelegt wird, sodass keine Beschränkung auf bestimmte Institutionen stattfindet.[336] Im Hinblick auf wissenschaftliche Forschungskooperationen lässt sich konstatieren, dass jedenfalls die Zusammenarbeit zwischen Bund und Ländern einer handhabbaren Regelung nunmehr unterworfen ist. In Anbetracht des mitunter strengen und teils schwerfälligen Föderalismuskonzepts des Grundgesetzes ist dies ein begrüßenswerter Umstand. Oftmals wird ein solcher Staatsvertrag bzw. ein solches Verwaltungsabkommen im Vorfeld des eigentlichen Kooperationsvertrags abgeschlossen werden, bei diesem dann wiederum auch andere Kooperationspartner, namentlich Kommunen, Industrieunternehmen oder außeruniversitäre Forschungseinrichtungen beteiligt werden können. Da allerdings nur die besondere Fallkonstellation der Kooperation von Bund und Ländern geregelt ist, erfasst diese Norm nur einen Teilbereich der kooperativen Forschung im engeren Sinne. Besondere Bedeutung erlangt Art. 91b GG hingegen für die Forschungsförderung nach Maßgabe von §§ 23, 44 BHO[337] sowie den Regelungen des WissFG[338]. Diesbezüglich bildet Art. 91b GG die verfassungsrechtliche Grundlage.[339]

4. *Zusammenfassung*

Die in Art. 5 Abs. 3 S. 1 Var. 2 GG geregelte Wissenschaftsfreiheit zeitigt umfassende Auswirkungen auf die Gestaltung der Organisationsverfassung von Forschungskooperationen. Jedoch muss stets genau darauf geachtet werden, welches Rechtssubjekt sich in welchem Umfang wem gegenüber auf dieses Grundrecht berufen kann. Jedenfalls kann sich der Staat durch eine „Flucht ins Privatrecht" der Grundrechtsgeltung nicht entziehen, auch wenn sich die Durchschlagskraft der Wissenschaftsfreiheit in Forschungskooperationen aufgrund der nur mittelbar bestehenden Staatsnähe reduziert. In objektiver Hinsicht fordert Art. 5 Abs. 3 S. 1 Var. 2 GG vom Staat die Schaffung einer grundrechtssichernden Binnenstruktur,

---

334 *Suerbaum*, in: BeckOK Grundgesetz, Art. 91b Rn. 4a, 11.1 f.

335 *Suerbaum*, in: BeckOK Grundgesetz, Art. 91b Rn. 6.

336 So etwa bereits *Maunz*, in: Maunz/Dürig, 18. EL 1980, Art. 91b Rn. 7; *Suerbaum*, in: BeckOK Grundgesetz, Art. 91b Rn. 10 f.; BT-Drs. 16/813, 17.

337 Vgl. hierzu eingehend etwa *Dommach*, NVwZ 2007, 53 ff.; *Schwarz*, in Maunz/Dürig, Art. 91b GG, Rn. 1 ff, insb. 15 ff.; *Suerbaum*, in: BeckOK Grundgesetz, Art. 91b, Rn. 1 ff.

338 Hierzu etwa *Jauch*, NVwZ 2013, 32 ff.; im Übrigen ist ein Überblick bezüglich der Forschungsförderung durch Bund und Länder beim BMBF ersichtlich, Bundesbericht Forschung und Innovation 2014, abrufbar unter http://www.bundesbericht-forschung-innovation.de/files/BuFI_2014_barrierefrei.pdf [zuletzt abgerufen am 11.08.2017].

339 Vgl. hierzu *Geis*, OdW 2018, 77, 77 f.

die auch die Bereitstellung gewisser Verfahrensweisen und Emanzipationsmöglichkeiten miteinschließt. Anleihen können dabei in beschränktem Umfang aus der Organisation von Hochschulen gezogen werden. Letztlich geht es um die Vermeidung einer strukturellen Gefährdungslage für die Wissenschaftsfreiheit. Bei der Formulierung konkreter Governance-Gestaltungen sind die Grundrechte aus Art. 12 Abs. 1 GG und Art. 2 Abs. 1 GG auf Schrankenebene zu beachten.

Ohne die Zustimmung zum Forschungsplan im Vorfeld der Kooperation entfaltet dieser zur Wahrung der Forschungsfreiheit keine Bindungswirkung gegenüber dem einzelnen Forscher. Zur Verwirklichung der Forschungsfreiheit in der Organisationsverfassung sollte zudem das Leitungsorgan stets mit einer Mehrheit von Forschungspersonal besetzt sein. Ein geeignetes Instrument zur Formierung und Bündelung der Forscherinteressen wäre die Konstituierung einer Forscherversammlung. Sie bietet sich insbesondere bei umfangreicheren Forschungsvorhaben an. Ein wissenschaftlicher Beirat könnte zwar zur Förderung der Forschungsarbeiten insgesamt beitragen, dient jedoch – jedenfalls in der üblichen Ausgestaltung – nicht der Wahrung einzelner Grundrechtspositionen innerhalb des Verbunds.

Die Vereinigungsfreiheit nach Art. 9 Abs. 1 GG zeitigt zwar weniger in ihrer Dimension als Abwehrrecht Relevanz für die Kooperationsforschung, könnte jedoch verstärkend im Zusammenspiel mit der Wissenschaftsfreiheit das gesetzgeberische Ermessen hinsichtlich der Bereitstellung einer neuen Rechtsform verengen oder gar auf Null reduzieren. Art. 91b GG ermöglicht das Zusammenwirken von Bund und Ländern in der Kooperationsforschung, wenngleich diese Trägerkombination eher eine Ausnahme im forschungskooperativen Kontext darstellt.

III. Arbeitsrechtliche Implikationen

Weitergehend eng mit der rechtlichen Organisation der Forschungskooperation verwoben ist das Arbeitsrecht. Zwar entfaltet dieses *per se* keinen Einfluss auf die Governance-Struktur. Vielmehr hängt die arbeitsrechtliche Behandlung der Forschungskooperation ihrerseits entscheidend vom Organisationsrecht der Kooperation ab. Dennoch sind die arbeitsrechtlichen Konsequenzen für die Wahl des jeweiligen Organisationsrechts zu berücksichtigen. Üblicherweise stellen sich in diesem Kontext Fragen bezüglich der Zuordnung des Personals eines Kooperationspartners zur Forschungskooperation bzw. zu anderen Kooperationspartnern sowie der Arbeitnehmerüberlassung. Auch eine Berücksichtigung des kollektiven Arbeitsrechts erscheint geboten.

1. Einräumung eines Weisungsrechts an ein Organ der Kooperation

Ausgangspunkt einer jeglichen arbeitsrechtlichen Betrachtung ist die Frage nach der Rechtsfähigkeit des Kooperationsvehikels.[340] Ist diese nicht vorhanden,

340 Im Übrigen zur Rechtsfähigkeit und deren Auswirkungen auf Forschungskooperationen siehe Kap. 1 A I 5.

wird das Personal dem jeweiligen Kooperationsprojekt üblicherweise über die Ausübung des Weisungsrechts des Arbeitgebers zugeordnet, indem die Arbeitnehmer die Anweisung erhalten, die in dem Kooperationsvertrag enthaltenen Pflichten des jeweiligen Arbeitgebers bzw. Kooperationspartners zu erfüllen.[341] Der Pflichtenkatalog erfährt in der Praxis regelmäßig durch die Aufstellung eines sogenannten „Forschungsplans" nähere Ausgestaltung.[342] Besondere Beachtung finden hierbei Personen wie beispielsweise Hochschullehrer, deren Tätigkeit in den Schutzbereich von Art. 5 Abs. 3 S. 1 Var. 2 GG fällt, denn diese unterliegen nur einem beschränkten Weisungsrecht.[343] Sie werden in den gängigen Musterverträgen in der Regel unmittelbarer (Kooperations-)Vertragsbestandteil, können jedoch auch durch einen gesonderten Vertrag eingebunden werden.[344] Möglich ist überdies, einem gegebenenfalls vorhandenen Kontroll- oder Leitungsorgan auf Kooperationsebene ein Weisungsrecht einzuräumen, was sich insbesondere bei Kooperationen mit höherem Institutionalisierungsgrad und von längerer Dauer anbietet.[345] Vor allem dann, wenn sich die praktische Durchführung der Forschungskooperation in den Räumlichkeiten eines am Kooperationsvertrag beteiligten Kooperationspartners abspielt, erscheint eine Übertragung des Weisungsrechts – etwa im Wege eines (gegebenenfalls gesonderten) Arbeitnehmerüberlassungsvertrages – auf diesen angebracht.[346] In diesem Fall ist jedoch § 613 S. 2 BGB zu beachten, welcher eine einzel- oder tarifvertragliche Zustimmung des betreffenden Arbeitnehmers erfordert, sofern keine abweichende gesetzliche Regelung einschlägig ist.[347]

Anders liegen die Dinge, sobald die Forschungskooperation auf der Grundlage eines verselbstständigten Kooperationsvehikels in Form einer rechtsfähigen (Außen-)Personengesellschaft oder einer juristischen Person erfolgt. Hier besteht einerseits die Möglichkeit, dass die für die Kooperation tätigen Mitarbeiter beim Kooperationspartner angestellt bleiben und zur verselbstständigten Kooperation

---

341 *Lappe*, Kooperationen wissenschaftlicher Einrichtungen, 2019, S. 78.
342 Zum Forschungsplan siehe Kap. 2 A I 1 e.
343 Weitergehend zu den Auswirkungen von Art. 5 Abs. 3 S. 1 Var. 2 GG auf Forschungskooperationen siehe Kap. 1 A II 1 d.
344 Als unmittelbarer Vertragsbestandteil etwa im IHK-Muster, S. 14, siehe Fn. 25; sowie in den Berliner Vertragsbausteinen, S. 5, 9, siehe Fn. 25; während im BMWi-Muster im Gegensatz zur vorherigen 2. Auflage auf eine Benennung eines Hochschullehrers als Vertragspartei verzichtet wird, S. 38, siehe Fn. 25.
345 Zu den Auswirkungen des Institutionalisierungsgrades auf Forschungskooperationen siehe Kap. 1 B III.
346 So etwa im IHK-Muster, S. 13, siehe Fn. 25; auch *Lappe*, Kooperationen wissenschaftlicher Einrichtungen, 2019, S. 79; vgl. ferner *Kurr*, JA 1996, 717, 720.
347 Eingehend dazu *Müller-Glöge*, in: MüKo zum BGB, § 613, Rn. 23 ff.; *Preis*, in: Erfurter Kommentar zum Arbeitsrecht, § 613 BGB, Rn. 8 ff.

entsandt, also dieser überlassen werden[348], indem entweder das Personal dem Kooperationsvehikel durch eine Übertragung des Weisungsrechts auf dasselbe zugeordnet wird oder wiederum die Kooperationspartner ihr jeweiliges Personal zur Erfüllung der kooperations- bzw. gesellschaftsvertraglichen Pflichten anweisen.[349] Ebenso ist denkbar, dass die für das selbstständige Kooperationsvehikel tätigen Mitarbeiter bei ebenjener Kooperation selbst angestellt sind, die Forschungskooperation mithin die Arbeitgeberstellung innehat.[350] Die Art und Weise dieser Gestaltung zeitigt mitunter erhebliche Unterschiede im Hinblick auf die Berechtigung an den im Laufe der Kooperation entstehenden Immaterialgütern.[351] Welche der denkbaren Gestaltungsvarianten einschlägig ist, ist vom Einzelfall abhängig und gegebenenfalls durch Auslegung zu ermitteln.

In Bezug auf die Organisationsstruktur der Forschungskooperationsgesellschaft stellt sich in Anbetracht dessen die Frage, ob es sinnvoll erscheint, einem Organ der Kooperation das Weisungsrecht für die der Kooperation zugeordneten Arbeitnehmer zu erteilen. Sobald Forscher zu Kooperationszwecken eingesetzt werden, sollten diese zur Steigerung der Effizienz des Forschungsvorhabens auch einer einheitlichen Leitung untergeordnet werden. Alles andere würde eine strikte Verfolgung des vereinbarten Forschungsplans[352] gefährden oder unnötige Kommunikationswege zwischen dem Leitungsorgan der Kooperation und dem des Forschungsträgers erzeugen. Daher lässt sich als Grundregel formulieren, dass, sobald die Kooperation einen Grad an Institutionalisierung erreicht hat, der die Installation eines oder mehrerer Steuerungsorgane erfordert, auch ohne Weiteres das passende Organ mit einem Weisungsrecht ausgestattet werden sollte.

Darauf aufbauend bedarf es einer Festlegung, welchem der potentiell zur Verfügung stehenden Kooperationsorgane das Weisungsrecht zugeordnet werden könnte. Hierbei kommen als Organtypen im Grundsatz ein Leitungs- oder Überwachungsorgan, eine Forscherversammlung sowie die Versammlung der Forschungsträger in Betracht. Da die Forscher nicht das Weisungsrecht über sich selbst ausüben können, scheidet die Forscherversammlung naturgemäß aus. Auch ein Überwachungsorgan, welches wesensmäßig nicht durch aktives Tätigwerden gekennzeichnet ist, kommt hierfür nicht in Betracht. Vielmehr erscheint das Leitungsorgan für diesen Posten prädestiniert, denn dieses widmet sich seiner Natur entsprechend der Koordination und eben auch der Leitung des Forschungsverbunds.

Zuletzt bleibt die Frage nach der Rolle der Versammlung der Forschungsträger übrig. Je nachdem, ob diese sich eines rechtsfähigen Kooperationsvehikels

---

348 Dies fiele gegebenenfalls in den Anwendungsbereich des Arbeitnehmerüberlassungsgesetzes (AÜG), hierzu *Ulrici*, RWiss 2015, 318, 331; siehe weitergehend zur Arbeitnehmerüberlassung nach dem AÜG Kap. 1 A III 3.

349 *Lappe*, Kooperationen wissenschaftlicher Einrichtungen, 2019, S. 80.

350 *Ulrici*, RWiss 2015, 318, 332.

351 Siehe Kap. 1 A IV 1 b.

352 Zur Aufstellung eines Forschungsplans siehe Kap. 2 A I 1 e.

bedienen, handelt es sich hierbei um eine Anteilseignerversammlung oder eine Versammlung der Vertragspartner.[353] Durch die Zuweisung des Weisungsrechts an das Leitungsorgan erscheint eine weitere solche Zuweisung zunächst obsolet. Allerdings sind durchaus Fälle denkbar, in denen dies dennoch erforderlich sein könnte, nämlich dann, wenn das Leitungsorgan von den grundlegenden Vorgaben der Forschungsträger bzw. des Kooperationsvertrags eigenmächtig abweicht. Wollen die Kooperationsträger die Kontrolle über das Forschungsgeschehen in der Kooperation nicht aus der Hand geben, sollten sich diese daher – zumindest im geschilderten Fall – eine Reservekompetenz bezüglich des Weisungsrechts vorbehalten.

2. Separate vertragliche Einbindung des Forschungspersonals

Des Weiteren ist zu beachten, dass die vertragliche Einbindung des beteiligten Forschungspersonals an einem selbstständigen Kooperationsvehikel rechtstechnisch auf unterschiedliche Arten geschehen kann. Zum einen kann dieses direkt im Kooperations- bzw. Gesellschaftsvertrag erfolgen, was – zumindest durch Auslegung nach den allgemein gültigen Maßstäben – dazu führen könnte, dass das Forschungspersonal fortan zum Kreis der an der Forschungskooperation beteiligten Gesellschafter gehören würde.[354] Der Status eines Gesellschafters kann für das Wissenschaftspersonal jedoch im Grundsatz zu unangemessenen Haftungsrisiken, wie etwa durch die analoge Anwendung von § 128 HGB für die BGB-Gesellschaft, sowie einer gehemmten Willensbildung im vergrößerten Gesellschafterkreis führen.

Zu diesen haftungsrechtlichen Problematiken treten organisationsrechtliche Folgeschwierigkeiten hinzu. Denn infolgedessen würden die Forscher Teil der Gesellschafter- bzw. Trägerversammlung. Diese jedoch verfolgt ihrem grundsätzlichen Charakter entsprechend die Interessen der Anteilseigner, welche regelmäßig darauf bedacht sind, über die Einhaltung und Verfolgung der Kooperationsziele zu wachen sowie die Verbindung zwischen Kooperation und den Forschungsträgern aufrechtzuerhalten bzw. einer fortschreitenden Emanzipation der Kooperation entgegenzuwirken.[355] Hiervon können die Interessen der Forscher durchaus abweichen. Diese werden in der Regel auf die Wahrung der Forschungsfreiheit sowie der rechtzeitigen Bereitstellung der zur Forschung erforderlichen Mittel bedacht sein.[356] Natürlich können diese potentiell divergierenden Interessen auch in ein und demselben Organ in Ausgleich zueinander gebracht werden. Doch

---

353 Im Übrigen zur Rechtsfähigkeit des Kooperationsvehikels siehe Kap. 1 A I 5.
354 Dazu *Lappe*, Kooperationen wissenschaftlicher Einrichtungen, 2019, S. 80.
355 Zu den unterschiedlichen Interessensrichtungen siehe Kap. 1 B II; zur Zielsetzung der Wahrung des Einflusses und der Erkennbarkeit der Trägereinrichtungen siehe Kap. 1 B IV 2.
356 Zur Handlungsfreiheit der Forscher siehe Kap. 1 B IV 1.

ergibt sich an anderer Stelle dieser Untersuchung unter Umständen die Notwendigkeit der Herausbildung eines separaten Organs eigens für Forscher.[357] Daher würde es neben den haftungsrechtlichen Risiken zudem die Organstruktur unnötig verkomplizieren, sobald sich die beteiligten Forscher zum Kreis der Gesellschafter des Kooperationsvehikels zählen würden.

Daher erscheint alternativ eine rein schuldrechtliche Einbindung des beteiligten Forschungspersonals geboten, entweder als Vertrag mit dem (rechtsfähigen) Kooperationsvehikel oder mit einem Kooperationspartner als Vertrag zugunsten Dritter im Sinne von § 328 BGB.

3. *Arbeitnehmererfindungen im Überlassungsverhältnis nach § 11 Abs. 7 AÜG*

Von potentiell hoher Relevanz für wissenschaftliche Kooperationen ist das Gesetz zur Regelung der Arbeitnehmerüberlassung, das AÜG. Dieses hat in erster Linie die Zwecksetzung, für eine Überlassung von Arbeitnehmern zu sorgen, die den Erfordernissen eines sozialen Rechtsstaats entspricht.[358] Für die Forschungskooperationsgesellschaft von zentraler Bedeutung dürfte dabei vor allem die Regelung des § 11 Abs. 7 AÜG sein. Diese betrifft die Immaterialgüterzuordnung und damit die Frage, wer berechtigt ist, patent- bzw. gebrauchsmusterfähige Arbeitsresultate für sich in Anspruch zu nehmen. Sie bestimmt, dass im Fall einer Überlassung eines Arbeitnehmers der Entleiher, also das Kooperationsvehikel – falls vorhanden – als Arbeitgeber nach dem ArbNErfG gilt, weshalb das Kooperationsvehikel berechtigt ist, patent- oder gebrauchsmusterfähige Arbeitsergebnisse zu beanspruchen.[359] Diese gesetzliche Fiktion bezweckt eine interessensgerechte Zuordnung der Verwertungsrechte und Vergütungsansprüche für diejenigen Erfindungen, welche der Leiharbeitnehmer bei seiner Tätigkeit im Betrieb des Entleihers, also der Forschungskooperation, erzielt.[360] Zwar ist die Frage nach der Anwendung von § 11 Abs. 7 AÜG weniger für das Organgeflecht der Kooperation im engeren Sinn, dafür allerdings umso mehr für das Organisationsrecht im Allgemeinen von enormer Bedeutung, denn sie betrifft die Zuordnung der entstehenden Immaterialgüter im Falle einer Erfindung durch einen überlassenen Arbeitnehmer.[361] Die Relevanz von § 11 Abs. 7 AÜG wird weiter durch den Vorschlag seitens der Literatur gesteigert, § 11 Abs. 7 AÜG seinem Rechtsgedanken folgend auf Beamte anzuwenden, wenn diese der Kooperation überlassen werden, ohne dabei etwa auf die besonderen

---

357 Siehe Kap. 2 A V 2.

358 *Hamann*, in: Schüren, AÜG, § 1 Rn. 2.

359 *Germakowski*, in: Urban-Crell/Germakowski/Bissels/Hurst, AÜG, § 11 Rn. 68; *Schüren*, in: Schüren, AÜG, § 11 Rn. 141; dazu ferner *Lappe*, Kooperationen wissenschaftlicher Einrichtungen, 2019, S. 93.

360 *Motz*, in: BeckOK zum AÜG, § 11 Rn. 45; *Schüren*, in: Schüren, AÜG, § 11 Rn. 143.

361 Weitergehend im IP-Recht siehe Kap. 1 A IV 1 b bb (1).

Regelungen des § 42 ArbNErfG zu verzichten.[362] Dem kann uneingeschränkt zugestimmt werden.

a. Tatbestand des § 1 Abs. 1 S. 1 AÜG

Um allerdings überhaupt zu einer Anwendung von § 11 Abs. 7 AÜG zu gelangen, muss zunächst der Tatbestand des AÜG erfüllt sein. Bei näherer Betrachtung ergeben sich im forschungskooperativen Kontext allerdings Zweifel hinsichtlich der Bejahung einzelner Tatbestandsmerkmale.

Fraglich ist dabei zunächst, ob die Zuordnung von Forschungspersonal zur Forschungskooperation durch reine Forschungsträger dem Anwendungsbereich des AÜG unterfällt, schließlich fordert § 1 Abs. 1 S. 1 AÜG, dass der Verleiher den Arbeitnehmer zur Arbeitsleistung im Rahmen seiner „wirtschaftlichen Tätigkeit" überlässt. Vor dem Hintergrund, dass reine Forschungsträger in erster Linie gemeinnützige und wissenschaftliche Zwecke verfolgen, erscheint der Anwendungsbereich des AÜG *prima vista* diesbezüglich nicht eröffnet.[363] Da jedoch die Einführung dieses Tatbestandsmerkmals auf der Umsetzung der Leiharbeitsrichtlinie RL 2008/104/EG fußt[364], ist eine richtlinienkonforme Auslegung geboten.[365] Die Ermittlung des Verständnisses des Richtliniengebers von einer „wirtschaftlichen Tätigkeit" fördert zutage, dass dieser Begriff üblicherweise Verwendung im wettbewerbsrechtlichen Kontext findet.[366] Demnach ist eine wirtschaftliche Tätigkeit bereits dann vorhanden, wenn Güter oder Dienstleistungen auf einem Markt angeboten werden.[367] Hieraus folgt, dass letztlich eine Konkurrenz des Angebots des jeweiligen Rechtsträgers mit dem von anderen Marktteilnehmern zur Bejahung der „wirtschaftlichen Tätigkeit" genügt.[368] Dies ist auch bei reinen Forschungsträgern zumindest denkbar, indem etwa im Falle einer Ausschreibung für ein Forschungsprojekt verschiedene Forschungsträger Bewerbungen einreichen.[369] Jedoch wird in der Literatur vereinzelt abweichend vertreten, dass eine derartige

---

362 *Ulrici*, RWiss 2015, 318, 331.

363 Hierzu *Lappe*, Kooperationen wissenschaftlicher Einrichtungen, 2019, S. 82; zur Interessensrichtung siehe Kap. 1 B II 1 a.

364 BT-Drs. 17/4804, S. 8.

365 Vgl. BAG, *Urt. v.* 21.02.2017 – 1 ABR 62/12 = NZA 2017, 662, 667; *Thüsing/Thieken*, DB 2012, 347, 350; *Schewiola*, ArbRB 2013, 182 ff.; *Kock*, in: BeckOK Arbeitsrecht, § 1 AÜG Rn. 6, 28 ff.; grundlegend zur richtlinienkonformen Auslegung *Ruffert*, in: Calliess/Ruffert, EUV/AEUV, Art. 288 AEUV Rn. 77 ff.

366 *Thüsing/Thieken*, DB 2012, 347, 347 f.; *Lappe*, Kooperationen wissenschaftlicher Einrichtungen, 2019, S. 82.

367 EuGH, *Urt. v.* 10.01.2006 – C-222/04 = EuZW 2006, 306, 310.

368 Vgl. EuGH, *Urt. v.* 01.07.2008 – C-49/07 = EuZW 2008, 605 ff.; BAG, *Urt. v.* 21.02.2017 – 1 ABR 62/12 = NZA, 2017, 662, 667; siehe auch *Lappe*, Kooperationen wissenschaftlicher Einrichtungen, 2019, S. 83; *Kock*, in: BeckOK zum Arbeitsrecht, § 1 AÜG Rn. 29; BT-Drs. 17/4804, S. 13; *Leuchten*, NZA 2011, 608, 609.

369 So auch *Lappe*, Kooperationen wissenschaftlicher Einrichtungen, 2019, S. 84.

Konkurrenzsituation für Unternehmen, die ausschließlich ideelle Zwecke verfolgen, bereits ausscheidet.[370]

Zudem fordert § 1 Abs. 1 S. 1 AÜG das Vorliegen eines Überlassungsverhältnisses. Nach der am 01.04.2017 neu einfügten Legaldefinition in § 1 Abs. 1 S. 2 AÜG liegt eine Arbeitnehmerüberlassung dann vor, wenn Arbeitnehmer „in die Organisation des Entleihers eingegliedert sind und seinen Weisungen unterliegen."[371] Eine Änderung der Rechtlage ist mit dieser Gesetzesänderung jedoch nicht eingetreten, vielmehr wollte der Gesetzgeber entsprechend der bisherigen Rechtsprechung regeln, unter welchen Voraussetzungen ein Arbeitnehmer überlassen wird.[372] Dies ist jedenfalls dann der Fall, wenn der Dritte die überlassenen Arbeitnehmer nach eigenen betrieblichen Erfordernissen in seinem Betrieb allein nach seinen Weisungen einsetzen kann, wobei durch die Rechtsprechung betont wird, dass der überlassene Arbeitnehmer durch den Dritten wie ein eigener Arbeitnehmer nach dessen Vorstellungen und Zielen eingesetzt wird.[373] Ob ein solches Überlassungsverhältnis vorliegt oder nicht vielmehr ein Dienst- oder Werkvertrag vereinbart wurde, ist im Einzelfall unter Zugrundelegung des Geschäftsinhalts sowie des Willens der Parteien zu ermitteln.[374] In Bezug auf die Zuordnung von Forschungspersonal zur Kooperation ergibt sich unter Anwendung dieser Maßstäbe und jenseits der Abgrenzungsschwierigkeiten zum Werk- oder Dienstvertrag pauschalisierend betrachtet folgendes Bild: Bedienen sich die Kooperationspartner eines rechtsfähigen Kooperationsvehikels, wird dieses regelmäßig einen eigenen Forschungsbetrieb aufnehmen, sodass im Zweifel von einer Eingliederung in diesen Forschungsbetrieb sowie einer Übertragung des Weisungsrechts ausgegangen werden kann und damit ein Überlassungsverhältnis vorliegt.[375] Anders verhält es sich, wenn kein rechtsfähiges Kooperationsvehikel verwendet wird oder wenn im Kooperationsvertrag lediglich die Verpflichtung zur Erbringung einer Dienst- oder Werkleistung seitens des Forschungspersonals enthalten ist. Jedoch kann ausnahmsweise in Ermangelung eines rechtsfähigen Kooperationsvehikels dennoch

---

370 *Hold*, NWB 2011, 2960, 2962; *Kock*, in: BeckOK zum Arbeitsrecht, § 1 AÜG Rn. 31.

371 BT-Drs. 18/9232, S. 19; vgl. auch *Lembke*, NZA 2017, 1, 2; *Wank*, RdA 2017, 100, 102; *Kock*, in: BeckOK zum Arbeitsrecht, § 1 AÜG Rn. 22.

372 BT-Drs. 18/9232, S. 19; *Kock*, in: BeckOK zum Arbeitsrecht, § 1 AÜG Rn. 22; zur bisherigen Rechtsprechung sowie zu § 1 Abs. 1 S. 1 AÜG a.F. Vgl. BAG, *Urt. v.* 15.04.2014 – 3 AZR 395/11 = BeckRS 2014, 70025; BAG, *Urt. v.* 18.01.2012 – 7 AZR 723/10 = NZA-RR 2012, 455, 458 m.w.N; *Henssler*, NZA 1994, 294, 302; *Kock*, in: BeckOK Arbeitsrecht, § 1 AÜG Rn. 21; *Baeck/Winzer*, NZA 2015, 269, 270 f.; *Marschner*, NZA 1995, 668, 669.

373 *Kock*, in: BeckOK zum Arbeitsrecht, § 1 AÜG Rn. 21; dazu eingehend *Lappe*, Kooperationen wissenschaftlicher Einrichtungen, 2019, S. 50 ff.

374 BAG, *Urt. v.* 18.01.2012 – 7 AZR 723/10 = NZA-RR 2012, 455, 458.

375 *Lappe*, Kooperationen wissenschaftlicher Einrichtungen, 2019, S. 87 f.; zur „Arbeitgeberfähigkeit" einer GbR vgl. etwa BAG, *Urt. v.* 30.10.2008 – 8 AzR 397/07 = NZA 2009, 485, 487.

ein Überlassungsverhältnis vorliegen, wenn die zur gemeinsamen Forschung vorgenommenen Tätigkeiten in den Räumlichkeiten eines Kooperationspartners vorgenommen werden und dieser ein ausschließliches Weisungsrecht für das gesamte beteiligte Forschungspersonal innehat.[376] Dies erfordert wiederum, dass der entsendende Kooperationspartner das seinige vollständig aufgibt.[377]

b. Bereichsausnahme nach § 1 Abs. 3 Nr. 2 a), b) AÜG

Nach § 1 Abs. 3 Nr. 2 a) AÜG findet das AÜG keine Anwendung „auf die Arbeitnehmerüberlassung zwischen Arbeitgebern, wenn die Überlassung nur gelegentlich erfolgt und der Arbeitnehmer nicht zum Zweck der Überlassung eingestellt und beschäftigt wird".[378] Dieser Bagatellvorbehalt gebietet aufgrund seines Ausnahmecharakters einen restriktiven Umgang, weshalb bereits eine auch nur beabsichtigte Wiederholung der Entleihung als ausreichend zur Ablehnung dieses Ausnahmetatbestands erachtet wird.[379] Kooperationen zwischen Universität, außeruniversitärer Forschungseinrichtung und Industrieunternehmen sind heutzutage keine seltenen Einzelfälle, sondern vielmehr an der Tagesordnung. Bereits beim erstmaligen Eingehen einer Forschungskooperation dürfte die Wiederholung eines solchen Vorgehens aus Sicht des Beteiligten oftmals als zumindest möglich eingestuft werden.[380] Dennoch sind wohl Fälle denkbar, in denen sich die Lage anders gestaltet.

Ebenfalls neu eingefügt wurde die Bereichsausnahmeregelung des § 1 Abs. 3 Nr. 2 b) AÜG für Personalgestellungen in der öffentlichen Verwaltung.[381] Eine Personalgestellung zeichnet sich dadurch aus, dass im Fall einer Verlagerung der Aufgaben eines Beschäftigten auf einen Dritten das Arbeitsverhältnis mit dem ursprünglichen Arbeitgeber zwar weiterhin besteht, allerdings die arbeitsvertraglich geschuldete Leistung in Zukunft dauerhaft beim Dritten nach dessen Weisungen zu erbringen ist.[382] § 1 Abs. 3 Nr. 2 b) AÜG bestimmt, dass in einem solchen Fall das AÜG keine Anwendung findet. Anders gestaltet es sich, wenn dem Dritten der Arbeitnehmer nur zeitweilig übertragen wird.[383] Diese Neuregelung trägt dem Umstand Rechnung, dass eine Personalgestellung funktional als eine

---

376 Dazu *Hamann*, in: Schüren, AÜG, § 1 Rn. 69, 89 f.

377 *Hamann*, in: Schüren, AÜG, § 1 Rn. 69, 89 f.; a. A. BAG, *Urt. v.* 25.10.2000 – 7 AZR 487/99 = RdA 2002, 107 ff.; vgl. ebenso *Lappe*, Kooperationen wissenschaftlicher Einrichtungen, 2019, S. 89; vgl. eingehend zum sog. Gemeinschaftsbetrieb *Schwipper/Panzer-Heemeier*, DB 2017, 1584 ff.; *Koller-van Delden/Gallini*, DStR 2017, 206 ff.; *Seel*, öAT 2017, 48 ff.

378 Vgl. dazu *Kock*, in: BeckOK Arbeitsrecht, § 1 Rn. 24; *Hamann*, in: Schüren, AÜG, § 1 Rn. 90; *Lappe*, Kooperationen wissenschaftlicher Einrichtungen, 2019, S. 92.

379 *Leuchten*, NZA 2011, 608, 609.

380 Vgl. *Lappe*, Kooperationen wissenschaftlicher Einrichtungen, 2019, S. 92.

381 Vgl. BT-Drs. 18/9232, S. 22.

382 BT-Drs. 18/9232, S. 22.

383 *Kock*, in: BeckOK zum Arbeitsrecht, § 1 AÜG Rn. 229.

besondere Form der Aufgabenverlagerung anzusehen ist und im Bestandsschutzinteresse der von der Aufgabenverlagerung betroffenen Arbeitnehmer erfolgt.[384] In Bezug auf den wissenschaftlichen Forschungsverbund bedeutet dies, dass das AÜG keine Anwendung findet, wenn die Forschungsaufgabe eines Forschers von einem öffentlich-rechtlichen Kooperationspartner zum anderen öffentlich-rechtlichen Träger oder zum rechtsfähigen (zivilrechtlichen) Kooperationsvehikel dauerhaft übertragen wird, sofern das Arbeitsverhältnis durch einen Tarifvertrag des öffentlichen Dienstes mit der entsendenden Trägereinrichtung bestehen bleibt.[385] Damit ist im Fall einer institutionalisierten, auf Dauer eingegangenen Kooperation das von einer öffentlich-rechtlichen Körperschaft zugeordnete Personal wohl regelmäßig von der Anwendung des AÜG ausgeschlossen.

c. Erlaubnispflichtigkeit nach § 1 Abs. 1 S. 1 AÜG

Ist der Tatbestand von § 1 Abs. 1 AÜG im Einzelfall hingegen dennoch erfüllt, so fordert dieser auf der Rechtsfolgenseite uneingeschränkt das Vorliegen einer Erlaubnis.[386] Diese Erlaubnispflichtigkeit wird jedoch teilweise als zu weitgehend beurteilt, namentlich für öffentliche Arbeitgeber.[387] Diese seien im Wege einer teleologischen Reduktion von der Erlaubnispflichtigkeit freizustellen.[388] Vereinzelt wird sogar die generelle Unanwendbarkeit des AÜG für die Überlassung zwischen öffentlichen Einrichtungen postuliert.[389] Diese Sichtweisen führen zur Begründung Art. 20 Abs. 3 GG an, der öffentliche Stellen ohnehin an Recht und Gesetz bindet, was die Erlaubnispflichtigkeit als eine unnötige formelle Handlung erscheinen ließe.[390] Andererseits aber wird der Erlaubnispflicht eine warnende Funktion zugeschrieben, denn den Entleiher treffen in seiner Stellung als Arbeitgeber besondere Verpflichtungen.[391] Überdies sind nach Art. 1 Abs. 2 der dem AÜG zugrundeliegenden Richtlinie auch öffentliche Unternehmen vom Anwendungsbereich umfasst.[392] Dem unionsrechtlichen Grundsatz des „*effet utile*“ folgend haben

---

384 BT-Drs. 18/9232, S. 22; dazu *Kock*, in: BeckOK zum Arbeitsrecht, § 1 AÜG, Rn. 227 f.

385 *Kock*, in: BeckOK zum Arbeitsrecht, § 1 AÜG, Rn. 229 ff.; *Lappe*, Kooperationen wissenschaftlicher Einrichtungen, 2019, S. 84 f.

386 Dazu *Kock*, in: BeckOK Arbeitsrecht, § 1 AÜG Rn. 20; *Steinmeyer*, DB 2013, 2740, 2741 f.

387 Allgemein hierzu *Kock*, in: BeckOK Arbeitsrecht, § 1 AÜG Rn. 20.

388 *Löwisch/Domisch*, BB 2012, 1408, 1409.

389 OVG Münster, *Beschl. v.* 19.09.2014 - 20 A 281/13.PVB = BeckRS 2014, 57502; *Fieberg*, NZA 2014, 187 ff.

390 *Löwisch/Domisch*, BB 2012, 1408, 1410; allgemein zur Gesetzesbindung der Staatsgewalt *Grzeszick*, in: Maunz/Dürig, GG, Art. 20 Abs. 3, Rn. 1 ff.; *Huster/Rux*, in: BeckOK Grundgesetz, Art. 20 Rn. 164 ff.; *Sachs*, in: Sachs, GG, Art. 20, Rn. 103 ff.

391 BAG, *Urt. v.* 23.11.1988 - 7 AZR 34/88 = BAGE 60, 205 ff.; *Lembke*, in: Boemke/Lembke, AÜG, § 3 Rn. 6.

392 *Lembke/Ludwig*, NJW 2014, 1329, 1334.

die Mitgliedstaaten dem Unionsrecht im Rahmen ihrer Möglichkeiten zu größter „praktischer Wirksamkeit" zu verhelfen.[393]

d. *Regelungslücke für urheberrechtlich geschützte Schöpfungen*

§ 11 Abs. 7 AÜG ist seinem Wortlaut nach nur für Erfindungen, also Neuerungen auf dem Gebiet der Technik, die als Patent oder Gebrauchsmuster schutzfähig sind, anwendbar. Keine vergleichbare Regelung findet sich hingegen für Computerprogramme oder sonstige urheberrechtlich geschützte Schöpfungen. Welche Regelungen hierfür in einer Arbeitnehmerüberlassungssituation gelten, ist in der Literatur bisher weitgehend unbeantwortet geblieben.[394] Vorgeschlagen wird einerseits eine Lösung durch teleologische Auslegung der jeweiligen Grundnormen herbeizuführen.[395] Ebenso könnte eine analoge Anwendung des § 11 Abs. 7 AÜG erwogen werden.[396]

e. *Zwischenergebnis: Notwendigkeit einer privatautonomen Regelung im Kooperationsvertrag*

Der besonderen Bedeutung der Regelung des § 11 Abs. 7 AÜG für den Forschungsverbund steht damit eine Vielzahl an offenen oder umstrittenen Rechtsfragen sowie Unsicherheiten auf Tatbestandsebene gegenüber, die deren Anwendbarkeit im konkreten Einzelfall in Frage stellen. In Anbetracht des Gegenstands dieser Bearbeitung wird jedoch von dem Versuch, diese im Gesetz angelegten Problemfelder einer adäquaten Lösung zuzuführen, Abstand genommen. Vielmehr kommt es für den Gegenstand dieser Bearbeitung, nämlich die Ausarbeitung einer adäquaten Organisationsverfassung für den Forschungsverbund, entscheidend auf die Feststellung an, dass beim Abschluss des Kooperations-/Gesellschaftsvertrags eine möglichst klare und detaillierte Vereinbarung bezüglich der von § 11 Abs. 7 AÜG mehr oder weniger erfassten Regelungspunkte getroffen werden sollte, um letztlich die Anwendung des AÜG und damit vor allem der Regelung des § 11 Abs. 7 AÜG, die im forschungskooperativen Kontext von größter Bedeutung ist, nicht dem (der gesetzlichen Unsicherheiten geschuldeten) Zufall zu überlassen.

---

393 EuGH, *Urt. v.* 19.11.1991 – C-6/90, C-9/90 = NJW 1992, 165 ff.; *Mayer*, in: Grabitz/Hilf/Nettesheim, EUV, Art. 19 Rn. 57 ff.; *Potacs*, EuR 2009, 465 ff.

394 Vgl. *Ulrici*, Vermögensrechtliche Grundfragen des Arbeitnehmerurheberrechts, 2009, S. 155; *Ullmann*, GRUR 1987, 6, 9.

395 *Ulrici*, RWiss 2015, 318, 331 f.

396 Hierzu *Lappe*, Kooperationen wissenschaftlicher Einrichtungen, 2019, S. 95 f.; ablehnend, stattdessen für eine Lösung aus dem jeweiligen Schutzrecht *Ulrici*, WissR 2015, 318, 331 f.

4. Bildung eines Betriebsrats

Zwar dürften für wissenschaftliche Forschungskooperationen weder das Tarifvertragsgesetz noch das Betriebsverfassungsgesetz eine über das Normalmaß hinausgehende Bedeutung entfalten, jedoch sollten sie bei der praktischen Durchführung derartiger Vorhaben auch nicht vollends außer Acht bleiben. Denn bedienen sich etwa die Kooperationspartner eines rechtsfähigen Kooperationsvehikels und ordnen diesem Arbeitnehmer zu, so sind diese Arbeitnehmer im Grundsatz ab einer Anzahl von fünf zugeordneten Arbeitnehmern zur Bildung eines Betriebsrats berechtigt, § 1 Abs. 1 S. 1 BetrVG, sofern ein „Betrieb" im Sinne des BetrVG vorliegt.[397] Ein solcher definiert sich als organisatorische Einheit, innerhalb derer der Unternehmer allein oder zusammen mit seinen Mitarbeitern mit Hilfe sachlicher und immaterieller Mittel bestimmte arbeitstechnische Zwecke fortgesetzt verfolgt.[398] Auf eine Verfolgung wirtschaftlicher Ziele kommt es dagegen nicht an, sodass der Anwendungsbereich des BetrVG der kooperativen Forschung grundsätzlich offensteht.[399] Die Regelungen des BetrVG erfassen alle Arbeitnehmer im Sinne des § 5 Abs. 1 BetrVG. Für Leiharbeitnehmer gelten die besonderen Bestimmungen der §§ 7, 14 Abs. 1–3 AÜG.[400] § 14 Abs. 1 AÜG stellt dabei klar, dass die Leiharbeitnehmer auch während ihres Einsatzes in der Forschungskooperation nicht nur individualrechtlich, sondern auch betriebsverfassungsrechtlich dem Verleiher zugeordnet bleiben.[401] § 14 Abs. 2 AÜG gestattet dem Leiharbeitnehmer zwar das aktive Wahlrecht im Entleiherbetrieb bzw. in der Forschungskooperation, versagt diesem jedoch das passive Wahlrecht.[402] Da § 1 Abs. 1 BetrVG zur Bildung eines Betriebsrats mindestens drei wählbare Arbeitnehmer fordert, scheidet die Bildung eines Betriebsrats allein durch überlassene Forscher in der Kooperation aus. Anders verhält es sich jedoch, wenn zusätzlich zu den überlassenen Arbeitnehmern Forscher beim rechtsfähigen Kooperationsvehikel selbst angestellt werden, denn diesen kommt regelmäßig auch das passive Wahlrecht zu. Insofern kommt in Kooperationen von größerem Institutionalisierungsgrad durchaus die Existenz eines Betriebsrats in Betracht. Auch wenn der Betriebsrat kein Organ

---

397 Die Bildung eines Betriebsrats ist keine Pflicht, sondern steht im freien Ermessen der betrieblichen Arbeitnehmer, dazu *Besgen*, in: BeckOK zum Arbeitsrecht, § 1 BetrVG, Rn. 2.

398 BAG, *Urt. v.* 25.05.2005 – 7 ABR 38/04 = NJOZ 2005, 3725 ff. = BeckRS 2005, 42469; *Besgen*, in: BeckOK zum Arbeitsrecht, § 1 BetrVG, Rn. 12 ff. m.w.N.; *Koch*, in: Erfurter Kommentar zum Arbeitsrecht, § 1 Rn. 8.

399 *Besgen*, in: BeckOK zum Arbeitsrecht, § 1 BetrVG, Rn. 18; *Richardi/Maschmann*, in: Richardi, BetrVG, § 1 Rn. 22 ff.

400 *Besgen*, in: BeckOK zum Arbeitsrecht, § 1 BetrVG, Rn. 9; *Blanke*, DB 2008, 1153 ff.; *Linsenmaier/Kiel*, RdA 2014, 135 ff.; *Lorenz*, in: Däubler/Hjort/Schubert/Wolmeratz, § 14 AÜG, Rn. 1 ff.

401 BT-Drs. 9/847, S. 8; *Hamann*, in: Schüren, AÜG, § 14 Rn. 8, 31 ff.

402 BT-Drs. 14/5741, S. 36; *Hamann*, in: Schüren, AÜG, § 14 Rn. 9, 49 ff.

einer juristischen Person im gesellschaftsrechtlichen Sinn ist, so kommen ihm dennoch im Rahmen des BetrVG gewisse Mitbestimmungs-, Mitwirkungs-, Beteiligungs- und Unterrichtsrechte zu.[403]

III. Konsequenzen aus dem IP-Recht

Das Ziel einer jeden kooperativen Forschung ist die Erzielung neuer Erkenntnisse. Damit erlangt das Recht des geistigen Eigentums (engl.: *intellectual property*) eine überragende Bedeutung in diesem Kontext. Regelmäßig bilden Zuweisungsregelungen hinsichtlich der erlangten Resultate in den betreffenden (praktischen) Kooperationsverträgen deren Herzstück.[404] Dementsprechend ist es wenig überraschend, dass neben gesellschaftsrechtlichen und verfassungsrechtlichen Vorgaben sowie den arbeitsrechtlichen Implikationen auch das Recht des geistigen Eigentums Auswirkungen auf die Organisationsverfassung wissenschaftlicher Kooperationen zeitigt. In Anbetracht dessen sind im IP-Recht für diese Bearbeitung diejenigen Fragestellungen von besonderer Relevanz, für die im Vorfeld der Kooperation noch keine abschließende Antwort gefunden werden kann, weil es maßgeblich vom Verlauf der Kooperation oder sonstigen nach Vertragsschluss auftretenden Unabwägbarkeiten abhängt, auf welche Regelung sich die beteiligten Parteien verständigen können. Deshalb können sich die Kooperationsträger zu Beginn im Kooperationsvertrag (lediglich) darauf verständigen, auf welche Weise ein Konsens für die jeweilige Fragestellung erzielt werden kann. Die effiziente und faire Herbeiführung einer für alle Beteiligten angemessenen Lösung für eine im Laufe der Kooperation auftretende Fragestellung – das ist die Hauptfunktion der Governance, auch und gerade für das IP-Recht.

1. *Grundlegende Funktionsmechanismen im IP-Recht des Forschungsverbunds*

Die Herausarbeitung der organisationsrelevanten Problemkreise im IP-Recht und die Aufzeigung von potentiellen Lösungswegen kann jedoch nicht ohne eine in gebotener Kürze erfolgende Schilderung der grundlegender Funktionsmechanismen dieses Rechtsgebiets erfolgen, was nicht zuletzt auch der Komplexität des Rechts des geistigen Eigentums geschuldet ist. Aus dem Blickwinkel der Kooperationsforschung gliedert sich die Betrachtung dabei in die Einbringung von bereits vorhandenen Immaterialgütern in den Forschungsverbund sowie die Behandlung

---

403 So *Besgen*, in: BeckOK zum Arbeitsrecht, § 1 BetrVG, Rn. 53; weiterführend *Junker*, Grundkurs Arbeitsrecht, S. 373 ff.; *Krause*, Arbeitsrecht, S. 311 ff.; *Waltermann*, Arbeitsrecht, S. 297 ff.; *Wörlen/Kokemoor*, Arbeitsrecht, S. 187 ff.

404 „Zuweisung" steht dabei als Oberbegriff für die Übertragung oder Lizensierung eines Rechts; vgl. etwa zu den Musterverträgen Fn. 25 sowie Kap. 1 B I.

von entstehenden Immaterialgütern im Zuge der Durchführung der Forschungsarbeiten im Verbund.

a. *Einbringung von background-IP*

Bei der Einbringung bereits vorhandener immaterieller Güter (sog. *background-IP*) muss von Seiten der Kooperationspartner in die Forschungskooperation zunächst die grundlegende gesetzliche Prämisse des Urhebervertragsrechts nach § 29 UrhG beachtet werden, nach der das Urheberrecht im Ganzen vertraglich in der Regel nicht übertragen werden kann.[405] Vielmehr gestattet § 31 UrhG lediglich die Einräumung von Nutzungsrechten.[406] Diesbezüglich bestimmt etwa das MusterBMWi, dass sämtliche Altrechte grundsätzlich beim jeweiligen Inhaber verbleiben und dass der jeweils berechtigte Kooperationspartner den anderen Vertragspartnern an denjenigen Altrechten, die für die Durchführung des Forschungsvorhabens nötig sind, ein auf die Dauer und die Zwecke des Kooperationsvertrags begrenztes, unentgeltliches und nicht ausschließliches Nutzungsrecht für dessen Durchführung einräumt.[407] Bedienen sich die Kooperationspartner eines rechtsfähigen Kooperationsvehikels, so erfolgt die Einräumung eines Nutzungsrechts logischerweise gegenüber ebendiesem Vehikel. Eine entgeltliche Lizenzvergabe ist nur dann vorgesehen, soweit dies für die kommerzielle Nutzung eines Forschungsresultats auf Seiten eines Wirtschaftsunternehmens erforderlich ist.[408] Die „Berliner Vertragsbausteine“ erweitern diese Bestimmung zusätzlich auf das vor Beginn des Forschungsprojekts erarbeitete Know-how.[409] Zudem eröffnet das TUM-Muster den Kooperationspartnern die Möglichkeit der Gewährung einer Option auf Abschluss eines Lizenzvertrages zu angemessenen Bedingungen.[410] Die in allen Mustervereinbarungen übereinstimmend niedergeschriebene Kernregelung bezüglich des Umgangs mit Altrechten, nämlich die Einräumung eines nicht-ausschließlichen, unentgeltlichen Nutzungsrechts, beschränkt auf die Kooperationszwecke, erscheint dabei im Grundsatz als ein angemessenes Mittel zur Wahrung der Interessen der Kooperationspartner sowie zur effektiven Durchführung des Kooperationsvorhabens.[411]

---

405 *Wiebe*, in: Spindler/Schuster, Recht der elektronischen Medien, § 29 UrhG, Rn. 1 f.; *Soppe*, in: BeckOK zum UrhG, § 31 Rn. 4.

406 Verwertungsrechte entstehen durch die Wertschöpfung beim Urheber, sodass dieser nach § 15 UrhG das Recht hat, „sein Werk ... zu verwerten“ durch Vervielfältigung, Verbreitung oder Ausstellung, vgl. *Soppe*, in: BeckOK zum UrhG, § 31 Rn. 61.

407 MusterBMWi S. 36, Ziffer 5, siehe Fn. 25.

408 MusterBMWi S. 36, Ziffer 5, siehe Fn. 25.

409 Berliner Vertragsbausteine, S. 19 f., Ziffer 3.1, siehe Fn. 25.

410 TUM-Muster, S. 37 f., siehe Fn. 25.

411 So etwa auch *Rosenberger*, Verträge über Forschung und Entwicklung, 2010, S. 463, Rn. 549 f.; *Lappe*, Kooperationen wissenschaftlicher Einrichtungen, 2019, S. 54 f.; *Winzer*, Forschungs- und Entwicklungsverträge, 2011, S. 44 f.

Wird allerdings keine derartige Regelung zur Einbringung von *background-IP* im Kooperationsvertrag getroffen, greift die gesetzliche Auffangregel aus § 31 Abs. 5 UrhG, die sog. Übertragungszwecklehre, nach welcher sich der Umfang der Nutzungsrechtseinräumung im Zweifelsfall nach dem von allen Vertragsparteien übereinstimmend erklärten Vertragszweck richtet.[412] So selbstredend und verständlich diese Regelung *prima vista* erscheint, finden sich jedoch bei weiterer Betrachtung einige Problematiken, auf welche in Anbetracht des Gegenstands und Umfangs dieser Arbeit lediglich verwiesen werden kann. Erstens ist dies die Frage, ob aus § 31 Abs. 5 UrhG für Urheberrechte bereits *ex lege* eine auf den Zweck der Kooperation beschränkte Nutzungsrechtseinräumung erfolgt, und zwar unabhängig von dem ausdrücklich im Kooperationsvertrag niedergelegten Umfang, also eine gesetzliche Inhaltsbestimmung eines pauschalen Konsenses zur Rechtsübertragung[413] darstellt, oder ob es sich vielmehr (lediglich) um eine Auslegungsregel für den Rechtsübertragungskonsens[414] handelt. Vereinzelt wird § 31 Abs. 5 UrhG gar als Inhaltsnorm zur AGB-Kontrolle verstanden.[415] Gleiches gilt für dem Urheberrecht verwandte Rechte[416] und gemäß § 15 Abs. 1 S. 2 PatG für beschränkt eingeräumte Patentlizenzen[417]. Weitergehend streitig ist, ob die Übertragungszwecklehre überhaupt auf Abreden zwischen Verwertern von Rechten (die Unterlizenzvergabe durch die Träger im Kooperationsvertrag ist ein Verwertungsakt) Anwendung findet, denn entsprechend § 7 UrhG[418] kann Schöpfer eines Werkes lediglich eine natürliche Person sein und dementsprechend die Stellung als Urheber innehaben.[419]

Jenseits der gesetzlich beschriebenen und geschützten gewerblichen Schutzrechte darf jedoch auch die Handhabung des eingebrachten sog. Know-how nicht außer Acht gelassen werden. Denn auch diese Materie erlangt für wissenschaftliche

---

412 Dazu BGH, *Urt. v.* 29.04.2010 – I ZR 68/08 = GRUR 2010, 623, 624; *Soppe*, in: BeckOK zum UrhG, § 31 Rn. 89 ff.; *Schulze*, in: Dreier/Schulze, UrhG, § 31 Rn. 110 ff.; *Wiebe*, in: Spindler/Schuster, Recht der elektronischen Medien, § 31 Rn. 12 ff.

413 So OLG Hamburg, *Urt. v.* 01.06.2011 - 5 U 113/09 = GRUR-RR 2011, 293, 294.

414 So BGH, *Urt. v.* 31.05.2012 – I ZR 73/10 = GRUR 2012, 1031, 1035; vgl. *Lappe*, Kooperationen wissenschaftlicher Einrichtungen, 2019, S. 56 ff.; *Schunke*, in: Wandtke (Hrsg.) Urheberrecht, S. 199.

415 *Schulze*, GRUR 2012, 993, 996.

416 BGH, *Urt. v.* 23.02.1979 - I ZR 27/77 = GRUR 1979, 637, 638 f.; BGH *Urt. v.* 22.09.1983 - I ZR 40/81 = GRUR 1984, 119, 121.

417 *Mes*, in: Mes, PatG/GebrMG, § 15 PatG Rn. 48; *Götting*, Gewerblicher Rechtsschutz, S. 227 f.

418 Zum Schöpferprinzip nach § 7 UrhG grundlegend *Thum*, in: Wandtke/Bullinger, UrhR, § 7 Rn. 1 ff.

419 Nach vorherrschender Ansicht wird des bejaht, vgl. BGH, *Urt. v.* 16.10.1959 – I ZR 10/58 = GRUR 1960, 197, 199; *Wiebe*, in: Spindler/Schuster, Recht der elektronischen Medien, § 31 UrhG, Rn. 14; *Schulze*, in: Dreier/Schulze, UrhG, § 31 Rn. 118; dazu ferner *Lappe*, Kooperationen wissenschaftlicher Einrichtungen, 2019, S. 58.

Forschungskooperationen bereits dann logischerweise eine gesteigerte Relevanz, sobald sich die Kooperation des Einsatzes personeller Mittel bedient, wenngleich der exakte Umfang, der von diesem Begriff umfasst ist, im Einzelnen weder gesetzlich geregelt ist noch sich bisher eine sonstige allgemeinhin akzeptierte Definition für das deutsche Recht herausgebildet hat.[420] Als Leitfaden möge dennoch die Definition im BMWi-Muster dienen, welche Know-how bestimmt als „Gesamtheit praktischer Kenntnisse, die durch Erfahrungen und Versuche gewonnen werden und die geheim, das heißt nicht allgemein bekannt und nicht leicht zugänglich sind, wesentlich, das heißt für den Vertragsgegenstand von Bedeutung und nützlich sind, und identifiziert sind, das heißt umfassend genug beschrieben, sodass geprüft werden kann, ob es die Merkmale „geheim“ und „wesentlich“ erfüllt“.[421] In den gängigen Mustervereinbarungen wird das Know-how durch umfassende Verschwiegenheitsverpflichtungen geschützt.[422] Auf die diffizile Ausgestaltung des gesetzlichen Know-how-Schutzes in strafrechtlicher[423], zivilrechtlicher[424] und verfassungsrechtlicher[425] Hinsicht kann an dieser Stelle nur verwiesen werden.

b. Behandlung von foreground-IP

Die im Rahmen einer Forschungskooperation hervorgebrachten geistigen Leistungen werden auch als sog. *foreground-IP* bezeichnet. Stets erfolgt dabei eine

---

420 Dazu grundlegend *Ohly*, in: Ohly/Sosnitze, UWG, Vorbem. §§ 17 – 19 Rn. 1; jedenfalls statuiert Art. 39 Abs. 2 TRIPS völkerrechtlich verbindlich eine Definition des Begriffs Know-how, die einen Mindeststandard bildet. Daneben legt Art. 1 Abs. 1 i) der Verordnung (EU) Nr. 1217/2010 der Kommission einen Know-how-Begriff aus kartellrechtlicher Sicht zugrunde, welcher jedoch nicht vollends auf Kooperationen unter Beteiligung reiner Forschungsträger angewendet werden kann; eingehend *Ann*, GRUR 2007, 39 ff.; *Enders*, GRUR 2012, 25, 27 f.; *Ohly*, GRUR 2014, 1, 4 f.; vgl. auch *Lappe*, Kooperationen wissenschaftlicher Einrichtungen, 2019, S. 61 ff.

421 BMWi-Muster, S. 33, siehe Fn. 25.

422 TUM-Muster, S. 38, § 6; BMWi-Muster, S. 38 f., Ziffer 6.6 und 7.2; IHK-Muster S. 17, Ziffer 5.7; Berliner Vertragsbausteine, S. 17 f.; zu sämtlichen Musterverträgen siehe Fn. 25.

423 Dazu BGH, *Urt. v.* 19.11.1982 – I ZR 99/80 = GRUR 1983, 179 ff.; *Diemer*, in: Erbs/Kohlhaas, Strafrechtliche Nebengesetze, § 17 UWG Rn. 12; *Janssen/Maluga*, in: MüKo StGB, § 17 UWG Rn. 18; *Kraßer*, GRUR 1977, 177; *Mayer*, GRUR 2011, 884 ff.; *McGuire*, GRUR 2016, 1000 ff.; *Ohly*, GRUR 2014, 1 ff.

424 Zum Know-how als Rechtsposition etwa *Fischer*, Der Schutz von Know-how im deutschen materiellen und Internationalen Privatrecht, 2012, S. 122 ff.; *Köhler*, in: Köhler/Bornkamm, UWG, § 17 Rn. 53; *Mes*, GRUR 1979, 584, 590; grundlegend zur absoluten Rechtsposition etwa *Medicus*, AcP 165 (1965), 115, 117 f.; zum Know-how als Teil des Rechts am eingerichteten und ausgeübten Gewerbebetrieb vgl. eingehend *Lappe*, Kooperationen wissenschaftlicher Einrichtungen, 2019, S. 67 ff.; *Enders*, GRUR 2012, 25, 28; *Natelski*, GRUR 1957, 1, 4 f.

425 *Brammsen*, in: MüKo zum Lauterkeitsrecht, § 17 UWG, Rn. 5 f. m.w.N.

(gesetzliche) Differenzierung nach der Art der jeweiligen geistigen Leistung. Als Ausgangspunkt gilt es hierbei zu beachten, dass die Rechtsordnung im Grundsatz Arbeitnehmer, die in die betriebliche Organisation des Arbeitgebers eingegliedert sind, als dessen „Werkzeuge" betrachtet[426], sodass deren Beitrag zur Schaffung eines Arbeitsergebnisses letztlich so wie der Einsatz eines nichtmenschlichen Werkzeuges, also einer Maschine oder eines Computers, bewertet wird.[427] Anders liegen die Dinge hingegen, wenn der Ursprung einer menschlichen Leistung in der Persönlichkeit, Kreativität oder Individualität eines Menschen liegt.[428] In dieser Situation ist die Loslösung des Rechtserwerbs von der Person des Schaffenden nicht möglich (Erfinder- bzw. Schöpferprinzip).[429] Folglich kommen rechtsfähige juristische Gebilde jeglicher Form generell als Erfinder, Schöpfer oder Urheber nicht in Betracht.[430] Damit ist auch ausgeschlossen, dass (zunächst) das für die geistige Leistung gewährte Schutzrecht der Forschungskooperation oder einem der beteiligten Kooperationspartner zukommt, sondern vielmehr originär dem Beamten oder Arbeitnehmer, der diese geistige Leistung erbracht hat.[431] Beruht die geistige Leistung auf den Beiträgen von mehreren natürlichen Personen, so sind diese Miterfinder bzw. Mitberechtigte bzw. Miturheber.[432]

Hinzu kommt, dass zwischen schutzfähigen und nicht schutzfähigen (geistigen) Leistungen unterschieden werden muss. Denn nicht jeder geistigen Leistung kommt solche Schutzfähigkeit zu, dass sie ein Ausschließlichkeitsrecht begründen kann und damit einer Monopolisierung zugänglich ist.[433] Ist dies nicht der Fall, so kann jeder frei und unentgeltlich darauf zurückgreifen.[434] Diesem kann lediglich faktisch durch Geheimhaltung entgegengesteuert werden, was auch vertraglich

---

426 *Ulrici*, RWiss 2015, 318, 319; *ders.*, Vermögensrechtliche Grundfragen des Arbeitnehmerurheberrechts, 2008, S. 64.

427 *Ulrici*, RWiss 2015, 318, 319; *ders.*, Vermögensrechtliche Grundfragen des Arbeitnehmerurheberrechts, 2008, S. 64.

428 *Ulrici*, RWiss 2015, 318, 319.

429 *Thum*, in: Wandtke/Bullinger, UrhG, § 7 Rn 1 f.; *Ulrici*, RWiss 2015, 318, 319; *ders.*, Vermögensrechtliche Grundfragen des Arbeitnehmerurheberrechts, 2008, S. 64.

430 BGH, *Urt. v.* 27.09.1990 – I ZR 244/88 = GRUR 1991, 523, 525; *Schulze*, in: Dreier/Schulze, UrhG, § 7 Rn. 2.

431 *Kraßer/Schricker*, Patent- und Urheberrecht an Hochschulen, 1988, S. 24 f., 64.

432 *Ulrici*, RWiss 2015, 318, 319 f.; *ders.*, Vermögensrechtliche Grundfragen des Arbeitnehmerurheberrechts, 2008, S. 75 ff. Dabei muss jedoch der Beitrag einer einzelnen natürlichen Person selbst als schöpferische Tätigkeit zu bewerten zu sein, nur „mechanische" Hilfsdienste scheiden dagegen aus, vgl. dazu BGH, *Urt. v.* 16.09.2003 – X ZR 142/01 = GRUR 2004, 50, 51; *Melullis*, in: Benkard, § 6 PatG, Rn. 43; *Raif*, in: Boemke/Kursawe, ArbNErfG, § 4 Rn. 105 ff.

433 *Ulrici*, RWiss 2015, 318.

434 *Kraßer/Schricker*, Patent- und Urheberrecht an Hochschulen, 1988, S. 16; *Ulrici*, Vermögensrechtliche Grundfragen des Arbeitnehmerurheberrechts, 2008, S. 62.

gegenüber einzelnen Personen vereinbart werden kann.[435] Demgegenüber dürfen geistige Leistungen, welche einem Berechtigten als Ausschließlichkeitsrecht zugewiesen sind, durch andere Personen nur mit dessen Einverständnis verwertet werden.[436] Treffen die Kooperationspartner im Rahmen des Kooperationsvertrages Regelungen bezüglich der Zuordnung der im Zuge der Durchführung der Kooperation entstehenden Immaterialgüter, so ist diese Abrede nur dann auch erfüllbar, soweit im Verhältnis zu dem unmittelbaren Schöpfer bzw. den unmittelbaren Schöpfern die Berechtigung zu dem vertraglich verpflichteten Vorgehen besteht.[437]

Damit ist bereits auch implizit festgestellt, dass in den Rechtsbeziehungen das geistige Eigentum betreffend im Rahmen von Forschungskooperationen mehrere rechtliche Ebenen vorhanden sind, die in einer organisationsrechtlichen Betrachtung des Forschungsverbunds naturgemäß besonders in den Vordergrund treten und dementsprechend im Folgenden näher ausgeführt werden.[438] Diese Ebenen sind teils durch gesetzliche Vorgaben, teils durch Vertragsrecht ausgeformt.[439]

aa. Originärer Schutzrechtserwerb durch operative Forschung

Die erste Ebene bildet die Rechtsbeziehungen zwischen den Forschern untereinander und betrifft den originären Schutzrechtserwerb. Die rechtliche Gestaltung des originären Schutzrechtserwerbs auf der Forschungsebene richtet sich nach der Art des geschaffenen immateriellen Schutzguts, wobei das PatG, das GebrMG, das UrhG und das DesignG in Betracht kommen.[440] Bei mehreren beteiligten Forschern sind deren Rechtsbeziehungen untereinander in den Blick zu nehmen.

Eine Erfindung, also eine Neuerung auf dem Gebiet der Technik, die als Patent oder Gebrauchsmuster schutzfähig ist[441], steht (im Ausgangspunkt) gemäß § 6 S. 1 PatG dem Erfinder zu. Allerdings hat der Arbeitgeber nach § 6 ArbNErfG ein Inanspruchnahmerecht. Dem Schöpferprinzip entsprechend ist zwar zunächst der

---

435 *Kraßer/Schricker*, Patent- und Urheberrecht an Hochschulen, 1988, S. 13; *Ulrici*, RWiss 2015, 318.

436 *Ulrici*, RWiss 2015, 318.

437 So auch *Kraßer/Schricker*, Patent- und Urheberrecht an Hochschulen, 1988, S. 47; *Ulrici*, RWiss 2015, 318.

438 Ein rechtsvergleichender Überblick zu den gesetzlichen Regelungen in den Niederlanden, Frankreich, Großbritannien, USA und Japan *v. Falck/Schmaltz*, GRUR 2004, 469, 472 ff.

439 Zu den verschiedenen Ebenen ausführlich *Lappe*, Kooperationen wissenschaftlicher Einrichtungen, 2019, S. 97 ff.

440 Daneben neue geistige Schöpfungen auch etwa unter das HlschG oder das SortSchG fallen, jedoch beschränkt sich diese Arbeit zur Wahrung des Rahmens auf die genannten Gesetze.

441 Demnach sind insbesondere wissenschaftliche Grundlagen ohne Anwendungsbezug, Theorien und Naturgesetzlichkeiten nicht schutzfähig, dazu *Ulrici*, RWiss 2015, 318, 320.

Arbeitnehmererfinder Inhaber der schutzfähigen Diensterfindung, jedoch kann der Arbeitgeber diese sodann einseitig auf sich überleiten.[442] Hierbei handelt es sich um ein vom Willen des Arbeitnehmers bzw. Erklärungsempfängers unabhängiges, einseitiges, bedingungsfeindliches und gestaltendes Rechtsgeschäft.[443] Haben dagegen mehrere gemeinsam eine Erfindung gemacht, so steht diesen das Patentrecht gemeinschaftlich zu, § 6 S. 2 PatG, gegebenenfalls in Verbindung mit § 13 Abs. 3 GebrMG.[444] Solange keine andere Abrede untereinander getroffen ist, bilden diese eine Bruchteilsgemeinschaft nach §§ 741 ff. BGB.[445] Jeder Miterfinder hat in diesem Fall die freie Verfügbarkeit über seinen Anteil an der Rechtsposition inne.[446] Stehen einem Arbeitgeber mehrere Bruchteile zu, kann er sie durch Ausübung des Inanspruchnahmerechts bei sich vereinigen.[447] Jedoch besteht auch die Möglichkeit, dass sich die Erfinder zu einer Gesellschaft bürgerlichen Rechts nach §§ 705 ff. BGB zusammenfinden. Dies ist regelmäßig dann der Fall, wenn die Erfinder nicht lediglich den (natürlichen) Willen zur gemeinsamen Forschung haben, sondern rechtsgeschäftlich den übereinstimmenden Willen bezeugen, zur Erzielung einer Erfindung als gemeinsamen Zweck zusammenzuarbeiten.[448] Welche der genannten Möglichkeiten im Einzelfall einschlägig ist, ist Auslegungsfrage.[449] Hierbei ist jedoch stets zu berücksichtigen, dass Arbeitnehmer, die auf Anweisung ihres Arbeitgebers Forschungen in der Kooperation tätigen, regelmäßig kein (eigenes) Interesse an einer rechtsgeschäftlichen Einigung, die zur Gründung einer GbR führen würde, haben, sondern vielmehr lediglich ihrer Verpflichtung aus dem Arbeitsvertrag verbunden mit der Weisung nachzukommen.[450]

---

442 *Ulrici*, in: Boecken/Düwell/Diller/Hanau, Gesamtes Arbeitsrecht, § 6 ArbNErfG Rn. 1 ff.; *ders*, RWiss 2015, 318, 320 f.; *Schwab*, in: Schwab, ArbNErfG, § 6 Rn. 2; rechtsvergleichend mit dem schweizerischen Recht *Henneberger-Sudjana/Henneberger*, GRUR Int. 2013, 985 ff.

443 *Schwab*, in: Schwab, ArbNErfG, § 6 Rn. 1.

444 Betreffend die Frage, wann von einer „gemeinschaftlichen" Erfindung auszugehen ist, vgl. BGH, *Urt. v.* 17.05.2011 – X ZR 53/08 = GRUR 2011, 903 ff.; BGH, *Urt. v.* 16.09.2003 – X ZR 142/01 = GRUR 2004, 50, 51; *Fischer*, GRUR 1977, 313 ff.

445 *Fitzner*, in: BeckOK zum PatG, § 6 Rn. 28 ff.; *Lappe*, Kooperationen wissenschaftlicher Einrichtungen, 2019, S. 98 ff.

446 BGH, *Urt. v.* 21.12.2005 – X ZR 165/04 = GRUR 2006, 401 ff.; *Fitzner*, in: BeckOK zum PatG, § 6 Rn. 28.

447 *Raif*, in: Boemke/Kursawe, ArbNErfG, § 4 Rn. 109 ff.

448 BGH, *Urt. v.* 17.10.2000 – X ZR 223/98 = GRUR 2001, 226, 227; *Lüdecke*, Erfindungsgemeinschaften,1962, S. 101, 108 f.; allgemein zur Abgrenzung *Schöne*, in: BeckOK zum BGB, § 705 Rn. 6 ff.; *Stürner*, in: Jauernig, BGB, § 705 Rn. 1 ff.

449 *Lüdecke*, Erfindungsgemeinschaften, 1962, S. 106. Generell zur Auslegung nach § 157 BGB siehe *Wendtland*, in: BeckOK zum BGB, § 157 Rn. 7 ff.

450 *Lappe*, Kooperationen wissenschaftlicher Einrichtungen, 2019, S. 99 f.

Jedenfalls aber brächte die Gründung einer GbR rechtsgestalterische Folgeprobleme mit sich[451]: Das Inanspruchnahmerecht des Arbeitgebers wäre durch die §§ 718, 719 BGB beschränkt.[452] Dies stünde im Widerspruch zu § 7 Abs. 2 ArbNErfG, welcher Verfügungen, mithin auch Verfügungsbeschränkungen, gegenüber dem Arbeitgeber für relativ unwirksam erklärt.[453] Dieser Befund, gleich welcher rechtstechnischen Lösung er zugeführt würde, brächte erhebliche Rechtsunsicherheit bezüglich der Bindung des Vermögens in der GbR mit sich.[454] Überdies stellte die gesamthänderische Bindung des Immaterialgüterrechts im Grundsatz eine arbeitsvertragliche Pflichtverletzung gegenüber dem Arbeitgeber dar, denn letzterer wird ein Interesse an möglichst unbelasteten IP-Rechten haben.[455]

Anders gestaltet sich die Situation im Urheberrecht: Dort ist in § 8 Abs. 1, 2 UrhG geregelt, dass den Miturhebern die Befugnis zur Veröffentlichung und zur Verwertung des Werks zur gesamten Hand zusteht. Damit wird gesetzlich stets eine Gesamthandsgemeinschaft angeordnet, welche sich ergänzend nach §§ 705 ff. BGB richtet, sobald ein Werk geschaffen ist.[456]

Der herrschenden Ansicht folgend bildet eine Mehrheit von Entwerfern, die gemeinsam einen Entwurf nach § 7 Abs. 1 DesignG getätigt haben, ebenso eine Gesamthand.[457]

---

451 Zwar verbietet es sich in methodischer Hinsicht, von der Rechtsfolge auf die Tatbestandsmerkmale zu schließen, dennoch lassen sich derartige Erwägungen bei der rechtsgestalterischen Planung eines solchen kooperativen Vorhabens bereits im Vorfeld berücksichtigen.

452 Zu den allgemeinen Regelungen der §§ 718, 719 BGB vgl. *Saenger*, Gesellschaftsrecht, Rn. 95 ff.

453 Zu § 7 ArbNErfG *Koch*, in: Schaub/Koch, Arbeitsrecht von A-Z, Arbeitnehererfindung, *Poeche*, in: Küttner, Personalbuch, Arbeitnehmererfindungsrecht, Rn. 16 ff.

454 Denkbar erscheint etwa, den gesamthänderisch gebundenen Anteil gegenüber dem Arbeitgeber tatsächlich als relativ unwirksam zu betrachten oder dem Arbeitgeber ein Sonderkündigungsrecht einzuräumen, um „seinen Anteil" von der gesamthänderischen Bindung zu befreien oder die Annahme eines Auflösungsgrundes gemäß § 726 Var. 2 BGB, dazu *Lappe*, Kooperationen wissenschaftlicher Einrichtungen, 2019, S. 100 f.

455 Dies ändert sich gewiss, sobald der Arbeitgeber eine dahingehende Weisung erteilt hat. So auch *Lappe*, Kooperationen wissenschaftlicher Einrichtungen, 2019, S. 101.

456 *Ahlberg*, in: BeckOK zum UrhG, § 8 Rn. 27 ff.; *Nordemann*, in: Fromm/Nordemann, UrhG, § 8 Rn. 14; *Schulze*, in: Dreier/Schulze, UrhG, § 8 Rn. 12; *Thum*, in: Wandtke/Bullinger, UrhR, § 8 UrhG Rn. 22; *Wiebe*, in: Spindler/Schuster, Recht der elektronischen Medien, § 8 UrhG Rn. 8.

457 *Beyerlein*, in: Günther/Beyerlein, DesignG, § 7 Rn. 8; *Eichmann*, in: Eichmann/von Falckenstein/Kühne, DesignG, § 7 Rn. 12; a.A. *Lappe*, Kooperationen wissenschaftlicher Einrichtungen, 2019, S. 102 f.

bb. Zuordnung zu den Forschungsträgern

Die zweite Ebene bezieht sich auf die Rechtsbeziehungen zwischen Forschern und Kooperationspartnern sowie den Kooperationspartnern untereinander. So strikt der Gesetzgeber den originären Schutzrechtserwerb je nach der Art des Entstehungstatbestands regelt, so bleibt zunächst die (Folge-)Frage unbeantwortet, ob das Schutzrecht dem Arbeitnehmer oder dem Arbeitgeber bzw. dem Beamten oder dem Dienstherrn gebührt.[458] Bei der originären Zuweisung des Schutzrechts spielt also die Erbringung des wirtschaftlichen Beitrags im Rahmen des Dienstverhältnisses keine Rolle.[459] Dadurch bleibt es auf der ersten Ebene offen, wie sich der wirtschaftliche Beitrag des Arbeitgebers bzw. des Dienstherrn auf die Schöpfung auswirkt, ob oder wie mithin der Dienstnehmer die Schutzrechte auf den Dienstgeber übertragen muss. Eben dieser Frage widmet sich die zweite Ebene. Es geht um die Zuordnung von *foreground-IP* zur Forschungskooperation bzw. zum Kooperationspartner, die Rechtsbeziehung zwischen geistigen und wirtschaftlichen Schöpfer.

(1) Regelungen des Arbeitnehmererfindungsgesetzes

Für Erfindungen[460] bietet das ArbNErfG ein ausdifferenziertes Regelungssystem. Diensterfindungen, welche sich nach § 4 Abs. 2 ArbNErfG aufteilen in sog. Aufgabenerfindungen (Nr. 1) und Erfahrungserfindungen (Nr. 2), darf der Arbeitgeber gemäß seines bereits erwähnten Inanspruchnahmerechts nach § 6 ArbNErfG einseitig auf sich überleiten.[461] Gemäß § 5 ArbNErfG ist der Arbeitnehmer zur Ermöglichung dieses Vorgangs verpflichtet, die Erfindung dem Arbeitgeber unverzüglich gesondert in Textform (§ 126b BGB) zu melden. Hierdurch erlangt der Arbeitgeber die Rechte an der Erfindung.[462] Nach der Inanspruchnahme muss der Arbeitgeber die Erfindung zum Patent beziehungsweise Gebrauchsmuster anmelden, § 13 Abs. 1 ArbNErfG. Als Gegenleistung und zur Setzung eines Anreizes stehen dem Arbeitnehmer gesonderte Vergütungsansprüche zu, §§ 9 ff. ArbNErfG.[463] Wie bereits aufgezeigt, entsteht bei mehreren Erfindern regelmäßig eine Bruchteilsgemeinschaft.[464] Üben sodann die beteiligten Kooperationspartner ihr ihnen zustehendes Inanspruchnahmerecht aus, so treten diese in die Bruchteilsgemeinschaft ein, sodass die Bruchteilsgemeinschaft nun zwischen den Arbeitgebern bzw.

---

458 *Ulrici*, RWiss 2015, 318, 320; *ders.* Vermögensrechtliche Grundfragen des Arbeitnehmerurheberrechts, 2008, S. 32 ff.; a.A. *Fuchs*, GRUR 2006, 561, 561 f.

459 *Ulrici*, RWiss 2015, 318, 320.

460 Zur Definition siehe Kap. 1 A III 3 d.

461 Vgl. dazu *Bartenbach*, Zwischenbetriebliche Forschungs- und Entwicklungskooperationen und das Recht der Arbeitnehmererfindung, 1985, S. 74 ff.

462 *Ulrici*, RWiss 2015, 318, 320 f.

463 Vgl. dazu *Ulrici*, Vermögensrechtliche Grundfragen des Arbeitnehmerurheberrechts, 2008, S. 401 ff.

464 Siehe Kap. 1 A IV 1 b aa.

Kooperationspartnern fortbesteht.[465] Dabei ist in methodologischer Hinsicht die Frage nicht unproblematisch, ob das ArbNErfG im Fall einer gemeinschaftlichen Erfindung auf einen einzelnen miterfinderischen Beitrag eines Arbeitnehmers, der *per se* nicht schutzfähig wäre, überhaupt anwendbar ist.[466]

Die §§ 40 – 42 ArbNErfG bestimmen, dass diese genannten Grundsätze auch für Arbeitnehmer, die im öffentlichen Dienst tätig sind, sowie für Beamte Geltung beanspruchen, wenn auch mit gewissen Modifikationen. Besonders ins Auge sticht dabei die sog. negative Publikationsfreiheit gemäß § 42 Nr. 2 ArbNErfG, die für an einer Hochschule beschäftige Erfinder gilt.[467] Demnach ist es einem Hochschulerfinder aufgrund seiner Lehr- und Forschungsfreiheit nach Art. 5 Abs. 3 S. 1 Var. 2 GG gestattet, auf die Offenbarung der Erfindung zu verzichten und damit auch keine Meldung an den Dienstherrn leisten zu müssen.[468] In dieser Situation ist es dem Dienstgeber die Inanspruchnahme selbst dann verwehrt, wenn dieser anderweitig von der Erfindung Kenntnis erlangt.[469] Dieses Recht hat jeder Hochschulbedienstete inne, sodass die Geltendmachung dieser Rechte mit jedem an der Kooperation mitwirkenden Hochschulberechtigten geregelt werden muss, wenn die rechtliche Steuerbarkeit der Veröffentlichung für einen Kooperationspartner von Interesse ist.[470] Da beispielsweise die Zuordnung eines im Zuge der Durchführung der Kooperation neu generierten Schutzrechts zu einer außeruniversitären Forschungseinrichtung ausgeschlossen sein kann, sobald sich ein (mit-)erfindender Hochschulberechtigter auf die negative Publikationsfreiheit beruft, birgt diese Regelung großes Problempotential für wissenschaftliche Forschungskooperationen. Vorgeschlagen wird, dass sich zu Beginn der Kooperation sämtliche beteiligte Hochschulerfinder (formularmäßig) gegenüber den Kooperationspartnern

---

465 *Lappe*, Kooperationen wissenschaftlicher Einrichtungen, 2019, S. 110.

466 Nach der *ratio legis* ist dies wohl im Wege einer teleologischen Extension des § 2 ArbNErfG zu bejahen, dazu *Lappe*, Kooperationen wissenschaftlicher Einrichtungen, 2019, S. 108 ff.; *Gaul*, in: Volmer/Gaul, ArbNErfG, § 6 Rn. 17; *Kraßer/Ann*, Patentrecht, S. 377 f.

467 Damit sind die an einer Hochschule i.S.v. § 1 HRG in einem Beschäftigungsverhältnis stehenden Arbeitnehmer und Beamten gemeint, *Boemke/Sachadae*, in: Boemke/Kursawe, ArbNErfG, § 42 Rn. 25, 30 f.; *Ulrici*, RWiss 2015, 318, 322; ausführlich zur sog. negativen Publikationsfreiheit *Boemke/Sachadae*, in: Boemke/Kursawe, ArbNErfG, § 42 Rn. 91 ff.; *Schwab*, in: Schwab, ArbNErfG, § 42 Rn. 10 ff.

468 Eingehend hierzu *Schwab*, in: Schwab, ArbNErfG, § 42 Rn. 10 ff.; *Boemke/Sachadae*, in: Boemke/Kursawe, ArbNErfG, § 42 Rn. 41 ff.; *Böhringer*, NJW 2002, 952 ff.; *Beyerlein*, NZA 2002, 1020 ff.

469 *Boemke/Sachadae*, in: Boemke/Kursawe, ArbNErfG, § 42 Rn. 107 f.

470 So bereits *Lappe*, Kooperationen wissenschaftlicher Einrichtungen, 2019, S. 107; dazu ferner *Bartenbach/Volz*, in: Bartenbach/Volz, ArbNErfG, § 42 Rn. 195; *Milbradt/Balzer*, PharmR 2003, 378, 380; *Rosenberger*, Verträge über Forschung und Entwicklung, 2010, S. 332; *Ulrici*, RWiss 2015, 318, 322 ff. Zu den Interessenlagen der jeweiligen Kooperationspartner siehe Kap. 1 B II 1.

der Hochschule verpflichten, auf dieses Recht zu verzichten.[471] Jedoch begegnet diese Vorgehensweise heftigen Bedenken, denn § 22 ArbNErfG regelt, dass vor Erfindungsmeldung vereinbarte Abweichungen vom ArbNErfG, die zu Lasten des Arbeitnehmers gehen, unwirksam sind. Das Argument, dass diese Norm keine Abreden mit Dritten erfasse, wirkt zu formalistisch und würde den gesetzgeberischen Zweck hinter dieser Regelung, nämlich den Schutz des Arbeitnehmers vor unüberlegten und voreiligen Zugeständnissen, vereiteln.[472] Letztlich bleiben also durchaus Zweifel an der Wirksamkeit einer solchen Abrede im Vorfeld. Überdies ist für wissenschaftliche Forschungskooperationen von gesteigertem Interesse und im Kontext dieser Regelung umstritten, ob im Fall mehrerer Erfinder jedem einzelnen ein positives und negatives Publikationsrecht zukommt oder vielmehr nur ein einheitliches Publikationsrecht besteht.[473]

(2) Urheberrechtliche Zuordnung nach §§ 42, 69b UrhG

Im Gegensatz zum ArbNErfG ist im UrhG kein Übergang des originär vom Arbeitnehmer generierten Schutzrechts vorgeschrieben. Rechtsinhaber bleibt der Arbeitnehmerurheber. Dies fußt, wie bereits erwähnt, auf § 29 UrhG.[474] Stattdessen besteht lediglich die Möglichkeit einer Zuweisung der vermögensrechtlichen Nutzungsbefugnisse an den Arbeitgeber.[475] Für sogenannte Pflichtwerke[476], die nach dem UrhG schutzfähig sind, folgt unter Berücksichtigung des § 43 UrhG nach allgemeiner Ansicht (gegebenenfalls konkludent) aus dem Arbeits- oder Dienstvertrag, dass der Arbeitgeber die Berechtigung zur Ausübung der vermögensrechtlichen Befugnisse innehat.[477] Bezüglich der genaueren Ausgestaltung der Nutzungsrechtseinräumung besteht jedoch Streit, namentlich, ob es ein ausschließliches Nutzungsrecht sein muss, ob eine Beschränkung auf den Betriebs- oder Unternehmenszweck zu erfolgen hat, ob es übertragbar sein muss und wie

471 So etwa in den Berliner Vertragsbausteinen, S. 21, oder im MusterBMWi, S. 38; siehe jeweils Fn. 25.

472 So auch zutreffend *Ulrici*, RWiss 2015, 318, 322 f.; zum Schutzzweck des § 22 ArbNErfG ferner *Boemke/Sachadae*, in: Boemke/Kursawe, ArbNErfG, § 22 Rn. 2.

473 Dazu *Reetz*, Erfindungen an Hochschulen, 2006, S. 292 ff.

474 Siehe Kap. 1 A IV 1 b aa.

475 *Ulrici*, RWiss 2015, 318, 324.

476 Unter Pflichtwerken werden diejenigen geistigen Schöpfungen verstanden, die in Erfüllung einer Verpflichtung aus dem Arbeitsverhältnis geschaffen worden sind, im Gegensatz dazu stehen die sog. freien Werke, dazu *Kraßer/Schricker*, Patent- und Urheberrecht an Hochschulen, 1988, S. 97.

477 *Lindhorst*, in: BeckOK, UrhG, § 43 Rn. 17; *Rojahn*, in: Schricker/Loewenheim, UrhG, § 43 Rn. 40, 51. Ob und inwieweit dem Arbeitnehmer sodann Sondervergütungsansprüche zustehen, ist umstritten, wobei dies im Grundsatz nach der herrschenden Meinung abzulehnen ist, dazu *Dreier*, in: Dreier/Schulze, UrhG, § 43 Rn. 30 ff.; *Ulrici*, RWiss 2015, 318, 328.

sich eine Beendigung des Arbeitsverhältnisses darauf auswirkt.[478] Anders liegen die Dinge, wenn es sich um eine freie und eigenverantwortliche Tätigkeit handelt, wie dies etwa regelmäßig bei Hochschullehrern der Fall ist; hier bedarf es einer gesonderten vertraglichen Vereinbarung.[479]

Im Fall einer gemeinschaftlichen Schöpfung entsteht gemäß § 8 Abs. 2 S. 1 UrhG eine Gesamthandsgemeinschaft der Urheber bezüglich der Veröffentlichungs- und Verwertungsrechte, auf welche die §§ 705 ff. BGB nach allgemeiner Ansicht entsprechende Anwendung finden, sodass der jeweilige Anteil des einzelnen Arbeitnehmers den Bindungen des § 719 BGB unterliegt.[480] Dieser Befund steht jedoch im Konflikt mit der arbeitsvertraglichen Pflicht der Nutzungsrechtseinräumung an den Arbeitgeber, solange nicht die Einräumung mit der Zustimmung sämtlicher übriger Urheber stattfindet.[481] Als Ausweg erscheint eine vor Durchführung der Forschungskooperation vereinbarte vertragliche Abrede, in der sich die Arbeitnehmer bzw. Forscher zur Abgabe der Zustimmung zur Zuordnung des *foreground-IP* an die Forschungsträger bzw. die Forschungskooperation verpflichten.[482]

Für Computerprogramme ist dagegen in § 69b UrhG explizit vorgeschrieben, dass im Grundsatz nur der Arbeitgeber zur Ausübung aller vermögensrechtlichen Befugnisse an dem Computerprogramm berechtigt ist. Daher wird § 69b UrhG dogmatisch als umfassende gesetzliche Lizenz zugunsten des Arbeitgebers eingeordnet.[483] Einer dieses Ergebnis herbeiführenden Auslegung des Arbeits- oder Dienstvertrages bedarf es mithin nicht. Diese gesetzlich angeordnete Rechtseinräumung geht auch der gesamthänderischen Bindung vor, falls die Schöpfung gemeinschaftlich erfolgt, weshalb hier ebenfalls dem Arbeitgeber ein ausschließliches Recht zur Nutzung der Software zusteht.[484]

Problematisch stellt sich hingegen die Lage dar, wenn nicht alle an der Neuschöpfung beteiligten Arbeitnehmer den gleichen Arbeitgeber haben. Denn auf der

---

478 *Dreier*, in: Dreier/Schulze, UrhG, § 43 Rn. 20.

479 *Lappe*, Kooperationen wissenschaftlicher Einrichtungen, 2019, S. 111; BGH, *Urt. v.* 07.09.1990 – I ZR 244/88 = GRUR 1991, 523, 525; *Fahse*, GRUR 1996, 331, 336; *Leuze*, GRUR 2006, 552, 553 ff. Im Rahmen der Auftragsforschung ist jedoch auch für Hochschulpersonal nicht mehr von einer freien und eigenverantwortlichen Tätigkeit auszugehen, so auch etwa *Ulrici*, RWiss 2015, 318, 328.

480 BGH, *Urt. v.* 23.02.2012 – I ZR 6/11 = GRUR 2012, 1022, 1023; *Schulze*, in: Dreier/Schulze, UrhG, § 8 Rn. 12 f.; *Thiele*, GRUR 2004, 392, 394.

481 Dazu ausführlich *Lappe*, Kooperationen wissenschaftlicher Einrichtungen, 2019, S. 111 f.

482 So auch *Lappe*, Kooperationen wissenschaftlicher Einrichtungen, 2019, S. 112.

483 BGH, *Urt. v.* 23.10.2001 – X ZR 72/98 = GRUR 2002, 149, 151; *Grützmacher*, in: Wandtke/Bullinger, UrhG, § 69b Rn. 1.

484 *Kaboth/Spies*, in: BeckOK zum UrhG, § 69b Rn. 14; *Dreier*, in: Dreier/Schulze, UrhG, § 69b Rn. 2; *Spindler*, in: Ohly/Bodewig/Dreier/Götting/Haedicke/Lehmann (Hrsg.), FS Schricker, 2005, S. 539, 543; *Wiebe*, in: Spindler/Schuster, Recht der elektronischen Medien, § 8 Rn. 8.

einen Seite gewährt § 69b UrhG dem Arbeitgeber ein ausschließliches Nutzungsrecht an der Software, auf der anderen Seite erhielte bereits der an der Schöpfung beteiligte Arbeitnehmer nur eine Stellung als Gesamthänder einer Miturhebergemeinschaft gemäß § 8 Abs. 2 UrhG, welche ein ausschließliches Nutzungsrecht für einen einzelnen Mitschöpfer ausschließt.[485] Im Fall des Vorhandenseins mehrerer Arbeitgeber kann bereits begriffslogisch nicht allen ein ausschließliches Nutzungsrecht zustehen.[486] Diese gesetzliche Regelung des § 69b UrhG birgt damit in der genannten Konstellation einige Rechtsunsicherheit, die bereits im Vorfeld aufgrund des dispositiven Charakters der Vorschrift durch eine vertragliche Regelung ersetzt werden sollte.[487]

Eine weitere problematische Fallkonstellation im Umfeld von § 69b UrhG, die für wissenschaftliche Forschungskooperationen von Relevanz sein dürfte, ist die der „Hochschulprogrammierer". Dabei ist umstritten, ob die von Hochschullehrern entworfenen Computerprogramme aufgrund ihrer nach § 43 HRG und Art. 5 Abs. 3 GG freien und eigenverantwortlichen Stellung im Grundsatz als freie Werke einzustufen sind, weshalb sie § 69b UrhG nicht unterfielen, da dieser nur Diensterfindungen betrifft.[488] Letztlich empfiehlt sich auch hier zur Vermeidung von Schwierigkeiten bei der Durchführung oder am Ende der Kooperation bereits im Vorfeld eine vertragliche Regelung der Parteien, mithin auch der beteiligten Hochschullehrer.

(3) Designrechtliche Zuordnung gemäß § 7 Abs. 2 DesignG

Zur Zuordnung von Entwürfen eines Arbeitnehmers zum Arbeitgeber enthält § 7 Abs. 2 DesignG eine Regelung. Demnach gebührt dem Arbeitgeber mangels abweichender vertraglicher Regelung das Recht am eingetragenen Design, wenn der Arbeitnehmer das Design im Rahmen seiner Tätigkeitsausübung oder nach Weisungen des Arbeitgebers entworfen hat. Dieser Rechtserwerb geschieht nach herrschender Ansicht originär.[489]

---

485 Dazu mit ausführlicher Erörterung *Lappe*, Kooperationen wissenschaftlicher Einrichtungen, 2019, S. 112 ff.

486 Da § 69b UrhG entscheidend auf Art. 2 Abs. 3 der RL 2009/24/EG beruht, erfordert dieses Ergebnis methodologisch eine richtlinienkonforme Reduktion auf der Rechtsfolgenseite. So in der Begründung und im Ergebnis auch *Lappe*, Kooperationen wissenschaftlicher Einrichtungen, 2019, S. 111 ff.; vgl dazu *Ulrici*, RdA, 2009, 92, 97; *ders.*, RWiss 2015, 318, 325.

487 *Lappe*, Kooperationen wissenschaftlicher Einrichtungen, 2019, S. 117; zur Dispositivität vgl. *Dreier*, in: Dreier/Schulze, UrhG, § 69b Rn. 2.

488 Dazu *Grützmacher*, in: Wandtke/Bullinger, UrhG, § 69b Rn. 15; *Leuze*, GRUR 2006, 552, 558; vgl. zum ArbNErfG BGH, *Urt. v.* 18.9.2007 – X ZR 167/05 = GRUR 2008, 150, 152.

489 *Kühne*, in: Eichmann/von Falckenstein/Kühne, DesignG, § 7 Rn. 16; *Lappe*, Kooperationen wissenschaftlicher Einrichtungen, 2019, S. 117.

(4) Binnenverhältnis der Forschungsträger

In einer wissenschaftlichen Forschungskooperation sind begriffslogisch mehrere Forschungsträger, seien es Universitäten, außeruniversitäre Forschungsträger oder Wirtschaftsunternehmen, involviert. Aufgrund dessen spielt bei der Entstehung von *foreground-IP* nicht nur die Zuordnung der geistigen Schöpfung vom forschenden Personal hin zum Forschungsträger eine Rolle, sondern auch die Zuweisung von entstandenen Schutzrechten im Binnenverhältnis der Forschungsträger untereinander.

Dabei erfüllen die Kooperationspartner regelmäßig die aus dem Kooperationsvertrag resultierenden Pflichten. Stets ist dabei zu beachten, dass sich die Kooperationspartner im Kooperationsvertrag nur zu dem verpflichten können, was sie im Innenverhältnis auch zu leisten im Stande sind.[490] So ist etwa das Recht zur Inanspruchnahme nach §§ 6, 7 ArbNErfG ein höchstpersönliches Recht und als solches nicht übertragbar, sodass der betreffende Kooperationspartner die Erfindung zunächst auf sich übertragen muss, bevor er seinen Pflichten aus dem Kooperationsvertrag entsprechend dieses gegebenenfalls anderweitig zuweisen kann.[491]

Sind an einer Erfindung mehrere Forscher desselben Arbeitgebers beziehungsweise Kooperationspartners beteiligt, wird sie also gemeinschaftlich erzielt, so entsteht zunächst eine Bruchteilsgemeinschaft unter den Forschern.[492] Der betreffende Kooperationspartner kann sodann die jeweiligen Mitberechtigungen an sich ziehen und bei sich vereinigen, sodass er wiederum alleiniger Inhaber des Schutzrechts ist.[493] In dieser Konstellation wird eine Zuweisung bzw. sonstige Verwertung durch die Beteiligung mehrerer Forscher nicht erschwert. Einzig § 42 Nr. 3 ArbNErfG muss im Fall eines Hochschulerfinders gesondert beachtet werden.[494] Wenn aber nicht alle an der Erfindung beteiligten Arbeitnehmer in der Kooperation dem gleichen Arbeitgeber angehören, so setzt sich die daraus entstehende Bruchteilsgemeinschaft unter den Arbeitgebern fort.[495] Eine Zuweisung kann durch die Übertragung der Bruchteile erfolgen.

Im Fall gemeinschaftlicher Schöpfungen mehrerer Arbeitnehmer (unterschiedlicher Arbeitgeber) entsteht eine Gesamthandsgemeinschaft der Urheber bezüglich der Veröffentlichungs- und Verwertungsrechte, § 8 Abs. 2 S. 1 UrhG.[496] In einer solchen Konstellation gestatten die hierfür vorgesehenen gesetzlichen Regelungsmechanismen allenfalls einen schwerfälligen und mitunter störungsanfälligen

490 *Kraßer/Schricker*, Patent- und Urheberrecht an Hochschulen, 1988, S. 47.
491 *Lappe*, Kooperationen wissenschaftlicher Einrichtungen, 2019, S. 118; *Bartenbach/Volz*, in: Bartenbach/Volz, ArbNErfG, § 6 Rn. 145.
492 Siehe Kap. 1 A IV 1 b aa.
493 So auch etwa *Raif*, in: Boemke/Kursawe, ArbNErfG, § 4 Rn. 109 ff.
494 Dazu *Boemke/Sachadae*, in: Boemke/Kursawe, ArbNErfG, § 42 Rn. 117 ff.
495 *Ulrici*, RWiss 2015, S. 318, 321 f.; *Lappe*, Kooperationen wissenschaftlicher Einrichtungen, 2019, S. 118 f.
496 Siehe weitergehend Kap. 1 A IV 1 b aa.

Zuweisungsablauf. Denn bereits umstritten ist, welcher Umfang der urheberpersönlichkeitsrechtlichen Befugnisse den gesamthänderischen Bindungen unterliegt.[497] Außerdem kann die Gesamthandsgemeinschaft im Außenverhältnis gemäß § 714 BGB nur durch alle Miturheber gemeinsam vertreten werden. Und auch zur Beschlussfähigkeit ist Einstimmigkeit erforderlich, § 709 BGB. Zwar setzt § 8 Abs. 2 S. 2 UrhG Abweichlern in der Gesamthandsgemeinschaft die Grenze von Treu und Glauben entgegen; jedoch ist diese Schranke zur rechtssicheren Abgrenzung in der Praxis von überschaubarem Wert und bildet lediglich eine äußerste Grenze. Gewiss stellt auch die Wissenschaftsfreiheit der Hochschulbeschäftigten nach Art. 5 Abs. 3 S. 1 Var. 2 GG einen zusätzlichen Unsicherheitsfaktor dar.[498] Will man erreichen, dass die im Kooperationsvertrag vereinbarten (End-)Berechtigungslagen am geschaffenem *foreground-IP* durch funktionierende Zuweisungsvorgänge erzielt werden können, empfiehlt es sich, dass sich die Kooperationspartner sowie deren beteiligtes Forschungspersonal bereits im Kooperationsvertrag zur gegebenenfalls erforderlichen Abgabe der Zustimmung zur Zuweisung des *foreground-IP* im Rahmen der Gesamthandsgemeinschaft verpflichten.[499] Jedenfalls lässt sich eine Zuweisung von Schöpfungen durch die Gesamthand zum vorgesehenen Kooperationspartner rechtstechnisch durch Kündigung der anderen Gesellschafter sowie der Gesamtrechtsnachfolge in das verbleibende Gesellschaftsvermögen analog § 738 Abs. 1 BGB durch den „verbleibenden" Gesellschafter erreichen.[500]

Entwerfen mehrere Forscher unterschiedlicher Kooperationspartner bzw. Arbeitgeber gemeinschaftlich ein Design, folgt (mittelbar) aus § 7 Abs. 2 DesignG, dass unter den Arbeitgebern eine Bruchteilsgemeinschaft im Verhältnis der Beiträge ihrer jeweiligen Arbeitnehmer zum Entwurf entsteht, welche originär das Schutzrecht erwirbt.[501]

497 Teilweise die Ansicht vertreten, dass die persönlichkeitsrechtlichen Befugnisse beim einzelnen Urheber bleiben, soweit diesbezüglich in § 8 UrhG keine ausdrückliche Regelung enthalten ist, so *Loewenheim*, in: Schricker/Loewenheim, UrhG, § 8 Rn. 10; *Schulze*, in: Dreier/Schulze, UrhG, § 8 Rn. 12; *Thum*, in: Wandtke/Bullinger, UrhG, § 8 Rn. 26; teilweise wird vertreten, dass sämtliche Persönlichkeitsrechte Gegenstand der Gesamthandsgemeinschaft sind, so *Ahlberg*, in: BeckOK zum UrhG, § 8 Rn. 18 ff.; *Werner*, BB 1982, 280 ff.

498 Zur näheren Betrachtung von Art. 5 Abs. 3 S. 1 Var. 2 GG siehe Kap. 1 A II 1 d.

499 So auch *Lappe*, Kooperationen wissenschaftlicher Einrichtungen, 2019, S. 119.

500 Vgl. dazu BGH, *Urt. v.* 07.12.1992 – II ZR 248/91 = NJW 1993, 1194, 1194 f.; *Schäfer*, in: MüKo zum BGB, § 738 Rn. 11; *K. Schmidt*, in: Baums/Lutter/Schmidt/Wertenbruch (Hrsg.), FS Huber, 2006, S. 969, 991 ff.; *Schöne*, in: BeckOK zum BGB, § 738 Rn. 1.

501 Dazu *Lappe*, Kooperationen wissenschaftlicher Einrichtungen, 2019, S. 122; *Eichmann*, in: Eichmann/v. Falckenstein/Kühne, DesignG, § 7 Rn. 7 ff.

cc. Austausch zwischen der Kooperation und den Forschungsträgern infolge eines rechtsfähigen Kooperationsvehikels

Mitunter bildet sich in den rechtlichen Beziehungen in der Forschungskooperation betreffend den Umgang mit neu entstehenden Schutzrechten eine dritte Ebene. Dies ist dann der Fall, wenn die eben beschriebenen (gesetzlichen) Zuordnungsregeln zum wirtschaftlichen Schöpfer bzw. Schöpfern (zunächst) nicht das Ergebnis produzieren, das im Kooperationsvertrag als Endzustand der Berechtigungslage am *foreground-IP* vorgesehen ist.[502] Wenn also nach der Durchführung der Zuweisung auf der zweiten Ebene Inhaber des Schutzrechts ein einzelner Kooperationspartner, das rechtsfähige Kooperationsvehikel selbst oder eine Bruchteils- bzw. Gesamthandsgemeinschaft ist, jedoch ein anderer Kooperationspartner, der mitunter nicht Teil dieser Bruchteils- bzw. Gesamthandsgemeinschaft ist, letztlich Inhaber des Schutzrechts sein soll, so bedarf es einer weiteren Zuweisung nach den jeweiligen rechtstechnisch durchführbaren Übertragungsmechanismen.[503] Insofern erscheint *prima vista* die Installation eines rechtsfähigen Kooperationsvehikels, das zunächst als Zuordnungsobjekt fungiert, sodann jedoch seinerseits zur (weiteren) Übertragung von Eigentums- oder Nutzungsrechten verpflichtet ist, als ein unnötiger Zwischenschritt im Vergleich zu einer direkten Zuordnung von den Forschern hin zu den Forschungsträgern.

Allerdings gilt es zu bedenken, dass es im Zuge eines umfassenden Austauschs von *background-*, *foreground-* und gegebenenfalls auch *sideground-IP*[504] zwischen den Kooperationspartnern so, gerade bei zeitlich und inhaltlich umfangreicheren Kooperationen, zu einer unübersichtlichen Berechtigungslage an den Schutzrechten kommen kann. Empfehlenswert ist somit zur Wahrung der Übersichtlichkeit sowie einer effizienten, einheitlichen Verwaltung ein Ort der Bündelung und Zuweisung von *background-*, *foreground-* und *sideground-IP*. Ebendieses kann ein mit Rechtsfähigkeit ausgestattetes Kooperationsvehikel, welches über ein zentrales Verwaltungsorgan (auch) für IP-Rechte verfügt, leisten.

Bedienen sich die Kooperationsträger eines rechtsfähigen Kooperationsvehikels und ordnen diesem Arbeitnehmer zur Forschungstätigkeit zu, lässt sich dies rechtlich auf unterschiedliche Arten durchführen, die jeweils Auswirkungen auf

---

502 *Lappe*, Kooperationen wissenschaftlicher Einrichtungen, 2019, S. 123.

503 Hierzu auch *Lappe*, Kooperationen wissenschaftlicher Einrichtungen, 2019, S. 123.

504 Als *sideground-IP* wird das geistige Eigentum bezeichnet, das von einem der beteiligten Kooperationspartner während der Phase der Kooperation entwickelt wird, jedoch nicht durch die Forschungsaktivität der Kooperation, sondern anderweitig; vgl. hierzu etwa *Knowledge Transfer Working Group of the European Research Area Committee (ERAC KT Group)*, European Research Area Guidelines on Intellectual Property (IP) Management in International Research Collaboration Agreements between European and Non-European Partners, 2012, abrufbar unter http://ec.europa.eu/research/innovation-union/pdf/international_cooperation_guidelines_erac_kt_group.pdf [zuletzt abgerufen am 11.02.2018], S. 7.

das IP-Recht zeitigen.[505] Zum einen besteht die Möglichkeit, dass die Arbeitnehmer eines Kooperationspartners bei diesem angestellt bleiben und zur Forschungstätigkeit in der Kooperation dem Verbund überlassen werden. Hierfür ist eine Regelung in § 11 Abs. 7 AÜG enthalten.[506] Rechtsgestalterisch ist ebenso denkbar, dass das forschende Personal bei der Kooperation selbst angestellt ist. Dies würde dazu führen, dass das rechtsfähige Kooperationsvehikel die Stellung als wirtschaftlicher Eigentümer innehätte und nach den bereits beschriebenen Zuordnungsmechanismen die neu entstehenden Schutzrechte (zunächst) bei sich vereinigen könnte. Dieser Umstand wäre ein geeignetes Instrument, um einer drohenden Rechtszersplitterung auf der zweiten Ebene entgegenzuwirken.[507] Gerade bei eher umfangreicheren Kooperationen mit fortgeschrittenem Institutionalisierungsgrad empfiehlt sich daher ein solches Vorgehen. Im Sinne einer möglichst ungestörten und effektiven Generierung von *foreground-IP* ist in ein weiterer Vorteil dieser Gestaltungsvariante, dass Erfinder, die bei der Kooperation angestellt sind, keine Hochschulerfinder sind und sich daher nicht auf negative Publikationsfreiheit nach § 42 Nr. 2 ArbNErfG berufen können. Jedoch muss auch beachtet werden, dass es mit der Vereinigung der Schutzrechte auf Kooperationsebene nicht endgültig sein Bewenden hat. Die jeweiligen Kooperationspartner handeln stets aus Eigeninteresse und werden daher im Kooperationsvertrag festgelegt haben, wie die Berechtigungslage an den Forschungsergebnissen am Ende der Kooperation unter ihnen aufgeteilt sein soll. Daher wird – auf der dritten Ebene[508] – eine Zuordnung des *foreground-IP* vom Kooperationsvehikel zu den Kooperationsträgern erforderlich sein.

2. *Zwischenbilanz: Zahlreiche Hürden und große Gestaltungsvielfalt für die Kooperationsforschung im IP-Recht*

Nachdem nun die grundlegenden Funktionsmechanismen des IP-Rechts im forschungskooperativen Kontext benannt wurden, stellt sich sodann die Frage, welche Schlussfolgerungen sich hieraus für die Organisationsverfassung ergeben. Lässt man die bisherigen Ausführungen zum IP-Recht Revue passieren, so offenbaren sich in der Gesamtschau doch zahlreiche Hürden für das Gelingen einer Forschungskooperation. Zum einen sind dies die bislang offenen Rechtsfragen in den betreffenden Gesetzen, die einer Klärung durch höchstrichterliche Rechtsprechung bedürften. Zum anderen ist dies die aus dem Zusammenwirken mehrerer Forscher unterschiedlicher Arbeitgeber resultierende drohende Rechtszersplitterung durch Bildung von Bruchteilsgemeinschaften an den neu entstehenden Immaterialgütern sowie der Gefahr der (ungewollten) Bildung einer GbR mit sämtlichen daraus

505 Vgl hierzu auch *Ulrici*, RWiss 2015, 318, 331 ff.
506 Siehe Kap. 1 A III 3.
507 So auch *Ulrici*, RWiss 2015, 318, 332 f.
508 Siehe Kap. 1 A IV 1 b cc.

folgenden Konsequenzen.[509] Weiterhin stellt die starke Rechtsposition, die den Hochschulforschern per Gesetz bzw. Verfassung zugutekommt und sich etwa in der negativen Publikationsfreiheit nach § 42 Nr. 2 ArbNErfG niederschlägt, aber auch im Übrigen aus dem Rückgriff auf Art. 5 Abs. 3 S. 1 Var. 2 GG herrührt, jedenfalls einen Unsicherheitsfaktor dar. Stets müssen die Kooperationspartner beim Umgang mit IP-Rechten die beschriebenen Ebenen strikt auseinanderhalten.[510] Außerdem gilt es – wie im sonstigen Vertragsrecht auch, jedoch an dieser Stelle aufgrund der gesetzlichen Unsicherheit und Unübersichtlichkeit mit besonderen Schwierigkeiten verbunden –, sich im Kooperationsvertrag nur zu den Leistungen zu verpflichten, die sich nach der gesetzlichen Lage auch erfüllen lassen. All dies erfordert einen verstärkten planerischen Aufwand sowie ein hinreichendes Maß an Weitsicht, um Abwicklungsschwierigkeiten im Laufe der Kooperation oder auch erst nach deren Durchführung bei der Ergebnisverteilung zu vermeiden.

Diesen Unabwägbarkeiten und Risiken stehen jedoch auf der anderen Seite mannigfaltige Gestaltungsmöglichkeiten mit stark divergierenden rechtlichen Folgen gegenüber. Zwar darf nicht vergessen werden, dass auch im IP-Recht die Gestaltbarkeit ab einem gewissen Punkt an ihre Grenzen gelangt. Namentlich zeigt sich dies auf der ersten Ebene, bei der Entstehung der Schutzrechte in Gestalt des Schöpferprinzips. Und auch die Art und Weise, wie die Forscher die Schutzrechte erlangen, ist gesetzlich klar vorgegeben.[511] Allerdings steht diesem auf der zweiten und gegebenenfalls auch auf der dritten Ebene eine quasi freie Gestaltbarkeit gegenüber, sodass diese Ebenen auf die Wahl der Organisationsverfassung Einfluss haben. Es bleibt der Entscheidung der Kooperationspartner überlassen, ob sie sich bei der Durchführung der Forschungskooperation eines rechtsfähigen Kooperationsvehikels bedienen oder nicht. Auch die Beantwortung der Frage, ob die Forschungsträger im Falle eines rechtsfähigen Kooperationsvehikels ihre Arbeitnehmer der Kooperation überlassen oder vielmehr eine Anstellung des Forschungspersonals bei der Kooperation selbst erfolgt, steht im freien Ermessen der Forschungsträger. Nicht zuletzt aufgrund dessen kommt dem Recht des geistigen Eigentums im forschungskooperativen Kontext entscheidende Bedeutung zu und erfordert daher auch größte Aufmerksamkeit bei der Gestaltung der Organisationsverfassung.

---

509 So auch *Lappe*, Kooperationen wissenschaftlicher Einrichtungen, 2019, S. 128 f.; *Ulrici*, RWiss 2015, 318, 333; dazu eingehend *Ulsenheimer*, Die zwischenbetriebliche Forschungs- und Entwicklungskooperation, 2002, S. 197 ff.

510 *Lappe*, Kooperationen wissenschaftlicher Einrichtungen, 2019, S. 128.

511 Siehe Kap. 1 A IV 1 b aa.

3. *Detailliert geregelter Kooperationsvertrag und effiziente Organisationsverfassung als potentielle Lösungswege*

Um den genannten Problemkreisen beizukommen, empfiehlt sich in erster Linie ein möglichst detailliert geregelter Kooperationsvertrag. Dieser bietet die Möglichkeit, die zum Teil problematischen gesetzlichen (Auffang-)Regelungen durch eine privatautonome Vereinbarung zu ersetzen, welche den Interessen der Beteiligten gerecht wird und eine effektive Durchführung der Kooperation gestattet. Dabei müssen sämtliche Parteien, deren Rechte tangiert werden könnten, mit einbezogen werden. Dies betrifft insbesondere auch das forschende Personal der Hochschulen. Gängige Mittel hierbei sind etwa eine Vorausverpflichtung zur Anmeldung von Schutzrechten sowie ein Verzicht auf die Geltendmachung der negativen Publikationsfreiheit aus § 42 Nr. 2 ArbNErfG.[512] Auch zahlreiche andere problematische Fragestellungen lassen sich bereits im Kooperationsvertrag bzw. einer separaten vertraglichen Einigung im Vorfeld der Kooperation beheben: Zum einen ist eine Vorausverpflichtung der Hochschulforscher zur Zuordnung von Nutzungsbefugnissen an neu entstehenden Urheberrechten an den Arbeitgeber erforderlich, da dies aufgrund der Eigenverantwortlichkeit ihrer Tätigkeit nicht bereits aus deren Arbeitsvertrag gefolgert werden kann. Ebenso empfiehlt sich im Falle einer entstandenen Urheber-Gesamthandsgemeinschaft bezüglich der Veröffentlichungs- und Verwertungsrechte eine Abrede, in der sich die Forscher in der Gesamthand zur Abgabe der Zustimmung zur Zuordnung des *foreground-IP* an die Forschungsträger beziehungsweise die Forschungskooperation verpflichten. Auch im Kontext des § 69b UrhG sollten sich die Parteien vor der Durchführung der Forschungskooperation auf eine Regelung für den Fall einigen, dass mehrere Forscher unterschiedlicher Arbeitgeber gemeinsam ein Computerprogramm entwickeln. Gleiches gilt für die in der Literatur umstrittene Frage nach einer Zusatzvergütung im Falle einer Zuordnung zum Arbeitgeber im Kontext von § 69b UrhG[513] sowie die Zuordnung von Computerprogrammen von „Hochschulprogrammierern" zum Arbeitgeber, da die Anwendung von § 69b UrhG auf diese Fallkonstellation ebenfalls umstritten ist. Ebenso liegen die Dinge in der Frage des genauen Umfangs der Nutzungsrechtseinräumung im Rahmen des Arbeitnehmererfindungsgesetzes; ob also das betreffende Nutzungsrecht ein ausschließliches zu sein hat, eine Beschränkung auf den Betriebs- oder Unternehmenszweck erforderlich ist, ob es übertragbar ist

---

512 So etwa in den Berliner Vertragsbausteinen, S. 22, Ziffer 4.1, wobei wie bereits beschrieben bezweifelt werden kann, ob ein solcher vertraglicher Verzicht auf die Berufung auf die negative Publikationsfreiheit im Voraus Wirksamkeit entfaltet, siehe Fn. 25.

513 Dazu *Kaboth/Spies*, in: BeckOK zum UrhG, § 69b Rn. 17; *Ulrici*, RWiss 2015, 318, 324; eine abweichende Beurteilung sei lediglich im Falle eines Anspruchs auf eine weitere Beteiligung nach § 32a UrhG, früher sog. Bestsellerparagraph, gelten, dazu BGH, *Urt. v.* 23.10.2001 – X ZR 72/98 = GRUR 2002, 149, 152 f.

usw. sowie für die Findung einer angemessenen Entschädigung dafür, dass die Industriepartner das im Laufe der Forschungskooperation gewonnene Wissen im Rahmen ihrer wirtschaftlichen Tätigkeit kommerziell verwerten. Bereits in den Ausführungen zum Arbeitsrecht wurde die Notwendigkeit einer kooperationsvertraglichen Regelung für die rechtliche Handhabung der Arbeitnehmerüberlassungssituation neben § 11 Abs. 7 AÜG herausgestellt.[514]

Anders verhält es sich, wenn Problemfelder erst bei der Durchführung der Kooperation entstehen, die vorher nicht – jedenfalls in der konkreten Ausformung – absehbar waren. In diesem Fall sind geeignete Mechanismen innerhalb der Forschungskooperation von Nöten, die in der Lage sind, eine Lösung herbeizuführen. Solchen Erwägungen muss daher bei der Gestaltung der Governance-Struktur Rechnung getragen werden. Es gilt, durch die Schaffung von Organen mit geeigneten Besetzungen, geregelten Verfahrensabläufen und Zuständigkeiten (eventuell) auftretende Konflikte bereinigen oder eine schnelle Antwort auf unerwartete Geschehnisse finden zu können.

4. Anforderungen an die Governance-Struktur durch das IP-Recht im Einzelnen

Diesen allgemeinen Leitlinien folgend stellt sich sodann die Frage, was dies für die jeweiligen konkreten Problemstellungen im Einzelnen mit sich bringt, wie diese sich auf das Organisationsrecht auswirken und wie wiederum die Organisationsstruktur in Anbetracht dessen zur Findung einer adäquaten Lösung gestaltet werden könnte.

a. Großes Streitpotential beim Umgang im IP-Rechten

Zunächst gilt es zu beachten, dass der Umgang mit den IP-Rechten großes Streitpotential bergen kann. Dies rührt zum einen daher, dass sich die Beteiligten zu Beginn der Kooperation naturgemäß noch in Unkenntnis darüber befinden, auf welche Erkenntnisse im Einzelnen die Forscher bei der Durchführung stoßen werden. Gerade bei unvorhergesehenen, grundlegenden Durchbrüchen kann es vorkommen, dass die Beteiligten in Anbetracht dieses unerwarteten Ereignisverlaufs bestehende Regelungen ablehnen und womöglich auf einer Anpassung der Verträge bestehen.

Zum anderen sind oftmals gewisse Mitwirkungshandlungen erforderlich, die am Ende aufgrund der vereinbarten Zuordnungsregelungen beispielsweise dem Industriepartner zugutekommen werden, jedoch (*ex lege*) von einem Hochschulforscher vorgenommen werden müssen. Als Beispiel sei die Schutzrechtsanmeldung oder die Zustimmung zur Zuordnung von Schutz- oder Nutzungsrechten

---

514 Siehe Kap. 1 A III 3 e.; ferner *Lappe*, Kooperationen wissenschaftlicher Einrichtungen, 2019, S. 95 f.

im Rahmen einer Bruchteils- oder Gesamthandsgemeinschaft genannt. In diesem Fall könnte die Hochschule willens sein, anderweitige eigene Interessen durch eine gezielte Unterlassung der genannten Handlungen herbeizuführen. Eine solche drohende Blockade gilt es durch das Konstruieren eines tauglichen Diskussionsraumes zur Bewältigung solcher Konflikte zu verhindern. Zwar lassen sich im Dunstkreis des Kooperationsvertrages wohl unproblematisch Nebenleistungspflichten nach § 241 BGB verorten, nach denen die Forschungsträger gehalten sind, für einen möglichst störungsfreien Ablauf der Kooperation zu sorgen.[515] Doch sperrt sich ein Kooperationspartner, so ist die Kooperation rein aus tatsächlichen Gründen erst einmal blockiert. An dieser Stelle kommt es entscheidend darauf an, dass Mechanismen zur Verfügung stehen, die zu einer angemessenen Lösung des Konflikts führen können.

Ein Verlangen nach einer Kooperationsvertragsanpassung oder eine Blockadehaltung sind keine im alltäglichen Prozedere einer Forschungskooperation auftretenden Situationen. Deshalb verlangt ein solcher Konflikt nicht nach einem Geschäftsführungsorgan, das die üblichen im Alltagsgeschäft anfallenden Leitungsaufgaben übernimmt. Erforderlich ist vielmehr ein Organ, in dem sämtliche Beteiligte, deren Rechte tangiert werden, auch vertreten sind. In erster Linie kommt daher eine Anteilseignerversammlung in Betracht, sofern die Kooperation mit einem rechtsfähigen Kooperationsvehikel ausgestattet ist. Fehlt dieses, empfiehlt sich eine Zusammenkunft sämtlicher Vertragspartner. In diesem Rahmen sollte über eine Lösung verhandelt werden. Geht es um eine erforderliche Handlung eines einzelnen Forschers, so liegt es nahe, für solche Fälle ein Anhörungsrecht vorzusehen. Ist dabei seine eigene Rechtsposition tangiert, sollte diesem ein Mitentscheidungsrecht in Form einer Stimmabgabe zugestanden werden. Besteht nach materiellem Recht bzw. dem Kooperationsvertrag die Verpflichtung eines Vertragspartners bzw. Anteilseigners, so kann er regelmäßig über die Ausübung seines ihm zustehenden Weisungsrechts die ihm obliegende Verpflichtung erfüllen. Weigert sich dieser jedoch weiterhin, so ist über die Hinzuziehung eines Mediators nachzudenken, bevor im äußersten Fall eine (schieds-)gerichtliche Klärung erfolgen muss.[516]

b. Zum Umgang mit background- und sideground-IP

Nicht nur die neu entstehenden Schutzrechte fordern die Governance-Struktur in der wissenschaftlichen Kooperation, sondern mitunter auch die Behandlung bereits bestehender Immaterialgüter, die jedoch zu Beginn der Kooperation für

---

515 Eingehend *Lappe*, Kooperationen wissenschaftlicher Einrichtungen, 2019, S. 120 ff.; im Allgemeinen zu Nebenleistungspflichten gemäß § 241 Abs. 2 BGB *Bachmann*, in: MüKo zum BGB, § 241 Rn. 46 ff.; *Sutschet*, in: BeckOK zum BGB, § 241 Rn. 42 ff.

516 So empfiehlt etwa das BMWi-Muster ein solches zweistufiges Verfahren bestehend aus einem Mediationsverfahren – falls dieses nicht zur Streitbeilegung führt – einem Schiedsgerichtsverfahren, S. 45 f., Ziffer 14.1 und 14.2, siehe Fn. 25.

deren Gelingen (rückblickend betrachtet) übersehen wurden. Denn es kann sich im Laufe des Forschens herausstellen, dass gewisse IP-Rechte der Beteiligten, welche noch nicht bereitgestellt wurden, dennoch nötig für das Fortkommen des Forschungsverbunds sind. Daher sollte bereits im Kooperationsvertrag ein Mechanismus festgelegt sein, wie sich die Kooperationspartner in einem solchen Fall einigen können. Das gleiche gilt für *sideground-IP*, das von einem Kooperationspartner unabhängig von der Kooperation im Rahmen eigener Forschungen erzielt und – durch Zufall oder auch nicht – für den Forschungserfolg der Kooperation benötigt wird. Als besonders problematisch dürfte sich hierbei der Ausgleich des betreffenden Kooperationspartners für die zusätzliche Einbringung von Schutzrechten erweisen. Dies könnte etwa über eine Veränderung des Verteilungsschlüssels für die Berechtigungslage an den neu entstehenden Schutzrechten erfolgen. Jedenfalls aber ist auch dieser Fragenkreis ein solcher, für den bereits zu Beginn einer Kooperation keiner abschließenden Regelung zugänglich ist, sodass auch hier über Konfliktbewältigung durch die Governance-Struktur nachzudenken ist.

Im Gegensatz zu den beschriebenen denkbaren Blockadehaltungen eines Kooperationspartners ist eine solche Situation zunächst keine außergewöhnliche, sondern lässt sich vielmehr im Bereich der gewöhnlichen Kooperationsangelegenheiten verorten. Stellt sich im Laufe der Durchführung der Kooperation heraus, dass eine zusätzliche Einbringung von *background-* oder auch *sideground-IP* erforderlich ist, so erscheint es daher angezeigt, die Beschaffung des betreffenden Schutzguts bzw. eine Nutzungsrechtseinräumung für die Kooperation eher einer Art von operativem Leitungsorgan zuzuordnen. Dabei empfiehlt es sich, die grundsätzliche Bereitschaft zur weiteren Schutzrechtseinräumung sowie eine Verpflichtung zu fairen Verhandlungen bereits im Kooperationsvertrag festzuhalten. Erst, wenn sich das operative Leitungsorgan vergebens bemüht hat und sich der betreffende Kooperationspartner aus welchen Gründen auch immer weigern sollte, ist dies eine Angelegenheit, mit der sich eine Anteilseignerversammlung bzw. Versammlung sämtlicher Vertragspartner beschäftigen sollte.

c. Konsequenzen für das Informationsmanagement

Ferner stellt das IP-Recht unter den Aspekten der Organisationsstruktur gesonderte Anforderungen an die Ausgestaltung der Informationsaufbereitung, des Informationsflusses sowie deren Veröffentlichung.

Denn die Berechtigungslage an den eingebrachten IP-Rechten kann sich während der Durchführung der Forschungstätigkeiten als durchaus unübersichtlich erweisen. Erforderlich ist daher die ständige Information der Kooperationspartner sowie des forschenden Personals über sämtliche Vorgänge in diesem Kontext. Namentlich betrifft dies die fortschreitende Einbringung von *background-* und *sideground-IP*. Hinzu kommt ebenso die Verteidigung von und der Angriff aus bestehenden Schutzrechten durch einen Kooperationspartner und gar die

Kooperation selbst. Das BMWi-Muster sieht das Führen eines Projekttagebuchs vor.[517] Ein solches könnte sich gerade in dieser Hinsicht als geeignetes Instrument erweisen, um zentral sämtliche Vorgänge zu erfassen und damit den Überblick zu bewahren.

So relevant es in mancherlei Hinsicht ist, den Informationsfluss aufrecht zu erhalten, ist es an anderer Stelle angezeigt, diesen gänzlich zu unterbinden, nämlich dann, wenn Geheimhaltungsregelungen beziehungsweise Veröffentlichungsverbote greifen. Dies betrifft insbesondere den Umgang mit bestehendem Know-how, da sich dieser mangels tauglicher Rechtsposition mitunter nicht anderweitig schützen lässt.[518] Bei der Durchführung der Forschungskooperation empfiehlt sich daher in geeigneten Situationen ein Aufzeichnungs-, Weitergabe- und Veröffentlichungsverbot.[519] Vor dem Hintergrund, dass ein Erkenntnisvorsprung gerade für das Geschäftsmodell eines Industrieunternehmens von existenzieller Bedeutung sein kann, erlangt dieser Aspekt größte Relevanz. Entscheidend für die Durchsetzung bestehender Geheimhaltungsregelungen oder Veröffentlichungsverbote dürfte das Vorhandensein eines Überwachungsorgans sein, welches mit umfassenden Rechten zur Einsichtnahme, Untersuchung oder Vorladung ausgestattet ist. Nicht zuletzt zeitigt dieser Umstand auch Auswirkungen im Bereich der Rechnungslegung.[520]

Als gängiges Mittel, jedenfalls in den Mustervereinbarungen[521], rückt weitergehend die Statuierung eines Zustimmungserfordernisses im Falle einer geplanten Veröffentlichung in den Fokus der Betrachtung. Dies ist insbesondere in den Fällen angedacht, in denen die Forschungseinrichtung beabsichtigt, die Ergebnisse im Rahmen weitergehender Forschung mit anderen Partnern zu verwenden oder bei der Veröffentlichung durch die Hochschule. Ist ein Kooperationspartner, vermutlich das Industrieunternehmen oder die außeruniversitäre Forschungseinrichtung, dagegen im Grundsatz (zunächst) an einer Geheimhaltung interessiert, so darf dieser jedenfalls seine Zustimmung „nicht unbilligerweise nach den Grundsätzen von Treu und Glauben“[522] verweigern. Diese Konstellation birgt ähnlich dem bereits beschriebenen Fall der Zustimmung zur Zuordnung von *foreground-IP* ein gewisses Konfliktpotential in sich und erzeugt daher die Gefahr von Blockadehaltungen. Neben dem offensichtlichen Interessengegensatz sind es oftmals derart wage Formulierungen in den Verträgen, die die Kooperationspartner zur Erzeugung von Streitigkeiten einladen. Die Organisationsstruktur muss infolgedessen nicht nur ein geeignetes Diskussionsforum mit geregelten Abläufen zur Erzielung von

517 BMWi-Muster, S. 35, Ziffer 3.6, siehe Fn. 25.
518 Siehe weitergehend Kap. 1 A IV 1 a.
519 So etwa auch im BMWi-Muster, S. 46, Ziffer 15, siehe Fn. 25.
520 Siehe Kap. 2 A VI 2.
521 Dazu Berliner Vertragsbausteine, S. 21, Ziffer 3.2.5, BMWi-Muster, S. 38, Ziffer 6.7 sowie S. 39, Ziffer 7.2, TUM-Muster, S. 38, § 7, siehe zu allen Mustern Fn. 25.
522 So etwa im BMWi-Muster, S. 38, Ziffer 6.7, siehe Fn. 25.

Lösungen im Konfliktfall bereitstellen, sondern darüber hinaus eine festgelegte Zuständigkeit zur Beschaffung von Zustimmungen beinhalten, um die Übersichtlichkeit im Kooperationsgeschehen zu wahren.

Auch in Anbetracht dieser Anforderungen empfiehlt sich die Statuierung eines Leitungsorgans. Dieses sollte zusätzlich zu den bereits dargelegten Zuständigkeiten mit der Führung eines Projekttagebuchs betraut werden. Darüber hinaus könnte diesem die generelle Informationsverwaltung in der Kooperation obliegen sowie die Beschaffung von Zustimmungen bzw. Genehmigungen. Ferner bedarf es einer Berücksichtigung der operativen Forschungsebene im Informationsmanagement, denn die involvierten Forscher sollten sich fortwährend gegenseitig Einblick in die jeweils gewonnen Erkenntnisse gewähren[523], sowie diese bei Bedarf gebündelt an andere Organe weitergeben können. Eine Zusammenkunft der Kooperationspartner, je nach Rechtsfähigkeit des Kooperationsvehikels entweder als Anteilseignerversammlung oder Versammlung der Vertragspartner, könnte dagegen zuständig sein für die Information der Kooperation im Falle der Verteidigung von und des Angriffs aus bestehenden Schutzrechten sowie der Austragung von Konflikten um Zustimmungserfordernisse, gegebenenfalls auch für die Anrufung eines Mediators oder eines Schiedsgerichts. Schließlich empfiehlt sich die Installation eines Überwachungsorgans, welches sich der Beachtung der Informationsströme sowie der Geheimhaltungsregelungen widmet. Offenbleiben soll an dieser Stelle die Frage, ob die Zusammenkunft der Kooperationspartner zusätzlich die Überwachungsaufgaben übernehmen sollte oder vielmehr ein separates Organ.[524]

d. Einbindung der „ersten Ebene" in die Organisationsstruktur

Bereits beschrieben wurde der gesetzliche Mechanismus bei der Erzielung neuer Erkenntnisse beziehungsweise der Schaffung geistiger Schöpfungen auf der ersten Ebene. Dabei unbeantwortet blieb jedoch die Frage, wie sich dieser Vorgang – also das eigentliche Forschen in der Kooperation – in die (sonstige) Organisationsstruktur einbetten lässt.

Zunächst gilt es zu beachten, dass die konkrete Ausgestaltung der eigentlichen Forschungstätigkeit je nach Art und Zusammensetzung der Kooperation deutlich variieren kann. So erscheint in Sachen Institutionalisierungsgrad von einzelnen Forschern bis hin zu mehreren Forschungsabteilungen alles denkbar. Ferner ist der Umstand zu berücksichtigen, dass die Forscher, abhängig vom jeweiligen Forschungsgegenstand, teils in Einzelarbeit und teils in Gruppen tätig werden können. Oftmals wird im Vorfeld einer Kooperation wohl auch bewusst zur Bewahrung der nötigen Flexibilität offenbleiben, wie genau die Tätigkeit der Forscher zu

---

523 Eine ähnliche Regelung enthält beispielsweise das BMWi-Muster, S. 34, Ziffer 3.3, siehe Fn. 25.

524 Dazu siehe Kap. 2 A III 1 b sowie Kap. 2 A IV 1 c.

strukturieren ist. Alles in allem dürfte es daher schwerfallen, allgemeine Leitlinien zur Organisation der Forschungstätigkeit *per se* zu formulieren.

Dennoch kann diese bei der Betrachtung der Governance-Struktur nicht gänzlich außen vor bleiben. Denn hier schlägt sich in verstärktem Maße die grundrechtlich geschützte Forschungsfreiheit aus Art. 5 Abs. 3 S. 1 Var. 2 GG nieder, die auch Auswirkungen auf die Organisationsstruktur zeitigt.[525] In diesem Kontext erscheint etwa fraglich, ab welcher Anzahl von Forschern die Installation einer Forscherversammlung auf der Ebene der Forschungskooperation verbindlich vorgeschrieben sein sollte. Mag es zwar nicht gelingen, weite Teile der Binnenorganisation der Forschertätigkeit verallgemeinernd zu regeln, so lassen sich doch die Wechselwirkungen mit (anderen) potentiellen Organen skizzieren. Dies betrifft namentlich die Abgrenzung der Kompetenzen der Forscher sowie deren Bündelung in einer Forscherversammlung zu den (übrigen) Organen der Forschungskooperation. Hier stellt sich die Frage, welche Rechte die Forscher haben sollen bzw. was nötig für die Durchführung ihrer Tätigkeiten ist. Erwägenswert erscheint die Einräumung von gewissen Mitentscheidungsrechten. Jedenfalls aber fallen wesensnotwendig in die Zuständigkeit der Forscher bzw. der Forscherversammlung die Anmeldung der Schutzrechte sowie die Erteilung der Zustimmung zur Zuordnung von neu entstandenen Schutzrechten zur Forschungskooperation oder den Kooperationspartnern.

Für das Informationsmanagement bezüglich der Forschungstätigkeit auf erster Ebene spielt vor allem die Erörterung zwischen Leitung und Forscherversammlung eine besondere Rolle[526], weiterhin die Information über Anmeldungen neu entstehender Schutzrechte. Auch auf denkbare Klauseln in den Kooperationsverträgen, die den Vertragspartnern das Recht gewähren, auf Wunsch jederzeit Einblick in die vorliegenden Ergebnisse nehmen zu können[527], sollten sich die Forscher einstellen. Auf die genannten Fragestellungen sei an dieser Stelle zur Betonung der Relevanz der „ersten Ebene" für die Organisationsstruktur lediglich hingewiesen, da eine detaillierte Erörterung im Rahmen der Ausgestaltung der idealen Governance-Struktur für Forschungsverbünde im zweiten Kapital dieser Arbeit erfolgen soll.[528]

Schlussendlich ist in diesen Kontext mit der (ungewollten) Gründung einer GbR im Falle der gemeinschaftlichen Erzielung von Erfindungen eine weitere Problematik mit einzubeziehen. Wenngleich dies unter Berücksichtigung des erklärten oder unerklärten Willens der (arbeitsvertraglich gebundenen) Forscher im Regelfall eher abwegig erscheint, so besteht doch ein gewisses Restrisiko. Denn wie bereits beschrieben bringt diese Konstruktion gewisse Folgeproblematiken mit sich.[529] Zur Verhinderung einer ungewollten GbR-Gründung ist es daher angezeigt,

525 Dazu weitergehend siehe Kap. 1 A II 1 d.
526 Hierzu etwa auch *Eberbach/Hommelhoff/Lappe*, OdW 2017, 1, 7 f.
527 So etwa im BMWi-Muster, S. 34, Ziffer 3.3, siehe Fn. 25.
528 Siehe Kap. 2 A V 1 c.
529 Vgl. Kap. 1 A IV 1 b aa.

die Zusammenkunft mehrerer Forscher als (weitere) organisatorische Komponente im Kooperationszusammenschluss so zu integrieren, dass sich diese Zusammenkunft nicht als von der Kooperation getrennte Einheit verselbstständigt, sondern vielmehr bewusst als Teil des Binnengefüges in der Kooperation operiert. Verstärkt werden würde dies sicherlich durch die Verwendung eines rechtsfähigen Kooperationsvehikels. Sind diese Faktoren gegeben, so würde bei der Frage nach der Auslegung der Willensrichtung der gemeinschaftlich handelnden Forscher das Vorliegen einer GbR gewiss abzulehnen sein. Auf diese Weise kann eine bewusste, die Forscher miteinbeziehende Governance-Struktur die rechtlichen Folgeproblematiken durch das Entstehen einer GbR verhindern.

e. Negative Publikationsfreiheit, § 42 Nr. 2 ArbNErfG

Schwieriger gestaltet sich hingegen die Situation – jedenfalls aus Sicht der außeruniversitären Forschungseinrichtungen und Industriepartner – im Umgang mit der negativen Publikationsfreiheit der Hochschulforscher gemäß § 42 Nr. 2 ArbNErfG. Wie bereits dargelegt, kann dieser nicht wirksam durch eine Verpflichtung der Hochschulerfinder zur Verzichtserklärung im Kooperationsvertrag begegnet werden.[530] Umso mehr so liegt es an der Gestaltung der Organisationsverfassung, Mechanismen bereitzuhalten, die im Konfliktfall einen Ausweg aus dieser Situation bieten können.

Wichtig erscheint es dabei zunächst, betreffenden Forschern ausreichend Gehör beim involvierten Personenkreis bzw. den Kooperationspartnern zu verschaffen. Möglicherweise geht es den Forschern bei ihrer Verweigerungshaltung um völlig andere Dinge, die einer Klärung bedürfen. Bei der gemeinschaftlichen Erzielung einer Erfindung von Hochschulbediensteten mit Forschern einer außeruniversitären Forschungseinrichtung oder eines Industrieunternehmens obliegt es den Miterfindern untereinander, eine Lösung zu finden. Geht es dagegen aber um die alleinige Erfindung eines sich der Offenbarung der Erfindung verweigernden Hochschulerfinders, erscheint es eher angezeigt, sich direkt mit den Kooperationspartnern bzw. deren Vertretern auseinanderzusetzen.

Wenn sich aber ein Forscher, welchem das Recht aus § 42 Nr. 2 ArbNErfG zusteht, standhaft der Offenbarung verweigert, so wird letztlich auch eine wie auch immer geartete Organisationstruktur keinen Ausweg bieten können. Selbst die Hinzuziehung eines Mediators oder die Anrufung eines Schiedsgerichts werden in dieser Frage im Gegensatz zu gewissen Auseinandersetzungen zwischen Kooperationspartnern untereinander keine verlässlichen Auswege bieten können. Denn dies ist keine Situation, in der sich zwei Parteien auf Augenhöhe gegenseitig Rechte und Pflichten auferlegen und miteinander einen Kompromiss erzielen können. Dem Hochschullehrer steht diese Rechtsposition nicht aufgrund des Kooperationsvertrages, sondern vielmehr unverhandelbar durch Gesetz zu, sodass

530 Siehe Kap. 1 A IV 1 b bb (1); dazu insbesondere *Ulrici*, RWiss 2017, 318, 322 f.

es gegenüber diesem an einem geeigneten Druckmittel fehlen wird, um ihn doch noch zur Offenbarung der Erfindung zu bewegen. Dies ist nicht zuletzt auch ein Kerngedanke der Forschungsfreiheit aus Art. 5 Abs. 3 S. 1 Var. 2 GG. Daher muss konstatiert werden, dass eine geeignete Governance-Struktur in dieser Hinsicht keine vollständige Lösung bieten kann. Da aber die grundrechtsberechtigten Forscher im Vorfeld der Kooperation bereits dem Forschungsplan (aus verfassungsrechtlichen Gründen) zugestimmt haben[531], dürfte diese Problematik letztlich wohl eher theoretischer Natur sein.

f. Zuordnung von foreground-IP von der Kooperation zu den Kooperationsträgern

Bedienen sich die Kooperationspartner eines rechtsfähigen Kooperationsvehikels, so ergibt sich eine dritte Ebene in den Rechtsbeziehungen des Forschungsverbunds. Es werden die neu entstandenen Schutzrechte nach dem im Kooperationsvertrag festgehaltenen Verteilungsschlüssel auf die Kooperationspartner übertragen. In der Organstruktur der Kooperation ist daher ein Willensausübungsorgan erforderlich, welches für die Übertragung des *foreground-IP* zuständig ist. Da es sich bei dieser Übertragung um ein Rechtsgeschäft handelt, bedarf es zur Erlangung von (äußerer) Wirksamkeit der nötigen Vertretungsmacht. Bei der Einbettung dieser Kompetenz in das übliche Organschema – Leitung, Überwachung, Trägerversammlung – fällt zunächst auf, dass es sich in erster Linie um eine Vollzugshandlung ohne (größeren) Ermessensspielraum handelt. Denn letztlich entscheidend ist die bereits im Kooperationsvertrag festgelegte Verteilung der Anteile bzw. Berechtigungen an den neuen Schutzrechten. Sowohl dieser Umstand als auch die Erforderlichkeit von entsprechender Vertretungsmacht legen nahe, diese Kompetenz dem Leitungsorgan des Forschungsverbunds zu übertragen.

g. Überwachung von Schutzrechtsanmeldungen

Regelmäßig haben sämtliche an der Forschungskooperation beteiligte Parteien ein Interesse an der Generierung neuer Schutzrechte. Doch kann es im Trubel des gemeinsamen Forschens zu Situationen kommen, in denen es zunächst unklar ist, wer zur Anmeldung eines Schutzrechts (aus dem Kooperationsvertrag) verpflichtet ist. Denn sind an der Erzielung einer Erfindung mehrere Forscher gemeinsam beteiligt, so obliegt diesen auch gemeinschaftlich die Schutzrechtsanmeldung.[532] Entstehen im Laufe einer Forschungskooperation in geringem zeitlichen Abstand zueinander mehrere gemeinschaftliche Erfindungen durch variierende Zusammensetzungen von Forschern, besteht durchaus die Gefahr, dass der Überblick über die jeweilige Beteiligung und die damit einhergehende Verpflichtung zur Anmeldung verloren gehen könnte. Deshalb erscheint es empfehlenswert, einem Organ die

531 Vgl. hierzu Kap. 1 A II 1 d aa.

532 *Fitzner*, in: BeckOK zum PatG, § 6 Rn. 40.

Überwachung über die zu erfolgenden Schutzrechtsanmeldungen zu übertragen. Vieles spricht dafür, dass es sich um das gleiche Organ handelt, welchem bereits an anderer Stelle gewisse Überwachungsaufgaben zugeordnet wurden.

5. Zusammenfassung

Zwar sind im IP-Recht einige für Forschungskooperationen relevante Fragen bereits abschließend durch das Gesetz beantwortet, jedoch ergeben sich auf der anderen Seite mannigfaltige Gestaltungsmöglichkeiten sowie offene Rechtsfragen. Stets sind dabei die verschiedenen Ebenen der Rechtsbeziehungen sowie die unterschiedlichen Arten der geschaffenen immateriellen Schutzgüter auseinanderzuhalten. Auf der operativen Forschungsebene stechen insbesondere die ungewollte Bildung einer Erfinder-GbR und deren Folgeprobleme ins Auge. Auf der zweiten Ebene, der Zuordnung zu den Forschungsträgern, müssen sich diese gegebenenfalls im Rahmen einer Bruchteilsgemeinschaft auseinandersetzen. Ebenso zeitigt hier die negative Publikationsfreiheit der Hochschulforscher ihre Wirkung. Die dritte Ebene entsteht, wenn die gesetzlichen Zuordnungsregeln zum wirtschaftlichen Schöpfer nicht mit dem Endzustand der Berechtigungslage am *foreground-IP* übereinstimmen, was regelmäßig durch die Installation eines rechtsfähigen Kooperationsvehikels bedingt ist. Dieses stellt einen Ort der Bündelung und Zuweisung von Schutzrechten dar und eröffnet mitunter den Anwendungsbereich des AÜG, solange die Kooperation nicht selbst als Arbeitgeber fungiert, was sich vereinfachend auf die Zuordnung von neuen Schutzrechten auswirken würde.

Eine Antwort auf manche Fragenkreise kann dabei zum Teil erst im Laufe der Durchführung der Kooperation gefunden werden. In diesen Fällen liegt es vor allem an der Governance-Struktur, einen entscheidenden Beitrag zur Lösung des Konflikts zu leisten. So könnte das große Streitpotential im Umgang mit IP-Rechten durch einen tauglichen Diskussionsrahmen im Konfliktfall verhindert werden. Diesem sollten bei grundlegenden Meinungsverschiedenheiten die Vertragspartner bzw. Anteilseigner beiwohnen; außerdem sind unter Umständen Forscher zu involvieren. Bei der (nachträglichen) Miteinbeziehung von *background-* und *sideground-IP* in die Forschungskooperation hingegen liegt es nahe, dieses einem operativen Leitungsorgan aufzuerlegen. Zur Verwirklichung eines effizienten Informationsmanagements sollte dieses mit der fortschreitenden Einbringung von IP-Rechten, der Eintreibung von Zustimmungen sowie dem generellen Informationsmanagement betraut werden. Auf der anderen Seite sollte ein Überwachungsorgan auf die Einhaltung von Geheimhaltungsvereinbarungen sowie der Schutzrechtsanmeldungen achten, während sich eine Zusammenkunft der Forschungsträger mit der Information über Rechtsstreitigkeiten um beteiligte IP-Rechte sowie die Austragung von Konflikten um Zustimmungserfordernisse beschäftigt. Weiterhin gilt es, die operative Forschungsebene adäquat in das Organgeflecht der Kooperation zu integrieren. In die Zuständigkeit der Forscher bzw. der Forscherversammlung sollte dabei die Anmeldung der Schutzrechte und die Erteilung der Zustimmung zur Zuordnung von *foreground-IP* fallen. Besonderer Fokus liegt dabei auf dem

Informationsmanagement sowie der Verhinderung einer ungewollten GbR-Gründung. Keinen vollständigen Ausweg kann die Gestaltung der Governance-Struktur hingegen bei der Problematik der negativen Publikationsfreiheit der Hochschulerfinder leisten.

Letztlich bleibt daher festzuhalten, dass mit einer geeigneten Governance-Struktur im IP-Recht zwar vieles, aber längst nicht alles gelöst werden kann. Jedenfalls fordert das Recht des geistigen Eigentums eine ausdifferenzierte Organstruktur zur Bewältigung der potentiellen Schwierigkeiten, dabei ist eine Verteilung der Kompetenzen auf ein Leitungsorgan, ein Forschungsorgan, eine Versammlung der Kooperationspartner sowie ein Überwachungsorgan zu empfehlen.

V. Haushaltsrechtliche Vorgaben

Auswirkungen auf die (gesellschaftsrechtliche) Gestaltung wissenschaftlicher Forschungskooperationen zeitigen nicht nur die *prima vista* bedeutsamen Rechtsgebiete wie Verfassungsrecht, IP-Recht oder das Gesellschaftsrecht selbst. Vielmehr darf auch die Relevanz des Haushaltsrechts für die Forschung im Verbund nicht verkannt werden, jedenfalls dann, wenn öffentlich-rechtliche Trägereinrichtungen bei der Kooperation mitwirken.

1. Anforderungen an die Beteiligung an privatwirtschaftlichen Unternehmen durch Bund, Länder und Kommunen

Dabei ist zwischen den Regelungen für Bund, Länder und Kommunen zu differenzieren, wenngleich diese ähnliche oder gar identische Anforderungen statuieren. Auf bundesgesetzlicher Ebene richtet sich dabei der Blick auf § 65 Abs. 1 Nr. 2 BHO. Demnach ist eine Beteiligung des Bundes ausschließlich an privatrechtlichen Unternehmen mit einer gesetzlichen Haftungsbeschränkung möglich, mithin nur an GmbH, AG, UG (haftungsbeschränkt), GmbH & Co. KG sowie UG (haftungsbeschränkt) & Co. KG.[533] Eine Beteiligung des Bundes an einer GbR ist damit ausgeschlossen.[534] § 65 Abs. 1 Nr. 3 BHO fordert darüber hinaus einen angemessenen Staatseinfluss über die Gesellschafter- oder Hauptversammlung. Der mit der Beteiligung verfolgte öffentliche Zweck muss mit den Unternehmensmitteln effektiv verfolgt werden.[535] Entgegen der offenen Formulierung ist hiermit regelmäßig eine

533 *Wernsmann*, in: Gröpl, Staatliches Haushaltsrecht, § 65 BHO Rn. 6.

534 *v. Lewinski/Burbat*, in: Nomos Kommentar zur BHO, § 65 Rn. 8; vgl. auch das BMF in seinen Hinweisen für die Verwaltung von Bundesbeteiligungen, GMBl 2001, S. 950, 951, Rn. 12; zum inhaltsgleichen brandenburgischen § 65 Abs. 1 Nr. 2 LHO *Bagdassarov*, Wissens- und Technologietransfer an Universitäten, 2012, S. 106; a.A. *Forst/Traut*, DÖV 2010, 210, 212.

535 *v. Lewinski/Burbat*, in: Nomos Kommentar zur BHO, § 65 Rn. 9.

Beherrschung des Unternehmens gemeint.[536] Angemessen ist der Einfluss dann, wenn „er den mit der Beteiligung verfolgten Zweck und die Höhe und Bedeutung der Beteiligung berücksichtigt".[537] Gemäß § 65 Abs. 3 S. 1, 2 BHO ist im Fall eines Beteiligungsgrades von mehr als 25 Prozent die Zustimmung des jeweils zuständigen Bundesministeriums erforderlich.[538] Diese wird im Anwendungsbereich des WissFG nach § 5 S. 1 WissFG unwiderleglich vermutet, wenn das zuständige Bundesministerium dem Antrag nicht innerhalb von vier Woche nach dessen Eingang widerspricht.[539] § 105 Abs. 1 BHO dehnt den Anwendungsbereich dieser Vorschrift im Grundsatz auf bundesunmittelbare juristische Personen des öffentlichen Rechts aus. Hierzu zählen alle öffentlich-rechtlichen Anstalten, Körperschaften und Stiftungen mit eigener Rechtspersönlichkeit.[540] Identische Regelungen finden sich in zahlreichen landesrechtlichen Haushaltsgesetzen, beispielsweise für das Land Baden-Württemberg in §§ 65 Abs. 1 Nr. 2, 3, 105 Abs. 1 LHO BW.

Im Kommunalrecht gestaltet sich die Rechtslage ähnlich restriktiv: Zwar steht den Gemeinden im Grundsatz die Gründung sowie die Beteiligung an privatrechtlichen Unternehmensformen offen. Da jedoch der Gesetzgeber weiterhin am Eigenbetrieb als typischer Organisationseinheit für öffentliche Unternehmungen festhält, müssen zahlreiche Voraussetzungen beachtet werden.[541] Naturgemäß statuieren die jeweiligen Gemeindeordnungen im Einzelnen unterschiedliche Anforderungen, doch lassen sich gewisse länderübergreifende (Grund-)Voraussetzungen ausmachen[542]: So muss die Gemeinde zur Wahrung des Einflusses der demokratisch legitimierten Entscheidungsorgane der Gemeinde einen angemessenen Einfluss im Überwachungsorgan des Unternehmens erhalten.[543] Hierbei finden sich Verweise auf §§ 53, 54 HGrG, die den Gebietskörperschaften eine erweiterte Kontrollbefugnis einräumen.[544] Damit ergeben sich Probleme für kommunale Minderheitsbeteiligungen.[545] Zudem muss aufgrund der Bindung der Gemeinden an das Gemeinwohl der öffentliche Zweck im Gesellschaftsvertrag festgehalten werden.[546]

---

536 *Ziekow*, Öffentliches Wirtschaftsrecht, § 7 Rn. 7; *v. Lewinski/Burbat*, in: Nomos Kommentar zur BHO, § 65 Rn. 10.

537 Dazu *Wernsmann*, in: Gröpl, Staatliches Haushaltsrecht, § 65 BHO Rn. 7; v. *Lewinski/Burbat*, in: Nomos Kommentar zur BHO, § 65 Rn. 8.

538 *Jauch*, NVwZ 2013, 32, 34.

539 *Jauch*, NVwZ 2013, 32, 34.

540 *v. Lewinski/Burbat*, in: Nomos Kommentar zur BHO, § 105 Rn. 3.

541 *Geis*, Kommunalrecht, § 12 Rn. 71, S. 186.

542 Dazu *Geis/Madeja*, JA 2013, 248, 249 f.; *Geis*, Kommunalrecht, § 12 Rn. 71, S. 186 f.

543 Vgl. etwa § 103 Abs. 1 S. 1 Nr. 3 GemO BW; ferner *Geis*, Kommunalrecht, § 12 Rn. 71, S. 186; vgl. ebenso *Pauly/Schüler*, DÖV 2012, 339 ff; *Schiffer/Wurzel*, KommJur 2012, 52 ff.

544 Art. 94 Abs. 1 S. 1 GemO BY; § 112 GemO NRW; § 96 Abs. 2 SächsGO; § 103 Abs. 1 Nr. 5 GemO BW.

545 So *Geis*, Kommunalrecht, § 12 Rn. 71, S. 187.

546 Vgl. BVerfG, *Beschl. v.* 27.11.1978 – 2 BvR 165/75 – Laatzen = BVerfGE 50, 50 ff.; Art. 92 Abs. 1 Nr. 1 GemO BY; § 96 Abs. 1 Nr. 1 SächsGO; § 103 Abs. 1 S. 1 Nr. 1

Weitergehend ist auch im Bereich der kommunalen Unternehmensbeteiligung die Haftung der Gemeinde auf einen bestimmten Betrag, der ihrer Leistungsfähigkeit angemessen ist, begrenzt, was eine unbeschränkte Gesellschafterhaftung, wie etwa bei der Außen-GbR analog § 128 HGB[547], ausschließt.[548] In manchen Bundesländern ist zudem ein Nachrang der AG festgeschrieben.[549]

Damit lässt sich zusammenfassend festhalten, dass juristischen Personen des öffentlichen Rechts nur dann eine Beteiligung an privatrechtlichen Gesellschaften offensteht, wenn diesen angemessene Einwirkungsrechte auf die Gesellschaft eingeräumt werden und außerdem der öffentliche Zweck der (Gebiets-)Körperschaft bei der Ausgestaltung des Gesellschaftsvertrags im Vordergrund steht. Letzteres könnte insbesondere bei der Beteiligung von Industrieunternehmen im Forschungsverbund problematisch sein, da diese nach Gewinnerzielung streben, sodass sich dieser Zielkonflikt im Haushaltsrecht besonders zuspitzt.[550] Von zentraler Bedeutung ist jedoch die geforderte Haftungsbeschränkung, die sich auf allen drei Ebenen findet und eine Beteiligung der öffentlich-rechtlichen Trägereinrichtungen an Gesellschaftsformen, die eine unbeschränkte persönliche Haftung der Gesellschafter aufweisen, ausschließt.[551] In der Praxis bedeutet dies den haushaltsrechtlich bedingten Ausschluss der Rechtsform der GbR für Forschungsverbünde. Vor dem Hintergrund, dass in der Praxis wohl unzählige Kooperationen (ungewollt) nach den üblichen Kriterien als GbR zu qualifizieren sind, wird an dieser Stelle eine ausgeprägte Diskrepanz zwischen der geltenden Rechtslage und der praktischen Handhabung deutlich. Zugleich offenbart sich hierdurch der dringende Bedarf nach einer grundlegenden alternativen rechtlichen Gestaltung für Forschungskooperationen.

2. Zum Verbotsgesetzcharakter haushaltsrechtlicher Bestimmungen

Fraglich ist aber weitergehend, welche Konsequenzen ein Verstoß gegen die betreffenden Normen hat, ob es sich also etwa bei der Regelung des § 65 Abs. 1 BHO um eine rein haushaltsrechtliche Bestimmung ohne zivilrechtliche Wirkung oder vielmehr um ein Verbotsgesetz im Sinne von § 134 BGB handelt, sodass ein

---

GemO BW; § 108 Abs. 1 S. 1 Nr. 7 GemO NRW; dazu *Geis*, Kommunalrecht, § 12 Rn. 71, S. 187.

547 Weitergehend hierzu siehe Kap. 1 A I 5 a.

548 Art. 92 Abs. 1 Nr. 1 GemO BY; § 96 Abs. 1 S. 1 Nr. 3 SächsGO; § 108 Abs. 1 S. 1 Nr. 3 GemO NRW; § 103 Abs. 1 Nr. 4 GemO BW; *Gern*, Deutsches Kommunalrecht, Rn. 758; *Geis*, Kommunalrecht, § 12 Rn. 71, S. 187; siehe auch *Forst/Traut*, DÖV 2010, 210, 211 ff.

549 Vgl. § 95 Abs. 2 SächsGO, § 103 Abs. 2 GemO BW; *Geis*, Kommunalrecht, § 12 Rn. 71, S. 186.

550 Weitergehend zu den Besonderheiten der Beteiligung eines Wirtschaftsunternehmens vgl. Kap. 1 B II.

551 Dazu *Geis*, OdW 2018, 77, 81; *Geibel*, OdW 2018, 87, 90.

Verstoß hiergegen die Nichtigkeit des Kooperations-/Gesellschaftsvertrages zur Folge hätte.

Ob es sich bei einer Vorschrift um ein Verbotsgesetz im Sinne von § 134 BGB handelt, hängt im Allgemeinen davon ab, ob die betreffende Norm die Vornahme eines seiner Natur nach rechtlich möglichen Rechtsgeschäfts wegen seines Inhalts bzw. des mit ihm bezweckten Erfolgs oder aufgrund besonderer Umstände seiner Vornahme untersagt.[552] Dabei muss die jeweilige Norm das Verbot nicht ausdrücklich aussprechen, vielmehr ist es ausreichend, dass sich das Verbot aus dem Sinn und Zweck des Gesetzes ergibt.[553] Ob dies nun der Fall ist, muss durch Auslegung der Norm ermittelt werden, wobei als Anhaltspunkt der Wortlaut des Gesetzes herangezogen werden kann.[554] Während Formulierungen wie „darf nicht" in der Regel auf ein für das Vorliegen eines Verbotsgesetzes sprechen, deuten Formulierungen wie „soll nicht" oder „soll nur" regelmäßig lediglich auf das Vorliegen einer bloßen Ordnungsvorschrift hin.[555] Das Bundesverwaltungsgericht befasste sich mit dieser Frage zur Regelung in § 63 Abs. 3 S. 1 BHO, nach der Vermögensgegenstände nur zu ihrem vollen Wert veräußert werden dürfen.[556] Für das Vorliegen eines Verbotsgesetzes müsse der mit der Norm bezweckte Rechtserfolg durch den Verstoß gegen die betreffende Norm unbedingt ausgeschlossen sein.[557] Das Norm-verletzende Verhalten müsse also strikt und ausnahmslos untersagt sein.[558] Jedoch ist in § 63 Abs. 3 S. 3 BHO für Gegenstände von geringem Wert oder bei dringendem Bundesinteresse eine Ausnahme zugelassen, sodass es sich hierbei letztlich nicht um ein Verbotsgesetz handele.[559]

Die in § 65 Abs. 1 BHO statuierten Anforderungen sind in die Formulierung „soll nur" gefasst. Eine Ausnahmeregelung, die eine Befreiung von einzelnen Erfordernissen bei Vorliegen bestimmter Tatbestandsmerkmale vorsieht, ist zwar nicht vorhanden, doch die Anforderung des „unbedingt-ausgeschlossen-seins" eines Verhaltens, die das BVerwG fordert, wird durch die gewählte Formulierung nicht gestützt. Die haushaltsrechtlichen Regelungen sollen zudem primär die öffentliche Hand zur Wahrung der Haushaltsdisziplin bewegen anstatt die Unwirksamkeit zivilrechtlicher Rechtsgeschäfte herbeizuführen, an denen auch private Subjekte beteiligt sind. Damit ist die Klassifizierung des § 65 Abs. 1 BHO als Verbotsgesetz abzulehnen. Auch für die kommunalrechtlichen Beteiligungsregelungen wird das Vorliegen eines Verbotsgesetzes im Sinne von § 134 BGB verneint.[560] Somit ist zwar

552 *Wendtland*, in: BeckOK zum BGB, § 134 Rn. 9.
553 BGH, *Urt. v.* 19.12.1968 – VII ZR 83/66, VII ZR 84/66 = BGHZ 51, 255, 262.
554 *Wendtland*, in: BeckOK zum BGB, § 134 Rn. 9.
555 *Wendtland*, in: BeckOK zum BGB, § 134 Rn. 9.
556 BVerwG, *Urt. v.* 19.08.2003 – 3 C 30.02 = BVerwGE 118, 361 ff.
557 BVerwG, *Urt. v.* 19.08.2003 – 3 C 30.02 = BVerwGE 118, 361, 369.
558 BVerwG, *Urt. v.* 19.08.2003 – 3 C 30.02 = BVerwGE 118, 361, 369.
559 BVerwG, *Urt. v.* 19.08.2003 – 3 C 30.02 = BVerwGE 118, 361, 369.
560 *Forst/Traut*, DÖV 2010, 210, 211 f.

die Beteiligung der öffentlichen Hand an privatrechtlichen Unternehmensformen mit einer unbeschränkten persönlichen Haftung nicht nichtig, sodass die Grundsätze über die fehlerhafte Gesellschaft keine Anwendung finden.[561] Dennoch verbieten diese die Gründung einer GbR und stellen sich damit entschieden gegen ein personengesellschaftsrechtliches Gepräge des Kooperationsvehikels.

VI. Auswirkungen des unionalen Beihilfenrechts

Zuletzt gilt es, die Auswirkungen des unionalen Beihilfenrechts gemäß Art. 107 ff. AEUV als Teil des Wettbewerbsrechts auf die Forschung im Verbund darzulegen.

1. Zum Beihilfenverbot des Art. 107 Abs. 1 AEUV

Um zu verhindern, dass staatliche Zuwendungen im Binnenmarkt den gemeinsamen europäischen Interessen zuwiderlaufen, konstituiert Art. 107 Abs. 1 AEUV ein grundsätzliches Verbot für staatliche Beihilfen an bestimmte Unternehmen oder Produktionszweige, soweit diese aufgrund wettbewerbsverfälschender Wirkungen den Handel zwischen den Mitgliedstaaten beeinträchtigen.[562] Nach allgemeiner Ansicht ist der unionsrechtlich nicht definierte Begriff „Beihilfe" dabei weit auszulegen, sodass auch mittelbare staatliche Zuwendungen erfasst sein können.[563] Unter den Unternehmensbegriff fällt dabei jede Einheit, die eine wirtschaftliche Tätigkeit ausübt.[564] Wirtschaftlich ist eine Tätigkeit dann, wenn sie darin besteht, auf einem bestimmten Markt Waren oder Dienstleistungen anzubieten.[565] Eine gesonderte Nachhaltigkeit der Tätigkeit oder Gewinnerzielungsabsicht ist hierfür nicht erforderlich, sodass auch gemeinnützige Unternehmen vom Unternehmensbegriff umfasst sind.[566] Unerheblich ist zudem die Rechtsform.[567]

Damit erlangt das Beihilfenrecht für horizontale Forschungsverbünde zwischen öffentlich-rechtlichen Trägereinrichtungen und Wirtschaftsunternehmen hinsichtlich der Finanzierung der Kooperation Relevanz, wenn das Wirtschaftsunternehmen aus der (mittelbar) staatlich finanzierten Forschungskooperation Vorteile erlangt.[568] So kann im Rahmen der Forschungskooperation sowohl durch

---

561 Dazu grundlegend etwa *Schäfer*, in: MüKo zum BGB, § 705 Rn. 323 ff.

562 *Cremer*, in: Calliess/Ruffert, Art. 107 AEUV Rn. 1; *von Wallenberg/Schütte*, in: Grabitz/Hilf/Nettesheim, AEUV, Art. 107 Rn. 10 f.

563 *Herrmann*, ZEuS 2004, 415, 428; *Cremer*, in: Calliess/Ruffert, Art. 107 AEUV Rn. 10.

564 *von Wallenberg/Schütte*, in: Grabitz/Hilf/Nettesheim, AEUV, Art. 107 Rn. 39.

565 EuGH, *Urt. v.* 25.10.2001 – Rs. C-475/99, Slg. 2001, I-8089 Rn. 19; vgl. auch *Geibel*, OdW 2018, 87, 90.

566 EuGH, *Urt. v.* 25.10.2001 – Rs. C-475/99, Slg. 2001, I-8089 Rn. 20.

567 EuGH, *Urt. v.* 23.04.1991 – Rs C-41/90, Slg. 1991, I-1979 Rn. 21; *Geibel*, OdW 2018, 87, 90.

568 *Geibel*, OdW 2018, 87, 90; *Lappe*, Kooperationen wissenschaftlicher Einrichtungen, 2019, S. 39.

die Finanzierung als auch durch die Tätigkeit der Kooperation eine tatbestandliche mittelbare Beihilfe an das bzw. die Wirtschaftsunternehmen vorliegen, wenn erstens die im Zuge der Durchführung der Forschungstätigkeiten erzielten Ergebnisse am Markt angeboten werden, zweitens an der Kooperation öffentlich-rechtliche oder staatlich-finanzierte Forschungsträger beteiligt sind und drittens eine Förderung der Kooperation durch Zuwendungen durch ebendiese erfolgt.[569] Dies gilt auch in Bezug auf einen dritten Forschungsdienstleistungs- oder Forschungsergebnisempfänger, sofern dieser von der Zuwendung der Kooperation begünstigt wird.[570] Zudem besteht das Risiko, dass eine staatlich finanzierte Forschungseinrichtung, die an einer Kooperationen mit einem Unternehmen beteiligt ist, selbst zum „Unternehmen" im Sinne von Art. 107 Abs. 1 AEUV wird, was insbesondere dann der Fall ist, wenn diese ein marktübliches Entgelt für die Übertragung von *foreground-IP* an den Kooperationspartner erhält, etwa gerade zur Umgehung des Beihilfeverbots wegen mittelbarer Beihilfe.[571] In diesem Fall gestaltete sich die öffentliche Finanzierung der Forschungseinrichtung gar als eine direkte Beihilfe. Im Übrigen kann auch das rechtsfähige Forschungskooperationsvehikel ein „Unternehmen" nach Art. 107 Abs. 1 AEUV darstellen, wenn die erzielten Ergebnisse am Markt angeboten werden.[572]

2. Ausnahmen für den Bereich Forschung, Entwicklung und Innovation

Ausnahmen von dem Verbot des Art. 107 Abs. 1 AEUV können sich aus Art. 107 Abs. 2, 3 AEUV sowie den Gruppenfreistellungsverordnungen aufgrund von Art. 109, 108 Abs. 4 AEUV ergeben.[573] Gesonderte Regelungen gelten dabei für den Bereich Forschung, Entwicklung und Innovation („FuEuI"), der in der Strategie „Europa 2020" als entscheidender Faktor für die Verwirklichung der Ziele eines intelligenten, nachhaltigen und integrativen Wachstums genannt wird.[574] Die befürwortende Haltung der Kommission gegenüber staatlichen Beihilfen für Forschung und Entwicklung schlägt sich in der Praxis zumeist in einer Anwendung von Art. 107 Abs. 3 c) AEUV, in Einzelfällen auch Art. 107 Abs. 3 b) Alt. 1 AEUV nieder.[575]

---

569 *Lappe*, Kooperationen wissenschaftlicher Einrichtungen, 2019, S. 39; vgl. auch *Schwendinger*, GRUR 2013, 447 ff.

570 *Lappe*, Kooperationen wissenschaftlicher Einrichtungen, 2019, S. 39; *Schwendinger*, GRUR 2013, 447 ff.

571 So bereits *Geibel*, OdW 2018, 87, 91.

572 *Geibel*, OdW 2018, 87, 91.

573 Zur Normenstruktur *Cremer*, in: Calliess/Ruffert, AEUV, Art. 107 Rn. 1.

574 Mitteilung der Kommission „Europa 2020 – Eine Strategie für intelligentes, nachhaltiges und integratives Wachstum", KOM(2010) 2020 endg. vom 03.03.2010; dazu *von Wallenberg/Schütte*, in: Grabitz/Hilf/Nettesheim, AEUV, Art. 107 Rn. 248.

575 *Cremer*, in: Calliess/Ruffert, AEUV, Art. 107 Rn. 69.

a. *Freistellungen nach Art. 25 ff. AGVO*

Die Grundlage für diese Handhabe liefern zum einen die Freistellungen nach Art. 25–30 AGVO.[576] Hierdurch werden losgelöst von der Größe der begünstigten Unternehmen die aus Sicht des Wettbewerbs und des Handels zwischen den Mitgliedstaaten unproblematischen Beihilfemaßnahmen von der Notifizierung nach Art. 108 Abs. 3 AEUV freigestellt.[577] So erfolgt nach Art. 25 Nr. 1, 2 AGVO eine Freistellung von der Anmeldepflicht nach Art. 108 Abs. 3 AEUV für Beihilfen für Forschungs- und Entwicklungsvorhaben, sofern der geförderte Teil vollständig der Grundlagenforschung, industriellen Forschung, experimentellen Entwicklung oder Durchführbarkeitsstudien zugeordnet wird.[578]

b. *Der FuEuI-Unionsrahmen*

Zum anderen ist der Unionsrahmen für staatliche Beihilfen zur Förderung von Forschung, Entwicklung und Innovation von 2014 zu berücksichtigen.[579] Dieser gilt für alle Wirtschaftszweige und enthält diejenigen FuEuI-Beihilferegelungen und Einzelbeihilfen, die nicht von der AGVO erfasst werden und dementsprechend angemeldet werden müssen.[580] Durch den FuEuI-Unionsrahmen erfolgt eine Bindung der Verwaltungspraxis, sodass sich dieser gegenüber den Adressaten des Beihilferechts zumindest mittelbar auswirkt.[581] Dabei benennt der FuEuI-Unionsrahmen die Grundsätze, nach denen die Kommission die entsprechenden Beihilfen prüft.[582] Liegen die im FuEuI-Unionsrahmen enthaltenen Voraussetzungen vor, sind die Beihilfen mit Art. 107 Abs. 3 c) AEUV vereinbar.[583] Unter den Unionsrahmen fallen Beihilfen für FuE-Vorhaben, Durchführbarkeitsstudien, den Bau oder Ausbau von Forschungsinfrastrukturen, Innovationsmaßnahmen und Innovationscluster.[584]

In Rn. 28 des Unionsrahmens sind die Voraussetzungen aufgeführt, bei deren Vorliegen es sich im Falle einer Kooperation aus öffentlich finanzierten Trägern mit

---

576 Verordnung (EU) Nr. 651/2014, ABl. 2014 Nr. L 187/1; vormals Art. 30–37 der Verordnung (EG) Nr. 800/2008, ABl. 2008 Nr. L 214/3; dazu *von Wallenberg/Schütte*, in: Grabitz/Hilf/Nettesheim, AEUV, Art. 107 Rn. 255 ff.

577 *von Wallenberg/Schütte*, in: Grabitz/Hilf/Nettesheim, AEUV, Art. 107 Rn. 256.

578 Eingehend *von Wallenberg/Schütte*, in: Grabitz/Hilf/Nettesheim, AEUV, Art. 107 Rn. 257.

579 Unionsrahmen, Amtsblatt 2014/C/198 v. 27.06.2014; dazu *Cremer*, in: Calliess/Ruffert, AEUV, Art. 107 Rn. 69; *von Wallenberg/Schütte*, in: Grabitz/Hilf/Nettesheim, AEUV, Art. 107 Rn. 279 ff.

580 *von Wallenberg/Schütte*, in: Grabitz/Hilf/Nettesheim, AEUV, Art. 107 Rn. 279, 281; *Cremer*, in: Calliess/Ruffert, AEUV, Art. 107 Rn. 69.

581 *Geibel*, OdW 2018, 87, 90.

582 Vgl. zu den Definitionen dieser verschiedenen Forschungsstufen Ziff. 1.3. des Unionsrahmens; siehe ferner *Cremer*, in: Calliess/Ruffert, AEUV, Art. 107 Rn. 70.

583 *von Wallenberg/Schütte*, in: Grabitz/Hilf/Nettesheim, AEUV, Art. 107 Rn. 279.

584 *von Wallenberg/Schütte*, in: Grabitz/Hilf/Nettesheim, AEUV, Art. 107 Rn. 281.

Wirtschaftsunternehmen nicht um mittelbare staatliche Beihilfen handelt.[585] Dies ist dann der Fall, wenn erstens die Wirtschaftsunternehmen sämtliche Kosten des Vorhabens tragen oder zweitens im Zuge der Forschungstätigkeiten von den Forschungseinrichtungen generiertes *foreground-IP* diesen jeweils in vollem Umfang zugeordnet wird oder drittens das entstandene *foreground-IP* den verschiedenen Kooperationspartnern in einer Weise zugewiesen ist, die ihrer Arbeit, ihren Beiträgen und ihren jeweiligen Interessen angemessen Rechnung trägt oder viertens die Forschungseinrichtungen für *foreground-IP*, das diese generiert haben und den Wirtschaftsunternehmen zugewiesen wird, ein marktübliches Entgelt erhalten.[586]

Zudem enthält der Unionsrahmen eine Auflistung, welche Tätigkeiten bereits nicht als wirtschaftliche Tätigkeit im Sinne von Art. 107 Abs. 1 AEUV zu werten sind. Namentlich sind dies „die Ausbildung von mehr oder besser qualifizierten Humanressourcen", „unabhängige FuE zur Erweiterung des Wissens und des Verständnisses, auch im Verbund, wenn die Forschungseinrichtung bzw. die Forschungsinfrastruktur eine wirksame Zusammenarbeit eingeht" sowie die „weite Verbreitung der Forschungsergebnisse auf nichtausschließlicher und nichtdiskriminierender Basis".[587] Dagegen unterfällt der Wissenstransfer nur dann nicht der wirtschaftlichen Tätigkeit nach Art. 107 Abs. 1 AEUV, wenn keine kommerzielle Verwertung stattfindet, was im Falle einer Kooperation (wenngleich dies keine horizontale Kooperationsform darstellt) nur dann zu bejahen ist, wenn an der Kooperation ausschließlich staatlich finanzierte Forschungsträger beteiligt sind.[588]

3. Drohende Nichtigkeit des Kooperationsvertrages nach Art. 108 Abs. 3 S. 3 AEUV i.V.m. § 134 BGB

Ebenfalls zu beachten sind die rechtlichen Konsequenzen der grundsätzlich bestehenden Pflicht zur Notifizierung von Beihilfen bei der Kommission nach Art. 108 Abs. 3 AEUV.[589] Denn besteht die Pflicht zur Notifikation und wird diese nicht beachtet, ist es dem betreffenden Mitgliedstaat verwehrt, die Beihilfe zu leisten.[590] Geschieht dies dennoch, löst dies innerhalb des Geltungsbereichs des deutschen Privatrechts die Nichtigkeitsfolge aus, da es sich bei Art. 108 Abs. 3 S. 3 AEUV um ein Verbotsgesetz im Sinne von § 134 BGB handelt.[591] Damit würde über

585 *Geibel*, OdW 2018, 87, 90.

586 Rn. 28 unter Ziffer 2.2.2 FuEuI-Unionsrahmen, Amtsblatt 2014/C/198 v. 27.06.2014.

587 Rn. 19 unter Ziffer 2.1.1. FuEuI-Unionsrahmen, Amtsblatt 2014/C/198 v. 27.06.2014.

588 Rn. 19 unter Ziffer 2.1.1. FuEuI-Unionsrahmen, Amtsblatt 2014/C/198 v. 27.06.2014; so bereits *Lappe*, Kooperationen wissenschaftlicher Einrichtungen, 2019, S. 40.

589 *Cremer*, in: Calliess/Ruffert, AEUV, Art. 108 Rn. 8 f.; *von Wallenberg/Schütte*, in: Grabitz/Hilf/Nettesheim, AEUV, Art. 108 Rn. 1 ff.

590 *von Wallenberg/Schütte*, in: Grabitz/Hilf/Nettesheim, AEUV, Art. 108 Rn. 78 f.

591 BGH, *Urt. v.* 20.01.2004 - XI ZR 53/03 = EuZW 2004, 252, 252 f.; *Soltész*, NJW 2014, 3128, 3129; *Rödel*, PharmR 2014, 141, 143.

den Kooperationsvertrag das Damokles-Schwert der Nichtigkeit schweben, enthielte er eine notifizierungspflichtige Beihilfe.

4. Konsequenzen für horizontale Forschungskooperationen

Sobald am Forschungsverbund ein Wirtschaftsunternehmen und ein staatlich finanzierter Forschungsträger gleichermaßen beteiligt sind und das Wirtschaftsunternehmen Vorteile aus der Kooperation erlangt, ist durch diese in der Praxis gewiss nicht selten anzutreffende Konstellation hinsichtlich des Beihilfenverbots des Art. 107 Abs. 1 AEUV Vorsicht geboten. Zwar dürften einige Forschungskooperationen von der Freistellung des Art. 25 AGVO erfasst werden. Allerdings ist gleichermaßen eine Vielzahl an Kooperationen denkbar, die nicht hierunter fallen oder aber die Anmeldeschwellen des Art. 4 Nr. 1 i) AGVO überschreiten, so dass eine Pflicht zur Notifizierung nach Art. 108 Abs. 3 AEUV besteht.[592]

Im Notifizierungsverfahren rückt dabei der FuEuI-Unionsrahmen in den Fokus der Betrachtung. Dementsprechend ist, sofern nicht bereits nach dessen Rn. 19 eine wirtschaftliche Tätigkeit ausgeschlossen werden kann, zum einen bei der Ausgestaltung des Kooperationsvertrages darauf zu achten, dass die Anforderungen der Rn. 28 des Unionsrahmens erfüllt werden, zum anderen ist jedoch auch bei der Durchführung der Forschungstätigkeiten stets das Augenmerk darauf zu richten, welches *foreground-IP* auf der Tätigkeit welcher Kooperationspartner (bzw. deren jeweiligen in die Kooperation entsandten Forschern) beruht, damit entweder das *foreground-IP* den Kooperationspartnern am Ende so zugewiesen ist, dass ihren Beiträgen angemessen Rechnung getragen wird oder die Forschungseinrichtungen für *foreground-IP*, das diese generiert haben und den Wirtschaftsunternehmen zugewiesen wird, ein marktübliches Entgelt erhalten.[593]

Unter sorgfältiger Beachtung der Vorgaben des FuEuI-Unionsrahmens dürfte letztlich der weit überwiegende Teil der in dieser Bearbeitung fokussierten horizontalen Forschungskooperationen unter Beteiligung von Wirtschaftsunternehmen als notifizierungspflichtige Beihilfe mit dem Binnenmarkt nach Art. 107 Abs. 3 c) AEUV vereinbar sein, sofern überhaupt eine wirtschaftliche Tätigkeit vorliegt und diese nicht bereits nach Art. 25 AGVO freigestellt ist. Dennoch empfiehlt sich im forschungskooperativen Kontext, nicht zuletzt aufgrund der existenziellen Gefahr für den Kooperationsvertrag in Gänze, die mit der Nichtigkeitsrechtsfolge des Art. 108 Abs. 3 S. 3 AEUV i.V.m. § 134 BGB einhergeht, im Falle der genannten Trägerkombination dringend die Durchführung einer beihilferechtlichen Prüfung.[594]

---

592 *Geibel*, OdW 2018, 87, 90.
593 So auch *Geibel*, OdW 2018, 87, 90.
594 So bereits *Lappe*, Kooperationen wissenschaftlicher Einrichtungen, 2019, S. 40 f.

VII. Resümee

Summa summarum fällt hinsichtlich der rechtlichen Rahmenbedingungen die Spannweite und Unterschiedlichkeit der betrachteten Gebiete auf, die dennoch alle gleichermaßen Relevanz für die Governance-Struktur des Forschungsverbunds aufweisen. Im Gesellschaftsrecht bilden der *numerus clausus*, Typengesetzlichkeit sowie gestalterische Prinzipien wie der Grundsatz der Selbstorganschaft äußere Grenzen. Das Verfassungsrecht fordert im Wesentlichen eine grundrechtswahrende Einbindung des Forschungspersonals auf der Governance-Ebene. Gesetzliche Regelungen aus dem Arbeitsrecht hinsichtlich der Zuordnung von Forschungspersonal sowie aus dem IP-Recht bezüglich der Einbringung von *background-* und der Behandlung von *foreground-IP* legen den Blick auf offene Rechtsfragen frei, die die juristische Gestaltung der Forschung im Verbund erschweren. Die Vorstellung, dass eine Forschungskooperation kleineren Ausmaßes ohne professionelle Rechtsberatung und ohne eigenen gesteigerten Verwaltungsaufwand innerhalb einer überschaubaren Zeitspanne unter Einhaltung sämtlicher rechtlicher Anforderungen mit der Durchführung der Forschungstätigkeit beginnen kann, erscheint wohl letztlich eher abwegig. Diese Umstände führen dazu, dass dem geltenden Recht eine gewisse Innovationsfeindlichkeit im forschungskooperativen Kontext attestiert werden muss.

Doch liegen diese Hemmnisse in erster Linie in der Unübersichtlichkeit und Spannweite der aufgerufenen Rechtsgebiete insgesamt begründet als in der Menge an verbindlichen Vorgaben für die Organisationsverfassung im engeren Sinne. Insofern bestehen letztlich doch mannigfaltige Gestaltungsmöglichkeiten hinsichtlich der kompetenziellen Ausgestaltung der Organtypen. Dadurch besteht die Möglichkeit, die im Folgenden zu erörternden Interessenslagen und Zielsetzungen der Kooperationspartner in weiten Teilen ungefiltert in der auszugestaltenden Organisationsverfassung zu realisieren. Als Ausgangspunkt hierzu erscheint aber jedenfalls nach der bisherigen Untersuchung die Ausstattung der Kooperation mit Außenauftritt, Rechtsfähigkeit sowie einem kapitalgesellschaftsrechtlichen Gepräge samt Haftungsabschottung vorzugswürdig.

B. Organisationsrelevante Gestaltungsparameter und Zielrichtungen

Ziel dieser Bearbeitung ist die Entwicklung einer Governance-Struktur für wissenschaftliche Forschungskooperationen. Hierfür wurden im ersten Abschnitt dieses Kapitels die rechtlichen Rahmenbedingungen ausgelotet. Doch ist es bei einer möglichst umfassenden Analyse der Ausgangslage für die Organisationsverfassung des Forschungsverbunds nicht mit einer Betrachtung des geltenden Rechts getan. Denn im Vorfeld einer jeden Kooperation steht stets die zentrale Frage nach deren Zusammensetzung und Zielstruktur. Und hierfür sind jenseits der rein rechtlichen Aspekte die spezifisch organisationsrechtlichen Gestaltungsparameter von Forschungsverbünden, die neben den einschlägigen Rechtsvorschriften ebenso strukturrelevant sind, sowie die spezifischen Zielsetzungen im forschungskooperativen Kontext zu beachten. Um zu einer vollumfänglichen Erfassung der Strukturen im Forschungsverbund zu gelangen, werden diese im Folgenden in den Blick genommen sowie deren Auswirkungen auf die Governance-Struktur untersucht. Dabei liegt der Fokus der Betrachtung insbesondere auf der Beteiligung von Wirtschaftsunternehmen.

I. Musterverträge aus der Praxis

Bereits mehrfach Erwähnung in dieser Arbeit gefunden haben die Mustervereinbarungen aus der Praxis für Forschungs- und Entwicklungskooperationen. Diese beinhalten oftmals unterschiedliche Vertragstypen mit mehreren Varianten und Anmerkungen. Beispielhaft sei an dieser Stelle die „Mustervereinbarung für Forschungs- und Entwicklungskooperationen" des Bundesministeriums für Wirtschaft und Energie genannt, die im Juli 2017 inzwischen bereits in der dritten Auflage erschienen ist.[595] Weitere Mustervereinbarungen sind etwa die sog. Berliner Vertragsbausteine, das TUM-Muster, das IHK-Muster sowie das DESCA-Muster.[596] Diese Vertragsbausteine sollen als Leitfaden eine praxistaugliche Hilfestellung für Hochschulen, außeruniversitäre Forschungseinrichtungen sowie Wirtschaftsunternehmen darstellen.[597] Der Hintergrund für die Existenz derartiger Muster ist, dass gerade bei kleinen und mittleren Unternehmen oder kleineren Hochschulen ein enormer Abstimmungsbedarf bezüglich der vertraglichen Ausgestaltung von Forschungs- und Entwicklungskooperationen besteht.[598] Gewiss stellen derartige Muster keine Rahmenbedingungen im Rechtssinn auf, da diese keinerlei Bindungswirkung entfalten. Dennoch dürfte ihnen nicht zuletzt auch aufgrund des Fehlens gesetzlicher Regelungen eine gewisse Ausstrahlungswirkung und damit praktische Relevanz über die konkreten Fälle, in denen sie zur Anwendung gelangen, beikommen. Letztlich gleichen die Mustervereinbarungen in ihrer Gestaltung und ihrem Charakter wohl den allgemeinen Geschäftsbedingungen im Privatrecht.

Allerdings bieten die bereitgestellten Mustervereinbarungen keine vollständige Gewähr, eine interessensgerechte Lösung für sämtliche regelungsbedürftigen Punkte in allen Kooperations-Kombinationen bereitzustellen.[599] Gerade im Bereich der hier fokussierten Governance-Struktur fallen die in den Mustervereinbarungen enthaltenen Regelungen besonders dürftig aus. So formuliert beispielsweise das BMWi-Muster im Kapitel des Vertrags über Forschungskooperationen lediglich, dass die Vertragspartner „zur Koordination und Steuerung der Durchführung dieses Vertrags sowie zur frühzeitigen Erkennung, Vermeidung und Lösung von

595 Siehe Fn. 25.
596 Siehe Fn. 25.
597 So etwa BMWi-Muster, Vorwort, S. 2, siehe Fn. 25.
598 BMWi-Muster, Vorwort, S. 2, siehe Fn. 25.
599 So auch *Eberbach/Hommelhoff/Lappe*, OdW 2017, 1.

Problemen“ ein gemeinsames Steuerungsgremium bilden, „welches in regelmäßigen Zeitabständen die Lage des Gesamtprojektes diskutiert“.[600] Vereinbarungen, die die Vertragspartner in diesem Steuerungsgremium treffen, werden (Kooperations-) Vertragsbestandteil.[601] Zusätzlich wird angedeutet, dass weitere „Steuerungsgremien, Arbeitskreise oder ähnliche Gruppen“ eingerichtet werden können.[602] Wie jedoch solche näher ausgestaltet werden können und sich das Kompetenzgefüge im Falle mehrerer Organe gestaltet, bleibt unbeantwortet. Überdies besteht das bei allen sonstigen Mustern vorhandene Manko der fehlenden Rechtssicherheit.[603] Zuletzt ist zu konstatieren, dass die Mustervereinbarungen unterschiedliche Arten von Forschungskooperationen im Auge haben.[604] So verfolgen diese mitunter das Leitbild eines Technologietransfers oder der Auftragsforschung, andere fokussieren dagegen das Zusammenwirken reiner Forschungsträger.[605] All diese Formen stehen jedoch im Gegensatz zu der in dieser Bearbeitung fokussierten Gruppe von „echten“, horizontalen Forschungskooperationen unter der Beteiligung von Wirtschaftsunternehmen.

Daher bleibt festzuhalten, dass die in der Praxis existenten Vertragsmuster für die Organisationsverfassung horizontaler wissenschaftlicher Forschungskooperationen nur stark eingeschränkt als Richtschnur fungieren können. Letztlich bilden diese einen Versuch, der aus der gesetzlichen Lage resultierenden Unübersichtlichkeit und Orientierungslosigkeit gewisse Leitlinien gegenüberzustellen, doch scheitern letztlich auch ebendiese Musterverträge bei der Organisationsverfassung wohl an der Heterogenität kooperativer Forschungsverbünde, sodass (jedenfalls diesbezüglich) keine weitergehenden Anleihen aus ihnen gezogen werden können.

600 BMWi-Muster, S. 35, Ziff. 3.6, siehe Fn. 25.
601 BMWi-Muster, S. 35, Ziff. 3.6, siehe Fn. 25.
602 BMWi-Muster, S. 35, Ziff. 3.5, siehe Fn. 25.
603 *Eberbach*, OdW 2018, 51, 61.
604 *Lappe*, Kooperationen wissenschaftlicher Einrichtungen, 2019, S. 124 ff.
605 So dienen das BMWi-Muster und die Berliner Vertragsbausteine in erster Linie dem Technologietransfer, vgl. BMWi-Muster, S. 36 ff., insbesondere Ziffer 6.2; Berliner Vertragsbausteine, S. 20 ff. Dagegen kommt dem IHK-Muster eher Auftragscharakter zu, vgl. IHK-Muster, S. 19 ff., Ziffer 5.8. Das TUM-Muster bietet zwei unterschiedliche Vertragsmuster an. Das eine basiert auf gleichwertig zum Projektziel beitragenden Kooperationspartnern, während das andere öffentlich geförderte Verbundprojekte visiert, was sich auch auf die Vorschläge zur Regelung des Umgangs mit entstehenden Immaterialgütern auswirkt, vgl. TUM-Muster, S. 9 ff., 37, 44 ff.; siehe Fn. 25.; vgl. ferner *Lappe*, Kooperationen wissenschaftlicher Einrichtungen, 2019, S. 124 ff.

II. Besonderheiten durch die Beteiligung von Wirtschaftsunternehmen

Die spezifischen Aspekte jenseits der rechtlichen Rahmenbedingungen, die eine Beteiligung von Wirtschaftsunternehmen an der Forschungskooperation mit sich bringen sowie die hieraus potentiell resultierenden Konfliktlagen und die wiederum daraus entstehenden Auswirkungen auf die Gestaltung der Organisationsverfassung sollen im Folgenden näher beleuchtet werden.

1. *Interessenlage, Professionalisierungsgrad und Verhandlungsposition*

Zunächst ist hierfür die Interessenlage der beteiligten Kooperationspartner in den Blick zu nehmen. Es gilt herauszufinden, von welchen Motiven diese bei der Eingehung eines Forschungsverbunds geleitet werden, inwieweit sich diese voneinander unterscheiden und sogar zu einem Konflikt führen könnten. Überdies ist der Frage nachzugehen, welche Erfahrung und Verhandlungskompetenz die jeweiligen Trägereinrichtungen im Bereich der kooperativen Forschung aufweisen und wie sich dies auf die Organisation der Kooperation auswirkt. Gewiss sind in der Praxis Konstellationen denkbar, in denen sich die Interessen im Einzelfall abweichend darstellen können, doch sollen im Folgenden pauschalisierend die grundlegenden Positionen rein wissenschaftlich orientierter (und damit regelmäßig auch öffentlich-rechtlicher) Trägereinrichtungen denen der privatrechtlichen Wirtschaftsunternehmen gegenübergestellt werden. Ebenso wird auf die spezifische Interessenslage der außeruniversitären Forschungseinrichtungen einzugehen sein.

a. *Hochschulen: Grundlagenforschung, Allgemeinwohl und ineffiziente Verwaltungsstruktur*

Rein wissenschaftlich orientierten Einrichtungen, worunter in erster Linie Hochschulen zu verstehen sind, geht es um den Erkenntnisgewinn und den Forschungsprozess *per se*, angetrieben von einem entsprechenden Forscherdrang.[606] Gewiss spielt dabei auch der Gedanke der Steigerung von Reputation eine Rolle.[607] Doch letztlich soll die Forschung dem Gemeinwohl zugutekommen.[608] Monetäre Ziele werden im Grundsatz nicht verfolgt.[609]

Im Hinblick auf die Generierung neuer IP-Rechte ist grundsätzlich kein Erfolg geschuldet.[610] Traditionell ist reinen Forschungsträgern an einer freien Verbreitung der neu gewonnenen Erkenntnisse in der „Scientific Community" gelegen.[611] Zur

606 *Möslein*, OdW 2018, 99, 108.
607 *Kuhlmann/Holland*, Erfolgsfaktoren der wirtschaftsnahen Forschung, 1995, S. 75 f.
608 *Möslein*, OdW 2018, 99, 108.
609 *Bagdassarov*, Wissens- und Technologietransfer an Universitäten, 2012, S. 60.
610 BMWi-Muster, Vorwort, S. 4, siehe Fn. 25.
611 *Bagdassarov*, Wissens- und Technologietransfer an Universitäten, 2012, S. 60.

Erlangung von Reputation und Visibilität im wissenschaftlichen Diskurs streben jedoch Hochschulen zumindest eine Mitanmelderschaft an.[612] Gerade im Hinblick auf Eingehung zukünftiger Forschungskooperationen ist es erstrebenswert, ein eigenes Portfolio an Patenten aufzubauen.[613] Überdies ist es die politisch erklärte Aufgabe der Hochschulen, Existenzgründungen zu ermöglichen, was ebenfalls ein gewisses Portfolio an Schutzrechten erfordert.[614]

Sollen Hochschulen in staatlicher Trägerschaft von Seiten des Wirtschaftsunternehmens eine Vergütung für die im Zuge der Durchführung der Kooperation erbrachten Leistungen bzw. Erfindungen erhalten, müssen die Forschungsträger darauf achten, dass hierbei keine nach Unionsrecht unzulässigen Beihilfen vorliegen, weshalb Erfindungen dem Wirtschaftsunternehmen nicht zu unangemessen günstigen Bedingungen überlassen werden können.[615]

Auch die Änderung von gesetzlichen Rahmenbedingungen kann einen Anreiz zur Eingehung von Forschungskooperationen erzeugen. So wurde etwa die Kooperation zwischen Universitätsklinika und Medizinischen Fakultäten durch die Ausgliederung von Universitätsklinika nach dem sog. Trennungsmodell notwendig.[616] Zudem werden in der dritten Auflage der Exzellenzinitiative Exzellenzcluster in Form von Forschungsverbünden einer Hochschule mit außeruniversitären Forschungseinrichtungen begünstigt.[617] § 2 Abs. 6 HRG verpflichtet die Hochschulen zur Kooperation untereinander sowie mit anderen staatlichen und staatlich geförderten Forschungs- und Bildungseinrichtungen.[618] Und letztlich spielt auch die Einführung des Wettbewerbsprinzips sowie des Neuen Steuerungsmodells mit der Notwendigkeit der Generierung von Drittmitteln im Bereich der Hochschulen für Kooperationen mit der Wirtschaft eine enorme Rolle.[619]

Geht eine Hochschule eine Kooperation mit einem Wirtschaftsunternehmen ein, das (fertige) Produkte oder Dienstleistungen am Markt anbietet, ermöglicht dies eine stärkere Anwendungsorientierung der akademischen Forschungsarbeit in Form von Zugang zu Praxisfeldern sowie der Möglichkeit des Tests von Methoden

612 BMWi-Muster, Vorwort, S. 4, siehe Fn. 25.

613 BMWi-Muster, Vorwort, S. 4, siehe Fn. 25.

614 BMWi-Muster, Vorwort, S. 4, siehe Fn. 25.

615 Vgl. BMWi-Muster, Vorwort, S. 4, siehe Fn. 25.; *Schwendinger*, GRUR 2013, 447 ff.; *von Wendland*, in: von der Groeben/Schwarze/Hatje, Art. 107 AEUV Rn. 414; *Kliemann*, in: von der Groeben/Schwarze/Hatje, Art. 107 AEUV Rn. 32; *Koenig/Paul*, in: Streinz EUV/AEUV, Art. 107 AEUV Rn. 69; *von Wallenberg/Schütte*, in: Grabitz/Hilf/Nettesheim, AEUV, Art. 107 Rn. 39.

616 Dazu *Geis*, OdW 2018, 77; vgl. *Wissenschaftsrat*, Allgemeine Empfehlungen zur Universitätsmedizin, 2007, Anlage, S. 47 f.

617 Dazu *Geis*, OdW 2018, 77.

618 Eingehend hierzu *Epping*, in: Geis (Hrsg.), Hochschulrecht in Bund und Ländern, § 2 HRG, Rn. 45 ff.; *Geis*, OdW 2018, 77.

619 *Bumke*, VVDStRL 69 (2010), 407 ff.; *Geis*, VVDStRL 69 (2010), 364 ff.

und Theorien in der Praxis.[620] Aus der Sicht der an der Hochschule angestellten Wissenschaftler bietet eine Kooperation mit der Industrie oder außeruniversitären Forschungseinrichtungen eine Möglichkeit zur Erschließung von Finanzierungsquellen bzw. Drittmitteln, um Forschungen voranzutreiben, die aus finanziellen Gründen an der Hochschule selbst womöglich nicht realisierbar wären.[621] Außerdem kann sich hierdurch die berufliche Perspektive positiv verändern, man denke etwa nur an die Möglichkeit der unternehmerischen Ausgründungen (Spin-offs), die aus Kooperationen resultieren können.[622]

b. Wirtschaftsunternehmen: Anwendungsorientierte Forschung, Profitabilität und professionelle Überwachung

Auf der anderen Seite steht im Vordergrund der Betätigung von Wirtschaftsunternehmen die Umsatz- und Gewinnmaximierung.[623] Effizienzgedanken prägen sämtliche Maßnahmen dieser Akteure. Dies gilt auch für die Beteiligung an Forschungs- und Entwicklungskooperationen, von denen sich Unternehmen letztlich nachhaltigen wirtschaftlichen Erfolg durch den Aufbau von Wettbewerbsvorteilen in Form von neuen Erkenntnissen erhoffen.[624] Für die Industrieunternehmen liegt ein besonderer Fokus auf der Ergebnisorientierung. Forschungsgegenstand und -ziel sowie die hierfür erforderlichen Arbeitsschritte sollen möglichst klar umrissen sein.[625]

Wie bereits eingangs erwähnt profitieren Industrieunternehmen in besonderem Maße von der Forschung im Verbund.[626] Denn während diese aus Effizienz- und Kostengründen Grundlagenforschung eher meiden und kein Interesse an einer Weiterentwicklung bestehender oder der Formulierung neuer wissenschaftlicher Theorien haben, bildet die Kooperation mit entsprechend ausgestatteten Hochschulen oder außeruniversitären Forschungseinrichtungen für diese eine Plattform zur Erzielung von Durchbruchsinnovationen, insbesondere im High-Tech-Sektor.[627] Zudem kann die Kooperation den Unternehmen als Anstoß für einen Perspektivenwechsel und das Überdenken traditioneller Ziele sowie eingefrorener Verhaltensmuster dienen, selbst ohne die Generierung neuer Erkenntnisse.[628] Da auch die Hochschulen ihrerseits in ähnlicher Weise von der Kooperation profitieren, kann von einer Wechselseitigkeit der Lernprozesse gesprochen werden; außerdem

---

620 *Ortiz*, Kooperationen zwischen Unternehmen und Universitäten, 2012, S. 128.
621 *Ortiz*, Kooperationen zwischen Unternehmen und Universitäten, 2012, S. 128.
622 *Ortiz*, Kooperationen zwischen Unternehmen und Universitäten, 2012, S. 128.
623 *Möslein*, OdW 2018, 99, 108; vgl. zum Unternehmensinteresse im Allgemeinen *Mülbert*, ZGR 1997, 129 ff.; *Raisch*, in: Fischer (Hrsg.), FS Hefermehl, 1976, S. 347 ff.
624 *Ortiz*, Kooperationen zwischen Unternehmen und Universitäten, 2012, S. 113.
625 BMWi-Muster, Vorwort, S. 4, siehe Fn. 25.
626 Siehe Einl. A.
627 *Ortiz*, Kooperationen zwischen Unternehmen und Universitäten, 2012, S. 115 f.
628 *Ortiz*, Kooperationen zwischen Unternehmen und Universitäten, 2012, S. 115.

lassen sich aus unternehmerischer Sicht Synergieeffekte durch eine Verteilung der FuE-Kosten sowie eine Verringerung der Unsicherheiten bei den Innovationsaktivitäten erreichen.[629]

Zur Verwertung der in der Kooperation erzielten Resultate für unternehmenseigene Produkte oder Dienstleistungen ist es erforderlich, dass eine möglichst umfassende und exklusive Berechtigung an den in der Kooperation entstehenden Schutzrechten besteht. Um einen möglichst frühzeitigen und breit angelegten Investitions- und Wettbewerbsschutzes zu erzielen, soll die Preisgabe von Wissen an Wettbewerber daher durch umfassende Geheimhaltungsvereinbarungen verhindert werden.[630] Es ist sogar denkbar, dass Industrieunternehmen Patente ohne Verwertungsabsicht ausschließlich defensiv halten, um die Weiterentwicklung durch sonstige Wettbewerber zu vermeiden, denn durch dieses strategische Blockieren von Innovationen kann der Absatz veralteter Produkte gesichert werden.[631]

Überdies sind kleine und mittlere Unternehmen (KMU), die regelmäßig lediglich über begrenzte Forschungskapazitäten verfügen, oftmals auf den Zukauf externer Forschungsdienstleitungen angewiesen.[632] In diesen Fällen handelt es sich aber nur ausnahmsweise um (horizontale) Forschungskooperationen, vielmehr ist dies der typische Anwendungsbereich der Auftragsforschung.

c. *Außeruniversitäre Forschungseinrichtungen: Intellectual-Property-Prinzip*

Außeruniversitäre Forschungseinrichtungen dagegen sind zwar entweder staatliche Organisationen oder privatrechtlich organisiert, jedoch mit staatlicher Unterstützung und im öffentlichen Interesse tätig, was eine gewisse Vergleichbarkeit mit staatlichen Hochschulen erzeugt. Allerdings gibt es insbesondere im organisatorischen Bereich deutliche Unterschiede, sodass diese in ihrer Interessenlage neben diesem bislang zweigliedrigen pauschalisierenden Raster eine dritte Interessengruppe bilden.[633] Diese Unterschiede resultieren in erster Linie aus dem Umstand, dass die Finanzierung außeruniversitärer Forschungseinrichtungen, wie etwa die Fraunhofer-Gesellschaft, zu einem wesentlichen Teil durch erwirtschaftete Industrieerträge erfolgt und eben nicht durch staatliche Unterstützung.[634] Außerdem ist die Eingehung von Forschungskooperationen neben der Auftragsforschung im Gegensatz zu Hochschulen das typische Betätigungsfeld, sodass Letztere in diesem Bereich regelmäßig einen höheren Professionalisierungsgrad aufweisen.

---

629 *Ortiz*, Kooperationen zwischen Unternehmen und Universitäten, 2012, S. 130, 113.
630 Dazu *Bagdassarov*, Wissens- und Technologietransfer an Universitäten, 2012, S. 61.
631 *Schneider*, in: Eifert/Hoffmann-Riem (Hrsg.), Geistiges Eigentum und Innovation, Innovation und Recht I, 2008, S. 310, 315 f.
632 *Zirkel*, in: Mielert/Kaiser (Hrsg.), FS Polter, 2007, S. 51, 55.
633 *Ulf*, in: Mielert/Kaiser (Hrsg.), FS Polter, 2007, S. 19, 25.
634 *Ulf*, in: Mielert/Kaiser (Hrsg.), FS Polter, 2007, S. 19, 26.

Die Attraktivität als Partner sichern sich diejenigen außeruniversitären Forschungseinrichtungen, die an der Eingehung einer Forschungskooperation mit Wirtschaftsunternehmen interessiert sind, durch das sog. „Intellectual-Property-Prinzip", nach dem diese gerade wegen ihrer umfangreichen Wissensbasis als begehrte Partner für kooperative Forschung in Erscheinung treten.[635] Um weiterhin Kooperationen mit Wirtschaftsunternehmen einzugehen, sind die außeruniversitären Forschungseinrichtungen bei entsprechendem Willen also gezwungen, (auch durch Kooperationen) ständig neue IP-Rechte zu generieren.[636] Daher sind diese Trägereinrichtungen in verstärktem Maße an möglichst unbelastetem *foreground-IP* interessiert, um dieses für zukünftige Kooperationen, Aufträge oder sonstige Projekte nutzen zu können.

Überdies begünstigen Forschungskooperationen die außeruniversitären Forschungseinrichtungen bei der Aufnahme in die gemeinsame Bund-Länder-Förderung nach Art. 91b GG.[637]

d. Drohende Konfliktherde für die kooperativen Forschung

Vergewissert man sich sämtlicher aufgeführter Aspekte, ergibt sich ein buntes Gemisch an Interessen, Beweggründen sowie Verhandlungspositionen. Dabei fällt wohl in erster Linie auf, dass die jeweiligen Trägereinrichtungen auf die verschiedensten Weisen von der Eingehung einer Forschungskooperation profitieren, was nicht zuletzt der wesentliche Grund für die Zunahme kooperativer Forschung im Allgemeinen ist. Doch neben den gleichgerichteten Interessen und Beweggründen sind auch gewisse divergierende Interessen, Risiken sowie drohende Konflikte vorhanden.

So besteht für Hochschulen in erster Linie die Gefahr der Einschränkung der akademischen Freiheit, namentlich der freien Wahl der Forschungsthemen sowie des freien Informationsaustauschs.[638] An manchen Stellen liest sich gar eine Legitimationskrise des universitären Sektors durch die Abhängigkeit von Drittmitteln von Seiten der Industrie, die dazu führe, dass der Fokus von der (zweckfreien) Grundlagenforschung hin zur strategischen, vermarktbaren und anwendungsorientierten Forschung verlagert wird.[639] Die Rede ist von einem „Brain Drain" der öffentlichen in die privatrechtliche Forschung.[640]

---

635 *Ulf*, in: Mielert/Kaiser (Hrsg.), FS Polter, 2007, S. 19, 26.

636 *Ulf*, in: Mielert/Kaiser (Hrsg.), FS Polter, 2007, S. 19, 26.

637 *Geis*, OdW 2018, 77; zu Art. 91b vgl. Kap. 1 A II 3.

638 *Ortiz*, Kooperationen zwischen Unternehmen und Universitäten, 2012, S. 130.

639 Dazu *Ortiz*, Kooperationen zwischen Unternehmen und Universitäten, 2012, S. 131 f.; vgl. *Agarwala/Zimmermann*, „Mit freundlicher Unterstützung", in: DIE ZEIT vom 08.03.2018, S. 63 ff.

640 Eingehend hierzu *Ortiz*, Kooperationen zwischen Unternehmen und Universitäten, 2012, S. 132.

Zudem erscheint der Gedanke nicht allzu fernliegend, dass bei den Vertragsverhandlungen insbesondere größere Wirtschaftsunternehmen und die außeruniversitären Forschungseinrichtungen mit eigenen Rechts- bzw. Patentabteilungen die Hochschule bei der Vertragsgestaltung benachteiligen könnten. Hier besteht sicherlich eine gewisse Gefahr. Allerdings muss auch beachtet werden, dass gerade größere Unternehmen sowie die außeruniversitären Forschungseinrichtungen regelmäßig auch in Zukunft mit den Hochschulen weitere Kooperationen eingehen wollen, sodass diese bestrebt sein werden, die Hochschule weiterhin als potentiellen Kooperationspartner zur Verfügung zu haben. Außerdem ist wie bereits aufgezeigt der Rechtsrahmen im Bereich des Arbeitsrechts bzw. auf Beschäftigungsebene sowie die Generierung neuer Schutzrechte im IP-Recht auf der Ebene der operativen Forschung klar und detailliert ausgestaltet, sodass diesbezüglich nur wenige Gestaltungsmöglichkeiten vorhanden sind, bei denen die Hochschule benachteiligt werden könnte.[641] Überdies verfügen inzwischen teilweise auch die Hochschulen bereits über eigene Vertragsmuster, so wie etwa die TU München.[642]

Neben den Chancen und Möglichkeiten einer Kooperation mit Hochschulen bestehen jedoch auch für Industrieunternehmen gewisse Hemmnisse, die ihren Ursprung vor allem im mangelndem Professionalisierungsgrad von Hochschulen jenseits des reinen Lehrbetriebs haben: So bestehen oftmals praktische Hürden durch eine ineffiziente universitäre Bürokratiestruktur mit mangelnder Erfahrung in den Bereichen Wirtschaftlichkeit und Marketing, die sich nachteilig auf das Fortkommen der Verhandlungen im Vorfeld der Kooperation sowie deren Durchführung auswirken können.[643]

Ein drohender Konflikt zeichnet sich weitergehend bei den Publikations- und Verwertungsrechten ab.[644] So sind etwa Industrieunternehmen gewohnt, dass diesen am Ende der Kooperation sämtliche Ergebnisse (zumindest auch) unbeschränkt zu Verfügung stehen.[645] Dagegen erfordert das Geschäftsmodell der außeruniversitären Forschungseinrichtungen, dass diesen neu entstandene Schutzrechte exklusiv zustehen. Beide Trägereinrichtungen sind aber übereinstimmend an einer der Geheimhaltung der Ergebnisse interessiert[646], während den Hochschulen zur Steigerung von deren Reputation sowie des Zugangs zu öffentlichen Fördergeldern an einer möglichst ausgeprägten Visibilität der Ergebnisse gelegen ist.[647]

---

641 Siehe Kap. 1 A IV 1 b aa.

642 TUM-Muster, siehe Fn. 25.

643 *Ortiz*, Kooperationen zwischen Unternehmen und Universitäten, 2012, S. 130.

644 So auch *Geis*, OdW 2018, 77, 78.

645 *Ulf*, in: Mielert/Kaiser (Hrsg.), FS Polter, 2007, S. 19, 31.

646 *Lappe*, Kooperationen wissenschaftlicher Einrichtungen, 2019, S. 140.

647 *Lee*, in: Hanebuth/Lee/Meschke/Nicklas (Hrsg.), Corporate Governance und Strukturen, 2015, S. 37, 39 f.; *Lappe*, Kooperationen wissenschaftlicher Einrichtungen, 2019, S. 140.

Neben diesem potentiellen Konfliktherd können auch unterschiedliche Professionalisierungsgrade Probleme mit sich bringen. Trägereinrichtungen, die sich durch einen höheren Beratungsaufwand oder einen stärkeren Einsatz finanzieller Mittel auszeichnen (können), könnten bestrebt sein, in Kooperations-Angelegenheiten weniger stark professionalisierte Kooperationspartner zu benachteiligen, während diese wiederum ein gewisses Misstrauen gegenüber der Stärke und Verhandlungsposition der anderen hegen. Daneben können unterschiedliche Abläufe in der Organisations- und Entscheidungsstruktur ein gewisses Konfliktpotential bergen.[648]

2. *Festlegung eines gemeinsamen Zwecks und Erarbeitung einer Zielstruktur*

Die unterschiedlichen Interessenslagen und Professionalisierungsgrade von Hochschulen und Industrie spielen zudem eine große Rolle für den Zweck der Forschungskooperation. Dabei ist zunächst festzuhalten, dass entsprechend der Heterogenität in der Verbundforschung als (gemeinsamer) Zweck einer Forschungskooperation mehrere Möglichkeiten in Betracht kommen. Denkbar ist die Steigerung von Reputation, der Erkenntnisgewinn, die Erzielung von wirtschaftlichem Profit oder eine Orientierung am Gemeinwohl.[649] Daneben lassen sich unterschiedliche Zielstrukturen ausmachen. Zwar bedingt die Beschränkung des Gegenstands dieser Bearbeitung auf horizontale Forschungskooperationen, die einen gemeinsamen Zweck verfolgen, dass „reine" Auftragsforschung sowie ausschließlicher Technologietransfer keine Berücksichtigung finden.[650] Dennoch ist es denkbar, dass – gerade im Falle einer Beteiligung von Wirtschaftsunternehmen – auch „echte" Forschungskooperationen gewissen Leitlinien oder Tendenzen unterliegen, welche in eine dieser Richtungen weisen. Ein letztes Unterscheidungsmerkmal bildet eine ergebnis- oder prozessorientierte Ergebnisstruktur: Einerseits kann für den involvierten Kooperationspartner ausschließlich das Resultat der Kooperation von Bedeutung sein, andererseits kann (darüber hinaus) die Forschung im Verbund selbst, womit insbesondere die Sichtbarkeit der Kooperation nach außen korrespondiert, ein Triebfaktor für die Eingehung einer Kooperation sein, etwa für die Einwerbung von Drittmitteln.[651]

In Anbetracht dieser Ausführungen erscheint augenscheinlich ein Zielkonflikt zwischen reinen Forschungsträgern und Wirtschaftsunternehmen vorprogrammiert: Während die einen am (bloßen) Erkenntnisgewinn und dem Allgemeinwohl

---

648 So auch *Lappe*, Kooperationen wissenschaftlicher Einrichtungen, 2019, S. 140.
649 *Möslein*, OdW 2018, 99, 108.
650 Vgl. Einl. C III.
651 Dazu *Lappe*, Kooperationen wissenschaftlicher Einrichtungen, 2019, S. 50; *Lee/Meschke/Nicklas*, in: Hanebuth/Lee/Meschke/Nicklas (Hrsg.), Forschungskooperationen zwischen Wissenschaft und Praxis, 2015, S. 169, 170 ff.

orientiert sind, geht es den anderen primär um die Steigerung von Umsatz und Gewinn. Überdies wird das Industrieunternehmen an einer Zielstruktur, die möglichst weitgehend einem Technologietransfer entspricht (selbstverständlich muss nach der zu Beginn erfolgten Festlegung auf horizontale Kooperationen dabei überhaupt noch ein gemeinsamer Zweck vorliegen, an dieser Stelle sind die Grenzen fließend), interessiert sein, während es reine Forschungsträger in erster Linie auf bloßen Erkenntnisgewinn abgesehen haben. Zudem sind im Gegensatz zu Wirtschaftsunternehmen, die ausschließlich an der Verwertung der gewonnen Erkenntnisse interessiert sind, Hochschulen aufgrund der Einwerbung von Drittmitteln oder Fördergeldern und den bereits beschriebenen gesetzlichen Regelungen bzw. Zielvorgaben neben den Resultaten des Forschungsverbunds auch am Forschen in einer Kooperation *per se* interessiert.

Doch abgesehen davon, dass mit der Gewinnung neuer Erkenntnisse (mittelbar) beide Zielrichtungen im Grundsatz (bis zu einem bestimmten Maße) nebeneinander verfolgt werden können, ist weitergehend zu beachten, dass diese unterschiedliche Ausrichtung näher betrachtet jedenfalls im Einzelfall womöglich doch nicht so diametral ausfallen kann, wie es zunächst anmutet. Denn das unternehmerische Streben nach Profitabilität ist keineswegs mit Profitgier gleichzusetzen. So kann ein Unternehmen entstandenen Profit als Investitionsmittel für den Fortbestand des Unternehmens verwenden.[652] Eine hohe Investitionsquote gestattet die Finanzierung weiterer Forschungen, Arbeitsplätze könnten langfristig gesichert werden. Durch ein solches nachhaltiges, wirtschaftsethisches Verhalten wird damit letztlich auch das Allgemeinwohl gefördert.[653] Überdies ist die sekundäre Wirtschaftskraft des Unternehmens zu beachten: Denn neben der eigenen, direkten Wertschöpfung trägt ein nachhaltiger Unternehmensbetrieb auch für Zulieferbetriebe, Dienstleister und letztlich auch den Kooperationspartner in einer Forschungskooperation zur Wertschöpfung bei.[654] Bekennt sich das Unternehmen darüber hinaus neben dem Unternehmenszweck im engeren Sinn noch zu seiner gesamtgesellschaftlichen Verantwortung und den damit einhergehenden Pflichten als ein „Corporate Citizen“[655], kann von einer deutlichen Angleichung der vermeintlich diametral verlaufenden Zielrichtungen ausgegangen werden. Weitergehend sind Industrie und Universitäten in einem bestimmten Maße durch die jeweiligen Ressourcen, die diese mitbringen, Kapital und Effizienz auf der einen Seite, geschultes Personal und der nötige (forschende) Weitblick auf der anderen Seite, in gewisser Weise auch zur Erzielung von Innovationen aufeinander angewiesen.[656] Und nicht zuletzt lässt sich auch für Industrieunternehmen – losgelöst von den erzielten Erkenntnissen – aus

---

652 Dazu *Neubauer*, Freiburger Universitätsblätter 2016, 167, 169.

653 So *Neubauer*, Freiburger Universitätsblätter 2016, 167, 169.

654 Vgl. diesbezüglich zum EU-Beihilfenrecht etwa *Rast*, EWS 2018, 142 ff.

655 Vgl. *Kort*, in: Großkommentar zum AktG, § 87 Rn. 123; *Neubauer*, Freiburger Universitätsblätter 2016, 167, 170.

656 So auch *Neubauer*, Freiburger Universitätsblätter 2016, 167, 168.

der Kooperation mit reinen Forschungsträgern selbst Nutzen ziehen, namentlich etwa zu Marketingzwecken. Das Bild eines kooperierenden, forschungsgetriebenen Unternehmens kann zur Steigerung der Attraktivität für potentielle Arbeitnehmer beitragen, denn die Eingehung von Kooperationen mit Forschungsträgern verspricht Abwechslung zum sonstigen Betrieb im Unternehmen. Und letztlich kann das Unternehmen so auch als Förderer des Allgemeinwohls im Sinne eines „Corporate Citizen“ auftreten.

Damit bleibt festzuhalten, dass die auf den ersten Blick bestehenden Unterschiede in den Zielvorstellungen bei einer Weitung des Blickwinkels, insbesondere unter Allgemeinwohlaspekten, nicht so gravierend ausfallen, wie es sich zunächst vermuten lässt. Solange keine ausschließlich gewinnorientierte Zwecksetzung vorliegt und damit von einer forschenden Tätigkeit ausgegangen werden kann, ist eine weitere Unterscheidung in der Zwecksetzung der Kooperation für das Vorliegen einer horizontalen Forschungskooperation sowie deren Gelingen irrelevant, wenn dieser von den Beteiligten nur gemeinsam und gleichermaßen verfolgt wird. Weitergehende Ziele, die die Trägereinrichtungen mit dem Eingehen der Forschungskooperation im Auge haben, können dabei unproblematisch divergieren.

3. Der Faktor Ungewissheit in Forschungsgegenstand und -zuschnitt

Ein weiterer Aspekt, der im Falle einer Beteiligung von Wirtschaftsunternehmen an der Forschungskooperation in verstärktem Maße in den Fokus der Betrachtung rückt, ist die je nach Forschungsgegenstand unterschiedlich stark ausgeprägte Ungewissheit wissenschaftlichen Forschens. Im Grundsatz gilt jedoch zunächst festzuhalten, dass jegliches unternehmerisches Handeln Risiken birgt. Für die Forschung, die wesensimmanent mit Unwägbarkeiten verbunden ist, gilt dies sogar in verstärktem Maße. Mitunter lässt sich im Vorfeld nicht einmal absehen, wohin der Forschungsprozess führen könnte.[657] Der Innovationsprozess einer Forschungskooperation ist letztlich völlig ergebnisoffen und damit auch besonders risikoreich.[658] Zugespitzt, aber treffend, wurde ausgeführt, dass „in der Forschung immer mindestens die Hälfte des Geldes zum Fenster hinausgeworfen werde, man zu Beginn nur nie wisse welche“.[659]

Dabei ist in Bezug auf die Unwägbarkeit zwischen Grundlagenforschung und anwendungsorientierter Forschung zu unterscheiden. Grundlagenforschung dient der Generierung und Verbreitung wissenschaftlicher Erkenntnisse, ohne Rücksicht auf deren praktischer Anwendbarkeit sowie ökonomischen Nutzen und wird dabei zur Wahrung der Unabhängigkeit von industriellen Aspekten regelmäßig durch

---

657 Vgl. auch *Gilson/Sabel/Scott*, in: Grundmann/Möslein/Riesenhuber (Hrsg.), Contract Governance, 2015, S. 155 ff.

658 *Möslein*, OdW 2018, 99, 107.

659 *Schmeißer/Zirkel*, MDR 2003, 849, 850; vgl. auch *Zirkel*, in: Mielert/Kaiser (Hrsg.), FS Polter, 2007, S. 51, 53.

öffentliche Mittel finanziert.[660] Im Gegensatz zur ausschließlich an der Wahrheitssuche orientierten Grundlagenforschung richtet sich die anwendungsorientierte Forschung nach den Bedürfnissen der Praxis sowie konkreten Verwendungsmöglichkeiten, weshalb die wirtschaftliche Verwertbarkeit der Forschungsergebnisse im Fokus steht.[661] Gewiss verläuft zwischen diesen beiden Grundausrichtungen keine scharfe Trennlinie, die stets eine exakte Abgrenzung von einander erlaubt; vielmehr sind die Grenzen in der Innovationskette fließend.[662] Zweckfreie Grundlagenforschung weist zwar das größte Innovationspotential auf und ist damit auch Triebfeder für die Steigerung der Wettbewerbsfähigkeit, beherbergt allerdings auch das größte (finanzielle) Risiko, was gerade kleine und mittlere Industrieunternehmen, die in vollem Maße den Gesetzen des Marktes unterliegen, oftmals davon abhält.[663] Geringer fällt dieses Risiko bei der anwendungsorientierten Forschung aus.[664] Jedoch besteht dabei auf der anderen Seite das Risiko von zu stark produktbezogener Forschung, die einer ungehemmten, offenen Innovationskraft im Weg stehen kann.

Die Unwägbarkeit des Forschens differiert nicht nur beim Forschungsgegenstand, sondern auch beim Zuschnitt der Forschungskooperation: Ein konkretes Forschungsvorhaben ist regelmäßig inhaltlich präzise zugeschnitten; dagegen zeichnen sich Forschungszentren, die auf eine längere Dauer angelegt sind, durch einen höheren Grad an Ungewissheit aus, erlauben aber dafür die Möglichkeit der Risikodiversifikation.[665]

Indem Hochschulen aufgrund des fehlenden marktwirtschaftlichen Drucks vornehmlich an Grundlagenforschung interessiert sind, während auf der anderen Seite Wirtschaftsunternehmen aus Effizienzgründen sowie außeruniversitäre Forschungseinrichtungen durch deren Geschäftsmodell in erster Linie anwendungsorientierte Forschung bevorzugen, kann sich im Zuge der Eingehung einer gemeinsamen Forschungskooperation ein – zumindest gradueller – Konflikt bezüglich des Forschungsgegenstands ergeben.[666] Doch bildet dieser Konflikt lediglich eine Ausgangsposition. Gerade Forschungskooperationen stellen für die beteiligten Kooperationspartner eine hervorragende Möglichkeit dar, aus ihrer „Wohlfühlzone" herauszutreten. Unternehmen können sich in den Bereich der

---

660 *Meusel*, Außeruniversitäre Forschung im Wissenschaftsrecht, 2. Auflage 1999, S. 2; *Bagdassarov*, Wissens- und Technologietransfer an Universitäten, 2012, S. 22.

661 *Meusel*, Außeruniversitäre Forschung im Wissenschaftsrecht, 2. Auflage 1999, S. 3 ff.; *Bagdassarov*, Wissens- und Technologietransfer an Universitäten, 2012, S. 22.

662 *Bagdassarov*, Wissens- und Technologietransfer an Universitäten, 2012, S. 22 f.

663 Dazu auch *Zirkel*, in: Mielert/Kaiser (Hrsg.), FS Polter, 2007, S. 51, 53.

664 Vgl. *Bullinger*, Innovation and Ontologies, 2008, S. 21.

665 *Möslein*, OdW 2018, 99, 108.

666 *Lappe*, Kooperationen wissenschaftlicher Einrichtungen, 2019, S. 139 f.; *Schmoch*, in: Strübing/Schulz-Schaeffer/Meister/Gläser (Hrsg.), Interaktion von Hochschulen und Unternehmen: Neue Formen der Wissensproduktion oder Clash der Kulturen?, 2004, S. 189, 205.

Grundlagenforschung wagen, wenn sie einen Partner haben, der in diesem Bereich über Erfahrung verfügt. So können sie Durchbruchsinnovationen erzielen, ohne das volle (finanzielle) Risiko dabei zu tragen. Hochschulen dagegen bekommen die Möglichkeit, die Praxistauglichkeit ihrer Theorien unter Beweis zu stellen.

In diesem Licht besehen bilden die im Ausgangspunkt unterschiedlichen Interessen keinen Konflikt, sondern vielmehr bietet die Kooperation die Chance, die jeweiligen Defizite der Trägereinrichtungen im Forschungsbereich durch deren Zusammenarbeit aufzuheben. Gewiss sind auch diese Ausführungen lediglich (theoretische) Pauschalisierungen. In der Praxis erscheint es sehr wohl denkbar, dass in konkreten Forschungsfragen die Industrieunternehmen aufgrund des Kostendrucks den Blickwinkel eher möglichst enghalten wollen, während die Hochschule an einer grundlegenderen, weiteren Erforschung interessiert ist.

4. Auswirkungen auf die Governance-Struktur

Nachdem die Unterschiede in den Interessenslagen von Hochschulen, außeruniversitären Forschungseinrichtungen und der Industrie sowie deren Beweggründe in Bezug auf die Eingehung, Zielsetzung und Durchführung von wissenschaftlichen Forschungskooperationen näher beleuchtet wurden, stellt sich die Frage, welche Auswirkungen diese Umstände auf die Gestaltung der Governance-Struktur einer solchen Forschungskooperation zeitigen. Wie auch sonst gilt an dieser Stelle in gleichem Maße, dass eine passgenaue Organisationsverfassung kein Allheilmittel für sämtliche divergierenden Interessen und Konflikte sein kann. Stattdessen können hiermit vielmehr nur diejenigen Probleme angegangen werden, die – jedenfalls in der konkreten Ausprägung – erst im Lauf der Durchführung der Kooperation aufkommen und nicht bereits zu Beginn ersichtlich sind, denn hierüber müssen sich die Vertragspartner schlichtweg in Verhandlungen über den Kooperationsvertrag einigen. Dies gilt im Grundsatz für drohende Konflikte bezüglich des Kooperationszwecks, des Forschungsgegenstands sowie der Publikations- und Verwertungsrechte.

a. Zur Schutzbedürftigkeit „schwächerer" Kooperationspartner

Anders gestaltet sich die Lage hingegen beim Umgang mit tendenziell „schwächeren" Kooperationspartnern. Diese sind vor der Benachteiligung durch Kooperationspartner, die sich durch einen höheren Professionalisierungsgrad, eine umfassendere finanzielle Ausstattung oder durch größere Erfahrung im Bereich der Verbundforschung auszeichnen, zu schützen. Es wurde bereits aufgezeigt, dass Hochschulen in einem gewissen Maße der Gefahr der Einschränkung ihrer akademischen Freiheit ausgesetzt sind. Überdies könnte der Fokus der Kooperation zu stark in die anwendungsorientierte Forschung abdriften, was letztlich allen Trägereinrichtungen schaden könnte. Hierbei liegt es an der Organisationsverfassung, ein Gleichgewicht zwischen den beteiligten Trägereinrichtungen herzustellen und zu bewahren.

Einen denkbaren Lösungsansatz könnte dabei der verbandsrechtliche Gleichbehandlungsgrundsatz darstellen. Dieser verbietet eine unsachliche Differenzierung zwischen den Gesellschaftern.[667] Allerdings lässt sich hieraus keine Beschränkung der Vertragsfreiheit der Gesellschafter herleiten.[668] Normen, die auf die Gleichbehandlung der Gesellschafter ausgerichtet sind, so wie etwa §§ 706 Abs. 1, 709 Abs. 1, 722, 734, 735 BGB für die GbR, nehmen deshalb vornehmlich die Rolle von Auslegungsregeln ein.[669] Der verbandsrechtliche Gleichbehandlungsgrundsatz vermag daher lediglich ein marginales Schutzniveau zu erzeugen.

Ein weiteres gesellschaftsrechtliches Instrument zur Verhinderung der Benachteiligung eines Kooperationspartners könnte das (aus dem Personengesellschaftsrecht stammende) Einstimmigkeitsprinzip[670] darstellen. Demnach müssten sämtliche von den Gesellschaftern zu fassenden Beschlüsse einstimmig gefasst werden. Dies wäre (im Rahmen der Organisationsverfassung) durchaus ein effektives Instrument, die Benachteiligung vermeintlich schutzbedürftiger Trägereinrichtungen zu verhindern.

Hierbei gilt es allerdings zu beachten, dass offene, aber dennoch gewichtige Fragen, für die im Laufe der Kooperation eine Antwort gefunden werden muss, bei unterschiedlicher Interessenlage in einem Konflikt enden können. Die Lager stehen sich dabei mitunter unversöhnlich gegenüber und eine Lösung kann durch Verhandlungen nicht (mehr) herbeigeführt werden. Gerade die Statuierung des Einstimmigkeitsprinzips bei der Beschlussfassung birgt wesensimmanent ein gesteigertes Risiko zur Erzeugung gewisser Blockadesituationen in sich.[671]

b. Organisationsrelevante Implikationen der Zielstruktur

Unter organisationsrechtlichen Gesichtspunkten bedarf es einer weitergehenden Betrachtung der unterschiedlichen Zielstrukturen. So liegt es zum einen auf der Hand, dass ein Forschungsverbund unter Beteiligung eines Industrieunternehmens, dessen zentrales Anliegen der Technologietransfer ist, regelmäßig einen besonderen Fokus auf die Ausgestaltung des Endzustands der Berechtigungslage am *foreground-IP* haben wird. Die kommerziellen Interessen eines Industrieunternehmens haben zur Folge, dass dieses eine möglichst ausschließliche Nutzung der Forschungsresultate anstrebt, während die allgemeinwohl-interessierten reinen Forschungsträger die Resultate einem möglichst breiten Publikum kostenfrei anbieten wollen.[672]

---

667 *Wiedemann*, Gesellschaftsrecht I, § 8 II 2, S. 427; *Saenger*, Gesellschaftsrecht, Rn. 112; *Kindl*, Gesellschaftsrecht, § 8 Rn. 4.

668 BGH, *Urt. v.* 30.06.1966 – II ZR 149/64 = WM 1966, 1036, 1037.

669 *Saenger*, Gesellschaftsrecht, Rn. 112.

670 Dazu weitergehend Kap. 1 A I 6 c.

671 Zum sog. *deadlock* siehe weitergehend Kap. 2 A III 2 b cc.

672 *Bagdassarov*, Wissens- und Technologietransfer an Universitäten, 2012, S. 60; *Ortiz*, Kooperationen zwischen Unternehmen und Universitäten, 2012, S. 113.

Anders verhält es sich, wenn sich der Charakter des Forschungsverbundes eher in Richtung Auftragsforschung neigt. Dies ist dann der Fall, wenn der Beitrag eines Kooperationspartners – wiederum regelmäßig der des Industrieunternehmens – in erster Linie finanzieller Natur ist und dieser sich wiederum umfassende Berechtigungen an den neu entstehenden Schutzrechten zusichern lässt. In einer solchen Konstellation wird es deutlich weniger Abstimmungsbedarf während der Durchführung der Forschungsarbeiten zwischen den Kooperationspartnern geben. Daher kann auf eine ausdifferenzierte Organstruktur zu einem gewissen Teil verzichtet werden. Demjenigen Kooperationspartner, der den finanziellen Beitrag leistet, selbst jedoch nicht aktiv forschend tätig wird, wird hauptsächlich an der Möglichkeit einer umfassenden Überwachung der Forschungstätigkeit gelegen sein.

Bei Kooperationen, die auf reinen Erkenntnisgewinn ausgerichtet sind, die sich also regelmäßig durch die fehlende Beteiligung eines Industriepartners auszeichnen und damit dem öffentlichen Sektor zurechnen lassen, gelten wiederum andere Leitlinien. Entscheidender Faktor dabei ist die Nichtverfolgung kommerzieller Interessen. Dieses führt dazu, dass Wettbewerbspositionen durch Erkenntnisvorsprung unberücksichtigt bleiben können. Dadurch erlangen Geheimhaltungspflichten, sollten diese überhaupt statuiert werden, geringere Bedeutung. Ebenso dürfte die Zuordnung von entstehenden Schutzrechten weniger streitbeladen ablaufen, wenn die beteiligten Akteure nicht aus Eigennutz handeln. Auch die potentiellen Auswirkungen der negativen Forschungsfreiheit dürften weniger gravierend ins Gewicht fallen. Dagegen erfordert das arbeitsteilige Zusammenarbeiten eine ausdifferenzierte Regelung. Die Zuständigkeiten müssen klar verteilt sein, um nicht Gefahr zu laufen, das Fortkommen der Forschungsarbeiten zu beeinträchtigen.

c. *Professionalisierung der Überwachungskomponente durch die Industrie*

Ein weiterer Aspekt, der bei der Gestaltung der Governance-Struktur berücksichtigt werden muss, ist das (potentielle) Aufeinandertreffen der auf Effizienz getrimmten Unternehmensstruktur und einer bürokratischen, in Teilen ineffizienten und in wirtschaftlichen Angelegenheiten eher unerfahrenen Verwaltung auf Seiten der Hochschulen. Gewiss mag dieser Umstand im Einzelfall etwa durch die Beteiligung von KMU oder Start-Ups mit regelmäßig weniger stark effizienzgeprägten Unternehmensstrukturen (in Teilen) abgemildert sein.[673] Ist ein solcher Gegensatz aber vorhanden, lässt sich dieser im Rahmen einer Forschungskooperation nicht beheben. Vielmehr ist es dann angezeigt, diese Divergenz im Rahmen der Durchführung der Kooperation weitestgehend zu egalisieren. Dafür sollten Arbeits- und Verwaltungsabläufe im Kooperationsvertrag möglichst detailliert festgelegt werden. Jedenfalls aber wird das Wirtschaftsunternehmen daran interessiert sein, die

673 Zum Management von Start-up-Unternehmen *Nothhelfer/Bacher*, CCZ 2016, 64, 65 ff.; vgl. auch *Eberbach*, OdW 2018, 51, 63 f.

Abläufe bestmöglich überwachen zu können. Insofern lässt sich von einer professionellen Zuspitzung der Überwachungskomponente durch die Industrie ausgehen, die sich in der Implementierung eines Aufsichtsrats[674] oder in der Prüfung des Jahresberichts durch einen externen Abschlussprüfer[675] niederschlagen könnte.

d. Ausgestaltung der Forschungstätigkeit durch den Forschungsplan

Zuletzt sollte der Frage nachgegangen werden, wie sich ein potentieller Interessensgegensatz hinsichtlich des Forschungsgegenstands austarieren lässt. Denn wie bereits (pauschalisierend) aufgezeigt, könnte der Forschungsgegenstand von den Industrieunternehmen und den außeruniversitären Forschungseinrichtungen aus ökonomischen Beweggründen von der Grundlagenforschung hin zur anwendungsorientierten Forschung verschoben werden, wodurch im schlimmsten Fall die Erzielung bahnbrechender Erkenntnisse vereitelt werden könnte. Um dies zu verhindern, bietet sich in erster Linie eine möglichst detaillierte Regelung im sog. Forschungsplan an.[676] Das durch die Kooperation forcierte Forschungsanliegen sowie die dazu erforderlichen Forschungstätigkeiten sollten im Forschungsplan möglichst präzise beschrieben werden, um eine (allmähliche) Verschiebung des Forschungsgegenstands zu vermeiden.

III. Größenordnung von Kooperationen – zum Institutionalisierungsgrad

Neben den Musterverträgen aus der Praxis und den Besonderheiten, die eine Beteiligung von Industrieunternehmen an der Forschungskooperation mit sich bringt, ist der Institutionalisierungsgrad einer Kooperation ein weiterer Faktor, der sich auf die Gestaltung der Governance-Struktur auswirken könnte. Der Institutionalisierungsgrad beschreibt ihr Ausmaß in zeitlicher, sachlicher und personeller Dimension. Je länger eine Kooperation bestehen soll, je mehr Sachmittel und Personal eingesetzt wird, desto höher ist der Grad an Institutionalisierung.[677] In Bezug auf die Organisationsverfassung lässt sich im Grundsatz festhalten, dass, je weiter der Institutionalisierungsgrad der Kooperation fortgeschritten ist, desto eher ist ein rechtsfähiges Kooperationsvehikel kapitalgesellschaftsrechtlicher Prägung sowie ein möglichst ausdifferenziertes Organgeflecht erforderlich.[678] Da eingangs zwar eine Beschränkung dieser Bearbeitung auf horizontale Forschungskooperationen vorgenommen wurde, allerdings keine hinsichtlich des Institutionalisierungsgrades, muss die zu erarbeitende Governance-Struktur sämtlichen Größenordnungen

674 Vgl. Kap. 1 B II 4 c.
675 Siehe Kap. 2 A VI 2 c.
676 Weitergehend zum Forschungsplan vgl. Kap. 2 A I 1 e.
677 Dazu *Lappe*, Kooperationen wissenschaftlicher Einrichtungen, 2019, S. 221.
678 Weitergehend zu gesellschaftsrechtlichen Ausführungen hinsichtlich Rechtsfähigkeit und kapitalgesellschaftsrechtlichem Gepräge siehe Kap. 1 A I 6.

kooperativer Forschung gerecht werden. Dieser Umstand erfordert zwangsläufig einen gewissen Bestand an dispositiven Gestaltungsmöglichkeiten, weshalb die Ausführungen zur Gestaltbarkeit im dispositiven Recht, insbesondere hinsichtlich des Regelungszuschnitts[679], besondere Relevanz erlangen.

Ein weiterer Umstand, der von der Organisationsverfassung ein gewisses Maß an Flexibilität abverlangt, ist, dass die Dimension einer Forschungskooperation in der Praxis zu Beginn – gerade im Erfolgsfall – noch gar nicht abschließend absehbar ist. Aus einem überschaubaren, inhaltlich und zeitlich begrenztem gemeinsamen Forschungsprojekt könnte im Erfolgsfall eine auf unbestimmte Dauer angelegte, mit enormen sachlichen und personellen Mitteln bestückte Forschungseinrichtung werden. Auch die nachträgliche Miteinbeziehung weiterer Trägereinrichtungen ist durchaus im Rahmen des Möglichen. In einem solchen Fall wäre es eine unnötige und störende Hürde, dafür eine gänzlich neue Organisationsverfassung oder gar ein neues Rechtskleid wählen zu müssen. Als negatives Paradebeispiel könnte an dieser Stelle etwa das in der Praxis wohl leider häufig vorkommende „Umschlagen" eines rein schuldrechtlichen FuE-Vertrages in eine rechtsfähige Außen-GbR mit unbeschränkter persönlicher Gesellschafterhaftung angeführt werden.[680] Unter Umständen muss also die Organisationsverfassung wie auch das gesamte Rechtskleid quasi mit der Kooperation ohne störende oder hindernde Nebeneffekte „mitwachsen" können.

IV. Zielsetzungen für die Ausformung der Governance-Struktur

Zuletzt stellt sich die Frage, welchen einzelnen Leitlinien die Organisationsverfassung in Anbetracht der herausgearbeiteten rechtlichen Rahmenbedingungen, der spezifischen Interessenslagen sowie der unterschiedlichen Institutionalisierungsgrade unterliegen sollte. Naturgemäß gelten dabei allgemein-gesellschaftsrechtliche Maximen wie etwa Übersichtlichkeit, Steuerbarkeit sowie ein geringer Verwaltungs- und Kostenaufwand. Doch kristallisieren sich in der Verbundforschung eine Reihe darüberhinausgehender, spezifischer Aspekte heraus, die im Folgenden näher beschrieben werden sollen.

1. Handlungsfreiheit der Forscher

Zentrale Bedeutung kommt dabei zum einen der Wahrung der Handlungsfreiheit der Forscher zu.[681] Dem Forschungspersonal muss ein freier Handlungsspielraum zuerkannt werden, um losgelöst von finanziellen und gar politischen Interessen die im Forschungsplan festgelegten Forschungstätigkeiten durchzuführen. Die

679 Zum Regelungszuschnitt vgl. Kap. 1 A I 3 a bb.
680 Dazu weitergehend Kap. 1 A I 5 a.
681 So auch *Eberbach/Hommelhoff/Lappe*, OdW 2017, 1, 3.

Handlungsfreiheit der Forscher ist Wesenselement eines (echten) Forschungsprozesses und letztlich vom Grundrecht der Wissenschaftsfreiheit gemäß Art. 5 Abs. 3 S. 1 Var. 2 GG jedenfalls gegenüber staatlichen Akteuren gefordert.[682] Unter dieser Leitlinie ist es etwa fraglich, inwieweit die Leitung der Kooperation den Forschern zu überlassen ist, ob zur organschaftlichen Implementierung der Forscherinteressen ein eigenes Organ nötig ist und ob den Forschern weisungsungebundene Ermessensspielräume zustehen, doch dazu mehr an späterer Stelle.[683]

2. *Einfluss und Erkennbarkeit der Trägereinrichtungen*

Die involvierten Trägereinrichtungen haben ein berechtigtes Interesse daran sicherzustellen, dass die von ihnen eingesetzten Mittel in deren Sinne verwendet werden und dass sie von den Ergebnissen der Kooperation in der von ihnen bezweckten Art und Weise profitieren können. Daher bedarf es bezüglich der Ausformung der Organisationsverfassung der Sicherstellung, dass die Trägereinrichtungen angemessenen Einfluss auf die Forschungskooperation ausüben können und die Beteiligung der Forschungsträger nach außen hin erkennbar bleibt.[684] Mit anderen Worten ist zu vermeiden, dass die Trägereinrichtungen durch das Kooperationsvehikel in den Hintergrund treten und letztlich unsichtbar werden.[685]

Zur Anbindung der Kooperation an deren Trägereinrichtungen empfiehlt sich – deren Rechtsfähigkeit vorausgesetzt – im Grundsatz unstreitig ein personengesellschaftsrechtliches Gepräge.[686] Doch gilt es zu beachten, dass die Problematik der Verselbstständigung der Kooperation keine Frage ist, die sich in der Entscheidung für ein personen- oder kapitalgesellschaftsrechtliches Gepräge erschöpft. Denn auch eine Personengesellschaft ist (in aller Regel) rechtsfähig und kann sich durch einen entsprechenden Außenauftritt emanzipieren. Und beispielsweise in der kapitalgesellschaftsrechtlichen GmbH können deren Gesellschafter über die Ausübung des Weisungsrechts einer Emanzipation durch die Anordnung entsprechender gegensätzlicher Maßnahmen entgegenwirken. Entscheidend dürfte sich vielmehr die Marketingstrategie, wozu insbesondere auch die Bezeichnung der Kooperation gehört, über die Außenwahrnehmung und damit letztlich auch über die Zurechnung entstandener Erfolge mitsamt dazugehöriger Reputation auswirken. In gewisser Weise bildet dies eine Gegenposition zur Handlungsfreiheit der Forscher. Im Organgeflecht der Kooperation wird es daher darauf ankommen, diese beiden Positionen jeweils größtmögliche Geltung zu verschaffen und in einen angemessenen Ausgleich zueinander zu bringen.

---

682 Zum subjektiven Gewährleistungsbereich der Forschungsfreiheit siehe Kap. 1 A II 1 a aa.

683 Vgl. Kap. 2 A II 4 a bb.

684 *Eberbach/Hommelhoff/Lappe*, OdW 2017, 1, 3.

685 Dazu zur GmbH eingehend *Eberbach/Hommelhoff/Lappe*, OdW 2017, 1, 4.

686 So auch *Eberbach/Hommelhoff/Lappe*, OdW 2017, 1, 5.

3. *Gleichberechtigte Zusammenarbeit der Kooperationspartner*

Wie bereits aufgezeigt ist es denkbar, dass sich zwischen den unterschiedlichen Kooperationspartnern ein gewisses Gefälle in Sachen Professionalisierungsgrad (jedenfalls im Bereich der Verbundforschung), Erfahrung, Effizienz und Finanzstärke auftut. In solchen Fällen liegt es an der Governance-Struktur, die Zusammenarbeit so zu gestalten, dass sich die Beteiligten „auf Augenhöhe" begegnen können.[687] Dabei spielen insbesondere Minderheits- und Informationsrechte eine gesteigerte Rolle, die infolgedessen in den nachfolgenden Ausführungen einen Schwerpunkt bilden.

4. *Wahrung der Flexibilität*

Zwar wurde der Gegenstand dieser Bearbeitung auf horizontale Forschungskooperationen unter Beteiligung von Wirtschaftsunternehmen eingeschränkt, jedoch verbleibt auch durch diese Beschränkung ein immenser Variantenreichtum an Kooperationsformen, gerade in Anbetracht des Umstands, dass von einer Forschungskooperationsgesellschaft alle Institutionalisierungsgrade umfasst sein sollen.[688] Zudem ist zu berücksichtigen, dass sich Forschungskooperationen im Laufe ihres Bestehens (grundlegend) wandeln können. Gerade im Erfolgsfall können zusätzliche Mittelgeber hinzutreten oder eine Erweiterung des Forschungsgegenstands erfolgen, was mitunter die Notwendigkeit der Schaffung eines neuen Organs oder die Umbesetzung eines Bestehenden erzeugt. Deshalb müssen in der Organisationsverfassung „Reserven" bestehen, die im Falle einer fortschreitenden Institutionalisierung bereitstehen. Letztlich wird von der Governance-Struktur ein hohes Maß an Flexibilität verlangt, um sämtlichen praktischen Gestaltungswünschen genügen zu können.[689] Dieser Umstand wirkt sich insbesondere im Bereich der Satzungsautonomie der Gesellschaftsform aus.[690] Den methodischen Ausgangspunkt hierbei liefern die Erwägungen zur Regelsetzungslehre.[691] Demnach empfiehlt sich ein möglichst offener Regelungszuschnitt, um einen eigenen „Entdeckungsprozess" der Kooperationsvorhaben in der Praxis anzustoßen.[692]

5. *Langfristige und stabile Zusammenarbeit*

Zuletzt ist es von zentraler Bedeutung, dass die Kooperationsform eine langfristige und stabile Zusammenarbeit gewährleistet.[693] Forschungskooperationen können

---

687 So *Eberbach*, OdW 2018, 51, 55.
688 Siehe *Eberbach*, OdW 2018, 51, 65, der der Ansicht ist, dass dies sehr wohl gelingen kann.
689 Dazu *Kumpan*, OdW 2018, 115, 116.
690 Zur Satzungsautonomie der Forschungskooperationsgesellschaft vgl. Kap. 2 A I 2.
691 Weitergehend zur Regelsetzungslehre siehe Kap. 1 A I 3.
692 Hierzu *Möslein*, OdW 2018, 99, 110.
693 So auch *Kumpan*, OdW 2018, 115, 117.

etwa in Form eines Gründungs- oder Leistungszentrums auf mehrere Jahre mit eigens dafür errichteten Gebäuden angelegt sein. In solchen Fällen darf beispielsweise die Beendigung der Tätigkeit eines einzelnen Forschers in der Kooperation keine weiteren Auswirkungen auf sonstige bestehende vertragliche oder gesellschaftsrechtliche Bindungen haben.[694] Eine andere Frage betrifft den konkreten Bestand der Gesellschafter. Veränderungen in dieser Hinsicht stellen im Vergleich zum Austritt eines einzelnen Forschers regelmäßig einen grundlegenden Einschnitt in die Struktur dar. Doch auch ein solcher Umstand sollte nicht (stets) zur Beendigung der Kooperation führen. Schließlich können einzelne Kooperationspartner bzw. Geldgeber der Kooperation nur für einen bestimmten, im Vergleich zur (Gesamt-)Kooperation begrenzten Zweck beitreten und im Falle der Zweckerreichung diese sodann wieder verlassen. Auch die bereits beschriebene nötige Wahrung der Flexibilität in der Organisationsverfassung sollte sich nicht nachteilig auf deren Bestand auswirken. Insofern erlangt in rechtsmethodischer Hinsicht die Unterscheidung zwischen zwingenden Kernregelungen, die ein rechtsstrukturelles Fundament und damit auch Stabilität gewährleisten einerseits, und dispositiven Erweiterungen auf der anderen Seite Bedeutung.

694 *Kumpan*, OdW 2018, 115, 117.

Kapitel 2: Entwicklung einer Governance-Struktur für Forschungsverbünde und deren Einbettung in das geltende Recht

Im ersten Kapitel wurden die für die Governance-Struktur wissenschaftlicher Forschungskooperationen relevanten rechtlichen Rahmenbedingungen und sonstigen Gestaltungsparameter aufgezeigt sowie allgemeine Leitlinien formuliert. Darauf aufbauend soll im zweiten Kapitel der Frage nachgegangen werden, wie die Organisationsverfassung einer horizontalen Forschungskooperation unter der Beteiligung eines Wirtschaftsunternehmens unter Berücksichtigung all dessen ausgestaltet sein sollte, und zwar unter reinen Zweckmäßigkeitsaspekten, losgelöst von vorhandenen Gesellschaftsformen oder gesellschaftsrechtlichen Grundsätzen (A.). Erst in einem zweiten Schritt wird die Frage aufgeworfen, wie sich die erarbeitete Organisationsverfassung in das geltende (Gesellschafts-)Recht integrieren lässt, oder ob es nicht vielmehr einer neuen Rechtsform bedarf (B.). Dieses Vorgehen soll der Unvoreingenommenheit dienen und einen möglichst ungetrübten Blick auf die Besonderheiten des Forschens im Verbund ermöglichen.[695] Zudem sei vorangestellt, dass an zahlreichen Punkten eine weitergehende, vertiefte Auseinandersetzung ratsam und gewiss auch gewinnbringend wäre, dieses jedoch in Anbetracht des Umfangs dieser Arbeit einer weiteren literarischen Auseinandersetzung überlassen bleiben muss.

A. Ausformung der Organisationsverfassung im Forschungsverbund

Im Folgenden wird daher auf den Gesellschaftsvertrag, die einzelnen Organe sowie die Ausgestaltung der Informationsströme und der Rechnungslegung eingegangen. Die Organisationsverfassung eines Verbands besteht neben dem Gesellschaftsvertrag vor allem in der Einrichtung der Verbandsorgane.[696] Die zentrale Rolle der Organschaft für die Verbandsorganisation erkannte bereits *Otto von Gierke*, der gar das Wesen der Organisation ausmachte „in der Herstellung von Organen, in deren Lebensthätigkeit sich die Lebenseinheit der Gesamtperson mit rechtlicher Wirkung offenbart. Die Verfassung hat bestimmte Organe als ständige Einrichtungen zu setzen, das für ihre Bildung und Erhaltung Erforderliche vorzuschreiben und

695 Dieses ebenfalls anhand des sog. Dyson-Prinzips empfehlend *Eberbach*, OdW 2018, 51, 62 f.

696 Dazu *K. Schmidt*, Gesellschaftsrecht, § 14 I 2, S. 407 f.

den einzelnen Organen durch Abgrenzung von Zuständigkeiten (Kompetenzen) bestimmte Funktionen des Gemeinlebens zuzutheilen."[697]

I. Gesellschaftsvertrag

An erster Stelle dieser Betrachtung steht der Gesellschaftsvertrag einer Forschungskooperationsgesellschaft. Dieser ist gleichbedeutend mit dem Kooperationsvertrag, jedenfalls sofern mit dem Abschluss des Kooperationsvertrages auch die Gründung einer Gesellschaft einhergeht. Der Gesellschaftsvertrag ist die rechtsgeschäftliche Grundlage der Forschungskooperation und stellt im Gegensatz zu reinen Individualverträgen eine rechtlich verfasste Organisation dar, womit der Forschungsverbund ein rechtliches Eigenleben erlangt.[698] Mit der Entstehung der Gesellschaft objektiviert der Gesellschaftsvertrag das rechtliche Wollen der Gesellschaft als Zusammenfassung seiner Mitglieder, wodurch deren Einzelinteressen zurücktreten.[699]

Im forschungskooperativen Kontext gilt es zu beachten, dass in der Praxis oftmals bei gemeinsamen Forschungs(-groß-)vorhaben auf internationaler Ebene in einem zweigeteilten Verfahren eine völkerrechtliche Vorvereinbarung als Vorstufe zum Abschluss des Gesellschaftsvertrages dient.[700] Hierdurch können gewisse vertragliche Bestandteile, etwa (potentiell konfliktbeladene) politische oder strategische Aspekte, der gesellschaftsrechtlichen Gründung entnommen werden. Ein solches Vorgehen bietet den Vorteil, dass der Abschluss des Gesellschaftsvertrages reibungsloser und schneller herbeigeführt werden kann sowie der zu gründenden Gesellschaft wertvolle Hinweise für den weiteren Verlauf des Gesellschaftslebens gegeben werden können.[701] So bildete beispielsweise eine völkerrechtliche Übereinkunft die Grundlage für die Gründung einer deutschen GmbH für den Bau und den Betrieb des Linearbeschleunigers European X-Ray Free Electron Laser (XFEL), die hellste Lichtquelle der Welt.[702] Unter den elf Gesellschaftern der XFEL-GmbH finden sich etwa die Bundesrepublik Deutschland sowie die Russische Föderation.[703]

---

697 *Gierke*, Deutsches Privatrecht I, 1895, S. 497; hierzu ferner *K. Schmidt*, Gesellschaftsrecht, § 14 I 2, S. 407 f.

698 Die Rechtsnatur des Gesellschaftsvertrages ist im Hinblick auf verbandsgründende Rechtsakte im Einzelnen umstritten, dazu eingehend BGH, *Urt. v.* 06.03.1967 – II ZR 231/64 = BGHZ 47, 172, 179; *K. Schmidt*, Gesellschaftsrecht, § 5 I 1, S. 75 ff.

699 Dies gilt für Verbände und Personengesellschaften gleichermaßen, siehe hierzu *K. Schmidt*, Gesellschaftsrecht, § 5 I 1, S. 76 f.; a.A. wohl noch BGH, *Urt. v.* 14.11.1960 – II ZR 55/59 = WM 1961, 303, 304.

700 Hierzu *Harringa*, OdW 2018, 69, 71 f.

701 Vgl. *Schulz*, OdW 2018, 75.

702 *Harringa*, OdW 2018, 69, 71.

703 *Harringa*, OdW 2018, 69, 71.

1. *Inhalt*

In erster Linie stellt sich die Frage, welche Inhalte der Gesellschaftsvertrag aufweisen sollte. Unter der Maßgabe, dass die Organe sowie die damit einhergehenden Regelungselemente erst im Folgenden näher beleuchtet werden, rücken an dieser Stelle der Forschungsbereich, der Verbandszweck sowie die Zielstruktur der Kooperation in den Fokus der Betrachtung. Zusätzlich ist anzumerken, dass in dieser Bearbeitung der Begriff „Gesellschaftsvertrag" mit dem „Kooperationsvertrag" übereinstimmt, sodass neben rein gesellschaftsrechtlichen Fragen auch etwa die Zuordnung des Personals sowie der Umgang mit IP-Rechten mit einbezogen werden. Denn letztlich ist das Leitbild ein einziger, die Forschungskooperation konstituierender Vertrag, der sämtliche regelungsbedürftigen Punkte enthält.

In der bisherigen Bearbeitung wurde im Fall der Lokalisierung eines potentiellen Problems oder Konflikts stets danach differenziert, ob eine Lösung durch eine effiziente Governance-Struktur bewerkstelligt werden kann – diese Aspekte spielen bei der Wahl der Organe und deren Befugnisse eine Rolle – oder vielmehr eine detaillierte Regelung im Kooperationsvertrag erforderlich ist. Sämtliche Aspekte, auf die letzteres zutrifft, sollten im Gesellschaftsvertrag festgelegt werden und sind daher in diesem Abschnitt aufzugreifen.

a. *Forschungsfeld*

Zum einen ist es notwendig, dass sich die Trägereinrichtungen im Gesellschaftsvertrag auf ein konkretes Forschungsfeld einigen.[704] Dieses ist sowohl in inhaltlicher als auch methodischer Hinsicht möglichst exakt zu umschreiben.[705] Denn wie bereits aufgezeigt, drohen Interessenskonflikte zwischen reinen Forschungsträgern und Industrieunternehmen im Spannungsfeld von Grundlagenforschung und anwendungsorientierter Forschung sowie eine Gefahr des (Teil-)Verlusts der akademischen Freiheit der Hochschule.[706] Eine weitergehende Ausgestaltung des Forschungsvorgehens sollte seinen Platz im Forschungsplan finden.[707] Manche Kooperationsformen können hingegen aufgrund gewisser Eigenheiten, die in ihrem Wesen begründet liegen, das exakte Betätigungsfeld nur schwer zu Beginn der Kooperation festlegen. Namentlich gilt dies etwa für Start-ups. Hier besteht die Gefahr, dass diese sich in ihrem ungehemmten (Forschungs-)Drang zu stark auf das Prinzip „learning by doing" verlassen.[708] Doch auch hier ist im Sinne eines klugen und rationalen Ressourcenmanagements möglichst detailliert festzulegen,

---

704 *Eberbach/Hommelhoff/Lappe*, OdW 2017, 1, 5.

705 So auch *Eberbach*, OdW 2018, 51, 63.

706 Siehe Kap. I B II 3.

707 Vgl. zum Forschungsplan Kap. 2 A I 1 e sowie zur Rechenschaft durch einen Abgleich des Forschungsplans mit dem Abschlussbericht Kap. 2 A VI 2 d.

708 So schildert es *Eberbach*, OdW 2018, 51, 63 f., der selbst über jahrelange Erfahrung in diesem Bereich verfügt.

in welche Richtung sich das Vorhaben entwickeln soll, auch wenn dies gegebenenfalls nur in einem begrenzten Maße möglich ist.

b. Verbandszweck

Von der Festlegung des Forschungsfeldes ist das Forschungsziel bzw. der Verbandszweck der Kooperation zu unterscheiden. Darunter ist im Allgemeinen das grundlegende Einverständnis der Kooperationspartner über das anzustrebende Ziel zu verstehen.[709] Sämtliche Gesellschaftsformen werden zur Erreichung eines bestimmten Zwecks gegründet und nicht alle (legalen) Zwecke lassen sich auch mit allen Rechtsformen verfolgen.[710] Im weiteren Sinn besteht der Verbandszweck wissenschaftlicher Forschungskooperationen im Streben nach Erkenntnisgewinn.[711] Im engeren Sinn ist jedoch im Kooperationsvertrag das exakte Vorhaben möglichst detailliert zu beschreiben, wie beispielsweise die Entwicklung neuer magnetischer Materialien ohne Seltene Erden.[712] Neben der exakten Festlegung des Forschungsfeldes kann auch eine hinreichend bestimmte Zielvorstellung die Gefahr des Verlusts der akademischen Freiheit der Hochschule im Zuge der Forschungskooperation bändigen sowie potentielle (Ziel-)Konflikte bereits im Vorfeld verhindern. Überdies empfiehlt es sich in steuerrechtlicher Hinsicht darauf zu achten, dass die Zwecke der die Kooperation fördernden Körperschaft, die in den Genuss eines Gemeinnützigkeitsstatus kommt, mit den Kooperationszwecken zur Wahrung ebenjenes Gemeinnützigkeitsstatus vollständig übereinstimmt.[713]

An dieser Stelle stellt sich die Frage, inwieweit neben dem Erkenntnisgewinn die Vereinbarung sekundärer Zwecke, wie etwa Gewinnerzielung oder die Förderung des Allgemeinwohls, an den Verbandszweck der Kooperation heranrücken darf. *Kumpan* mahnt hierbei zu großer Vorsicht und will sekundäre Zwecke nur dann zulassen, wenn diese dem primären Zweck, nämlich der Forschung, nachgestellt sind und diesen nicht überragen, um die Forschungsadäquanz der Kooperation

709 *Kübler/Assmann*, Gesellschaftsrecht, § 5, S. 35.

710 So wie etwa nach § 1 GmbHG die GmbH „zu jedem gesetzlich zulässigen Zweck errichtet werden kann, sind Personenhandelsgesellschaften auf den Betrieb eines Handelsgewerbes beschränkt, §§ 105 Abs. 1, 161 II HGB; vgl. dazu *Kübler/Assmann*, Gesellschaftsrecht, § 5, S. 34 ff.; *Bayer*, in: Lutter/Hommelhoff, GmbHG, § 1 Rn. 2 ff.; *Jaeger*, in: BeckOK zum GmbHG, § 1 Rn. 4 ff.; *Roth*, in: Baumbach/Hopt, HGB, § 105 Rn. 1 ff.

711 *Eberbach*, OdW 2018, 51, 64.

712 Diesbezüglich bestand eine Forschungskooperation des Fraunhofer-Instituts für Werkstoffmechanik mit dem Max-Planck-Institut für Mikrostrukturphysik sowie dem Max-Planck-Institut für Chemische Physik fester Stoffe CPFS, abrufbar unter https://www.fraunhofer.de/de/institute/kooperationen/max-planck-kooperationen.html#12 [zuletzt abgerufen am 27.07.2018].

713 Vgl. dazu Kap. 1 A I 5 b bb; ferner *Lappe*, Kooperationen wissenschaftlicher Einrichtungen, 2019, S. 43 f.

nicht zu gefährden.[714] Zur Beurteilung dieser Frage ist die anfängliche Beschränkung des Gegenstands dieser Bearbeitung auf „echte“, horizontale Forschungskooperationen ins Gedächtnis zu rufen. Falls die Schaffung einer neuen Rechtsform in Gestalt einer Forschungskooperationsgesellschaft gesetzgeberische Beachtung findet und infolgedessen derartigen Kooperationsformen gewisse gesellschaftsrechtliche oder sonstige rechtliche Erleichterungen eingeräumt würden, so ist umso stärker auf die Beschränkung des Verbandszwecks auf den reinen Erkenntnisgewinn zu achten, um einen Rechtsformenmissbrauch zu vermeiden bzw. um potentielle rechtliche Vergünstigungen (verfassungsrechtlich) zu rechtfertigen. Deshalb sollte nach der hier vertretenen Ansicht die Zulassung sekundärer Zwecke neben der Forschung gänzlich untersagt sein; in den Worten der Regelsetzungslehre: es empfiehlt sich mit der Beschränkung auf Forschung als alleinigen Zweck ein geschlossener Regelungszuschnitt. Gewiss mögen insbesondere Industrieunternehmen letztlich eine Umsatz- und Gewinnsteigerung forcieren, allerdings sollte sich die kommerzielle „Umsetzung“ des Forschungserfolgs in wirtschaftliche Resultate gänzlich außerhalb der Forschungskooperation vollziehen.

c. Berechtigung am foreground-IP

Hinsichtlich der Ausgestaltung der Berechtigungslage an neu entstandenen Schutzrechten herrscht ein gewisses Konfliktpotential zwischen den unterschiedlichen Trägereinrichtungen. Deshalb sollten sich die Kooperationspartner in diesem Punkt idealerweise im Vorfeld der Kooperation in sämtlichen Fragenstellungen einig sein. Zur Vermeidung von Konflikten bei der Durchführung der Kooperation könnte im Zuge der Schaffung einer neuen Rechtsform erwogen werden, dass hierüber verpflichtend eine umfassende Einigung bereits im Kooperationsvertrag erfolgt. Der Vorteil liegt auf der Hand: So müssen die Beteiligten nicht den Konfliktfall erst abwarten, in dem sich erfahrungsgemäß die Erzielung einer Einigung wesentlich schwieriger gestalten dürfte. Dabei ist jedenfalls zu beachten, dass hierbei (lediglich) die Aufteilung der Rechte gemeint ist, nicht dagegen deren Verwertung, die die Trägereinrichtungen regelmäßig in Eigenregie nach Beendigung der Kooperation auf eigenes Risiko betreiben.

d. Einbringung von personellen und sachlichen Mitteln

Zu Beginn einer Kooperation müssen sich die Forschungspartner nicht nur über das Ziel im Klaren sein, sondern auch wie sie gedenken, dies zu erreichen. Neben einer ausdifferenzierten und effizienten Governance-Struktur ist dazu ebenso erforderlich, dass die in die Kooperation einzubringenden personellen und sachlichen Mittel hinreichend exakt festgehalten werden sowie deren Einbringung auch tatsächlich gesichert ist. In Bezug auf die Zuordnung von Forschungspersonal zur

714 *Kumpan*, OdW 2018, 115, 116.

Kooperation kann auf die arbeitsrechtlichen Ausführungen verwiesen werden.[715] Die exakte rechtstechnische Vorgehensweise ist jedenfalls ausdrücklich festzuhalten. Auch bezüglich des Umgangs mit *background-IP* wurde bereits konstatiert, dass dies kein Umstand ist, dem eine Organisationsverfassung gerecht zu werden hat, sondern vielmehr bereits im Kooperationsvertrag abschließend geregelt werden muss.[716] Wie sodann im Zuge der Durchführung der Forschungsarbeiten mit den eingebrachten Mitteln zu verfahren ist, bedarf einer Regelung im Forschungsplan.

e. Aufstellung eines Forschungsplans

So ist (formal regelmäßig als Anhang[717]) beim Vertragsschluss ein Forschungsplan aufzustellen. Der Forschungsplan regelt den Forschungsgegenstand sowie den genauen Umfang der von den Kooperationspartnern zu erbringenden Leistungen und bildet damit einen der zentralen Bausteine der Forschungskooperationsgesellschaft.[718] Um eine Bindung des verfassungsrechtlich geschützten Hochschulpersonals an den Forschungsplan zu erreichen, muss diesem im Vorfeld der Kooperation zugestimmt werden.[719] Der Forschungsplan kann im Zuge der Durchführung der Kooperation entsprechend den laufenden Entwicklungen fortzuschreiben sein.[720] Im Übrigen erzeugt dieser in arbeitsrechtlicher Hinsicht (gegebenenfalls über die Ausübung des Weisungsrechts) eine Ausgestaltung des Pflichtenkatalogs des zugeordneten Personals und spielt eine bedeutende Rolle in Rechenschaftsfragen.[721] Für eine etwaige Fortschreibung des Forschungsplans ist eine Kompetenz im Organgefüge der Kooperation bereitzustellen, die an späterer Stelle zugewiesen wird.[722]

f. Sonstige regelungsbedürftige Sachfragen

Daneben haben sich im Laufe dieser Bearbeitung noch einige weitere Punkte ergeben, welche zweckmäßigerweise (bereits) im Kooperationsvertrag abschließend geklärt werden. Einen Schwerpunkt bildet hierbei gewiss das IP-Recht sowie das Arbeitsrecht: Dies sind zum einen etwaige Geheimhaltungsregelungen in Bezug auf neu gewonnene Erkenntnisse sowie der Schutz von Know-how. Besonderes Augenmerk ist überdies darauf zu legen, dass Forscher nicht versehentlich den Status eines Gesellschafters erlangen. Zwar lässt sich der negativen Publikationsfreiheit

---

715 Siehe Kap. 1 A III 1.
716 Vgl. Kap. 1 IV 3.
717 Vgl. etwa BMWi-Muster, S. 49, siehe Fn. 25.
718 So etwa BMWi-Muster, Ziffer 2.2, S. 19; Berliner Vertragsbausteine, S. 19, siehe Fn. 25.
719 Dazu weitergehend siehe Kap. 1 A II 1 d aa.
720 So das BMWi-Muster, Ziffer 2.2, S. 19, siehe Fn. 25.
721 Hierzu weitergehend Kap. 2 A VI 2 d.
722 Siehe Kap. 2 A III 1 a.

gemäß § 42 Nr. 2 ArbNErfG nicht durch einen vertraglichen Vorausverzicht wirksam begegnen, aber zumindest würde diese im Falle einer Anstellung des Hochschulforschungspersonals beim rechtsfähigen Kooperationsvehikel keine Geltung mehr beanspruchen. Daneben empfiehlt sich eine Reihe weiterer privatautonomer Regelungen, um die teils schwerfälligen gesetzlichen (Auffang-)Regelungen bei der Entstehung neuer IP-Rechte zu umgehen.[723] Im Kooperationsvertrag sollte daher bereits eine Vorausverpflichtung zur Anmeldung von Schutzrechten sowie zur Zuordnung von Nutzungsbefugnissen oder sonstigem *foreground-IP* enthalten sein. Überdies empfiehlt sich eine verbindliche Regelung der Arbeitnehmerüberlassungssituation hinsichtlich des Umgangs mit neu entstehenden Urheberrechten jenseits des Anwendungsbereichs von § 11 Abs. 7 AÜG. In gesellschaftsrechtlicher Hinsicht bedarf es einer Festlegung, ob die Forschungskooperation auf eine bestimmte Zeit eingegangen wird oder nicht.[724] Ebenfalls erforderlich ist eine Regelung der Vertretungsmacht im Außenverhältnis, wobei auf die nähere Ausgestaltung an späterer Stelle eingegangen wird.[725] Gewiss existiert darüber hinaus noch eine Vielzahl anderer regelungsbedürftiger Punkte, wie etwa Regeln zur technischen Abwicklung von Schutzrechtsanmeldungen, Vergütungsfragen oder die Rechts- und Sachmängelhaftung. Auf diese kann jedoch zur Wahrung des Umfangs sowie des Fokus dieser Bearbeitung auf die Governance-Struktur nicht weitergehend eingegangen werden kann. Alle sonstigen organisatorischen Fragen betreffend die bestmögliche Ausgestaltung der Organisationsverfassung im engeren Sinn, mithin die Organe der Kooperation, werden sodann im Einzelnen behandelt.

2. *Satzungsautonomie*

Ein weiterer Aspekt des Gesellschaftsstatuts neben regelungsbedürftigen inhaltlichen Aspekten ist die Satzungsautonomie, also die Freiheit der Verbandsverfassung von Außeneinflüssen.[726] Diese ist Bestandteil der Selbstbestimmung, gleichzeitig aber auch schützende Grenze.[727] Wie bereits ausgeführt, gehört es zu den Leitlinien in der Governance-Gestaltung, ein hohes Maß an Flexibilität zu wahren. Aus der Heterogenität wissenschaftlicher Forschungskooperationen, insbesondere den differierenden Institutionalisierungsgraden, folgt, dass diese über besondere Freiheiten in Gestalt dispositiver Regelungen hinsichtlich der Art und Weise der Zweckverfolgung verfügen müssen. Daher spielt die organisatorische Freiheit, die die Satzungsautonomie den Forschungsverbünden zukommen lässt, eine gesteigerte Rolle. In diesem Sinn erscheint die Statuierung einer Satzungsstrenge ähnlich

723 Zu den gesetzlichen IP-rechtlichen Regelungen vgl. Kap. 1 A IV 1 b aa, bb.
724 Hierzu *Kumpan*, OdW 2018, 115, 121.
725 Siehe Kap. 2 A II 2 c.
726 *K. Schmidt*, Gesellschaftsrecht, § 5 I 3, S. 83.
727 *K. Schmidt*, Gesellschaftsrecht, § 5 I 3, S. 84.

der für Aktiengesellschaften geltenden Regelung des § 23 Abs. 5 AktG unzweckmäßig.[728] Vielmehr empfiehlt sich eine Bandbreite an dispositiven Regelungen, aus welchen die Forschungsträger die für ihre Kooperationsabsichten passenden auswählen können, je nach Forschungsgegenstand, Institutionalisierungsgrad und sonstigen Parametern. So gesehen ist etwa die den GmbH-Gesellschaftern zukommende weitreichende Satzungsautonomie bei der Ausgestaltung ihrer Rechtsverhältnisse vorzugswürdig.[729]

3. *Auslegung*

Den Ausgangspunkt für die Auslegung von Gesellschaftsverträgen bilden die für Rechtsgeschäfte allgemein geltenden Grundsätze der §§ 133, 157 BGB.[730] Entscheidend für die Interpretation des jeweiligen Vertrages sind hierbei die subjektiven Vorstellungen der Beteiligten.[731] Für individualrechtliche Vereinbarungen kann es dabei bleiben, während für Gesellschaftsverträge abweichende Maßstäbe gelten können.[732] Denn der Gesellschaftsvertrag erlangt ein „unabhängiges rechtliches Eigenleben“, was dazu führen kann, dass dieser nach dem Vertragsschluss nur noch aus seinem Inhalt heraus nach objektiven Maßstäben auszulegen ist.[733] So ist etwa nach herrschender Meinung der Gesellschaftsvertrag einer GbR zwar im Grundsatz subjektiv auszulegen, doch ist dann eine objektive Auslegung geboten, wenn die GbR auf einen wechselnden Mitgliederbestand angelegt ist.[734] Die Trennlinie zwischen einer subjektiven und einer objektiven Auslegung von Gesellschaftsverträgen verläuft dabei richtigerweise nicht zwischen Personengesellschaften und Körperschaften. Entscheidend ist vielmehr der materielle, überindividuelle Charakter der jeweils auszulegenden Klausel anhand der konkreten Umstände des Einzelfalls.[735]

Wissenschaftliche Forschungskooperationen zeichnen sich regelmäßig durch einen zahlenmäßig überschaubaren Gesellschafterkreis aus. Die Kooperationspartner dürften sich zudem untereinander vertraut sein. Gewiss erscheint es denkbar, dass im Lauf der Kooperation – gerade im Erfolgsfall – weitere Kooperationspartner bzw. Förderer hinzutreten[736], doch wird sich der Regelfall eher durch einen

---

728 So auch *Kumpan*, OdW 2018, 115, 116.

729 Dazu eingehend *Bayer*, in: Lutter/Hommelhoff, GmbHG, § 3 Rn. 1, 21 ff. *Wicke*, MüKo zum GmbHG, § 3 Rn. 148 ff.

730 BGH, *Urt. v.* 27.01.1975 – II ZR 130/73 = WM 1975, 662; *Grunewald*, ZGR 1995, 68 ff.; *K. Schmidt*, Gesellschaftsrecht, § 5 I 4, S. 87 f.

731 *Kübler/Assmann*, Gesellschaftsrecht, § 10 I 1, S. 117; *Grunewald*, ZGR 1995, 68 ff.

732 Vgl. BGH, *Urt. v.* 11.10.1993 – II ZR 155/92 = BGHZ 123, 347, 350.

733 *Kübler/Assmann*, Gesellschaftsrecht, § 10 I 1, S. 117.

734 BGH, *Urt. v.* 18.05.1998 – II ZR 19/97 = WM 1998, 1535, 1536; dazu ferner *Schöne*, in: BeckOK zum BGB, § 705 Rn. 70; *Schäfer*, in: MüKo zum BGB, § 705 Rn. 172 ff.

735 So auch *Kraft/Kreutz*, Gesellschaftsrecht, B I 1 e.

736 In diesem Fall empfiehlt sich eine objektive Auslegung, dazu *Grunewald*, ZGR 1995, 68, 72 ff.

gleichbleibenden Gesellschafterbestand auszeichnen. Daher sollte der Gesellschaftsvertrag im Grundsatz anhand der subjektiven Vorstellungen der Trägereinrichtungen ausgelegt werden und nur im Ausnahmefall eine objektive Auslegung erfolgen.

II. Direktorium

Nach der Behandlung des Gesellschaftsvertrags stellt sich die Frage, wie die einzelnen Organe der Forschungskooperation konkret ausgestaltet sein sollten. An erster Stelle wird dabei auf das Leitungsorgan eingegangen. Diesem kommt insbesondere Bedeutung für die äußere Handlungsfähigkeit der Forschungskooperation zu.[737] Ohne die Statuierung eines Leitorgans wäre das Kooperationsvehikel nicht aktionsfähig.[738] Denn jedes Rechtssubjekt benötigt eine „Willens- und Wirkungseinheit", um in zurechenbarer Weise am Rechtsverkehr teilnehmen zu können.[739] Ein solches sollte daher in jeder Forschungskooperation (verpflichtend) bestehen.

Auch wenn es *prima vista* profan erscheinen mag, bedarf auch dessen Benennung einer Erörterung. Neben der „Geschäftsführung" aus dem GmbH-Recht und dem „Vorstand" aus dem Aktienrecht erscheint etwa der Begriff „Direktorium" denkbar.[740] Während im allgemeinen Sprachgebrauch, der nicht zuletzt aus den gesetzlichen Regelungen resultiert, mit den Begriffen „Vorstand" oder „Geschäftsführung" vornehmlich wirtschaftliche Leitungseinheiten assoziiert werden, weist das „Direktorium" eher einen wissenschaftlichen bzw. akademischen Charakter auf. Durch den Erkenntnisgewinn als Verbandszweck und die wissenschaftliche Prägung der Leitung[741] erscheint es angezeigt, die Leitungseinheit der Forschungskooperationsgesellschaft als Direktorium zu bezeichnen.

1. Grundsatz wissenschaftlicher Prägung

Bereits angeklungen ist die wissenschaftliche Prägung des Leitungsorgans. Doch ist diese auch im Bereich der Verbundforschung gewiss keine Selbstverständlichkeit. Vielmehr gilt es zu erörtern, ob und bejahendenfalls in welcher Ausgestaltung ein solcher Grundsatz zweckdienlich ist. Ausgangspunkt dieser Überlegungen bilden die im ersten Kapitel dieser Bearbeitung erfolgten verfassungsrechtlichen Ausführungen zur Wissenschaftsfreiheit nach Art. 5 Abs. 3 S. 1 Var. 2 GG.[742] So fordert der objektive Gewährleistungsinhalt der Wissenschaftsfreiheit ein ausreichendes Maß an Partizipation durch die Grundrechtsträger sowie eine

---

737 *K. Schmidt*, Gesellschaftsrecht, § 14 II 1, S. 408.

738 *K. Schmidt*, Gesellschaftsrecht, § 14 II 1, S. 408.

739 *K. Schmidt*, Gesellschaftsrecht, § 10 I 1, S. 247.

740 So bereits *Kumpan*, OdW 2018, 115, 117.

741 Zum Grundsatz der wissenschaftlichen Prägung des Leitungsorgans vgl. Kap. 2 A II 1.

742 Siehe Kap. 1 A II 1.

grundrechtssichernde Binnenstruktur.[743] Im Bereich der Hochschulorganisation ist bei Fragen, die unmittelbar die Forschung betreffen, den Hochschullehrern ein ausschlaggebender Einfluss einzuräumen.[744] Die außeruniversitären Forschungseinrichtungen müssen ihrerseits feststellen, dass sich der wissenschaftliche Sachverstand durchsetzt.[745] Zwar wurde bereits die eingeschränkte Vergleichbarkeit herausgearbeitet, dennoch lässt sich eine gewisse Tendenz zur Ausformung eines wissenschaftsadäquaten Rahmens feststellen, der auch das Leitungsorgan umfasst. Die Forscher sind damit letztlich zur Wahrung des Selbstbestimmungsrechts in originär wissenschaftlichen Fragen zwingend an der Entscheidungsfindung innerhalb der Kooperation zu beteiligen.

Überdies ist es eine der zentralen Leitlinien bei der Ausformung der Organisationsverfassung, den Forschern möglichst weitgehende Handlungsfreiheit einzuräumen, was nicht zuletzt auch im Interesse der Forschungsträger liegt, denn nur ein solches Umfeld kann beste Bedingungen zur Durchführung der Forschung und damit auch zur Erzielung von Durchbrüchen bieten.

Daher ist als zentrales Element die wissenschaftliche Prägung des Direktoriums zu statuieren.[746] Es erscheint angezeigt, dass sich diese in erster Linie in einer Mehrheit von Forschern gegenüber finanzwirtschaftlichem Personal innerhalb des Direktoriums äußert, was bei einer entsprechenden Ausgestaltung der Beschlussfassung[747] die Durchsetzung originär wissenschaftlicher Interessen bzw. Maßnahmen ermöglicht. Wie bereits herausgearbeitet, ist es dabei zweckmäßig, bei der Besetzung des Direktoriums auf das gesellschaftsrechtliche Prinzip der Selbstorganschaft zu verzichten.[748] Denn Forschungspersonal ist *per se* kein Vertreter der Trägereinrichtungen – jedenfalls sofern es nicht nur lediglich als Mittel zur Willensausübung der Trägereinrichtungen fungiert, sondern vielmehr primär nach dem Erreichen des Verbandszwecks strebt – und somit „Dritter“ im gesellschaftsrechtlichen Sinn.

2. *Rechte und Pflichten*

Nach der zentralen Weichenstellung der wissenschaftlichen Prägung ist näher auf die Rechte und Pflichten des Direktoriums im Verhältnis zu anderen Organen einzugehen. Typischerweise obliegt einem Leitungsorgan die Geschäftsführung. Es

---

743 *Kempen*, in: BeckOK zum Grundgesetz, Art. 5 Rn. 186; ferner hierzu *Geis*, Handbuch der Grundrechte in Deutschland und Europa IV, § 100 Rn. 47.

744 *Starck/Paulus*, in: v. Mangoldt/Klein/Starck, GG, Art. 5 Rn. 519; siehe auch BVerwG, *Beschl.* v. 12.05.2015 – 1 BvR 1501/13 = NVwZ 2015, 1370, 1373 f.; dazu auch *Hufen*, JuS 2015, 378 ff.

745 *Classen*, Wissenschaftsfreiheit außerhalb der Hochschule, 1994, S. 323 ff.; *Starck/Paulus*, in: v. Mangoldt/Klein/Starck, GG, Art. 5 Rn. 531.

746 So auch *Eberbach/Hommelhoff/Lappe*, OdW 2017, 1, 6.

747 Zur Beschlussfassung im Direktorium vgl. Kap. 2 A II 3 a.

748 Siehe Kap. 1 A I 6 d.

verfügt über eine Steuerungsfunktion, welche Planungs- und Koordinationsaufgaben sowie die strategische Positionierung des Verbunds beinhaltet. Ebenfalls kommt der Leitung eine zentrale Stelle im Informationssystem zu: Indem dieses das interne Rechnungswesen zentralisiert verwaltet (sog. Controlling), bietet das Direktorium den Forschern sowie den Trägern die Möglichkeit zur Selbstauskunft.[749] Dabei bedarf es einer Klärung, wie diese allgemeinen Begriffe im forschungskooperativen Kontext auszufüllen sind und wo die Grenzen der Kompetenzen des Direktoriums in Abgrenzung zu den Befugnissen anderer Organe liegen.

a. Gewöhnliche Geschäftsführungsangelegenheiten

Zweifelsohne sollten dem Direktorium dabei die gewöhnlichen Geschäftsführungsmaßnahmen zufallen. Doch was bedeutet dies im Einzelnen? Hierzu ist es notwendig, die in den rechtlichen Rahmenbedingungen gewonnen Erkenntnisse hinsichtlich der Anforderungen und Aufgaben, die diese an die Governance-Struktur stellen, einfließen zu lassen.

In erster Linie begleitet das Direktorium organschaftlich die konkreten Forschungsprojekte.[750] Dazu gehört unstreitig die Mittelverwendung. Die von den Trägereinrichtungen oder sonstigen Förderern der Kooperation eingebrachten (Finanz-)Mittel bedürfen einer sorgsamen Verwaltung und Verteilung auf die laufenden Projekte bzw. Forschungsvorgänge. Neben den finanziellen Mitteln hat das Direktorium dafür Sorge zu tragen, dass dem Forschungspersonal die zur Durchführung der Forschungsarbeiten benötigten Materialien sowie sonstige Hilfsmittel zur Verfügung stehen.

Je nach Institutionalisierungsgrad sowie Forschungsgegenstand ist es denkbar, dass in einer Forschungskooperation mehrere Forscherteams, Abteilungen oder gar Institute involviert sind. In diesem Fall bedarf es einer Abstimmung untereinander. Hier steht das Direktorium in der Pflicht, durch die nötige Koordination für eine effiziente Arbeitsteilung zu sorgen.

Daneben ist ein angemessenes Monitoring des Forschungsprozesses durch das Direktorium geboten, wozu die systematische Erfassung des Forschungsprozesses durch entsprechende Protokollierungen und Beobachtungen gehört. Bereits angeklungen ist die Führung eines Projekttagebuchs.[751] Ebenso bedarf es einer adäquaten Rechnungslegung der wissenschaftlichen Forschungskooperation.[752] Auf diese Weise kann sich das Direktorium ein aktuelles Bild vom Stand der Forschungen machen und in Abgleich mit dem Forschungsplan eine Prognose über

749 *Kraus*, in: Weitnauer, Handbuch Venture Capital, Teil C, Rn. 187 ff.; weitergehend zu Informationsmanagementsystem im Forschungsverbund siehe Kap. 2 A VI 1.
750 So auch *Kumpan*, OdW 2018, 115, 117.
751 Vgl. hierzu im BMWi-Muster, Ziffer 3.6, S. 35, siehe Fn. 25.
752 Zur wissenschaftsadäquaten Rechnungslegung siehe Kap. 2 A VI 2.

das voraussichtliche Erreichen der Kooperationsziele abgeben. Werden weitere Organe mit entsprechenden Befugnissen statuiert und haben diese gewisse Beratungsfunktionen, infolgedessen eine Stellungnahme abgegeben wird, die wiederum der Trägerversammlung als Entscheidungsgrundlage dient, so liegt es am Direktorium, für eine entsprechende Zuleitung dieser Stellungnahmen innerhalb der Kooperation zu sorgen. Diese Einzelaspekte sind letztlich Teil der Funktion des Direktoriums als zentrale Stelle des Informationsmanagements. Hierzu gehört es auch, im Falle parallellaufender Forschungen die Forscher über den Stand der jeweils anderen Arbeiten zu informieren sowie die Aufrechterhaltung des Informationsflusses in außergewöhnlichen Situationen zu gewährleisten.

Wie bereits aufgezeigt, erfordert der Umgang mit eingebrachten und neu entstehenden IP-Rechten einige (rechtliche) Aufmerksamkeit. Durch das Schöpferprinzip ist eine Loslösung des Rechtserwerbs von der Person des Schaffenden ausgeschlossen.[753] Wie sich die Entstehung eines neuen Schutzrechts im Einzelnen dadurch gestaltet, wurde bereits erläutert.[754] Um den im Kooperationsvertrag vereinbarten (End-)Zustand hinsichtlich der Berechtigungslagen am *foreground-IP* herzustellen, sind also gewisse weitere Schritte erforderlich. Namentlich sind dies die Beschaffung von Zustimmungen zu (weiteren) Verwertungshandlugen sowie (im Falle eines rechtsfähigen Kooperationsvehikels) die Übertragung von *foreground-IP* von der Kooperation zu den Trägereinrichtungen. Daneben bedarf es unter Umständen einer Eintreibung von *background-* sowie *sideground-IP*. Hierbei handelt es sich rein organisatorische Tätigkeiten ohne eigenen Entscheidungsgehalt, da eine diesbezügliche Regelung bereits regelmäßig im Kooperationsvertrag enthalten sein oder nachträglich von den Trägern im Wege der Trägerversammlung verhandelt wird. Daher erscheint es empfehlenswert, diese Aufgaben dem Direktorium in Anbetracht seines operativen Wirkungsauftrages ebenfalls zuzuordnen.

Bezüglich der Einräumung eines Weisungsrechts hinsichtlich des zugeordneten Personals wurden in den arbeitsrechtlichen Ausführungen dieser Bearbeitung die verschiedenen Möglichkeiten zur Zuordnung des Personals zur Forschungskooperation bereits näher beschrieben. Ebenfalls wurde konstatiert, dass in den Fällen, in denen die Übertragung des Weisungsrechts auf die Kooperation möglich ist, dieses (jedenfalls auch) der Leitung zukommen sollte.[755]

Zuletzt fragt sich, wie sich die Geschäftsführungsbefugnis im Falle einer Mehrheit von Direktoriumsmitgliedern untereinander ausgestaltet. Zwar wäre die Statuierung von Einzelgeschäftsführungsbefugnis die praktikablere Lösung, doch eröffnet diese womöglich im Einzelfall den jeweiligen Direktoren Handlungsspielräume, die den Trägereinrichtungen unerwünscht sind. Daher erscheint es

---

753 *Ulrici*, RWiss 2015, 318, 319; *ders.*, Vermögensrechtliche Grundfragen des Arbeitnehmerurheberrechts, 2008, S. 64.
754 Vgl. zur operativen Forschungsebene im IP-Recht Kap. 1 A IV 1 a aa, bb.
755 Siehe Kap. 1 A III 1.

ratsam, als (gesetzlichen) Regelfall Gesamtgeschäftsführungsbefugnis zu statuieren, jedoch dispositiv, also mit einer entsprechenden Abweichungsmöglichkeit im Kooperationsvertrag.[756]

b. *Zuständigkeit für außergewöhnliche Maßnahmen?*

Neben den gewöhnlichen Geschäftsführungsangelegenheiten ist fraglich, ob dem Direktorium oder vielmehr der Trägerversammlung die Zuständigkeit für außergewöhnliche Maßnahmen zukommen sollte. Dies könnte etwa die (freie) Verwaltung großer Geldbeträge sein oder die Beendigung eines Arbeitsverhältnisses eines bei der Kooperation angestellten Arbeitnehmers.

Für die Zuweisung dieser Kompetenz an die Trägerversammlung spricht zunächst, dass die Trägereinrichtungen ein Interesse an der Wahrung eines angemessenen Einflusses auf die Geschicke der Forschungskooperation anstreben. Diese hegen die Sorge, dass sich die Forschungskooperation zu stark emanzipieren könnte, wodurch im Erfolgsfalle der Ruhm an ihnen vorbeiziehen könnte. Zur Anbindung des Forschungsverbunds an seine Träger wäre es in diesem Licht betrachtet ratsam, den Trägereinrichtungen die Entscheidung über außergewöhnliche Maßnahmen zu belassen. Gerade außergewöhnliche Maßnahmen zeitigen regelmäßig besonders weitreichende Konsequenzen, sodass durchaus zu befürchten stünde, dass sich die Kooperation gegen den Willen der Träger zu weit von diesen entfernt. Andererseits aber können die Trägereinrichtungen die handelnden Organe durch den Kooperationsvertrag sowie den Forschungsplan so weit binden, dass keine weitrechenden Ermessensspielräume für außergewöhnliche Situationen verbleiben. Nicht zuletzt wird im Falle der Einrichtung eines Aufsichtsrats die Möglichkeit einer engen und effizienten Überwachung des Direktoriums bestehen[757], sodass die Gefahr unliebsamer Entscheidungen aus Sicht der Kooperationspartner stark minimiert werden kann. Hinzu kommt, dass es gerade in außergewöhnlichen, unvorhersehbaren Situationen oftmals darauf ankommt, zügig und effektiv reagieren zu können. Die Zusammenkunft sämtlicher Kooperationspartner kann sich dabei in einer solchen Situation als zu schwerfällig und langsam erweisen. Daher ist letztlich nach der hier vertretenen Ansicht dem Direktorium die Kompetenz für außergewöhnliche Geschäftsführungsmaßnahmen zuzuerkennen.

Daneben könnte erwogen werden, dem Direktorium zusätzlich ein Initiativrecht hinsichtlich aller Entscheidungen der Kooperation zu gewähren.[758] Hierbei ist jedoch Vorsicht geboten. Das „Aktivitätszentrum“ der Forschungskooperation darf nicht einseitig und zulasten der Kooperationspartner vollends auf das Direktorium übertragen werden. Auch wenn diesem aus Effizienzgründen wohl letztlich

---

756 Vgl. etwa § 77 Abs. 1 S. 1, 2 AktG zur entsprechenden Ausgestaltung im Aktienrecht.
757 Weitergehend zur Installation eines Aufsichtsrats in der Forschungskooperationsgesellschaft siehe Kap. 2 A IV 1.
758 So etwa *Kumpan*, OdW 2018, 115, 117.

eine Zuständigkeit auch für außergewöhnliche Geschäftsführungsmaßnahmen zuzuerkennen ist, werden nach wie vor die grundlegenden Entscheidungen im Kooperationsvertrag, im Forschungsplan sowie in der Trägerversammlung getroffen. Eine weitere „Auffangkompetenz" für das Direktorium ist daher zur Wahrung der äußeren Handlungsfähigkeit der Forschungskooperation letztlich nicht erforderlich und somit abzulehnen.

c. *Ausgestaltung der Vertretungsmacht*

Wie üblich bei der Ausgestaltung der Rechte und Pflichten eines Organs steht nicht nur das rechtliche „Dürfen", sondern auch das rechtliche „Können" infrage. Im Rahmen der Vertretungsmacht ist daher zu erörtern, inwieweit das Direktorium die ihm im Innenverhältnis obliegenden Entscheidungen auch wirksam im Außenverhältnis durchsetzen kann. Im Grundsatz ist – wiederum zur Wahrung der äußeren Handlungsfähigkeit der Kooperation sowie der Handlungsfreiheit der Forscher – zu statuieren, dass dem Direktorium für sämtliche Geschäftsführungsmaßnahmen, die sich im Innverhältnis in seiner Kompetenz befinden, auch die entsprechende Vertretungsbefugnis im Außenverhältnis zukommen sollte. Fraglich ist hingegen, inwieweit das Direktorium darüberhinausgehend zur Vertretung der Kooperation vertretungsbefugt ist. Namentlich betrifft dies die Umsetzung von Grundlagenbeschlüssen der Trägerversammlung. In diesem Fall gilt es zu beachten, dass bei einer bloßen Umsetzung bereits anderweitig gefasster und hinreichend bestimmter Beschlüsse keinerlei Ermessensspielraum mehr besteht. Es handelt sich lediglich um eine Vollzugshandlung. Aus Effizienzgründen erscheint es daher sinnvoll, dem Direktorium auch hierfür eine Vertretungsbefugnis einzuräumen. Auf diese Weise wird nach außen hin das Bild einer schnell und effizient handlungsfähigen Kooperation durch ein mit ausreichenden Befugnissen ausgestattetes Leitungsorgan gestärkt.

Zusätzlich bedarf es einer Erörterung, wie sich die Vertretungsbefugnisse innerhalb des Direktoriums gestalten. Denn im Falle einer Mehrzahl von Direktoriumsmitgliedern ist es sowohl denkbar, dass diese nur in ihrer Gesamtheit vertretungsbefugt sind (Gesamtvertretungsmacht) oder aber jedes Direktoriumsmitglied einzeln die entsprechenden Handlungen wirksam im Außenverhältnis vornehmen kann (Einzelvertretungsmacht). Aus Gründen der Praktikabilität wäre *prima vista* wohl die Statuierung von Einzelvertretungsmacht ratsam, und zwar sowohl aktiv, bei der Abgabe von Willenserklärungen, als auch passiv, bei deren Entgegennahme. Denn im Außenauftritt wäre das Direktorium schwerfällig und träge, müssten bei jeder Abgabe oder gar Entgegennahme von Willenserklärungen sämtliche Mitglieder gleichermaßen involviert sein. Diese Ausgestaltungsmöglichkeit eröffnet den Direktoriumsmitgliedern umfassende Handlungsspielräume im Außenverhältnis. Sie können die Forschungskooperation zu allen denkbaren Rechtsgeschäften wirksam verpflichten, vorausgesetzt es handelt sich um ein rechtsfähiges Kooperationsvehikel. Doch gerade dieser Umstand könnte den Direktoren in den Augen der Kooperationspartner mitunter zu weitreichende Handlungsspielräume gewähren.

So ist es etwa denkbar, dass jede Trägereinrichtung ein Direktoriumsmitglied in die Kooperation entsendet. Durch die Statuierung von Gesamtvertretungsmacht wäre sodann sichergestellt, dass keine rechtlich verbindlichen Handlungen gegen den Willen einzelner Träger vorgenommen werden können. Dies muss zumindest möglich bleiben. Daher empfiehlt es sich, als (gesetzlichen) Regelfall Gesamtvertretungsbefugnis vorzusehen, jedoch dispositiv, mit entsprechender Abweichungsmöglichkeit zur Einzelvertretungsmacht im Kooperationsvertrag in Anlehnung an §§ 35 Abs. 2 S. 1 GmbH, 78 Abs. 2 S. 1 AktG.[759] Stets aber ist erforderlich, dass jeder Direktor einzeln passiv zur Entgegennahme von Willenserklärungen befugt ist; alles Andere wäre schlicht unpraktikabel.

Überdies verlangt die Vertretungssituation der Forschungskooperation auf Seiten potentieller Vertragspartner ein hinreichendes Maß an Vertrauensschutz. Diese müssen die Möglichkeit haben, bei einer objektiven Stelle nachprüfen zu können, ob die im Namen der Forschungskooperation auftretenden Personen tatsächlich über die erforderliche Vertretungsbefugnis verfügen. Hierfür drängt sich ein Register auf, in welchem bestehende wissenschaftliche Forschungskooperationen aufgelistet sind.[760] In diesem sind die vertretungsbefugten Direktoren namentlich zu nennen.

Zudem stellt sich die Frage nach einer Beschränkbarkeit der Vertretungsmacht der Direktoriumsmitglieder im Kooperationsvertrag oder durch Beschluss der Trägerversammlung. Anleihen im Gesetz lassen sich hierzu etwa aus § 126 Abs. 2 HGB ziehen. Dieser lässt eine Beschränkung der Vertretungsmacht eines OHG-Gesellschafters Dritten gegenüber nicht zu. Der *Telos* dieser Vorschrift ist, dass es Dritten nicht zuzumuten ist, sich über die interne Ausgestaltung der Vertretungsmacht zu informieren.[761] Zwar lässt sich diese Vorschrift grundsätzlich nur in eingeschränktem Maße zur Beurteilung des Forschungsverbunds heranziehen, da dieser gerade kein Handelsgewerbe betreiben kann, was wiederum eine wesensimmanente Voraussetzung für die Verwendung der Rechtsform der OHG ist. Dennoch ist der Kerngedanke dieser Regelung, nämlich Dritten keine Informationspflicht hinsichtlich etwaiger Vertretungsbeschränkungen im Rechtsverkehr aufzuerlegen, durchaus auf wissenschaftliche Forschungskooperationen übertragbar. Im Übrigen findet sich auch in § 37 Abs. 2 GmbHG eine entsprechende Regelung für die GmbH, die nicht zwingend den Betrieb eines Handelsgewerbes erfordert, sondern vielmehr gemäß § 1 GmbHG zu jedem gesetzlich zulässigen Zweck betrieben werden kann. Daher sollte nach der hier vertretenen Ansicht

---

759 Hierzu eingehend *Kleindiek*, in: Lutter/Hommelhoff, GmbHG, § 35 Rn. 26 ff.; *Oetker*, in: Henssler/Srohn, GmbHG, § 35 Rn. 32 ff.; *Koch*, in: Hüffer/Koch, AktG, § 78 Rn. 11 ff.

760 Weitergehend zur Registrierung siehe Kap. 2 B III 2 b.

761 *Klimke*, in: BeckOK zum HGB, § 126 Rn. 8.

auch im Bereich der Verbundforschung keine Möglichkeit seitens der Trägereinrichtungen zur Beschränkung der Vertretungsmacht der Direktoriumsmitglieder im Außenverhältnis bestehen.[762]

3. Innere Organisation

Doch ist es bei der Ausformung eines Organs nicht bereits mit dessen Rechten und Pflichten getan. Vielmehr stellen sich darüber hinaus zahlreiche Fragen hinsichtlich dessen innerer Organisation.

a. Zusammensetzung und Beschlussfassung

Zunächst steht die Frage nach der Anzahl der Direktoriumsmitglieder sowie der Beschlussfassung im Falle einer Mehrheit von Mitgliedern im Raum. Da die zu entwickelnde Organisationsverfassung ein taugliches Gerüst für Forschungskooperationen aller Institutionalisierungsgrade bieten soll, müssen auch kleinste Kooperationsformen mit einbezogen werden. In diesem Fall sollte es möglich sein, dass das Direktorium nur aus einer einzelnen Person besteht. Für größere Kooperationsvorhaben und/oder solche mit mehreren, unterschiedlichen Forschungsprojekten bedarf es der Möglichkeit, dass sich das Direktorium aus mehreren Mitgliedern zusammensetzt. Aus Effizienzgründen empfiehlt es sich jedoch, dass die Anzahl der Direktoren nicht unverhältnismäßig groß ausfällt.[763] Die Beschlussfassung dürfte dabei mit einfacher Mehrheit erfolgen. Zur Erleichterung der Beschlussfassung würde gewiss eine ungerade Anzahl an Direktoren beitragen. Jedenfalls aber verbieten sich an dieser Stelle verpflichtende (gesetzliche) Vorgaben. Vielmehr erscheint es angezeigt, die Frage nach der Anzahl der Direktoren allein durch die Kooperationspartner im Kooperationsvertrag festlegen zu lassen. Auch die Formulierung eines (gesetzlichen) Regelfalls mit dispositiver Abweichungsmöglichkeit würde bereits zu weitgehend die Autonomie der Trägereinrichtungen beschneiden und der Heterogenität wissenschaftlicher Kooperationsformen nicht gerecht werden. Jedoch ist in Anbetracht der Platzierung eines kaufmännischen Direktors[764] durch die im Grundsatz zwingende wissenschaftliche Prägung des Direktoriums darauf zu achten, dass sich dieser einer Mehrheit an „wissenschaftlichen" Direktoren gegenübersieht. Überdies sollten die Direktoren in einem entsprechenden Register zur Erzeugung des nötigen Vertrauensschutzes aufgeführt sein.

---

762 Anders etwa *Kumpan*, OdW 2018, 115, 118, der im nicht grundrechtsrelevanten Bereich ein Vetorecht der Trägerversammlung oder – falls vorhanden – des Aufsichtsrats bei der Vertretung der Forschungskooperation empfiehlt.

763 So auch *Kumpan*, OdW 2018, 115, 118.

764 Weitergehend hierzu vgl. Kap. 2 A II 3 b.

b. Finanzwirtschaftlicher Direktor

Bereits erwähnt wurde die Möglichkeit der Besetzung des Direktoriums mit finanzwirtschaftlichem Personal. Zur Ermöglichung der (wissenschaftlichen) Handlungsfreiheit der Forscher könnte ein solcher Nicht-Wissenschaftler mit der Übernahme vornehmlich wirtschaftlicher bzw. buchhalterischer Tätigkeiten betraut werden. Denn nicht in allen Fällen ist es den Wissenschaftlern zumutbar, sämtliche finanziellen und rechtlichen Aspekte der jeweiligen Forschungsprojekte in eigener Person zu betrauen. Dazu zählt die Erledigung wirtschaftlicher Tagesgeschäfte, wie zum Beispiel das Aushandeln und Abschließen von Verträgen mit Zulieferern oder Dienstleistern; überdies könnte diesem die Buchhaltung sowie die Erstellung des Jahresberichts auferlegt werden.[765] Gerade bei Kooperationen mit einem fortgeschrittenem Institutionalisierungsgrad bietet es sich an, derlei Aufgaben einem finanzwirtschaftlichen Leiter zu übertragen. Diese in finanzieller Hinsicht bedeutsamen Tätigkeiten verlangen dabei vom finanzwirtschaftlichen Direktor in besonderem Maße Neutralität. Im Grundsatz wäre es daher empfehlenswert, dass dieser von keiner der involvierten Trägereinrichtungen stammt, um sicherzustellen, dass keine Partikularinteressen verfolgt werden.[766] Dennoch sollte dies aus praktischen Gründen möglich sein, jedoch unter der Maßgabe, dass dieser im Folgenden nicht als deren Repräsentant, sondern in völliger Unabhängigkeit agiert.

Der Grundsatz der wissenschaftlichen Prägung des Direktoriums wurde bereits propagiert. Es ist dementsprechend fraglich, wie sich dieser hinsichtlich des finanzwirtschaftlichen Direktors und seiner Stellung im Direktorium bzw. im Verhältnis zu den übrigen Direktoriumsmitgliedern äußert. In der Literatur bereits angeklungen ist eine Nachordnung aufgrund der wissenschaftlichen Prägung.[767] Dem ist im Grundsatz zuzustimmen. Doch bedarf es einer näheren Erörterung, wie genau eine solche Nachordnung erzielt werden könnte. Unter diesem Blickwinkel erscheint jedenfalls die Möglichkeit der Ausgestaltung der Stellung des finanzwirtschaftlichen Direktors als ein Finanzministermodell mit Vetorecht eher abwegig, da dieses zu viel Entscheidungsgewalt beinhaltete. Ebenso würde der Grundsatz der wissenschaftlichen Prägung des Leitungsorgans im Widerspruch zu einer Doppelspitze bestehend aus einem Wissenschaftler und einem wirtschaftlichem Leiter stehen, die vielmehr eine Gleichberechtigung wissenschaftlicher neben wirtschaftlichen Aspekten fördern würde. Eher erscheint eine Regelung ähnlich der des § 77 Abs. 1 S. 2 Hs. 2 AktG angemessen, nach der im Falle von Meinungsverschiedenheiten im Vorstand ein oder mehrere Vorstandsmitglieder nicht gegen die Mehrheit seiner Mitglieder entscheiden können.[768] Diesem Gedanken folgend ließe sich eine Eingrenzung der Entscheidungsgewalt des finanzwirtschaftlichen Direktors

765 So bereits *Kumpan*, OdW 2018, 115, 118.
766 So etwa *Kumpan*, OdW 2018, 115, 118.
767 Dazu bereits *Eberbach/Hommelhoff/Lappe*, OdW 2017, 1, 6.
768 Dazu eingehend etwa *Spindler*, in: MüKo zum AktG, § 77 Rn. 14 f.

und damit die Aufrechterhaltung der wissenschaftlichen Prägung des Direktoriums durch die Statuierung einer einfachen Mehrheit bei der Beschlussfassung in Kombination mit einer Mehrheit an Wissenschaftlern gegenüber finanzwirtschaftlichem Personal erzielen. Eine solche personelle Zusammensetzung weist etwa das Deutschen Elektronen-Synchrotron (DESY) auf: Das dortige Direktorium setzt sich aus einem wissenschaftlichen Vorsitzenden, drei weiteren Wissenschaftlern sowie einem kaufmännischen Direktor zusammen.[769] Dieses Modell setzt jedoch denklogisch voraus, dass neben dem wirtschaftlichen Leiter zwei Wissenschaftler Mitglieder des Direktoriums sind. Doch sind Forschungskooperationen mit einem geringeren Institutionalisierungsgrad denkbar, die sich nur eines einzelnen (wissenschaftlichen) Direktors bedienen aber dennoch nicht auf zusätzliches Personal für finanzwirtschaftliche Angelegenheiten verzichten wollen. In diesem Fall wäre die eben geschilderte Gestaltungsvariante ausgeschlossen. Hier bietet es sich vielmehr an, den wirtschaftlichen Leiter – in Gestalt eines Generalsekretärs – unterhalb der Leitung (und des Organgeflechts im Allgemeinen) anzusiedeln.[770] Die Ansiedlung unterhalb des Direktoriums sollte jedoch nur in diesem Fall möglich sein; in allen anderen Fällen empfiehlt es sich, dass der finanzwirtschaftliche Leiter Teil des Direktoriums ist.[771] Dies hängt zum einen mit der besonderen Bedeutung seiner Tätigkeit zusammen, zum anderen aber auch mit einer Vermeidung einer unnötig komplizierten oder unübersichtlichen Entscheidungsstruktur innerhalb der Forschungskooperation.

Bezüglich der Vertretung der Forschungskooperation nach außen wurde bereits festgehalten, dass im Grundsatz Gesamtvertretungsmacht mit einer Abweichungsmöglichkeit im Kooperationsvertrag mit Einzelvertretungsmacht möglich sein sollte.[772] Gerade im Hinblick auf den finanzwirtschaftlichen Direktor bietet es sich an, diesen für wirtschaftliche Angelegenheiten mit Einzelvertretungsmacht auszustatten.[773] Auf diese Weise würden die wissenschaftlichen Direktoriumsmitglieder von der Einbeziehung in (alltägliche) wirtschaftliche Angelegenheiten entbunden und könnten sich in verstärktem Maße dem Forschungsbetrieb widmen.

c. Berufung eines vorsitzenden Direktors

Neben der Benennung eines kaufmännischen Vorstands stellt sich im Falle einer Mehrheit von Direktoriumsmitgliedern die Frage nach einem vorsitzenden Direktoriumsmitglied und ob bejahendenfalls hiermit zusätzliche Kompetenzen einhergehen. Wirft man einen Blick auf die wohl am stärksten institutionalisierte

769 Zum Direktorium des DESY siehe http://www.desy.de/ueber_desy/direktorium/index_ger.html [zuletzt abgerufen am 08.08.2018]; siehe ebenso *Harringa*, OdW 2018, 69 ff.

770 Hierzu etwa *Eberbach/Hommelhoff/Lappe*, OdW 2017, 1, 6.

771 So auch *Eberbach/Hommelhoff/Lappe*, OdW 2017, 1, 6.

772 Vgl. Kap. 2 II 2 c.

773 So auch *Kumpan*, OdW 2018, 115, 118.

(nationale) Rechtsform, die Aktiengesellschaft, so stellt man fest, dass zwar der Aufsichtsrat gemäß § 84 Abs. 2 AktG die Möglichkeit hat, einen Vorstandsvorsitzenden zu ernennen, die Vorstände jedoch untereinander (im Gegensatz zum „Chief Executive Officer" (CEO) angelsächsischer Prägung) gleichberechtigt sind.[774] Zu den Aufgaben des Vorstandsvorsitzeden gehören dabei die Einberufung und Leitung der Sitzungen sowie die Festlegung der Tagesordnung.[775] Der Vorstandsvorsitzende repräsentiert den Vorstand nach außen und ist damit vorrangiger Ansprechpartner für Dritte.[776] Ferner kann durch die Satzung ein Stichentscheidungsrecht des Vorstandsvorsitzenden im Falle einer Pattsituation geregelt werden, im Falle nicht mitbestimmter Aktiengesellschaften sogar ein Vetorecht.[777]

Besteht das Direktorium aus mehrehren Direktoren, entsteht zwangsläufig die Notwendigkeit, eine gewisse innere Organisation im Direktorium herbeizuführen. Auch hier müssen Sitzungen einberufen und geleitet werden. Insofern erscheint die Benennung eines vorsitzenden Direktors, jedenfalls ab einer Anzahl von drei Direktoren, durch den Aufsichtsrat, hilfsweise durch die Trägerversammlung zweckmäßig. Neben der inneren Organisation wäre dieser vorsitzende Direktor überdies das „Gesicht" des Forschungsverbunds nach außen, was Dritten eine Art Anlaufstelle bieten und sich damit vereinfachend auf das Informationsmanagement auswirken könnte. Diese Funktionen können erfüllt werden, ohne dem vorsitzenden Direktor im Vergleich zu den übrigen Direktoren weitergehende Kompetenzen einzuräumen, was zur Verwirklichung der Gleichheit der Wissenschaftler untereinander ratsam erscheint. Insofern ist die Einräumung eines Stichentscheidungsrechts an den vorsitzenden Direktor nach der hier vertretenen Ansicht abzulehnen, erst recht die Einräumung eines Vetorechts. Dadurch kann die Stellung des vorsitzenden Direktors letztlich als die eines Sprechers sowie Organisators beschrieben werden.

d. Bestellung der Direktoren

In den privatrechtlichen Verbänden geht die Leitungsmacht stets von den Mitgliedern aus. Entweder leiten diese den Verband selbst oder aber die Leitung wird durch Organe ausgeübt, die ihrerseits von den Mitgliedern bestimmt werden.[778] Letztlich ist dies zur verbandrechtlichen Legitimation der Leitungsmacht unabdingbar.[779]

---

774 *Saenger*, Gesellschaftsrecht, Rn. 575; *K. Schmidt*, Gesellschaftsrecht, § 28 II 3a, S. 811.

775 *Spindler*, in: MüKo zum AktG, § 84 Rn. 114; *K. Schmidt*, Gesellschaftsrecht, § 28 II 3a, S. 812.

776 *Spindler*, in: MüKo zum AktG, § 84 Rn. 114.

777 *Fleischer*, in: Spindler/Stilz, AktG, § 84 Rn. 89; *Spindler*, in: MüKo zum AktG, § 84 Rn. 114; *Dauner-Lieb*, in: Henssler/Strohn, Gesellschaftsrecht, § 84 AktG Rn. 26; *K. Schmidt*, Gesellschaftsrecht, § 28 II 3a, S. 812; vgl. auch *Simons/Hanloser*, AG 2010, 641 ff.

778 *K. Schmidt*, Gesellschaftsrecht, § 16 I 1, S. 450.

779 Dazu *K. Schmidt*, Gesellschaftsrecht, § 16 I 1, S. 450.

Daher fällt die Kompetenz zur Benennung der Direktoriumsmitglieder auch in der wissenschaftlichen Forschungskooperation der Trägerversammlung zu, sofern dies nicht bereits im Kooperationsvertrag geschehen ist.[780] Eine abweichende Beurteilung könnte sich jedoch bezüglich der Bestellung des finanzwirtschaftlichen Direktors ergeben. Der Grund hierfür ist letztlich im Neutralitätserfordernis seiner Tätigkeit zu erblicken. Vorgeschlagen wird daher, diesen vom Aufsichtsrat bestellen zu lassen, sofern ein solcher vorhanden ist.[781] Dem ist uneingeschränkt zuzustimmen. Letztlich kann auf diese Weise ein Zugewinn an Neutralität erreicht werden, da die Tätigkeit des Aufsichtsrates bereits auf die kritische Überwachung des Direktoriums gerichtet ist. Indem die Aufsichtsratsmitglieder letztlich im Kooperationsvertrag oder von den Kooperationspartnern festgelegt werden, bleibt die erforderliche verbandsrechtliche Legitimation vorhanden. Wie üblich ist die gesellschaftsrechtliche Bestellung von der Anstellung zu unterscheiden. Letztere erfolgt regelmäßig aufgrund eines privatrechtlichen Geschäftsbesorgungsvertrags im Sinne von § 675 BGB auf Grundlage eines Dienstvertrags gemäß § 611 BGB und betrifft das Innenverhältnis zwischen dem Forschungsverbund und dem einzelnen Direktor.[782]

4. Verantwortlichkeit

Zuletzt stellt sich die Frage, wie sich die Verantwortlichkeit des Direktoriums im Organgeflecht der Kooperation sowie nach außen gestaltet. Die Direktoren müssen die Interessen der Forschungskooperation wahrnehmen und alles unterlassen, was den Forschungsverbund schädigt.[783] Im Grundsatz ist aber auch zu beachten, dass die Tätigkeit der Forscher regelmäßig vom Schutzbereich der Wissenschaftsfreiheit nach Art. 5 Abs. 3 S. 1 Var. 2 GG umfasst ist. Aus den Ausführungen diesbezüglich[784] ist bereits absehbar, dass sich Einschränkungen der Gestaltungsfreiheit der Forscher trotz potentiell entgegenstehender Interessen der Kooperationspartner oder der Kooperation selbst in einem gewissen Ausmaß verbieten. Wie sich dies im Einzelnen äußert, soll im Folgenden untersucht werden.

---

780 Zur näheren Ausgestaltung dieses Vorgangs siehe Kap. 2 A III 1 c.

781 *Kumpan*, OdW 2018, 115, 118.

782 Diesbezüglich im Aktienrecht etwa *Saenger*, Rn. 581; vgl. auch BGH, Urt. v. 07.12.1961 – II ZR 117/60 = BGHZ 36, 142, 143; *Raiser/Veil*, Kapitalgesellschaftsrecht, § 14 Rn. 45.

783 So etwa zum Vorstand der Aktiengesellschaft *K. Schmidt*, Gesellschaftsrecht, § 28 II 4a, S. 815.

784 Siehe zum subjektiven Gewährleistungsinhalt der Wissenschaftsfreiheit Kap. 1 A II 1 a bb.

a. *Sorgfalt*

Bei der Wahrnehmung der ihnen übertragenen Zuständigkeiten haben die Direktoren die hierfür erforderliche Sorgfalt einzuhalten. Sorgfalt kann dabei gleichermaßen als Pflicht und als Maß der Verantwortlichkeit verstanden werden.[785] Doch ist es mit der Statuierung dieses für alle Leitungsorgane gesellschaftsrechtlicher Organisationsformen geltenden Grundsatzes nicht getan. Vielmehr bedarf es einer näheren Ausformung, welche Sorgfaltsmaßstäbe für das Direktorium einer Forschungskooperationsgesellschaft gelten sollten. Aus den bisherigen Ausführungen ergibt sich, dass dem Direktorium sowohl wissenschaftliche als auch wirtschaftliche Aufgaben obliegen. Da es sich dabei dem Wesen nach um zwei unterschiedliche Tätigkeitsfelder handelt, empfiehlt sich auch hinsichtlich der Erörterung adäquater Sorgfaltsmaßstäbe eine differenzierende Betrachtung.

aa. Sorgfaltsmaßstab in wirtschaftlichen Angelegenheiten

Zunächst bedarf es einer Ausgestaltung des Sorgfaltsmaßstabs in wirtschaftlichen Angelegenheiten, welcher in erster Linie für den finanzwirtschaftlichen Direktor Bedeutung erlangt. Dabei gilt es im Grundsatz festzuhalten, dass hinsichtlich der Erledigung des wirtschaftlichen Tagesgeschäfts keine Besonderheiten verglichen mit anderen (zivilrechtlichen) Gesellschaftsformen gelten. So hat der finanzwirtschaftliche Direktor mit den der Kooperation zugeordneten Mitteln ordentlich und gewissenhaft hauszuhalten.[786] Stets muss er sowohl die Kooperationsinteressen als auch die der Träger bzw. Gesellschafter, der Gläubiger, der Arbeitnehmer und auch diejenigen der Allgemeinheit berücksichtigen.[787] Insofern erscheint es angezeigt, als Maßstab die *business judgement rule* gemäß § 93 Abs. 1 S. 2 AktG anzulegen; jedenfalls in den Grenzen, die durch die Organisationsverfassung gesetzt werden.[788] Diese Grenzen liegen zum einen im Kooperationsvertrag in Verbindung mit dem Forschungsplan, zum anderen in einem der Trägerversammlung wohl letztlich einzuräumenden Weisungsrecht gegenüber dem Direktorium, zumindest in wirtschaftlichen Angelegenheiten.[789]

bb. Sorgfaltsmaßstab in wissenschaftlichen Angelegenheiten

Ein anderes Bild zeichnet sich dagegen bei der Formulierung des wissenschaftlichen Sorgfaltsmaßstabs ab. Der Kooperationsvertrag sowie der Forschungsplan

---

785 *Lappe*, Kooperationen wissenschaftlicher Einrichtungen, 2019, S. 464; *Deutsch*, AcP 202 (2002), 889, 903.

786 Dazu ferner *Kumpan*, OdW 2018, 115, 119; vgl. auch *Lappe*, Kooperationen wissenschaftlicher Einrichtungen, 2019, S. 460 ff.

787 So etwa zur Sorgfaltspflicht des Vorstands in der Aktiengesellschaft *Spindler*, in: MüKo zum AktG, § 93 Rn. 22.

788 *Kumpan*, OdW 2018, 115, 120.

789 Dazu weitergehend vgl. Kap. 2 A III 1 d.

geben dabei einen Rahmen bezüglich des Forschungsfeldes, des Forschungsgegenstands sowie des Forschungsziels vor, innerhalb dessen sich der Ermessensspielraum der Direktoren aufhält. Auch ist wohl zur Wahrung des Einflusses der Trägereinrichtungen der Trägerversammlung ein Weisungsrecht gegenüber dem Direktorium zuzuerkennen, allerdings beschränkt auf wirtschaftliche Entscheidungen sowie die Einhaltung des Forschungsplans.[790] Darüber hinaus aber besteht aufgrund der Wissenschaftsfreiheit nach Art. 5 Abs. 3 S. 1 Var. 2 GG ein ermessensfreier Gestaltungsspielraum der wissenschaftlichen Direktoren.

Dies bedeutet jedoch nicht zugleich, dass diese innerhalb des ihnen vorgegebenen Rahmens in wissenschaftlicher Hinsicht nach Belieben in der Forschungskooperation schalten und walten können. Ihre organschaftliche Stellung verpflichtet die Direktoren vielmehr zur Wahrung der Interessen der Kooperation. Dieser Umstand verlangt nach der Formulierung eines Sorgfaltsmaßstabs für den ermessensfreien Handlungsraum in wissenschaftlichen Fragen. Den Ausgangspunkt liefert dabei die Feststellung, dass auch in der Forschungskooperationsgesellschaft die geltenden wissenschaftlichen Standards in methodischer und ethischer Hinsicht einzuhalten sind, wozu etwa die Durchführung sog. *Freedom-to-operate-searches* durch das Leitungsorgan gehört. Diese dienen dazu, potentielle Verletzungen von Schutzrechten Dritten gegenüber durch die Tätigkeit der Forschungskooperationsgesellschaft auszuschließen.[791] Allerdings ist fraglich, welche darüber hinausgehenden generellen Anforderungen hinsichtlich der Sorgfalt des Direktoriums bei der Erledigung seiner Aufgaben Geltung beanspruchen.

Ebenjener Sorgfaltsmaßstab könnte in einer Abwandlung *der business judgement rule* bezogen auf wissenschaftliche Handlungen liegen, einer *science judgement rule*.[792] Dabei bedarf es zunächst einer Darlegung der grundsätzlichen Erwägungen zur *business judgement rule*, um Erkenntnisse hinsichtlich der Vergleichbarkeit und letztlich auch der Übertragbarkeit der dahinterstehenden Idee auf wissenschaftliche Tätigkeiten zu gewinnen. Demnach sind unternehmerische Entscheidungen typischerweise Entscheidungen, die mit einer gewissen Unsicherheit getroffen werden, denen zum Großteil prognostische Elemente zugrunde liegen und daher nicht der *ex post* erfolgenden gerichtlichen Kontrolle unterliegen sollten.[793] Es muss dem Leitungsorgan möglich sein auch Rechtsgeschäfte, denen ein gewisses Risiko anhaftet, vornehmen zu können, ohne zugleich in der Vornahme solcher Geschäfte unternehmerische Pflichtwidrigkeit oder Verschulden zu erblicken, um nicht etwa eine den Unternehmenserfolg gefährdende risikoaverse Haltung einzunehmen.[794]

---

790 Dazu weitergehend Kap. 2 A III 1 d.

791 Hierzu *Lappe*, Kooperationen wissenschaftlicher Einrichtungen, 2019, S. 139.

792 Vgl. hierzu *Lappe*, Kooperationen wissenschaftlicher Einrichtungen, 2019, S. 539 ff.

793 *Fleischer*, in: Spindler/Stilz, AktG, § 93 Rn. 60; *Spindler*, in: MüKo zum AktG, § 93 Rn. 36; *ders.*, AG 2006, 677 ff.; *Schäfer*, ZIP 2005, 1253, 1253 f.; *Schneider*, DB 2005, 707, 708 f.; *Koch*, AG 2009, 93, 95; *Redeke*, ZIP 2011, 59, 60; *Fleischer*, NZG 2011, 521 ff.

794 BGH, *Urt. v.* 21.04.1997 – II ZR 175/95 – ARAG/Garmenbeck = BGHZ 135, 244, 253; dazu *Spindler*, in: MüKo zum AktG, § 93 Rn. 36.

Dementsprechend wird ein haftungsfreier Ermessensspielraum angenommen, wenn der betreffende Vorstand auf Grundlage angemessener Information, ohne Sonderinteressen und sachfremde Einflüsse, zum Wohle der Gesellschaft und in gutem Glauben eine unternehmerische Entscheidung getroffen hat.[795]

Im Vergleich unternehmerischer Entscheidungen mit wissenschaftlichen Forschungsmaßnahmen wird deutlich, dass sich auch derartige Maßnahmen durch ihren Prognosecharakter und ihr Fehlschlagrisiko auszeichnen. Bereits in den Ausführungen zum Faktor der Ungewissheit im wissenschaftlichen Forschungsprozess fand das zugespitzte Zitat Erwähnung, dass „in der Forschung immer mindestens die Hälfte des Geldes zum Fenster hinausgeworfen werde, man zu Beginn nur nie wisse welche".[796] Zudem gehen oftmals komplexe Bewertungsprozesse der Entscheidungsfindung vor.[797] Auch ist im forschungskooperativen Kontext regelmäßig der Schuldgegenstand nicht die Erzielung eines bestimmten Erfolges, sondern die Ausführung *lege artis*[798], wobei zur Ausformung dieses Standards regelmäßig der Rückgriff auf sog. *soft law* möglich ist.[799] Es kann also festgehalten werden, dass wissenschaftliche und unternehmerische Entscheidungen weitreichende Gemeinsamkeiten aufweisen, welche für eine Übertragung des Kerngedankens der *business judgement rule*, nämlich die Gewährung eines haftungsfreien Ermessensspielraum bei Vorhandensein bestimmter Voraussetzungen in der Entscheidungsfindung, sprechen. Hinzu kommt die von Art. 5 Abs. 3 S. 1 Var. 2 GG geforderte grundrechtssichernde Binnenstruktur.[800] Diese erfordert nach der hier vertretenen Ansicht nicht nur eine entsprechende kompetenzielle Ausstattung der Grundrechtsträger, sondern vielmehr darüber hinaus eine gewisse haftungsrechtliche Absicherung bei ungewissen, ergebnisoffenen Forschungsmaßnahmen.

---

795 Näher zu den einzelnen Tatbestandsmerkmalen siehe etwa *Fleischer*, in: Spindler/Stilz, AktG, § 93 Rn. 66 ff.

796 *Schmeißer/Zirkel*, MDR 2003, 849, 850; vgl. auch *Zirkel*, in: Mielert/Kaiser (Hrsg.), FS Polter, 2007, S. 51, 53; im Übrigen vgl. Kap. 1 B II 3.

797 So auch *Lappe*, Kooperationen wissenschaftlicher Einrichtungen, 2019, S. 476 f.

798 Vgl. dazu BGH, *Urt. v.* 16.07.2002 – X ZR 27/01 = BGHZ 151, 330 = NJW 2002, 3323; *Rosenberger*, Verträge über Forschung und Entwicklung, 2010, S. 287 f.; *Möffert*, Der Forschungs- und Entwicklungsvertrag, 3. Auflage 2008, S. 41 f.; *Lappe*, Kooperationen wissenschaftlicher Einrichtungen, 2019, S. 477; *Schmeißer/Zirkel*, MDR 2003, 849, 850.

799 Hierzu *Lappe*, Kooperationen wissenschaftlicher Einrichtungen, 2019, S. 158; *Müller-Graff*, EuR 2012, 18, 19 ff.; *Casper*, in: Staudinger, BGB, § 276 Rn. 39; siehe auch die Vorschläge des DFG zur Sicherung guter wissenschaftlicher Praxis, abrufbar unter http://www.dfg.de/download/pdf/dfg_im_profil/reden_stellungnahmen/download/empfehlung_wiss_praxis_1310.pdf [zuletzt abgerufen am 11.08.2018].

800 Weitergehend siehe Kap. 1 A II 1 b aa.

b. Geheimhaltung

Neben den Sorgfaltsmaßstäben für wirtschaftliche und wissenschaftliche Ermessensspielräum erlangen Geheimhaltungspflichten in der Verbundforschung eine gesteigerte Bedeutung.[801] Als Ausgangspunkt kann hierzu auf die Ausführungen im IP-Recht verwiesen werden.[802] Dabei steht insbesondere die Geheimhaltung von Know-how sowie von nicht schutzfähigen Leistungen im Vordergrund, die eine entsprechende Berücksichtigung im Kooperationsvertrag fordern. Auch wenn reine Forschungsträger in Gestalt von Hochschulen regelmäßig an einer möglichst öffentlichkeitswirksamen Publikation der Forschungsergebnisse interessiert sind, kann auf der anderen Seite für ein Industrieunternehmen ein Erkenntnisvorsprung gegenüber Konkurrenten ein entscheidender Wettbewerbsvorteil sein. Auch das Geschäftsmodell der außeruniversitären Forschungseinrichtungen („Intellectual-Property-Prinzip") erfordert einen Vorsprung durch bestehende IP-Rechte sowie sonstigem Know-how, um weiterhin ein attraktiver Partner für die Eingehung von Forschungskooperationen in der Zukunft zu bleiben. Letztlich kann sich aus alledem bei der Durchführung der Kooperation unter Umständen ein Aufzeichnungs-, Weitergabe- und Veröffentlichungsverbot ergeben.[803] So enthält beispielsweise das BMWi-Muster eine Klausel, nach der die Hochschule bzw. Forschungseinrichtung die Ergebnisse ohne schriftliche Zustimmung des Industriepartners nicht veröffentlichen darf, solange die Ergebnisse der Geheimhaltung unterliegen.[804] Zwar ist zur Überwachung derartiger Verbote vornehmlich ein entsprechendes Überwachungsorgan berufen[805], doch auch das Direktorium bleibt von bestehenden Geheimhaltungsverpflichtungen nicht verschont. In Anbetracht dessen stellt sich die Frage, ob und bejahendenfalls wie eine entsprechende Geheimhaltungspflicht für das Direktorium der Forschungskooperation ausgestaltet sein sollte.

aa. Regelung des § 93 Abs. 1 S. 3 AktG als Ausgangspunkt

Hierbei vermögen die bereits vorhandenen gesetzlichen Geheimhaltungsregeln einen Ausgangspunkt zu bilden. Dabei drängt sich in erster Linie die Regelung des § 93 Abs. 1 S. 3 AktG auf. Diese Verschwiegenheitspflicht der Vorstandsmitglieder ist letztlich Ausfluss der organschaftlichen Treuepflicht und kann weder eingeschränkt noch ausgeschlossen werden.[806] Geheimnisse der Gesellschaft sind dabei Tatsachen, die nicht offenkundig sind und nach dem geäußerten oder

---

801 So auch *Kumpan*, OdW 2018, 115, 119.
802 Siehe Kap. 1 A IV 1 a.
803 So etwa auch im BMWi-Muster, S. 46, Ziffer 15, siehe Fn. 25.
804 BMWi-Muster, S. 39, Ziffer 7.2, siehe Fn. 25.
805 Dau weitergehend siehe Kap. 2 A IV 1 a.
806 *Spindler*, in: MüKo zum AktG, § 93 Rn. 113; *Bank*, NZG 2013, 801 ff.; *Fleischer*, in: Spindler/Stilz, AktG, § 93 Rn. 160, 162; *Krieger/Sailer-Coceani*, in: K. Schmidt/Lutter, AktG, § 93 Rn. 17.

mutmaßlichen Willen der Gesellschaft auch nicht offenkundig werden sollen.[807] Zwar sind beispielhaft Betriebs- und Geschäftsgeheimnisse genannt, jedoch gilt Gleiches etwa auch für die Unternehmens- und Investitionsplanung, Absatzdaten, Kalkulationen, Fertigungsverfahren, Erfindungsleistungen und Konstruktionen.[808] Grenzen dieser Verschwiegenheitspflicht können sich etwa aus gesetzlichen Auskunftspflichten ergeben. Dies betrifft in erster Linie den Informationsfluss innerhalb des Vorstands sowie gemäß § 90 AktG gegenüber dem Aufsichtsrat.[809] Hinzu kommen Auskunftspflichten gegenüber dem Abschlussprüfer, § 320 Abs. 2 HGB, den Aktionären, §§ 131, 175 Abs. 2, 176 Abs. 1 AktG, dem Betriebsrat, §§ 90, 92, 99, 111 BetrVG sowie steuerrechtliche und kapitalmarktrechtliche Informationspflichten.[810] Ferner kann die Beachtung der Verschwiegenheitspflicht zur Vermeidung der Abberufung oder von Schadensersatzansprüchen im Ausnahmefall unzumutbar sein.[811] Im Einzelfall kann sich weitergehend eine Einschränkung der Verschwiegenheitspflicht ergeben, wenn die Offenbarung des Geheimnisses im Gesellschaftsinteresse liegt.[812]

bb. Übertragung auf die wissenschaftliche Forschungskooperation

Die Tatbestandsmerkmale „vertrauliche Angaben" sowie „Geheimnisse" erscheinen als hinreichend offen für den in der Verbundforschung erforderlichen sensiblen Umgang mit Know-how, *foreground-* und *background-IP* sowie laufende Forschungsprojekte. Auch in der Forschungskooperation werden Auskunftspflichten gegenüber dem Überwachungsorgan bestehen.[813] In besonderem Maße erörterungsbedürftig erscheint dagegen eine Beschränkung der Verschwiegenheitspflicht im Falle eines entsprechenden Gesellschaftsinteresses. Grundsätzlich ist eine solche Ausnahmeregelung auch für den forschungskooperativen Kontext geboten.[814] Doch muss in einem solchen Fall das Kooperationsinteresse hinreichend klar bestimmt sein. Regelmäßig könnte nämlich etwa öffentlich-rechtlichen Trägereinrichtungen zur Reputationssteigerung an einer Veröffentlichung der Forschungsergebnisse gelegen sein, während dies von Seiten des Wirtschaftsunternehmens

807 BGH, *Urt. v.* 05.06.1975 – II ZR 156/73 = BGHZ 64, 325, 329; *Spindler*, in: MüKo zum AktG, § 93 Rn. 117; *Fleischer*, in: Spindler/Stilz, AktG, § 93 Rn. 164.

808 *Fleischer*, in: Spindler/Stilz, AktG, § 93 Rn. 164; *Spindler*, in: MüKo zum AktG, § 93 Rn. 117.

809 *Spindler*, in: MüKo zum AktG, § 93 Rn. 128; *Fleischer*, in: Spindler/Stilz, AktG, § 93 Rn. 167; vgl. auch BGH, *Urt. v.* 26.03.1956 – II ZR 57/55 = BGHZ 20, 239, 246.

810 Eingehend hierzu *Fleischer*, in: Spindler/Stilz, AktG, § 93 Rn. 167 ff.; *Krieger/Sailer-Coceani*, in: K. Schmidt/Lutter, AktG, § 93 Rn. 21; *Fleischer/Schmolke*, DB 2007, 95 ff.

811 *Spindler*, in: MüKo zum AktG, § 93 Rn. 133; *Fleischer*, in: Spindler/Stilz, AktG, § 93 Rn. 168; *Krieger/Sailer-Coceani*, in: K. Schmidt/Lutter, AktG, § 93 Rn. 22.

812 *Fleischer*, in: Spindler/Stilz, AktG, § 93 Rn. 169.

813 Vgl. dazu Kap. 2 A IV 1 c aa.

814 So auch *Kumpan*, OdW 2018, 115, 119.

zur Bewahrung eines Wettbewerbsvorteils abgelehnt wird.[815] In einem solchen Zielkonflikt wäre es für das Direktorium ohne eine detaillierte Regelung im Kooperationsvertrag besonders problematisch, ein einheitliches Kooperationsinteresse auszumachen. Um sich durch eine Preisgabe von Geheimnissen oder vertraulichen Angaben nicht schadensersatzpflichtig zu machen, ist hier eine besondere Achtsamkeit gefordert.

Zudem gilt es zu bedenken, dass die Wissenschaftsfreiheit nach Art. 5 Abs. 3 S. 1 Var. 2 GG einer zu weitgehenden Beschränkung des Forschungspersonals, mithin auch der wissenschaftlichen Direktoren, entgegenstehen könnte. Diesem Gedanken folgend könnte die Statuierung einer den getätigten Ausführungen entsprechenden Geheimhaltungspflicht gegen den subjektiven Gewährleistungsinhalt von Art. 5 Abs. 3 S. 1 Var. 2 GG verstoßen und damit verfassungswidrig sein. Im Bereich der Hochschulorganisation etwa verbieten sich Organisationsnormen, die ein Gesamtgefüge schaffen, das die freie wissenschaftliche Betätigung und Aufgabenerfüllung strukturell gefährdet.[816] Gerade die Publikation von Forschungsergebnissen ist wesensimmanenter Bestandteil der wissenschaftlichen Forschungstätigkeit. Doch ist auch an dieser Stelle auf die bestehenden Unterschiede zur Verbundforschung hinzuweisen: Hier besteht keine derart unmittelbare Gefährdungslage, vielmehr stellt der Forschungsverbund regelmäßig eine Zusammenkunft mehrerer Grundrechtsträger dar, deren Positionen zueinander in einen Ausgleich gebracht werden müssen. Zudem wäre es aus Sicht außeruniversitärer Forschungseinrichtungen und Wirtschaftsunternehmen letztlich ein absoluter Hinderungsgrund zur Eingehung von Kooperationen mit Hochschulen, könnten diese nicht rechtssicher auf die vereinbarte Geheimhaltung erzielter Resultate bestehen.[817] Damit erscheint eine Vereinbarkeit der beschriebenen Geheimhaltungspflicht mit der Wissenschaftsfreiheit gegeben. Im Grundsatz bildet somit nach der hier vertretenen Ansicht § 93 Abs. 1 S. 3 AktG einen tauglichen Ausgangspunkt bei der Ausformung einer Geheimhaltungspflicht für Direktoren in der Forschungskooperation.

---

815 Zur Interessenslage der beteiligten Trägereinrichtungen siehe weitergehend Kap. 1 B II 1.

816 BVerfG, *Beschl. v.* 26.10.2004 – 1 BvR 911, 927, 928/00 – Brandenburgisches Hochschulgesetz = BVerfGE 111, 333, 355; BVerfG, *Beschl. v.* 20.07.2010 – 1 BvR 748/06 – Hamburgisches Hochschulgesetz = BVerfGE 127, 87.

817 So fordert aus Sicht der außeruniversitären Forschungseinrichtungen das Intellectual-Property-Prinzip ihrerseits einen Wissensvorsprung in Form von bestehenden IP-Rechten, dazu *Ulf*, in: Mielert/Kaiser (Hrsg.), FS Polter, 2007, S. 19, 26; zum Geheimhaltungsinteresse der Wirtschaftsunternehmen siehe *Bagdassarov*, Wissens- und Technologietransfer an Universitäten, 2012, S. 61.

c. Loyalität

Neben der Einhaltung gewisser Sorgfalts- und Geheimhaltungspflichten sind die Direktoren der Forschungskooperation gegenüber zur Loyalität verpflichtet. Sie haben sich die für Interessen des Forschungsverbunds einzusetzen und alles zu unterlassen, was zu diesen Interessen in einem Widerspruch stünde.[818] Hierzu zählt nicht nur etwa die eigennützige Verwendung von der Kooperation zur Verfügung gestellten Forschungsgeldern, sondern unter Umständen auch die Tätigkeit in einer anderen Kooperation oder sonstigen Forschungseinrichtung. Dies ruft die Frage nach etwaigen Wettbewerbsverboten auf den Plan. Auch hierfür liefert das Aktienrecht einen Anstoß. § 88 AktG enthält ein umfassendes Wettbewerbsverbot für Mitglieder des Vorstands während ihrer Tätigkeit in der AG.[819] Dieses verbietet den Vorstandsmitgliedern in sachlicher Hinsicht ohne Einwilligung des Aufsichtsrats drei verschiedene Tätigkeitsfelder: den Betrieb eines Handelsgewerbes, das Geschäftemachen im Geschäftszweig der Gesellschaft sowie eine Stellung als Vorstand, Geschäftsführer oder persönlich haftender Gesellschafter in einer anderen Handelsgesellschaft.[820] Der Begriff des Geschäftemachens meint dabei jede, wenn auch nur spekulative, auf Gewinnerzielung gerichtete Teilnahme am geschäftlichen Verkehr, die nicht nur zur Befriedigung eigener privater Bedürfnisse erfolgt.[821] Überdies verbietet es die Treuepflicht dem Vorstand, Geschäftschancen der AG an sich zu ziehen (sog. Geschäftschancenlehre) oder Insidergeschäfte zu tätigen.[822] Dieses weitgehende Wettbewerbsverbot in voller Strenge auf wissenschaftliche Forschungskooperationen zu übertragen, wirft wiederum Bedenken in verfassungsrechtlicher Hinsicht auf. Denn verboten wäre folglich jegliche andere Tätigkeit in einer anderen Forschungskooperation. Dies würde einer von Art. 5 Abs. 3 S. 1 Var. 2 GG geforderten grundrechtssichernden Binnenstruktur sowie der Vermeidung einer strukturellen Gefährdung der Wissenschaftsfreiheit letztlich nicht gerecht. Doch auf der anderen Seite darf das Interesse der Kooperationspartner, dass die erzielten Erkenntnisse auch nur den an der Kooperation beteiligten Trägereinrichtungen zugutekommen (können), nicht gänzlich vernachlässigt werden. Dementsprechend sollte ein begrenztes Verbot statuiert werden, dass den Direktoren die Tätigkeit in einer anderen Forschungskooperation mit identischem oder ähnlichem Forschungsgegenstand untersagt, allerdings verbunden mit der Möglichkeit der Befreiung durch die Zustimmung der Trägerversammlung.[823]

---

818 So auch *Kumpan*, OdW 2018, 115, 119.

819 Dazu BGH, *Urt. v.* 02.04.2001 – II ZR 217/99 = NJW 2001, 2476; *Fleischer*, in: Spindler/Stilz, AktG, § 88 Rn. 1.

820 *Fleischer*, in: Spindler/Stilz, AktG, § 88 Rn. 15.

821 Vgl. BGH, *Urt. v.* 17.02.1997 – II ZR 278/95 = NJW 1997, 2055, 2056; *Spindler*, in: MüKo zum AktG, § 88 Rn. 14; *Fleischer*, in: Spindler/Stilz, AktG, § 88 Rn. 20.

822 *Saenger*, Gesellschaftsrecht, Rn. 589; *K. Schmidt*, Gesellschaftsrecht, § 20 V 3, S. 599 f.

823 *Kumpan*, OdW 2018, 115, 119.

5. *Zusammenfassung*

Das Direktorium sichert die äußere Handlungsfähigkeit der Forschungskooperation und fungiert als zentrales Steuerungs- und Verwaltungsorgan. Der von Art. 5 Abs. 3 S. 1 Var. 2 GG geforderte Grundsatz der wissenschaftlichen Prägung bedingt eine Mehrheit von Forschern gegenüber finanzwirtschaftlichem Personal. Dem Direktorium obliegen die gewöhnlichen Geschäftsführungsangelegenheiten, wozu die Bereitstellung von benötigten Finanzmitteln und sonstigen Hilfsmitteln zur Durchführung der Forschungsarbeiten ebenso wie die Protokollierung des Forschungsprozesses gehören. Aus Gründen der Effizienz sowie Flexibilität sollte das Direktorium zusätzlich (als Auffangkompetenz) für außergewöhnliche Geschäftsführungsmaßnahmen zuständig sein. Im Falle einer Mehrheit von Direktoren empfehlen sich als Ausgangsregelung Gesamtgeschäftsführungsbefugnis sowie Gesamtvertretungsmacht, jedoch mit dispositiver Abweichungsmöglichkeit. Beschränkungen der Vertretungsmacht durch die Trägerversammlung sind abzulehnen. Daneben ist die Bestellung eines finanzwirtschaftlichen, neutralen Direktors zur Übernahme wirtschaftlicher und buchhalterischer Tätigkeiten ratsam. Durch die Statuierung einer einfachen Mehrheit bei der Beschlussfassung in Kombination mit einer Mehrheit an wissenschaftlichem Personal würde der Grundsatz der wissenschaftlichen Prägung gewahrt. Die Benennung eines vorsitzenden Direktors erscheint im Falle einer Mehrheit von Direktoriumsmitgliedern in organisatorischer Hinsicht zweckmäßig, jedoch ohne diesem weitergehende Befugnisse einzuräumen. Die Bestellung der Direktoren erfolgt durch die Trägerversammlung, wobei der finanzwirtschaftliche Direktor vom Aufsichtsrat benannt werden sollte. Bei der Ausgestaltung des Sorgfaltsmaßstabs ist zwischen wirtschaftlichen und wissenschaftlichen Tätigkeiten zu differenzieren. Während für die Erledigung wirtschaftlicher Tätigkeiten (durch den finanzwirtschaftlichen Direktor) übliche zivilrechtliche Sorgfaltsmaßstäbe gelten, könnte der dem Direktorium zustehende und von Art. 5 Abs. 3 S. 1 Var. 2 GG geforderte ermessensfreie Gestaltungsspielraum in wissenschaftlichen Angelegenheiten von einer *science judgement rule* flankiert werden. Die Besonderheiten kooperativer Forschung erfordern die Statuierung einer Geheimhaltungspflicht, wobei sich als Ausgangspunkt die aktienrechtliche Regelung des § 93 Abs. 1 S. 3 AktG anbietet, während sich bei der Ausformung der Loyalitätspflichten aus verfassungsrechtlichen Gründen § 88 AktG als zu restriktiv erweist.

III. Trägerversammlung

Nach der Ausgestaltung des Direktoriums richtet sich der Blick auf die Trägerversammlung. Diese bildet als Zusammenkunft sämtlicher Trägereinrichtungen das Basisorgan der Forschungskooperationsgesellschaft.[824] Die Statuierung einer

824 *Eberbach/Hommelhoff/Lappe*, OdW 2017, 1, 6; *Kumpan*, OdW 2018, 115, 120; zu den Funktionsunterschieden der jeweiligen Organarten siehe *K. Schmidt*, Gesellschaftsrecht, § 14 II 1, S. 408 f.

Trägerversammlung ist damit zwingend in der Organisationsverfassung des Forschungsverbunds vorzusehen. Die Trägerversammlung dient maßgeblich der Wahrung des Einflusses und der Erkennbarkeit der Trägereinrichtungen in der Forschungskooperation. Sie soll sicherstellen, dass die Kooperationspartner nach dem Abschluss des Kooperationsvertrages und des Beginns der Forschungstätigkeiten mit ausreichender Information versorgt werden und möglichst effizient die ihnen zustehenden Rechte wahrnehmen sowie sich untereinander abstimmen können.[825] Überdies vermittelt diese im Falle der Beteiligung öffentlich-rechtlicher Trägereinrichtungen die demokratische Legitimation, was einen gewissen Bestand an unentziehbaren Befugnissen zugunsten der Trägerversammlung erfordert.[826]

1. *Rechte und Pflichten*

Wie sich diese Umstände auf die Rechte und Pflichten der Trägerversammlung im Einzelnen auswirken, wird im Folgenden näher erläutert.

a. *Zuständigkeit für Grundlagengeschäfte*

Zu den Befugnissen der Trägerversammlung gehört dabei unstreitig die Kompetenz für Grundlagengeschäfte betreffend den Fortbestand, strategische Entscheidungen sowie die Struktur des Forschungsverbunds.[827] Hierzu zählen etwa die Erweiterung, Verkleinerung oder sonstige Veränderung des Forschungsgegenstands oder des Forschungsziels sowie die Änderung des Forschungsplans oder des Kooperations- bzw. Gesellschaftsvertrags.[828] Auch eine Veränderung des Gesellschafterkreises oder eine Umwandlung der Rechtsform ist Sache der Trägerversammlung.[829] Weiterhin obliegt es den Trägereinrichtungen, über die finanzielle, sachliche sowie personelle Ausstattung der Kooperation zu befinden, wobei die Entscheidungsbefugnis hinsichtlich der Verwendung zur Verfügung gestellter Gelder beim Leitungsorgan liegt.[830] Sollte sich im Lauf des Forschungsprozesses und/oder im Zuge fortschreitender Institutionalisierung der Bedarf nach der Hinzuschaltung eines weiteren, verfügbaren Organs, etwa zur Überwachung, herausstellen, so haben

---

825 Ebenso *Kumpan*, OdW 2018, 115, 120.

826 Vgl. etwa zum Geheimnisschutz bei Aktiengesellschaften mit Beteiligung der öffentlichen Hand BVerfG, *Urt. v.* 07.11.2017 – 2 BvE 2/11 = BVerfG 147, 50; *Schockenhoff*, NZG 2018, 521 ff.

827 Zur Hauptversammlung in der Aktiengesellschaft etwa *Saenger*, Gesellschaftsrecht, Rn. 607.

828 So auch *Eberbach/Hommelhoff/Lappe*, OdW 2017, 1, 6; *Kumpan*, OdW 2018, 115, 120.

829 *Eberbach/Hommelhoff/Lappe*, OdW 2017, 1, 6; *Kumpan*, OdW 2018, 115, 120; weitergehend zu Veränderungen im Gesellschafterbestand siehe Kap. 2 A III 3.

830 So auch *Kumpan* OdW 2018, 115, 120.

darüber ebenso die Trägereinrichtungen im Rahmen ihrer Zusammenkunft zu befinden.

b. „Weitere" Überwachung des Direktoriums

Daneben stellt sich die Frage, ob/inwieweit die Trägerversammlung die Prüfung und Überwachung des Direktoriums übernimmt. Die Überwachung des Direktoriums hängt wie die personelle Zusammensetzung des Direktoriums selbst letztlich entscheidend vom Institutionalisierungsgrad der Kooperation ab. Während in kleinen Kooperationsformen das Organgeflecht möglichst übersichtlich gestaltet sein sollte, besteht in größeren Kooperationen regelmäßig der Bedarf nach einer ausdifferenzierteren Organstruktur. Dementsprechend würde es sich als geeignet erweisen, die Überwachung und Prüfung der Leitungstätigkeit des Direktoriums in Kooperationen mit geringem Institutionalisierungsgrad der Trägerversammlung zukommen zu lassen, um einen ausufernden und schwerfälligen Organapparat zu vermeiden.[831] Dagegen bietet sich für Forschungskooperationen mit fortgeschrittenem Institutionalisierungsgrad die Installation eines von der Trägerversammlung getrennten Organs, eines Aufsichtsrats, zur „engeren" Überwachung, Prüfung und Begleitung der Leitung bzw. des Forschungsprozesses an, während der Trägerversammlung lediglich eine „weitere" Überwachung bleibt.[832] Dabei sollte die Entscheidung der Auslagerung der Überwachung auf ein separates Organ zur Wahrung der nötigen Flexibilität der Kooperationsform den Trägereinrichtungen obliegen, sodass sich eine entsprechende gesetzliche Regelung durch einen dispositiven Charakter auszeichnen würde.[833] Wie eine solche „engere" Überwachung im Einzelnen beschaffen sein sollte, wird an späterer Stelle im Rahmen der Befugnisse des Aufsichtsrats behandelt.[834] Im Folgenden wird vielmehr auf die Ausgestaltung der „weiteren" Überwachung eingegangen, die somit die Existenz eines Aufsichtsrats zur „engeren" Überwachung voraussetzt.

Erwogen könnte dabei eine Anlehnung an die §§ 118 ff. AktG, die die Rechte der Hauptversammlung in der Aktiengesellschaft regeln. Dabei gilt im Grundsatz, dass die Hauptversammlung im Organgefüge der Aktiengesellschaft nicht das oberste Beschlussorgan einer hierarchisch geprägten Organverfassung ist, sondern vielmehr eine Machtbalance zwischen Vorstand, Aufsichtsrat und Hauptversammlung besteht.[835] Dieser Befund steht im Einklang mit der (grundrechtlich geforderten) Wahrung der Handlungsfreiheit der Forscher. Diese sollen entweder in Gestalt des Direktoriums oder unter dessen Leitung im Forschungsverbund möglichst ungestört und frei agieren können, was durch die Existenz einer übergeordneten

---

831 *Eberbach/Hommelhoff/Lappe*, OdW 2017, 1, 6 f.; *Kumpan*, OdW 2018, 115, 120.
832 *Eberbach/Hommelhoff/Lappe*, OdW 2017, 1, 6 f.; *Kumpan*, OdW 2018, 115, 120.
833 *Eberbach/Hommelhoff/Lappe*, OdW 2017, 1, 7; *Kumpan*, OdW 2018, 115, 121.
834 Zur „engeren" Überwachung vgl. Kap. 2 A IV 1 a.
835 *Saenger*, Gesellschaftsrecht, Rn. 606; *Koch*, in: Hüffer/Koch, AktG, § 118 Rn. 4; *Raiser/Veil*, Kapitalgesellschaftsrecht, § 16 Rn. 1.

Gesellschafterversammlung gefährdet sein könnte. Allerdings offenbaren sich auf der anderen Seite gewisse Strukturmerkmale in den §§ 118 ff. AktG, welche einer Übertragung auf einen wissenschaftlichen Forschungsverbund widersprechen. Dieser Umstand liegt im Wesentlichen in dem Zweck der Aktiengesellschaft begründet: Sie dient in erster Linie als Kapitalsammelbecken für größere Unternehmungen wirtschaftlicher Natur.[836] Dementsprechend liegt der Fokus der der Hauptversammlung in § 119 Abs. 1 AktG zugeordneten Entscheidungsbefugnisse auf der Wahrnehmung finanzieller Rechte, wie zum Beispiel der Verwendung des Bilanzgewinns, § 119 Abs. 1 Nr. 2 AktG, oder der Entscheidung über Maßnahmen der Kapitalbeschaffung oder der Kapitalherabsetzung, § 119 Abs. 1 Nr. 6 AktG.[837] Überdies zeichnen sich die §§ 118 ff. AktG durch eine detailreiche und strikte Regelung aus, die der nötigen Flexibilität, die die Governance-Struktur eines Forschungsverbunds aufweisen muss, nicht gerecht werden würde. Letztlich muss daher konstatiert werden, dass die §§ 118 ff. AktG im Grundsatz nicht als tauglicher Ansatz für die Ausgestaltung einer „weiteren" Überwachung durch die Trägerversammlung (und auch deren sonstigen Befugnisse) dienen können.[838]

Daher ist fraglich, wie sich eine „weitere" Überwachung durch die Trägerversammlung stattdessen darstellt. Jedenfalls ist dabei der zentrale Aspekt gewiss die Vorlage des vom finanzwirtschaftlichen Direktor erstellten Jahresberichts.[839] Eine weitergehende Prüfung von Büchern und Abschlüssen, wozu etwa das Projekttagebuch zählt, ist hingegen Teil der „engeren" Überwachung und damit im Falle des Bestehens eines Aufsichtsrats diesem vorbehalten. Daneben sollte allerdings dennoch den Trägereinrichtungen das Recht zukommen, über die Verwendung der von ihnen zur Verfügung gestellten Mittel sowie etwaige Ergebnisse der aktuell laufenden Forschungsprozesse im Rahmen der Trägerversammlung in regelmäßigen Abständen vom Direktorium informiert zu werden, was die Zubilligung eines entsprechenden Auskunftsrechts bedingt.[840]

c. Bestellung und Abberufung der Direktoren

Bereits in den Ausführungen zum Direktorium wurde konstatiert, dass dessen Mitglieder im Grundsatz von der Trägerversammlung zu bestellen sind, sofern diese nicht bereits im Kooperationsvertrag benannt wurden.[841] Falls aber ein Aufsichtsrat vorhanden ist, ist dieser aus Neutralitätsgründen für die Bestellung des finanzwirtschaftlichen Direktors zuständig.[842] Fraglich ist dabei, ob und bejahendenfalls

836 *Saenger*, Gesellschaftsrecht, Rn. 521.
837 Dazu eingehend etwa *Kubis*, in: MüKo zum AktG, § 119 Rn. 9 ff.
838 So auch *Kumpan*, OdW 2018, 115, 120.
839 *Eberbach/Hommelhoff/Lappe*, OdW 2017, 1, 6; *Kumpan*, OdW 2018, 115, 120; zur näheren Ausgestaltung des Jahresabschlusses siehe Kap. 2 A VI 2 b.
840 *Kumpan*, OdW 2018, 115, 120.
841 Dazu Kap. 2 A II 3 d.
842 So auch *Kumpan*, OdW 2018, 115, 118.

welche Voraussetzungen für die Trägerversammlung bei der Bestellung bzw. Abberufung der Direktoren gelten sollten. Es ist nicht schlechterdings auszuschließen, dass die Bestellung einer bestimmten Person zum Direktor des Forschungsverbundes aus welchen Gründen auch immer für einen der Kooperationspartner unzumutbar ist. Für die Bestellung von Direktoren außerhalb des Kooperationsvertrags sollte daher den Kooperationspartnern in der Trägerversammlung das Recht zustehen, einer Bestellung aus wichtigem Grund zu widersprechen. Allerdings erscheint es ratsam, die Anforderungen an das Vorliegen eines solchen Grundes hoch anzusetzen, um auszuschließen, dass Kooperationspartner dieses Recht zur Erzeugung von Blockaden und ein damit einhergehendes Erpressungspotential missbrauchen.

Als gesetzlicher Ausgangspunkt für die Abberufung eines Direktors könnte etwa § 84 Abs. 3 AktG fungieren, welcher den Widerruf der Bestellung bzw. die Abberufung eines Vorstandsmitglieds durch den Aufsichtsrat zum Regelungsgegenstand hat. Die Abberufung setzt dabei voraus, dass die Fortführung des Amtes durch den Amtsinhaber der Gesellschaft nicht mehr zumutbar ist.[843] Hintergrund dieser Regelung ist die institutionelle Sicherung der Leitungsautonomie des Vorstands.[844] Durch das Erfordernis eines wichtigen Grundes soll eine zu starke Abhängigkeit des Vorstands vom Aufsichtsrat verhindert werden.[845] Die Leitung des Unternehmens sollte der Aufsichtsrat dem Vorstand nicht durch die Androhung freier Abberufung „aus den Händen winden" und ihn „zu seinem ausführenden Organ" machen können.[846] Wie bereits herausgearbeitet, ist den wissenschaftlichen Direktoriumsmitgliedern in wissenschaftlichen Angelegenheiten ein ermessensfreier Gestaltungsspielraum zuzuerkennen.[847] Die sich darin verwirklichende Handlungsfreiheit der (forschenden) Direktoren wäre stark beeinträchtigt und damit ein Verstoß gegen die Wissenschaftsfreiheit nach Art. 5 Abs. 3 S. 1 Var. 2 GG seitens grundrechtsverpflichteter Trägereinrichtungen im Bereich des Möglichen, müssten diese ständig um ihre Abberufung fürchten. Erfasst werden sollten daher lediglich Fälle wie etwa Veruntreuungen oder sonstige (eklatante) Rechtsbrüche.[848] Die Abberufung eines Direktors sollte somit nur als *ultima ratio* möglich sein.[849] Insofern besteht durchaus eine Vergleichbarkeit mit der Regelung § 84 Abs. 3 AktG, sodass dieser als Ausgangspunkt dienen kann.

843 *Koch*, in: Hüffer/Koch, AktG, § 84 Rn. 34.

844 *Fleischer*, in: Spindler/Stilz, AktG, § 84 Rn. 99.

845 Vgl. zur amtl. Begr. zu § 75 AktG *Klausing*, Gesetz über Aktiengesellschaften und Kommanditgesellschaften auf Aktien (Aktien-Gesetz), 1937, S. 61 f.

846 Vgl. *Schlegelberger*/*Quassowski*, 3. Auflage 1939, § 75 AktG 1937 Rn. 1; *Spindler*, in: MüKo zum AktG, § 84 Rn. 5; *Fleischer*, in: Spindler/Stilz, AktG, § 84 Rn. 99.

847 Hierzu weitergehend Kap. 2 A II 4 a.

848 *Kumpan*, OdW 2018, 115, 120.

849 Ebenfalls *Kumpan*, OdW 2018, 115, 120.

d. *Weisungsrecht gegenüber dem Direktorium und (sonstigem) Forschungspersonal*

Daneben könnte erwogen werden, der Trägerversammlung ein Weisungsrecht gegenüber dem Direktorium und/oder sonstigem der Forschungskooperation zugeordnetem Personal zu gewähren. Zur Wahrung der verbandsrechtlichen Legitimation des Direktoriums wäre die Statuierung eines solchen Weisungsrechts gewiss förderlich. Zwar übertragen die Trägereinrichtungen als Gesellschafter die Leitung der Kooperation dem Direktorium, könnten jedoch über die Bestellung der Direktoren sowie die Ausübung eines entsprechenden Weisungsrechts weiterhin entscheidenden Einfluss auf die Geschicke des Forschungsverbunds ausüben und damit die Leitung verbandsrechtlich legitimieren. Diese Gestaltung entspräche im Grundsatz dem Verhältnis von Geschäftsführung zur Gesellschafterversammlung in der GmbH, in der die Gesellschafterversammlung den Geschäftsführern gegenüber umfassend weisungsbefugt ist.[850] Doch treten im Bereich der kooperativen Forschung im Vergleich zur GmbH weitere Umstände hinzu: Zum einen ist dies das potentielle Vorhandensein von Grundrechtsträgern im Direktorium, für die eine strukturelle Gefährdung der Wissenschaftsfreiheit ausgeschlossen sein muss. Und zum anderen liegt der Verbandszweck der Forschungskooperation im Allgemeinen in der Erzielung neuer Erkenntnisse, während eine GmbH zu nahezu allen Zwecken gegründet werden kann, jedoch vornehmlich ihrer Eigenschaft als Kapitalgesellschaft entsprechend zur Verfolgung wirtschaftlicher Ziele eingesetzt wird.[851] Diese beiden Aspekte verlangen nach einem im Vergleich zur GmbH gesteigerten Maß an ermessensfreier Selbstentfaltung im Direktorium, sodass von einem unbeschränkten Weisungsrecht Abstand zu nehmen ist.

Auf der anderen Seite muss beachtet werden, dass das Direktorium auch für die wirtschaftliche Leitung der Kooperation zuständig ist, bei der die grundrechtliche Entfaltung keine besondere Rolle spielt. Außerdem wurde bereits konstatiert, dass sämtliche Grundrechtsträger bzw. Forscher im Vorfeld der Kooperation dem Forschungsplan zustimmen müssen, sodass diese uneingeschränkt an den Forschungsplan gebunden sind.[852] In diesen beiden Fällen, dem wirtschaftlichen (Tages-)Geschäften sowie der Einhaltung des Forschungsplans, ist die Handlungsfreiheit der Forscher bzw. des Direktoriums stark reduziert oder der finanzwirtschaftliche Direktor für die Erledigung betreffender Maßnahmen zuständig. Dem Gedanken der verbandsrechtlichen Legitimation der Leitungsmacht folgend ist es daher angezeigt, der Trägerversammlung auch ein Weisungsrecht zukommen zu

---

850 Dazu eingehend etwa *Kleindiek*, in: Lutter/Hommelhoff, GmbHG, § 37 Rn. 17 ff.; *Wisskirchen/Kuhn*, in: BeckOK zum GmbHG, § 37 Rn. 15 ff.

851 Vgl. dazu *Bayer*, in: Lutter/Hommelhoff, GmbHG, § 1 Rn. 2 ff., insb. Rn. 7; *Saenger*, Gesellschaftsrecht, Rn. 724; *C. Jaeger*, in: BeckOK zum GmbHG, § 1 Rn. 4 ff.

852 Zum Zustimmungserfordernis aus verfassungsrechtlichen Gründen vgl. Kap. 1 II 1 d aa.

lassen, welches sich jedoch auf wirtschaftliche Angelegenheiten sowie die Einhaltung des Forschungsplans beschränkt, um den wissenschaftlichen Direktoren den nötigen Handlungsfreiraum zu gewähren.[853] Bezüglich (sonstigem) Forschungspersonal, welches nicht dem Direktorium angehört, wurde bereits in den Ausführungen zum Arbeitsrecht herausgearbeitet, dass der Trägerversammlung neben dem Direktorium eine Reservekompetenz in Form eines Weisungsrechts zur Erhaltung der Funktionsfähigkeit des Kooperationsvehikels (lediglich) für den Fall, dass das Direktorium eigenmächtig von den Vorgaben des Forschungsplans abweicht, zukommen sollte.[854]

e. Befugnisse im Außenverhältnis

Ein weiterer Aspekt, der im Zuge der Ausformung der Rechte und Pflichten der Trägerversammlung einer näheren Erörterung bedarf, ist deren Befugnisse im Außenverhältnis. Bezüglich des Direktoriums wurde festgehalten, dass dieses für sämtliche anfallenden Maßnahmen, namentlich gewöhnliche und außergewöhnliche Geschäftsführungsmaßnahmen sowie Grundlagengeschäfte, nach außen hin mit Vertretungsmacht ausgestattet sein sollte. Überdies besteht keine Möglichkeit seitens der Trägereinrichtungen zur Beschränkung der Vertretungsmacht der Direktoriumsmitglieder im Außenverhältnis. Damit ist der Forschungsverbund nach außen hin bereits für alle denkbaren Situationen im Grundsatz handlungsfähig; es existiert keine Lücke, zu deren Ausfüllung der Trägerversammlung entsprechende Vertretungsbefugnis einzuräumen ist. Dennoch erscheint die Einräumung von Vertretungsmacht seitens der Trägerversammlung erwägenswert. Zum einen ist es eine der den Forschungsverbund prägenden Leitlinien, dass die Trägereinrichtungen nicht in den Hintergrund treten, sondern vielmehr (weiterhin) nach außen erkennbar bleiben und einen angemessenen Einfluss auf die Forschungskooperation ausüben. Gerade das eigene Auftreten im Rechtsverkehr vermag hierzu einen gewichtigen Beitrag zu leisten. Zum anderen erscheint jedenfalls die Statuierung einer Reservekompetenz als nützlich für Fälle, in denen das Direktorium zur Vertretung des Forschungsverbunds nach außen hin außerstande sein sollte.

Diese Reservevertretungskompetenz könnte dabei an § 35 Abs. 1 S. 2 GmbHG angelehnt sein. Dieser beinhaltet eine zwingende Empfangszuständigkeit der Gesellschafter, falls die GmbH endgültig keinen Geschäftsführer mehr hat.[855] Diese Regelung soll in sog. „Bestattungsfällen“ die Verschleierungstaktik verhindern, dass durch die Abberufung des Geschäftsführers die Abgabe von Willenserklärungen und die Zustellung von Dokumenten an die GmbH vereitelt und hierdurch die

---

853 So auch *Lappe*, Kooperationen wissenschaftlicher Einrichtungen, 2019, S. 573.

854 Siehe Kap. 1 A III 1.

855 Dazu eingehend etwa *Kleindiek*, in: Lutter/Hommelhoff, GmbHG, § 35 Rn. 43 ff.; *Wisskirchen/Kuhn*, BeckOK zum GmbHG, § 35 Rn. 40 ff.; *K. Schmidt*, GmbHR 2008, 449, 451.

Geltendmachung von Ansprüchen erschwert wird.[856] Allerdings beschränkt sich die Ersatzverantwortlichkeit der Gesellschafter ausschließlich auf die Passivvertretung der GmbH; die aktive Vertretungsbefugnis der Gesellschafter kann hierdurch nicht begründet werden.[857] Eine fehlende Prozess- oder Handlungsfähigkeit kann dagegen durch die Bestellung eines Notgeschäftsführers analog § 29 BGB behoben werden.[858] Im Gegensatz zur GmbH, welche für alle (gesetzlich zulässigen) Zwecke verwendet werden und damit auch als Vehikel für unseriöse Unternehmungen dienen kann, besteht eine solche Gefahr für Forschungskooperationen, deren Verbandszweck nach der hier vertretenen Ansicht einzig auf die Erzielung neuer Erkenntnisse beschränkt ist[859], weniger. Dennoch sollte auch der Forschungsverbund stets nach außen hin handlungsfähig sein. Auch hier besteht die Gefahr, dass sich etwa infolge der Abberufung sämtlicher Direktoren eine Führungslosigkeit ergeben könnte. Dies spricht dafür, der Trägerversammlung im Falle von Führungslosigkeit des Forschungsverbunds eine Vertretungsbefugnis zukommen zu lassen, die sich nicht nur auf die passive Entgegennahme von Willenserklärungen beschränkt, sondern darüber hinaus auch (aktiv) die Abgabe von Willenserklärungen beinhaltet. Eine weitergehende, permanent bestehende Vertretungsmacht nach außen hin ist jedoch nach der hier vertretenen Ansicht aufgrund des Umstands, dass bereits das Direktorium über umfassende Vertretungsbefugnisse verfügt sowie zur Wahrung eines einheitlichen Außenauftritts abzulehnen.[860]

Neben der Einräumung von Vertretungsbefugnissen könnte ein Zustimmungserfordernis seitens der Trägerversammlung für Verfügungen des Forschungsverbundes erwogen werden. Dieses als Wirksamkeitsvoraussetzung im Außenverhältnis würde sich etwa bei in finanzieller Hinsicht besonders gewichtigen Maßnahmen anbieten. Auf diese Weise könnten die Kooperationspartner sicherstellen, dass die von ihnen gefassten Grundlagenbeschlüsse, beispielsweise bezüglich der Anschaffung neuer Forschungsmittel oder dem Bau weiterer Institute, auch ordnungsgemäß umgesetzt werden. Allerdings würde dies die Handlungsfreiheit der Direktoren in erheblichem Maße einschränken. Gerade bei einer größeren Anzahl an Kooperationspartnern erscheint es wenig praktikabel, von sämtlichen die Zustimmung zur betreffenden Verfügung einzuholen, um wirksam

856 BT-Drs. 16/6140, S. 42; *Kleindiek*, ZGR 2007, 276 ff.; *Wisskirchen/Kuhn*, in: BeckOK zum GmbHG, § 35 Rn. 40.

857 BGH, *Urt. v.* 25.10.2010 – II ZR 115/09 = DStR 2010, 2643, 2644; *K. Schmidt*, GmbHR 2008, 449, 451; *Wisskirchen/Kuhn*, in: BeckOK zum GmbHG, § 35 Rn. 42.

858 BGH, *Urt. v.* 25.10.2010 – II ZR 115/09 = DStR 2010, 2643, 2644; *Kleindiek*, in: Lutter/Hommelhoff, GmbHG, § 35 Rn. 43 sowie Vor § 35 Rn. 13 ff.; *Wisskirchen/Kuhn*, in: BeckOK zum GmbHG, § 35 Rn. 42; *Tebben*, in: Michalski/Heidinger/Leible/J. Schmidt, GmbHG, § 6 Rn. 72; *Gustavus*, GmbHR 1992, 15 ff.; *Hohlfeld*, GmbHR 1986, 181 ff.

859 Weitergehend zum Verbandszweck Kap. 2 A I 1 b.

860 Vgl. hierzu etwa auch *Lappe*, Kooperationen wissenschaftlicher Einrichtungen, 2019, S. 574 f.

eine Maßnahme zu vollziehen, für welche das Direktorium mitunter selbst keinerlei Ermessensspielraum hat, da die Entscheidung bereits von der Trägerversammlung gefasst wurde. Im Übrigen würde auch die verfassungsrechtlich garantierte Wissenschaftsfreiheit gegen Zustimmungserfordernisse der Trägerversammlung sprechen. Somit sind diese letztlich abzulehnen.

f. Entlastung des Direktoriums

Erwägenswert erscheint ferner, der Trägerversammlung die Möglichkeit zur Entlastung des Direktoriums einzuräumen. Um diesbezüglich zu einer sachgerechten Beurteilung zu gelangen, bedarf es zunächst einer Erörterung der grundlegenden, mit der Entlastung verbundenen Aspekte sowohl im Aktien- als auch im GmbH-Recht.

Die Entlastung ist ein spezifisch gesellschaftsrechtliches Institut, das die Billigung der Geschäftsführung während der Entlastungsperiode und die Vertrauenskundgabe für künftiges Verwaltungshandeln ausdrückt.[861] Im aktienrechtlichen Kontext (§ 120 Abs. 1–3 AktG) kommt dieser keine Verzichtswirkung bezüglich etwaiger Ersatzansprüche zu.[862] Zu beachten gilt es jedoch, dass die Entlastung über die rein juristischen Konsequenzen hinaus eine starke rechtstatsächliche Bedeutung aufweist. Als Möglichkeit der Unmutsbekundung gegenüber der Leitung außerhalb des Bereichs der Organhaftung oder gar jeglicher Justitiabilität genießt diese eine gesteigerte öffentliche Aufmerksamkeit.[863] Im GmbH-Recht enthält die Entlastung (nach § 46 Nr. 5 GmbHG) zwar auch ein zukunftsbezogenes Element, der Kern des Entlastungsbeschlusses ist jedoch die vergangenheitsbezogene Billigung der Geschäftsführung, welcher im Gegensatz zur aktienrechtlichen Gestaltung Präklusionswirkung zukommt.[864] Damit kann die Gesellschaft im Umfang der Entlastung gegen den Geschäftsführer keine Ansprüche mehr geltend machen.[865] Darüber hinaus ist es der Gesellschaft verwehrt, aus präkludierten Tatsachen sonstige Rechtswirkungen, wie etwa Abberufung oder Kündigung des Geschäftsführeranstellungsvertrages, herzeizuführen.[866] Dabei steht die Entlastung der Geschäftsführer im Ermessen der Gesellschafter.[867] Dieses Ermessen ist

861 *Kubis*, in: MüKo zum AktG, § 120, Rn. 14.

862 *Hoffmann*, in: Spindler/Stilz, AktG, § 120 Rn. 24; *Kubis*, in: MüKo zum AktG, § 120, Rn. 14.

863 *Kiethe*, NZG 2006, 888 ff.; *Hoffmann*, in: Spindler/Stilz, AktG, § 120 Rn. 1.

864 RG, *Urt. v.* 23.02.1907 – I 318/06 = RGZ 65, 241; *Ruchatz*, GmbHR 2016, 681 ff.; *Bayer*, in: Lutter/Hommelhoff, GmbHG, § 46 Rn. 26 ff.; *Liebscher*, in: MüKo zum GmbHG, § 46 Rn. 131; *Schindler*, in: BeckOK zum GmbHG, § 46 Rn. 66.

865 *Weitemeyer*, ZGR 2005, 280, 282; *Bayer*, in: Lutter/Hommelhoff, GmbHG, § 46 Rn. 26; *Schindler*, in: BeckOK zum GmbHG, § 46 Rn. 66 f.

866 *Schindler*, in: BeckOK zum GmbHG, § 46 Rn. 67.

867 BGH, *Urt. v.* 20.05.1985 – II ZR 165/84 = BGHZ 94, 324, 327; *Schindler*, in: BeckOK zum GmbHG, § 46 Rn. 72.

jedoch nicht nach Belieben, sondern pflichtgemäß auszuüben, wobei im Einzelnen umstritten ist, wann etwa die Gesellschafter durch die Verweigerung oder die Erteilung der Entlastung einen Treuepflichtverstoß begehen.[868] Nach herrschender Meinung hat aber der Geschäftsführer keinen Anspruch auf die Entlastung, die er im Wege einer Leistungsklage durchsetzen könnte, selbst wenn die Entlastung aus offenbar unsachlichen Gründen verweigert wird.[869] Ihm bleibt einzig die Möglichkeit einer negativen Feststellungsklage, wenn sich die Gesellschaft konkret eines Schadensersatzanspruchs berühmt.[870] Im Übrigen liegt in der grundlosen Verweigerung der Entlastung eine Verletzung des Anstellungsverhältnisses, was den Geschäftsführer die Möglichkeit zur Niederlegung seines Amtes sowie zur fristlosen Kündigung des Anstellungsvertrages einräumt.[871]

Es fragt sich, ob die Statuierung einer Entlastung für die Forschungskooperationsgesellschaft zweckmäßig erscheint und bejahendenfalls, unter welchen Voraussetzungen diese erteilt werden kann bzw. muss und welche (rechtlichen) Konsequenzen damit im Einzelnen einhergehen. Als Ausgangspunt derartiger Überlegungen sind wiederum verfassungsrechtliche Erwägungen zu tätigen. Bereits dargelegt wurde, dass die Wissenschaftsfreiheit in unterschiedlicher Weise und Intensität auf die Forschungseinrichtungen wirkt, je nachdem, ob es sich um Hochschulen, außeruniversitäre Forschungseinrichtungen oder private Forschungsträger bzw. Wirtschaftsunternehmen handelt.[872] Jedenfalls aber müssen private Forschungseinrichtungen, um sich selbst auf die Wissenschaftsfreiheit berufen zu können, in organisatorischer Hinsicht sicherstellen, dass die für den Betrieb von Wissenschaft erforderlichen Freiheiten vorhanden sind.[873] Für öffentliche Forschungseinrichtungen gilt dies naturgemäß erst recht und in verstärktem Maße. Dabei sind geeignete Verfahrensweisen zur Verwirklichung der Forschungsfreiheit bereitzustellen.[874]

Die Entlastung birgt im Grundsatz die Möglichkeit zur Billigung der Geschäftsführung des Direktoriums sowie einer Vertrauenskundgabe der Trägerversammlung gegenüber den Direktoren. Insofern bietet sie in erster Linie den Trägereinrichtungen einen Weg zur Kundgabe von Zufriedenheit mit dem Verlauf der Forschungsarbeiten in der Kooperation, womit den Direktoren unter dem

---

868 Vgl. hierzu BGH, *Urt. v.* 25.11.2002 – II ZR 133/01 – Macrotron = BGHZ 153, 47, 51; BGH, *Urt. v.* 18.10.2004 – II ZR 250/02 = NZG 2005, 77, 78.

869 *Bayer*, in: Lutter/Hommelhoff, GmbHG, § 46 Rn. 28; *Liebscher*, in: MüKo zum GmbHG, § 46 Rn. 161; vgl. hierzu auch *Schindler*, in: BeckOK zum GmbHG, § 46 Rn. 73.

870 BGH, *Urt. v.* 20.05.1985 – II ZR 165/84 = BGHZ 94, 324, 329; *Liebscher*, in: MüKo zum GmbHG, § 46 Rn. 166; *Bayer*, in: Lutter/Hommelhoff, GmbHG, § 46 Rn. 28; hierzu ferner *Spindler*, in: BeckOK zum GmbHG, § 46 Rn. 73.

871 BGH, *Urt. v.* 20.05.1985 – II ZR 165/84 = BGHZ 94, 324, 327.

872 Hierzu weitergehend Kap. 1 A II 1 a bb sowie b bb.

873 *Classen*, Wissenschaftsfreiheit außerhalb der Hochschule, 1994, S. 150 ff.

874 *Losch/Radau*, NVwZ 2003, 390, 397.

Aspekt der Verwirklichung wissenschaftlicher Freiheit im Forschungsprozess zunächst nicht geholfen wäre. Anders stellte sich die Lage hingegen dar, wenn mit der Entlastung eine Präklusionswirkung einhergeht. In diesem Fall hätten die Direktoren die Gewissheit, dass – unter den Voraussetzungen einer wirksamen Präklusion[875] – die von ihnen vorgenommenen Handlungen keine (weiteren) negativen Konsequenzen nach sich ziehen, insbesondere keine Schadensersatzansprüche mehr geltend gemacht werden können. Die Freiheit von rechtlicher Inanspruchnahme ist zwar kein wesensmäßig mit der wissenschaftlichen Forschungstätigkeit zusammenhängender Umstand, wirkt sich aber gewiss dennoch positiv darauf aus. Daher würde nach der hier vertretenen Ansicht eine mit Präklusionswirkung ausgestattete Entlastung der Verwirklichung der Wissenschaftsfreiheit der forschenden Direktoren im Organgefüge des Forschungsverbunds dienen. Um diese Präklusionswirkung rechtssicher herbeiführen zu können, sollte dem Direktorium bzw. den Direktoren in Abweichung zum GmbH- sowie dem Aktienrecht im Falle des Vorliegens der nötigen Voraussetzungen ein Anspruch auf Erteilung der Entlastung zukommen, der im Wege einer Leistungsklage durchgesetzt werden kann, sofern die Erteilungsvoraussetzungen vorliegen. Auf diese Weise könnten letztlich die forschenden Direktoren losgelöst von einer willkürlichen Entscheidung der Trägerversammlung rechtssicher im Umfang der Entlastung von der Geldendmachung etwaiger Ansprüche befreit werden, was zu einer verfassungsrechtlich gebotenen Vermeidung einer strukturellen Gefährdungslage der Wissenschaftsfreiheit beiträgt.

g. *Reservekompetenz*

Im Zuge dieser Bearbeitung ist bereits an mehreren Stellen festgehalten worden, dass im Falle einer fehlenden Funktionsfähigkeit bzw. rechtswidrigen Verhaltens des Direktoriums der Trägerversammlung gewisse Reservekompetenzen zukommen. Namentlich betrifft dies die Vertretung nach außen bei Führungslosigkeit des Forschungsverbunds sowie die Statuierung eines Weisungsrechts gegenüber dem zugeordnetem Forschungspersonal, falls das Direktorium von den grundlegenden Vorgaben der Forschungsträger bzw. des Kooperationsvertrages eigenmächtig und rechtswidrig abweicht.

aa. Entscheidungskompetenz für außergewöhnliche Situationen?

Es wurde erwogen, der Trägerversammlung die Kompetenz für außergewöhnliche Geschäftsführungsmaßnahmen zuzusprechen. Diese wurde jedoch aus Effektivitätsgründen bzw. zur Vermeidung von Abgrenzungsschwierigkeiten

---

875 Vgl. dazu im GmbH-Recht etwa BGH, *Urt. v.* 20.05.1985 – II ZR 165/84 = BGHZ 94, 324, 326; *Liebscher*, in: MüKo zum GmbHG, § 46 Rn. 147; *Schindler*, in: BeckOK zum GmbHG, § 46 Rn. 68 ff.; *Bayer*, in: Lutter/Hommelhoff, GmbHG, § 46 Rn. 26 f.

dem Direktorium zugeteilt.[876] In diesem Kontext rückt allerdings die sog. Holzmüller-Entscheidung des BGH in den Fokus der Betrachtung.[877] Dabei ging es um die Ausgliederung des wertvollsten Teilbetriebs einer Aktiengesellschaft ohne die Zustimmung der Hauptversammlung.[878] Der BGH führte aus, dass es Geschäftsführungsentscheidungen gebe, die „durch die Außenvertretungsmacht des Vorstandes, seine gemäß § 83 begrenzte Geschäftsführungsbefugnis wie auch durch den Wortlaut der Satzung formal noch gedeckt sind, gleichwohl aber so tief in die Mitgliedsrechte der Aktionäre und deren im Anteilseigentum verkörpertes Vermögensinteresse eingreifen, dass der Vorstand vernünftigerweise nicht annehmen kann, er dürfe sie in ausschließlich eigener Verantwortung treffen, ohne die Hauptversammlung zu beteiligen" und entschied dementsprechend, dass wegen einer derartigen Maßnahme, die die Rechte und Interessen der Aktionäre in erheblichem Maße betrifft, der Vorstand verpflichtet ist, eine Entscheidung der Hauptversammlung entsprechend § 119 Abs. 2 AktG herbeizuführen, wenn die Maßnahme den Kernbereich des Unternehmens betrifft und dementsprechend über den gewöhnlichen Handlungsbereich hinausgeht.[879] Der zentrale Beweggrund des BGH in dieser Entscheidung war ein Verlust an (unmittelbarer) Entscheidungskompetenz der Aktionäre (sog. Mediatisierungseffekt).[880]

Fraglich ist, ob dieses Urteil bzw. dessen Kernaussage hinsichtlich außergewöhnlicher Situationen auf den Forschungsverbund übertragen werden sollte mit der Konsequenz, dass letztlich doch der Trägerversammlung die Entscheidungsbefugnis über Maßnahmen, die den Kernbereich der Forschungskooperation betreffen, zukommt. Im Grundsatz gilt es dabei zu beachten, dass die Kompetenzordnung im Aktienrecht strikt festgelegt ist.[881] Die der Hauptversammlung zugewiesenen Kompetenzen sind enumerativ aufgezählt; eine bewusst offen formulierte Auffangkompetenz ist nicht vorhanden. Ob und inwieweit die Grundsätze der Holzmüller-Entscheidung auf den wissenschaftlichen Forschungsverbund übertragen

876 Siehe Kap. 2 A II 2 b.

877 BGH, *Urt. v.* 25.02.1982 – II ZR 174/80 – Holzmüller = BGHZ 83, 122 = NJW 1982, 1703.

878 BGH, *Urt. v.* 25.02.1982 – II ZR 174/80 – Holzmüller = NJW 1982, 1703; dazu *Dirnhausen*, in: Hölters, AktG, § 119 Rn. 16 ff.; *Koch*, in: Hüffer/Koch, AktG, § 119 Rn. 16.

879 BGH, *Urt. v.* 25.02.1982 – II ZR 174/80 – Holzmüller = NJW 1982, 1703, 1705; *Koch*, in: Hüffer/Koch, AktG, § 119 Rn. 16 ff. m.w.N.; vgl. auch *Lutter*, in: Lutter/Mertens/Ulmer (Hrsg.), FS Stimpel, 1985, S. 825, 843 ff.; *Hüffer*, in: Habersack/Hommelhoff/Hüffer/K. Schmidt (Hrsg.), FS Ulmer, 2003, S. 279 ff. m.w.N.

880 Vgl. hierzu auch BGH, *Urt. v.* 26.04.2004 – II ZR 155/02 = BGHZ 159, 30, 40 f.; *Hoffmann-Becking*, ZHR 172 (2008), 231 ff.; *Koch*, in: Hüffer/Koch, AktG, § 119, Rn. 16.

881 Zur Satzungsstrenge im Aktienrecht etwa *Pentz*, in: MüKo zum AktG, § 23 Rn. 156 ff.; *Hirte*, Die aktienrechtliche Satzungsstrenge: Kapitalmarkt und sonstige Legitimationen versus Gestaltungsfreiheit, in: Lutter/Wiedemann (Hrsg.), ZGR Sonderheft Nr. 13, 1998, S. 61 ff.; etwa in Gegenüberstellung zur GmbH, hierzu *Hommelhoff*, Gestaltungsfreiheit im GmbH-Recht, ebenso in diesem Sonderheft, S. 36 ff.

werden können, hängt dementsprechend davon ab, wie der Zuständigkeitskatalog von Direktorium und Trägerversammlung hinsichtlich offener Auffangtatbestände ausgestaltet ist. Würde etwa der Trägerversammlung die Zuständigkeit für nicht näher beschriebene Grundlagengeschäfte zufallen, dann kann hierin bereits aufgrund der offenen Formulierung eine Auffangkompetenz gesehen werden. Allerdings gilt Gleiches für das Direktorium, welchem – nach der hier vertretenen Ansicht – die Zuständigkeit für außergewöhnliche Geschäftsführungsangelegenheiten zufällt.[882] Wenn also beiden Organtypen eine offene, nicht näher konkretisierte Auffangkompetenz zukäme, so würde sich notwendigerweise die Frage nach der Trennlinie stellen. Mit anderen Worten würde eine solche Art der Kompetenzzuweisung Abgrenzungsschwierigkeiten zwischen außergewöhnlichen Geschäftsführungsmaßnahmen und Grundlagengeschäften im Einzelfall erzeugen. Daher erscheint es angezeigt, eine der beiden Auffangkompetenzen nicht durch eine offene Formulierung, sondern durch eine enumerative Aufzählung von konkreten Zuständigkeiten auszugestalten. Und dies sollte nach der hier vertretenen Ansicht auf die Grundlagengeschäfte, die in die Zuständigkeit der Trägerversammlung fallen, zutreffen, sodass die einzige offene Auffangkompetenz für besondere Maßnahmen beim Direktorium liegt, um den forschenden Direktoren einen möglichst weiten Handlungsspielraum zur Durchführung der grundrechtlich geschützten Forschungstätigkeiten zu belassen.

Betrachtet man diese Ausgestaltung als Ausgangspunkt, ist die Frage nach einer ungeschriebenen Kompetenz der Trägerversammlung für Grundlagengeschäfte wie in dem der Holzmüller-Entscheidung zugrundeliegenden Sachverhalt möglich (anders lägen die Dinge, wenn bereits der Trägerversammlung eine offene Grundlagenkompetenz zufallen würde), sodass sich letztlich doch die Frage nach deren Übertragung auf wissenschaftliche Forschungskooperationen stellt. Hierbei gilt es zu beachten, dass der Forschungsverbund in Abweichung zur Aktiengesellschaft, deren Unternehmensgegenstand frei wählbar ist, solange er sich in den allgemeinen gesetzlichen Grenzen hält[883], auf die Durchführung von Forschungstätigkeiten beschränkt ist, welche wiederum durch den Kooperationsvertrag in Verbindung mit dem Forschungsplan bereits näher ausgestaltet sind bzw. sein sollten.[884] Damit besteht in Gegenüberstellung zur Aktiengesellschaft (oder auch der GmbH) aus Sicht der Gesellschafter bzw. Kooperationspartner ein bereits von Beginn an tendenziell verringerter Handlungsspielraum des Direktoriums in den Geschäftsführungsangelegenheiten. Um den forschenden Direktoren dennoch einen möglichst weitreichenden, verfassungsrechtlich geforderten Handlungsspielraum zu belassen, ist eine noch weitergehende und darüber hinaus vage

882 Siehe Kap. 2 A II 2 b.

883 Dazu etwa *Koch*, in: Hüffer/Koch, AktG, § 23 Rn. 23.

884 In dieser Bearbeitung wurde bereits konstatiert, dass ein möglichst detaillierter Kooperationsvertrag mitsamt Forschungsplan für eine ganze Reihe von potentiellen Konfliktfeldern eine Lösung bieten würde, siehe Kap. 1 A IV 3.

Zuständigkeitszuweisung an die Trägerversammlung in Gestalt einer Holzmüller-Ausprägung abzulehnen. Damit bleibt letztlich zu konstatieren, dass der Trägerversammlung die Kompetenz für Grundlagengeschäfte in Ausformung einer enumerativen Aufzählung zukommen sollte, während das Direktorium zur Entscheidung über außergewöhnliche Geschäftsführungsmaßnahmen in Gestalt eines bewusst offenen Auffangtatbestands berufen ist.

bb. Verhandlungsforum in Konfliktsituationen

Wiederum anders liegen die Dinge mitunter im Bereich des IP-Rechts. Das große Streitpotential auf diesem Gebiet wurde bereits konstatiert.[885] Die beiden zentralen Gründe hierfür sind die der Forschung naturgemäß innewohnende Unkenntnis der Beteiligten hinsichtlich der Ergebnisse im Vorfeld der Kooperation, wodurch die spätere Verwertung nicht vollends kalkuliert werden kann. Zum anderen bestehen oftmals gewisse (gesetzlich geforderte) Mitwirkungshandlungen des Forschungspersonals, welche aufgrund der im Kooperationsvertrag festgelegten Berechtigungslage am *foreground-IP* letztlich oftmals anderen Beteiligten zugutekommen als denen, die die erforderlichen Handlungen ausführen. Hieraus resultiert die Notwendigkeit der Ausformung eines geeigneten Verhandlungsforums zur Lösung dieser potentiellen Konfliktsituationen, die letztlich der Trägerversammlung eine Reihe von (weiteren) Zuständigkeiten einbringt.

Namentlich betrifft dies Situationen, in denen das Direktorium aufgrund einer Weigerung der Trägereinrichtungen außerstande ist, zur Durchführung der Forschungstätigkeiten benötigtes *background-* sowie *sideground-IP* zu beschaffen. In diesem Fall sollte sich die Trägerversammlung unter Einbeziehung sämtlicher (Kooperations-)Vertragspartner um eine einvernehmliche Lösung bemühen. Ebenso denkbar ist ein Streit unter den Kooperationspartnern im Zuge einer Nachverhandlung über Nutzungs- und Verwertungsrechte, etwa auch die Entschädigung wegen kommerzieller Nutzung, oder einer sonstigen nachträglichen Änderung des Kooperationsvertrags. Auch in dieser Fallgestaltung bedarf es einer Einbeziehung sämtlicher Interessensvertreter, welche nur in der Trägerversammlung stets repräsentativ herbeigeführt werden kann. Des Weiteren denkbar erscheint ein Konflikt aufgrund der Weigerung eines Hochschullehrers zur Veröffentlichung erzielter Ergebnisse, welche ihm aufgrund der negativen Publikationsfreiheit gemäß § 42 Nr. 2 ArbNErfG gestattet ist. Zwar ist der Hochschullehrer nicht Teil des Gesellschafterkreises der Forschungskooperation[886], allerdings ist dies eine Angelegenheit von grundlegender Bedeutung, die ausgeräumt werden könnte, indem der betreffende Forscher im Kreis aller Kooperationspartner angehört wird, um diesen womöglich doch noch von einer Veröffentlichung zu überzeugen. Ferner wurde bereits auf die mitunter notwendige Befassung des Forschungsverbunds mit

---

885 Vgl. Kap. 1 A IV 4 a.

886 Jedenfalls sollte er das nicht sein, siehe Kap. 1 A III 2.

Angriffen aus oder der Verteidigung von bestehenden Schutzrechten eingegangen. Im Rahmen der dem Direktorium zukommenden umfassenden Handlungs- und Vertretungsbefugnis sind die Direktoren (unverändert) auch in diesen Angelegenheiten zum Handeln nach außen berufen. Auf der anderen Seite sollte jedoch nach der hier vertretenen Ansicht die Kompetenz bezüglich der strategischen Entscheidungen in derartigen Angelegenheiten, also etwa die Einleitung eines gerichtlichen Verfahrens aufgrund einer Schutzrechtsverletzung, der Trägerversammlung zukommen. Denn es bedarf mitunter einer tiefergehenden Auseinandersetzung und Erörterung der involvierten Interessen der einzelnen Vertragspartner. Daraus ergibt sich die Notwendigkeit der Formung von Verfahrensweisen in der Zusammenkunft der Kooperationspartner, auf die im Rahmen der inneren Organisation der Trägerversammlung im nächsten Kapitel näher eingegangen wird.

2. Innere Organisation

Neben der Ausformung der Rechte und Pflichten der Trägerversammlung stellt sich notwendigerweise auch die Frage nach der inneren Organisation. Diese lässt sich aufteilen in Besetzung, Beschlussfassung sowie die Ausgestaltung der Verfahrensabläufe.

a. Besetzung der Trägerversammlung mit finanziellen Förderern?

Als „Basisorgan" der Gesellschaft sollte die Trägerversammlung zweifellos aus den involvierten Trägereinrichtungen bestehen, die im Falle eines rechtsfähigen Kooperationsvehikels auch gleichzeitig die Gesellschafter der Forschungskooperation sind.[887] Darüber hinaus ist es jedoch denkbar, dass sich Dritte in Gestalt eines finanziellen Förderers an der Kooperation beteiligen, ohne selbst die Stellung eines Gesellschafters einzunehmen. Denn typischerweise können Forschungskooperationen ihre Tätigkeit nicht durch eigene Einnahmen finanziell abdecken.[888] Die Förderung kann dabei etwa durch die öffentliche Hand, durch Mitgliederprogramme privatrechtlicher Art oder durch sog. *venture capital sponsoring* erfolgen.[889] Dabei ist zwischen institutionellen und projektbezogenen Förderern zu unterscheiden.[890] Während institutionelle Förderer die Kooperation als solche fördern, ist die Verwendung der Mittel des projektbezogenen Förderers auf ein

---

887 So bereits *Eberbach/Hommelhoff/Lappe*, OdW 2017, 1, 6; *Kumpan*, OdW 2018, 115, 120.

888 *Lappe*, Kooperationen wissenschaftlicher Einrichtungen, 2019, S. 142; vgl. *Meusel*, Außeruniversitäre Forschung im Wissenschaftsrecht, 2. Auflage 1999, S. 302.

889 Hierzu *Lappe*, Kooperationen wissenschaftlicher Einrichtungen, 2019, S. 143; *Lee*, in: Hanebuth/Lee/Meschke/Nicklas (Hrsg.), Forschungskooperationen zwischen Wissenschaft und Praxis, 2015, S. 37, 67.

890 *Meusel*, Außeruniversitäre Forschung im Wissenschaftsrecht, 2. Auflage 1999, S. 307.

spezifiziertes Aufgabenfeld der Forschungskooperation beschränkt.[891] Regelmäßig werden diese ein gesteigertes Interesse an der Überwachung der in der Kooperation durchgeführten Forschungstätigkeit zur Sicherstellung der ordnungsgemäßen Verwendung der von ihnen zu Verfügung gestellten Gelder haben.[892]

Da öffentlich-rechtliche Förderer regelmäßig selbst an gewisse Mittelverwendungsvorgaben gebunden sind, erlangen dahingehende haushaltsrechtliche Vorschriften auch in diesem Kontext gesteigerte Bedeutung.[893] Bereits eingegangen wurde auf die Regelung des § 65 Abs. 1 Nr. 3 BHO, welcher vom Bund im Falle einer Beteiligung an einer zivilrechtlichen Gesellschaft einen angemessenen Einfluss fordert, insbesondere im Aufsichtsrat oder in einem entsprechenden Überwachungsorgan. Dies dient in erster Linie der Sicherstellung der Verfolgung des öffentlichen Zwecks mit den Mitteln des Unternehmens, wofür ein entsprechendes Überwachungsorgan als geeignetes Mittel angesehen wird.[894] Auf Länder- oder Kommunalebene sind nahezu identische Regelungen vorhanden.[895] Jedoch setzen diese Regelungen eine „Beteiligung" der jeweiligen Gebietskörperschaft am privatrechtlichen Unternehmen voraus, womit eine Gesellschafterstellung gemeint ist.[896]

Weitergehend ist zu beachten, dass die Positionierung von finanziellen Förderern in der Trägerversammlung, die nicht zugleich Gesellschafter sind, in gesellschaftsrechtlicher Hinsicht problematisch sein könnte. Dies liegt in dem Umstand begründet, dass die Trägerversammlung als Zusammenkunft der Kooperationspartner und Basisorgan des Forschungsverbunds mitsamt der Zuständigkeit für Grundlagengeschäfte als integraler Bestandteil zur Wahrung der Verbandssouveränität fungiert. Denn es gibt keine Verbandssouveränität ohne die grundlegende Bindung des Verbandswillens an die Mitglieder.[897] Diese Willensbildung realisiert sich nach dem Abschluss des Kooperationsvertrages durch deren Repräsentativorgan, die Trägerversammlung. Stets liegt die vertragliche Ordnung des gesellschaftsrechtlichen Rechtsverhältnisses in der unentziehbaren Zuständigkeit der Gesellschafter.[898] Nur sie bestimmen über Vertragsinhalt und Vertragsänderungen; das korporative Schicksal des Verbandes darf nicht in die Hände anderer gelegt werden.[899] Auch wenn bereits zu Beginn dieses Kapitels als Ausgangspunkt festgehalten wurde, dass die ideale Organisationsverfassung zunächst losgelöst von

---

891 Dazu *Meusel*, Außeruniversitäre Forschung im Wissenschaftsrecht, 2. Auflage 1999, S. 307.

892 Vgl. dazu *Lee*, in: Hanebuth/Lee/Meschke/Nicklas (Hrsg.), Forschungskooperationen zwischen Wissenschaft und Praxis, 2015, S. 37, 67; *Lappe*, Kooperationen wissenschaftlicher Einrichtungen, 2019, S. 143.

893 *Lappe*, Kooperationen wissenschaftlicher Einrichtungen, 2019, S. 144.

894 *V. Lewinski/Burbat*, Nomos Kommentar zur BHO, § 65 Rn. 9.

895 Siehe Kap. 1 A V 1.

896 Dazu *v. Lewinski/Burbat*, Nomos Kommentar zur BHO, § 65 Rn. 3.

897 Vgl. *K. Schmidt*, Gesellschaftsrecht, § 19 III 4a, S. 560.

898 *K. Schmidt*, Gesellschaftsrecht, § 5 I 3b, S. 84.

899 *K. Schmidt*, Gesellschaftsrecht, § 5 I 3b, S. 84.

gesellschaftsrechtlichen Regelungen bzw. Prinzipien erörtert werden soll, so stößt die Positionierung von gesellschaftsfremden Dritten in der Trägerversammlung – jedenfalls in der in dieser Arbeit beschriebenen Ausformung – dennoch spätestens bei der praktischen Umsetzung der erarbeiteten Organstruktur auf gesellschaftsrechtliche Legitimationsprobleme in Gestalt einer Drittorganschaft im Gesellschafterkreis.

Hinzu kommt der Umstand, dass finanzielle Förderer, gegebenenfalls durch haushaltsrechtliche Vorgaben, gewiss ein anerkennenswertes Interesse an der Teilhabe an der Überwachung des Forschungsverbunds haben. Dem kann aber ebenso dadurch Rechnung getragen werden, dass die Förderer im Aufsichtsrat des Forschungsverbunds vertreten sind.[900] Sollte der Forschungsverbund hingegen einen derart geringen Institutionalisierungsgrad aufweisen, welcher die Statuierung eines Aufsichtsrats als überzogen erscheinen ließe, so wäre dann auch die gesellschaftsrechtliche Einbindung der Förderer in gleichem Maße unzweckmäßig. Vielmehr haben diese unabhängig von einer gesellschaftsrechtlichen Einbindung in diesem Fall die Möglichkeit, eine ausreichende Überwachung durch das Aufstellen gewisser Förderbedingungen sowie die Gewährung bestimmter Einsichtsrechte in die Unterlagen der Forschungskooperation zu erzielen, was dem geringen Institutionalisierungsgrad gerechter wird.

Mangels der unbedingten Notwendigkeit der Platzierung der finanziellen Förderer in der Trägerversammlung zur Gewährung einer Überwachungsmöglichkeit der Forschungstätigkeiten und aus den genannten gesellschaftsrechtlichen Legitimationsproblemen sollten finanzielle Förderer nicht Bestandteil der Trägerversammlung sein können. Der ausschließlichen Öffnung der Trägerversammlung für die Trägereinrichtungen entspricht auch der Vermeidung der Einbeziehung von Forschungspersonal in den Kooperationsvertrag, was zu einer (unbeabsichtigten) Gesellschafterstellung ebenjener führen könnte.[901] Denn auch dies würde letztlich der Herausbildung einer klaren Organstruktur widersprechen.

b. Beschlussfassung

Nach einer Beschränkung der Mitglieder der Trägerversammlung auf die Kooperationspartner stellt sich sodann die Frage nach der Ausgestaltung der Beschlussfassung innerhalb des Organs.

aa. Mehrheits- oder Einstimmigkeitsprinzip

Zunächst bedarf es einer Erörterung, ob bei der Beschlussfassung das Mehrheits- oder Einstimmigkeitsprinzip Anwendung findet. Auf die bereits getätigten Erwägungen zum Einstimmigkeits- bzw. Mehrheitsprinzip bei der Gegenüberstellung

---

900 So auch *Eberbach/Hommelhoff/Lappe*, OdW 2017, 1, 7; weitergehend diesbezüglich zum Aufsichtsrat vgl. aber Kap. 2 A IV 1 d aa.

901 Vgl. hierzu Kap. 1 A III 2.

von personengesellschaftsrechtlichem und kapitalgesellschaftsrechtlichem Gepräge kann dabei als Ausgangspunkt verwiesen werden.[902] Da im Bereich der Verbundforschung von einer überschaubaren Anzahl an Kooperationspartnern mit einem vertrauensvollen Umgang zueinander ausgegangen werden kann, erscheint die Statuierung des Einstimmigkeitsprinzips naheliegend. Ebenso dafür spricht die bereits herausgearbeitete potentielle Schutzbedürftigkeit von Hochschulen gegenüber Kooperationspartnern, welche sich durch einen höheren Professionalisierungsgrad sowie größere Erfahrung in der kooperativen Forschung auszeichnen.[903] Indem kein Kooperationspartner bei Entscheidungen, die in den Zuständigkeitsbereich der Trägerversammlung fallen, überstimmt werden kann, könnten diese so stets ihre Interessen wirksam in der Kooperation vertreten bzw. unliebsame Entscheidungen verhindern. Dies würde auch zur Verhinderung einer fortschreitenden Emanzipation der Forschungskooperation von den Trägereinrichtungen beitragen. Gegen die Statuierung des Einstimmigkeitsprinzips sprechen naturgemäß die praktischen Schwierigkeiten, die ein starres Einstimmigkeitserfordernis mit sich bringen könnte. Ein unwilliger Kooperationspartner wäre hierdurch in der Lage, (notwendige) Entscheidungen zu verhindern oder zu verzögern. Zudem bestünde ein gesteigertes Risiko zur Bildung von Blockaden (sog. *„deadlock“*). Es überrascht daher nicht, dass in der Rechtspraxis auch im personengesellschaftsrechtlichen Bereich oftmals vom gesetzlichen Regelfall der Einstimmigkeit zum Mehrheitsprinzip, jedenfalls in einem gewissen Rahmen, übergegangen wird. Letztlich lassen sich in dieser Frage für wissenschaftliche Forschungskooperationen nur schwer allgemeingültige Leilinien formulieren. Im Grundsatz erscheinen beide Modelle nicht von vornherein unpassend. Daher ist es angezeigt, im Falle einer gesetzlichen Neuausgestaltung dieses Verbunds zum Schutze einzelner Kooperationspartner als Ausgangsfall das Einstimmigkeitsprinzip zu statuieren, jedoch mit entsprechender Abweichungsmöglichkeit hin zum Mehrheitsprinzip.

bb. Gewichtung der Stimmen

Sobald sich die Kooperationspartner für die Statuierung des Mehrheitsprinzips entscheiden, stellt sich naturgemäß die Frage, nach welchen Gesichtspunkten eine Mehrheit zu bestimmen ist. Denkbar ist im Grundsatz eine Abstimmung „nach Köpfen“, sodass jedem Kooperationspartner eine (gleichgewichtete) Stimme zukäme. Andererseits könnte die Stimme der Kooperationspartner auch nach deren finanziellem Anteil gewichtet werden. Auf der einen Seite erscheint es unter Gerechtigkeitsaspekten zunächst angezeigt, jedem Kooperationspartner ein seinem Umfang der Beteiligung an der Kooperation entsprechendes Stimmengewicht zu gewähren.[904] Denn im Grundsatz sollten sich erhebliche finanzielle Unterschiede in den

902 Weitergehend siehe Kap. 1 A I 6.
903 Dazu weitergehend siehe Kap. 1 B II 1.
904 So etwa auch *Kumpan*, OdW 2018, 115, 121.

Beiträgen der Kooperationspartner zum Forschungsverbund auch in deren Stimmrechtsanteil niederschlagen.

Bedenkt werden muss jedoch auch, dass sich, insbesondere im forschungskooperativen Kontext, gewisse Beiträge (geistiger Natur) oftmals nicht adäquat bemessen lassen. Eine einzige zündende Idee oder auch nur Anregung kann in Extremfall über Erfolg oder Misserfolg der Kooperation entscheiden, auch wenn unabhängig hiervon ein Kooperationspartner dem Forschungsverbund Unsummen an Finanzmitteln zur Verfügung stellt. Im Übrigen wäre die Zuerkennung einer jeweils gleichgewichteten Stimme an jeden Kooperationspartner für deren eventuell bestehende Schutzbedürftigkeit äußerst förderlich. So wäre etwa eine Hochschule, die der Kooperation weder in größerem Umfang Forschungsgegenstände, -räume oder *background-IP* zur Verfügung stellt, sondern „nur" – in zeitlichem begrenztem Umfang – hochqualifiziertes Forschungspersonal entsendet, in Grundlagenentscheidungen weitestgehend ohne nennenswerten Einfluss, auch wenn ebenjene Hochschulforscher ihren akademischen Fähigkeiten entsprechend zu den geistigen Vorreitern im Forschungsverbund gehören, die den richtungsweisenden Input hinsichtlich der Forschungstätigkeiten liefern. Um den Kooperationspartnern dementsprechend ein gewisses Maß an Minderheitenschutz zu gewähren, sollte als Ausgangspunkt die Regelung „eine Stimme pro Träger" gelten.[905]

Andererseits darf nicht verkannt werden, dass die Heterogenität wissenschaftlicher Forschungskooperation ein gesteigertes Maß an Flexibilität verlangt, welche eine allgemeingültige Festlegung in dieser Sachfrage wohl verbietet. Deshalb sollte eine dispositive Abweichungsmöglichkeit hin zur Gewichtung der Stimmen nach finanziellem Anteil bestehen, die jedoch aus den angeführten Schutzbedürftigkeitserwägungen an das Vorliegen eines sachlichen Grundes geknüpft ist.[906] Ein solcher sachlicher Grund könnte etwa in einer besonderen, über das Normalmaß hinausgehenden Lasten- bzw. Risikotragung liegen.

cc. Zum Umgang mit *deadlock*-Situationen

Bereits mehrfach angeklungen ist die denkbare Situation, dass die Trägerversammlung in der Beschlussfassung gehemmt ist. Dies kann sich aus verschiedenen Gründen ergeben. Oftmals haben die Kooperationspartner divergierende Eigeninteressen für das Eingehen einer Kooperation oder unterschiedliche unternehmerische Vorstellungen bezüglich der strategischen Planung oder des alltäglichen operativen Geschäfts.[907] Neben den unterschiedlichen Interessensrichtungen können Probleme im Organisationsablauf der Kooperation entstehen.

---

905 So letztlich auch *Kumpan*, OdW 2018, 115, 121.

906 a.A. *Kumpan*, OdW 2018, 115, 121, der für eine freie Gestaltbarkeit der Gewichtung der Stimmen plädiert.

907 Im Allgemein zu Joint Ventures *Elfring*, NZG 2012, 895.

Es wäre beispielsweise denkbar, dass ein Kooperationspartner, dessen der Forschungskooperation zugeordnetes Personal zur Vornahme einer bestimmten (IP-Zuordnungs-)Handlung verpflichtet ist, diese jedoch verweigert.[908] In formeller Hinsicht würde zudem gewiss die Statuierung des Einstimmigkeitsprinzips bei der Beschlussfassung zur Erzeugung derartiger Blockadesituationen beitragen. Ebenfalls einem besonderen Risiko der Erzeugung von Pattsituationen unterliegt eine paritätische Forschungskooperation aus zwei Kooperationspartnern mit jeweils gleichgewichtetem Stimmrecht.[909] In diesen (beispielhaft aufgezählten) Situationen ist fraglich, wie sich ein solcher Konflikt, der zur Lähmung der Kooperation führen kann, entschärfen lässt. Wichtig ist in jedem Fall, derlei Blockadesituationen bereits in der vertraglichen Ausgestaltung des Kooperationsvertrags hinreichend Beachtung zu widmen und nicht erst mit der Suche nach Lösungswegen zu beginnen, wenn „das Kind bereits in den Brunnen gefallen ist".[910] Zudem empfiehlt es sich, zur genaueren begrifflichen Eingrenzung (soweit dies möglich ist) Schwellenwerte sowie die vorherige Qualifizierung von wesentlichen, strukturrelevanten Fragen als „*deadlock*fähig" zu vereinbaren, damit sichergestellt ist, dass die Einleitung eines Streitschlichtungsverfahren, sofern dies überhaupt statuiert wird, auch nur in einem wirklichen Bedarfsfall erfolgt.[911] Letztlich sind mehrere Lösungswege in organisationsrechtlicher Hinsicht denkbar.

(1) *Shoot-Out*-Klauseln

Zum einen kommen in einer solchen Situation sog. *Shoot-Out*-Klauseln in Betracht. Diese entstammen der anglo-amerikanischen Rechtspraxis und haben regelmäßig eine zweistufige Grundstruktur:[912] Der erste Teil beinhaltet einen Auslösetatbestand (sog. *trigger* oder *deadlock event*), während der zweite das sodann durchzuführende Verfahren bestimmt.[913] In der Regel knüpft der Auslösetatbestand an einen unauflösbaren Patt an.[914] Für die Ausgestaltung der zweiten Stufe finden sich unterschiedliche Spielarten (*Texan Shoot-Out, Sale Shoot-Out, Deterrent Approach*), die jedoch allesamt als zwingende Folge der Durchführung des Verfahrens die Auflösung der Gesellschaft vorsehen.[915] Die Grundform wird dabei als *Russian Roulette* oder *Buy-Sell* bezeichnet. Dabei übermittelt die Partei, welche das Verfahren in Gang gesetzt hat, der anderen Partei das Angebot, zu einem festgelegten Preis alle eigenen Anteile an der Gesellschaft an die andere Partei zu veräußern oder aber

---

908 Weitergehend zur Erzielung von *foreground-IP* auf der operativen Forschungsebene vgl. Kap. 1 A IV 1 b aa.

909 *Elfring*, NZG 2012, 895.

910 So auch *Elfring*, NZG 2012, 895.

911 *Elfring*, NZG 2012, 895, 896.

912 Vgl. hierzu OLG Nürnberg, *Urt. v.* 20.12.2013 – 12 U 49/13 = NJW-RR 2014, 418 ff.

913 *Fleischer/Schneider*, DB 2010, 2713.

914 *Fleischer/Schneider*, DB 2010, 2713.

915 Eingehend *Schulte/Sieger*, NZG 2005, 24 ff.; *Werner*, GmbHR 2005, 1554, 1556 ff.

alle Anteile der anderen Partei von dieser zu erwerben, sodass die Empfängerseite frei wählen kann, ob sie kauft oder verkauft.[916] Dieses Verfahren hat den Vorteil, dass es ein hohes Maß an Preisgerechtigkeit erzeugt. Dadurch, dass die Ausgangspartei Gefahr läuft, selbst zu einem unangemessen niedrigen Preis verkaufen zu müssen, hat sie einen Anreiz dazu, ein möglichst faires Angebot zu unterbreiten.[917] So spricht etwa das OLG Wien von „checks and balances" bei der Findung eines angemessenen Preises.[918] Allerdings ergeben sich bei näherer Betrachtung unüberbrückbare Differenzen zur (regelmäßigen) Ausgestaltung wissenschaftlicher Forschungskooperationen. Zum einen fordert die Ausgangslage derartiger Klauseln stets Zweipersonen-Gesellschaften oder zumindest zwei Gruppen mit jeweils einer einheitlichen Willensbildung.[919] Eine solche Ausgangslage ist bei wissenschaftlichen Forschungskooperationen zwar im Bereich des Möglichen, jedoch keineswegs der Normalfall. Denkbar sind ebenso gut (deutlich) mehr Kooperationspartner, die jeweils bestimmte Einzelinteressen verfolgen.[920] Zudem soll im Falle eines *deadlock* auch nicht automatisch eine – wenn auch gerechte – Auflösung des Forschungsverbunds erfolgen, sondern vielmehr eine Lösung gefunden werden, wie die Kooperationspartner im Rahmen des Forschungsverbunds weiter fruchtbar zusammenarbeiten können. Überdies implizieren solche Klauseln, dass nach der Durchführung des Verfahrens ein Gesellschafter bzw. eine Interessensgruppe die Geschicke des Unternehmens alleine fortzuführen vermag. Dies ist jedoch bei wissenschaftlichen Forschungskooperation, in denen die Kooperationspartner für gewöhnlich aufgrund ihrer jeweiligen Fachkunde oder der nötigen Forschungsausstattung aufeinander angewiesen sind, nicht der Fall. Damit scheiden letztlich derartige *Shoot-Out-Klauseln* zur Lösung von *deadlock*-Situationen im Bereich der Verbundforschung nach der hier vertretenen Ansicht aus.

(2) „*Casting Vote*" eines Kooperationspartners

Erwägenswert erscheint ferner die Einrichtung eines Letztentscheidungsrechts (sog. *Casting Vote*) an einen der Kooperationspartner.[921] Die Einteilung könnte im Grundsatz nach Sachgebieten oder aber turnusmäßig erfolgen, beispielsweise ein Wechsel des Letztentscheidungsrechts unter den Kooperationspartnern mit dem Beginn eines neuen Geschäftsjahres.[922] Eine dieser beiden Ausgestaltungsmöglichkeiten mag im Einzelfall eine geeignete Option für den Forschungsverbund

---

916 *Fleischer/Schneider*, DB 2010, 2713, 2714.

917 *Fleischer/Schneider*, DB 2010, 2713, 2714.

918 OLG Wien, *Urt. v.* 20.04.2009 – 28 R 53/09h = GesRZ 2009, 376.

919 *Fleischer/Schneider*, DB 2010, 2713.

920 Zur (pauschalisierenden) Interessenslage der Typen von Kooperationspartnern siehe Kap. 1 B II 1.

921 Vgl. hierzu *Kuhn*, in: Schulte/Schwindt/Kuhn (Hrsg.), Joint Ventures, 2009, S. 305 f.

922 Hierzu *Elfring*, NZG 2012, 895, 897; *Kuhn*, in: Schulte/Schwindt/Kuhn, Joint Ventures, 2009, S. 305 f.; *Fett/Spiering*, Handbuch Joint Venture, 2. Auflage 2015, S. 392 f.

darstellen, jedoch überwiegen im Grundsatz die negativen Aspekte: Zum einen dürfte es gerade in Kooperationsformen, deren Zweck – wie etwa im Bereich der Forschung, nämlich das Erzielen neuer Erkenntnisse ohne einen anschließenden Vertrieb oder Ähnliches – eng umgrenzt ist, bei besonders wichtigen, strategischen Planungsentscheidungen schwierig sein, stets eine exakte Zuordnung zu einem Sachgebiet zu erreichen, sodass womöglich beide bzw. mehrere Kooperationspartner das Letztentscheidungsrecht für sich beanspruchen könnten, womit der Konflikt sich – lediglich in Gestalt eines anderen Streitgegenstands – fortsetzt.[923] Zum anderen lädt die turnusmäßige Ausgestaltung die Kooperationspartner dazu ein, anstehende und wesentliche Entscheidungen in nicht zu vertretender Weise zu verzögern oder zu beschleunigen, um die betreffende Entscheidung in dem Zeitfenster, in welchem diese selbst über das Letztentscheidungsrecht verfügen, fällen können.[924] Überdies ist eine solcher Mechanismus zur Auflösung eines *deadlock* insbesondere für Kooperationen mit geringem Institutionalisierungsgrad, die sich auf einen bestimmten inhaltlichen Zweck und/oder einen beschränkten Zeitraum erstrecken, wenig praktikabel, denn hierbei müsste das Letztentscheidungsrecht in unangemessen kurzen Zeitfenstern wechseln, damit eine gleichmäßige Verteilung erreicht werden kann.

(3) Beauftragung eines Dritten mit der Streitschlichtung

Neben der Vereinbarung von *Shoot-Out*-Klauseln oder eines *Casting Votes* eines Kooperationspartners könnte bei einer Blockade der Trägerversammlung ein gesellschaftsfremder Dritte mit der Streitschlichtung beauftragt werden.

(a) Einschaltung eines Mediators

Denkbar wäre die Einschaltung eines Mediators, der zwischen den zerstrittenen Parteien vermittelt. Ein Mediationsverfahren ist ein strukturiertes, außergerichtliches Verfahren, in dem ein neutraler Dritter – der Mediator – versucht, zusammen mit den zerstrittenen Parteien eine Einigung zu erzielen, indem er in sachorientierten Gesprächen mit den Beteiligten die jeweiligen Interessen herausarbeitet und nach Möglichkeit Lösungen aufzeigt, sodass die eigentliche Lösung des Konflikts letztlich in der Forschungskooperation selbst geschieht.[925] Der Vorteil einer solchen Mediation besteht zum einen in deren Vertraulichkeit. Zum anderen kann die bloße Anwesenheit eines neutralen Dritten dazu beitragen, dass die Verhandlungen eine neue, sachliche Dynamik erhalten und taktische oder psychologische Barrieren überwunden werden.[926] Eine von vornherein bestehende Ablehnungshaltung eines

---

923 Vgl. *Elfring*, NZG 2012, 895, 897.
924 So auch *Elfring*, NZG 2012, 895, 897.
925 Dazu *Dendorfer/Krebs*, MittBayNot 2008, 85 ff.
926 *Dendorfer/Krebs*, MittBayNot 2008, 85, 86 f.; *Elfring*, NZG 2012, 895, 898.

Kooperationspartners gegenüber zutreffenden, sachlichen Argumenten könnte so beseitigt werden.[927]

Andererseits ist die Grundvoraussetzung für eine erfolgreiche Mediation die Bereitschaft und Offenheit der Parteien für eine gütliche Beilegung des Konflikts. Dies wird häufig schlicht nicht (mehr) gewährleistet sein, da die Parteien bereits derart zerstritten sind, sodass das Mediationsverfahren letztlich scheitern und die Kooperationspartner nur wertvolle Zeit kosten würde.[928] Überdies stellen wissenschaftliche Forschungskooperationen gesonderte Anforderungen an eine hinreichende fachliche Qualifikation bei der Entscheidungsfindung in deren Angelegenheiten. Oftmals könnte beispielsweise die (objektiv) bestehende Notwendigkeit der Erweiterung oder Veränderung des Forschungsfeldes oder der Anschaffung anderweitiger, besonders teurer Forschungsmittel nicht für einen objektiven Durchschnittsbetrachter ersichtlich sein. Daher erscheint es fragwürdig, ob der hinzugezogene Mediator stets diese Anforderungen zu erfüllen vermag. Gewiss könnten sich die Kooperationspartner im Vorfeld auf einen hinreichend qualifizierten Mediator verständigen. Dennoch erscheint diese Gestaltungsvariante nicht als (alleinige) allgemeinverbindliche Lösung von *deadlock*-Situationen geeignet.

(b) Anrufung eines Schiedsgerichts

Auf der anderen Seite könnte ein Schiedsgericht eingeschaltet werden, welches selbst eine verbindliche Entscheidung in der Sache trifft, um hierdurch den Konflikt aufzulösen und die Handlungsfähigkeit der Forschungskooperation wiederherzustellen.[929] Bei der Auswahl des oder der Schiedsrichter erscheint es grundsätzlich empfehlenswert, jeder Partei bzw. jedem Träger ein Vorschlagsrecht einzuräumen und (im Falle einer hierdurch geraden Anzahl an Schiedsrichtern) die Wahl eines weiteren Schiedsrichters entweder durch eine neutrale Stelle oder durch die bereits benannten Schiedsrichter durchzuführen.[930] Das BMWi-Muster etwa enthält eine dahingehende kooperationsexterne Lösung in Form einer zweistufig aufgebauten Schiedsklausel.[931] Im Falle eines Konflikts ist zunächst ein Mediationsverfahren gemäß den Regeln der WIPO für das Mediationsverfahren in Gang zu setzen.[932] Falls dieses scheitert bzw. die Streitigkeit nicht innerhalb von 60 Tagen beigelegt werden kann, ist sodann in einem zweiten Schritt eine Schiedsgerichtsbarkeit anzurufen.[933]

927 *Elfring*, NZG 2012, 895, 898.
928 *Fett/Spiering*, Handbuch Joint Venture, 2. Auflage 2915, S. 394.
929 So auch *Elfring*, NZG 2012, 895, 899.
930 *Elfring*, NZG 2012, 895, 899
931 BMWi-Muster, Ziffer 14.1, 14.2, S. 45 f., siehe Fn. 25.
932 BMWi-Muster, Ziffer 14.1, S. 45; die Berliner Vertragsbausteine enthalten dagegen keine derartige Regelung, siehe jeweils Fn. 25.
933 BMWi-Muster, Ziffer 14.2, S. 46, siehe Fn. 25.

Dabei ist zu beachten, dass die Schiedsfähigkeit, also die Befugnis eines Schiedsgerichts, eine verbindliche Entscheidung in der Streitfrage zu treffen, nur dann anzunehmen ist, wenn die Ausgestaltung des Verfahrens einen Rechtsschutz bietet, welcher dem staatlicher Gerichte vergleichbar ist.[934] Der BGH fordert hierfür, dass die Schiedsvereinbarung unter Zustimmung sämtlicher Gesellschafter vereinbart wurde sowie gewährleistet ist, dass die Gesellschafter über die Einleitung sowie den Verlauf des Schiedsverfahrens informiert und somit in die Lage versetzt werden, dem Schiedsverfahren zumindest als Nebenintervenient beizutreten.[935] Überdies müssen die Gesellschafter an der Auswahl und Bestellung des oder der Schiedsrichter mitwirken können, falls eine Auswahl nicht an eine neutrale Stelle verlagert wird.[936] Zuletzt ist sicherzustellen, dass alle den Streitgegenstand betreffenden Beschlussmängelstreitigkeiten bei einem Schiedsgericht konzentriert werden können.[937]

Der Nachteil einer solchen Lösung liegt vor allem in der mangelnden Expertise der Schiedsrichter.[938] Es ist nämlich nicht von vornherein sichergestellt, dass gerade bei inhaltlichen Konflikten rein wissenschaftlicher Natur stets die zur Entscheidungsfindung nötige Kompetenz vorhanden ist. Darüber hinaus können sich die Einschaltung eines Schiedsgerichts und die Herbeiführung einer Entscheidung desselben in Anbetracht eines in zeitlicher Hinsicht drängenden Entscheidungsgegenstands als zu schwerfällig erweisen. Außerdem wurde bereits im Rahmen der geltenden rechtlichen Determinanten konstatiert, dass die Einräumung eines Letztentscheidungsrechts an ein Schiedsgericht regelmäßig im Widerspruch zum Prinzip der Selbstorganschaft steht, sodass diese Gestaltungsvariante in (bestehenden) Personengesellschaften von vornherein ausscheidet.[939] Somit stellt auch die Anrufung eines Schiedsgerichts keine zufriedenstellende Lösung für derartige Situationen dar. Dass das BMWi-Muster eine dahingehende Regelung enthält, liegt wohl letztlich an dessen (insgesamt) dürftiger Ausgestaltung der Organisationsverfassung und einem damit einhergehenden Mangel an Organen, die die erforderliche Neutralität und Fachkompetenz aufweisen, die ihnen die Zubilligung eines Letztentscheidungsrechts rechtfertigen würde.

(4) Übertragung der Entscheidungsbefugnis auf ein anderes Organ

Ebenfalls denkbar ist die Übertragung der Entscheidungsbefugnis auf ein anderes Organ, jedenfalls aber separiert von der (unmittelbaren) Entscheidungskompetenz

---

934 BGH, *Urt. v.* 06.04.2009 – II ZR 255/08 – Schiedsfähigkeit II = NZG 2009, S. 620 ff.; vgl. auch BGH, *Urt. v.* 29.03.1996 – II ZR 124/95 – Schiedsfähigkeit I = BGHZ 132, 278 ff.; *Elfring*, NZG 2012, 895, 899.

935 BGH, *Urt. v.* 06.04.2009 – II ZR 255/08 = NZG 2009, S. 620, 622 f.

936 BGH, *Urt. v.* 06.04.2009 – II ZR 255/08 = NZG 2009, S. 620, 622 f.

937 BGH, *Urt. v.* 06.04.2009 – II ZR 255/08 = NZG 2009, S. 620, 622 f.

938 Ebenfalls *Lappe*, Kooperationen wissenschaftlicher Einrichtungen, 2019, S. 141.

939 Siehe hierzu weitergehend Kap. 1 A I 6 d aa.

der Kooperationspartner im Wege der Trägerversammlung. Im Gegensatz zur Anrufung eines Schiedsgerichts würde dieser Weg sicherlich eine hinreichend zügige Entscheidungsfindung ermöglichen und durch die bereits vorhandene Involvierung der Entscheidungsträger in die Forschungsprozesse sicherstellen, dass diese mit den zur Entscheidungsfindung nötigen Aspekten (bereits frühzeitig) vertraut sind.

Es fragt sich, welchem Organ im Forschungsverbund diese Entscheidungsbefugnis übertragen werden könnte. Wichtig dabei ist im Grundsatz, dass die Mitglieder eines solchen Organs über hinreichende Expertise in der zu entscheidenden Angelegenheit sowie die entsprechende Entscheidungsfreude und kooperative Einstellung verfügen.[940] Um letztlich eine allgemeine Akzeptanz der Letztentscheidung des Organs zu erzeugen, ist bei dessen Besetzung darauf zu achten, dass hierauf kein Kooperationspartner in verstärktem Maße Einfluss nehmen kann. Im Übrigen sollte das Organ aus einer ungeraden Zahl von Mitgliedern bestehen oder zumindest einem Vorsitzenden ein Stichentscheidungsrecht zustehen, um eine erneute, „verlängerte" Pattsituation auch in diesem Gremium zu vermeiden.[941] Zur Erhöhung der Effizienz und der Aufrechterhaltung einer angemessenen Debattenkultur sollte das betreffende Organ ferner nicht mit einer übermäßig großen Anzahl an Mitgliedern besetzt sein.[942]

Dementsprechend erscheint es erwägenswert, dem Direktorium das Letztentscheidungsrecht im Falle eines *deadlock* in der Trägerversammlung einzuräumen. Aufgrund der Tatsache, dass dieses das zentrale Verwaltungs- und Steuerungsorgan der Kooperation ist und die Trägereinrichtungen dieses besetzen, lässt sich sicherstellen, dass der bzw. die Direktoren über eine ausreichende Sachkompetenz und Nähe zur streitigen Sachfrage aufweisen. Überdies ist durch den Grundsatz der wissenschaftlichen Prägung bzw. der verfassungsrechtlichen Unabhängigkeit der forschenden Direktoren ein gewisses Maß an Neutralität bei Meinungsverschiedenheiten der Träger untereinander sichergestellt. Sollte neben der Trägerversammlung und dem Direktorium kein weiteres Organ vorhanden sein, was bei Forschungskooperationen von geringem Institutionalisierungsgrad der Regelfall sein dürfte, sollte dem Direktorium nach der hier vertretenen Ansicht daher letztlich ein Letztentscheidungsrecht zukommen.

Anders liegen die Dinge hingegen, wenn nach dem Willen der Kooperationspartner ein *Scientific Advisory Board* im Forschungsverbund installiert ist. Dieses bietet im Gegensatz zum Direktorium durch die Eigenart seiner Besetzung[943] im verstärkten Maße die Gewähr, dass die Entscheidung nicht von den Interessen einzelner Träger beeinflusst wird, sondern im Interesse der Gesamtkooperation

---

940 Vgl hierzu *Buth/Hermanns*, DStR 1996, 597, 602; *Hinterhuber/Minrath*, BB 1991, 1201, 1208.

941 Dazu *Hinterhuber/Minrath*, BB 1991, 1201, 1205.

942 *Hinterhuber/Minrath*, BB 1991, 1201, 1205.

943 Dazu weitergehend vgl. Kap. 2 A IV 2 b.

bzw. des Fortkommens der Forschungstätigkeiten erfolgt. Ist daher ein *Scientific Advisory Board* vorhanden, sollte diesem das Letztentscheidungsrecht eingeräumt werden.

(5) Vereinbarung einer Zustimmungsfiktion

Unabhängig von den bereits geschilderten Mechanismen erscheint es zur Vermeidung von Blockaden im Hinblick auf die IP-rechtliche Immaterialgüterzuordnung überlegenswert, im Kooperationsvertrag die Erteilung einer erforderlichen Zustimmung zur Zuordnung von *foreground-IP* zu fingieren. So könnte etwa die einmal erteilte Zustimmung auch für identische zukünftige Rechtsgeschäfte als erteilt angesehen werden, solange die Kooperationspartner keine abweichende Entscheidung in der Sache treffen. Gewiss birgt eine damit einhergehende Bindungswirkung Nachteile; diese könnten allerdings durch die Einräumung eines Widerrufsrechts aus sachlichem Grund abgemildert werden.[944]

(6) Auflösung der Forschungskooperation

Wenn jedoch auch dieses Streitschlichtungsverfahren nicht zu einer dauerhaften Wiederherstellung der Handlungsfähigkeit des Forschungsverbunds bzw. einer Wiederherstellung des Vertrauensverhältnisses der Kooperationspartner untereinander führt, sollte die Kooperation letztlich aufgelöst werden.[945] Denn es ist sehr wohl denkbar, dass zwar in der konkreten Streitfrage eine Entscheidung nach den vorher festgelegten Mechanismen ergeht, sich aber ein Kooperationspartner als Verlierer sieht und beim nächsten umstrittenen Beschlussgegenstand keinerlei Kompromissbereitschaft zeigt, sodass wiederum die Entscheidungsfindung gehemmt ist.[946] Daher könnte die Vereinbarung einer Regelung erwogen werden, nach der im Falle eines einmal erfolgreich durchlaufenen Streitschlichtungsverfahrens bei der nächsten (oder auch einer späteren) Meinungsverschiedenheit kein solches Verfahren mehr absolviert wird, sondern die Forschungskooperation vielmehr beendet wird, was im Übrigen eine zusätzliche Motivation zur Erzielung einer Einigung ohne das Durchlaufen des Streitschlichtungsverfahrens bei einem erstmalig auftretenden Konflikt darstellen würde.

c. Ausgestaltung der Verfahrensabläufe

Neben der Besetzung der Trägerversammlung und der Ausgestaltung der Beschlussfassung stellt sich die Frage, wie die (sonstigen) Verfahrensabläufe zu gestalten sind. Um auch den Anforderungen von Forschungskooperationen mit geringem Institutionalisierungsgrad sowie einem überschaubaren Kreis an

---

944 So *Elfring*, NZG 2012, 895, 896.
945 Vgl. auch *Elfring*, NZG 2012, 895, 899.
946 Dazu *Elfring*, NZG 2012, 895, 899.

Kooperationspartnern gerecht zu werden, empfiehlt es sich, diesbezüglich keine allzu weit reichenden verbindlichen Vorgaben zu statuieren. Dementsprechend erscheinen etwa die §§ 118 ff. AktG als Ausgangspunkt unangebracht. Dennoch bedarf es zur Sicherstellung eines reibungslosen Funktionsablaufs einer gewissen „Grundausstattung“. Hierzu gehört, dass die Trägerversammlung mindestens einmal im Jahr tagt. Überdies bedarf es der Einberufung der Trägerversammlung, wenn das Wohl der Forschungskooperation es erfordert.[947] Gewiss wäre es von Vorteil, eine dahingehende Entscheidungskompetenz zur Einberufung innerhalb einer angemessenen Frist dem Direktorium als zentralem Steuerungsorgan einzuräumen. Anleihen zur Form der Einberufung könnten etwa § 51 GmbHG entnommen werden.[948] Das Direktorium sollte im Vorfeld den Kooperationspartnern die Möglichkeit gewähren, Anträge hinsichtlich etwaiger Beschlussgegenstände oder Diskussionspunkte zu stellen. Allerdings muss es daneben auch allen Kooperationspartnern selbst möglich sein, die Trägerversammlung auf ihr Verlangen hin einzuberufen. Im Falle einer größeren Anzahl an Kooperationspartnern erscheint es angebracht, vergleichbar der in § 50 Abs. 1 GmbHG enthaltenen Regelung ein gewisses Quorum festzulegen, das zur Einberufung der Trägerversammlung berechtigt.[949] Aus Gründen der Flexibilität bedarf es der Möglichkeit, auf die Abhaltung einer Versammlung zu verzichten, wenn sich sämtliche Kooperationspartner (in Textform) mit der zu treffenden Bestimmung oder mit der schriftlichen Abgabe der Stimmen einverstanden erklären.[950] Die Trägerversammlung sollte ferner das Recht haben, sich eine eigene Geschäftsordnung zu geben, welche (weitere) Regeln für die Vorbereitung und Durchführung der Trägerversammlung beinhaltet.[951]

3. Veränderungen im Gesellschafterbestand

Neben der Ausgestaltung der Rechte und Pflichten sowie der inneren Organisation der Trägerversammlung bedarf es einer näheren Auseinandersetzung mit Veränderungen im Gesellschafterbestand der Forschungskooperation.

---

947 Vgl. etwa zum ähnlichen § 121 Abs. 1 AktG *Kubis*, in: MüKo zum AktG, § 121 Rn. 9; *Liebscher*, in: Henssler/Strohn, § 121 AktG, Rn. 5; sowie zum § 49 Abs. 2 GmbHG *Bayer*, in: Lutter/Hommelhoff, GmbHG, § 49 Rn. 12 ff.; *Zöllner/Noack*, in: Baumbach/Hueck, GmbHG, § 49 Rn. 17 f.

948 Hierzu eingehend etwa *Bayer*, in: Lutter/Hommelhoff, GmbHG, § 51 Rn. 1 ff; *Schindler*, in: BeckOK zum GmbHG, § 51 Rn. 8 ff.

949 Zu § 50 Abs. 1 GmbHG vgl. *Bayer*, in: Lutter/Hommelhoff, GmbHG, § 50 Rn. 5 ff.; *Römermann*, in: Michalski/Heidinger/Leible/J. Schmidt, GmbHG, § 50 Rn. 5 ff.

950 Vgl hierzu zum inhaltsgleichen § 48 Abs. 2 GmbHG *Bayer*, in: Lutter/Hommelhoff, GmbHG, § 48 Rn. 21 ff; *Liebscher*, in: MüKo zum GmbHG, § 48 Rn. 140 ff.

951 In diesem Punkt könnten dennoch Anleihen aus der entsprechenden Vorschrift des § 129 Abs. 1 S. 1 AktG genommen werden, vgl. dazu *Wicke*, in: Spindler/Stilz, AktG, § 129 Rn. 1 ff.

a. Beschränkung der Übertragbarkeit der Gesellschaftsanteile

Dabei ist als Ausgangspunkt das enge, vertrauensvolle Verhältnis, das die Kooperationspartner regelmäßig untereinander aufweisen, zu beachten. Denn Forschungskooperationen setzen sich in der Regel aus einer überschaubaren Anzahl an Trägern zusammen, die sich wiederum bewusst für die jeweiligen Partner zur Durchführung gemeinsamer Forschungstätigkeiten entschieden haben, was wiederum voraussetzt, dass sich die Träger untereinander wohlbekannt sind.[952] Dieses Verhältnis der Träger zueinander steht beispielsweise in einem strikten Gegensatz zum Leitbild der Aktiengesellschaft, welche darauf angelegt ist, große Kapitalsummen durch eine Vielzahl von Kapitalgebern aufzubringen, die untereinander regelmäßig anonym bleiben, keinen persönlichen Bezug zur Gesellschaft haben und ihre Anteile frei veräußern können.[953] In diesem Lichte betrachtet stellen Änderungen im Gesellschafterbestand des Forschungsverbunds tiefgreifende Veränderungen dar, die nur unter bestimmten Voraussetzungen möglich sein sollten. Dementsprechend empfiehlt es sich, die Übertragbarkeit der Gesellschaftsanteile nicht frei zu gestalten, sondern vielmehr an bestimmte Voraussetzungen zu knüpfen. Angemessen erscheint in dieser Konstellation wohl letztlich – in Abweichung zu einem ansonsten bestehenden Mehrheitsprinzip – die Zustimmung sämtlicher Kooperationspartner.

b. Austritt eines Gesellschafters aus wichtigem Grund

Hinsichtlich des Austritts eines Gesellschafters muss der allgemeine Rechtsgedanke beachtet werden, nach dem es mit der persönlichen Freiheit Vertragsschließender unvereinbar ist, persönliche oder wirtschaftliche Bindungen ohne zeitliche Begrenzung und ohne Kündigungsmöglichkeit einzugehen.[954] Derartige Beschränkungen können auch nicht freiwillig vereinbart werden.[955] Daher können die Gesellschafter als Ausdruck des persönlichen Näheverhältnisses in der Kooperation zwar beispielsweise vereinbaren, dass die Veräußerung eines Gesellschaftsanteils vollständig untersagt wird, allerdings nur dann, wenn dem einzelnen Gesellschafter ein Recht zum Austritt aus wichtigem Grund eingeräumt wird, wenn die dauerhafte Bindung an die Gesellschaft unzumutbar ist.[956] Erwägenswert erscheint ferner ein Übernahmerecht zugunsten anderer Gesellschafter im Falle des Ausscheidens eines Gesellschafters. Zudem ist zu beachten, dass es ebenso gegen diesen allgemeinen Rechtsgedanken verstößt, wenn dem ausscheidungswilligen Gesellschafter im Gesellschaftsvertrag vermögensrechtliche Verpflichtungen auferlegt werden, welche zwar formal betrachtet sein Kündigungsrecht nicht

---

952 *Kumpan*, OdW 2018, 115, 120 f.

953 *Saenger*, Gesellschaftsrecht, Rn. 521.

954 BGH, *Urt. v.* 13.06.1994 – II ZR 38/93 = NJW 1994, 2536, 2537.

955 BGH, *Urt. v.* 13.06.1994 – II ZR 38/93 = NJW 1994, 2536, 2537.

956 Dazu etwa *Saenger*, Gesellschaftsrecht, Rn. 759; *Kumpan*, OdW 2018, 115, 121.

beeinträchtigen, jedoch wirtschaftlich derart einschneidend sind, dass diese im Ergebnis dazu führen, dass der Ausscheidungswillige nicht mehr frei über die Ausübung seines Kündigungsrechts entscheiden kann, weshalb eine solche Sachlage einem Ausschluss des Kündigungsrechts letztlich gleichkäme.[957]

c. *Keine zwingende Beendigung des Forschungsverbunds im Falle des Austritts eines Kooperationspartners*

Einen weiteren Aspekt bildet der Umstand, dass in der Forschungskooperation eine langfristige, stabile wie auch flexible Zusammenarbeit möglich sein sollte.[958] Wesentliche Änderungen im Forschungsgegenstand, der personellen Zusammensetzung oder in der Finanzierung können Änderungen im Gesellschafterbestand erfordern. Dies sollte möglich sein, ohne den Verbund in seiner Existenz zu gefährden. Dementsprechend muss der Forschungsverbund darauf angelegt sein können, nicht nur unabhängig von einzelnen Wissenschaftlern, sondern ebenso unabhängig von einzelnen Trägereinrichtungen fortzubestehen, auch wenn die konkrete Zusammensetzung der Kooperationspartner sowie deren Vertrauen untereinander (in Gegenüberstellung etwa zur Publikumsgesellschaft) entscheidend für das Eingehen einer Forschungsgemeinschaft sein dürfte.[959] Daher erscheint die für das Personengesellschaftsrecht typische Ausgangsregelung, nach der das Ausscheiden eines Gesellschafters zur Beendigung der Gesellschaft führt, im forschungskooperativen Kontext unangebracht. Das Ausscheiden eines einzelnen Kooperationspartners sollte nicht *per se* zur Beendigung der Kooperation führen. Vielmehr sollten die übrigen Kooperationspartner die Möglichkeit haben, diese ohne den ausgeschiedenen Träger weiterzuführen. Überdies bedarf es im Kooperationsvertrag, falls dieser auf unbestimmte Zeit eingegangen wird, einer Regelung, nach der eine Kündigung zur Unzeit nicht erfolgen darf.[960]

d. *Ausscheiden eines Gesellschafters aus wichtigem Grund durch Beschluss der Trägerversammlung*

Zuletzt fordert der Rechtsgedanken der §§ 737 BGB, 140 HGB, 68 GenG die Möglichkeit des Ausschlusses eines Gesellschafters aus wichtigem Grund.[961] Dieser fußt auf dem Gedanken, dass die Auflösung der Gesellschaft mit ihren weitreichenden

957 BGH, *Urt. v.* 13.06.1994 – II ZR 38/93 = NJW 1994, 2536, 2537.

958 *Kumpan*, OdW 2018, 115, 117.

959 a.A. *Kumpan*, OdW 2018, 115, 117, der im Grundsatz eine Auflösung der Forschungskooperation im Falle des Austritts eines Gesellschafters fordert, jedoch den Kooperationspartnern die Möglichkeit zur abweichenden Bestimmung einräumen will; vgl. zur Publikumsgesellschaft *Häublein*, in: BeckOK zum HGB, § 161 Rn. 72 ff.

960 So auch *Kumpan*, OdW 2018, 115, 121; überdies im Allgemeinen zur Kündigung zur Unzeit im Gesellschaftsrecht *Schäfer*, in: MüKo zum BGB, § 723 Rn. 53.

961 Dazu bei der GmbH *Saenger*, Gesellschaftsrecht, Rn. 765.

Folgen dann keine angemessene Lösung ist, wenn die Schwierigkeiten ihre Ursache einzig in der Person eines Gesellschafters haben und nicht im Gesellschaftsverhältnis insgesamt.[962] Aufgrund der untereinander bestehenden Treuepflicht ist der Ausschluss eines Gesellschafters jedoch *ultima ratio.*[963] Nichts Anderes sollte auch für den wissenschaftlichen Forschungsverbund gelten. Fraglich ist hierbei nur, ob der Ausschluss im Wege einfacher Beschlussfassung erfolgen kann – etwa wie bei der GbR[964] – oder ob es vielmehr der Erhebung einer Ausschlussklage der Gesellschaft als Gestaltungsklage entsprechend § 140 HGB bedarf.[965] Die gerichtliche Entscheidung dient im Falle des § 140 HGB der Rechtssicherheit.[966] Die OHG ist mit dem zwingenden Erfordernis des Betriebs eines Handelsgewerbes auf die (oftmals hauptberufliche) Teilnahme der Gesellschafter am Rechts- und Wirtschaftsverkehr gerichtet. Dieser Umstand erfordert im Vergleich zur GbR, welche zur Verfolgung sämtlicher erlaubter, mithin auch rein ideeller Zwecke oder für reine Gelegenheitsgesellschaften zur Verfügung steht, ein gesteigertes Maß an Rechtssicherheit, die die erhöhten Anforderungen von § 140 HGB im Vergleich zu § 737 BGB rechtfertigen.[967] In Anbetracht des Umstands, dass die zu entwickelnde Governance-Struktur für wissenschaftliche Forschungskooperationen sämtlicher Institutionalisierungsgrade, mithin auch kleinste Forschungsverbünde, herangezogen werden können soll, empfiehlt sich zumindest als Ausgangspunkt, einen Beschluss der Trägerversammlung als ausreichend zu erachten, jedoch mit dispositiver Abweichungsmöglichkeit im Kooperationsvertrag hin zu dem Erfordernis eines Gerichtsurteils.

4. *Zusammenfassung*

Die Trägerversammlung stellt als Zusammenkunft der Trägereinrichtungen das Basisorgan der Forschungskooperation dar. Sie dient den Kooperationspartnern zur Wahrung des Einflusses und der Information über das laufende Forschungsgeschehen. Zudem vermittelt sie im Falle öffentlich-rechtlicher (Teil-)Trägerschaft demokratische Legitimation.

In deren Zuständigkeitsbereich fallen zunächst die Grundlagengeschäfte, die im Wesentlichen aus der (Um-)Formulierung des Forschungsgegenstands, der Bereitstellung finanzieller Mittel sowie des Ein- und Austritts von Gesellschaftern bestehen. Entscheiden sich die Trägereinrichtungen zur Übertragung der „engeren"

962 BGH, *Urt. v.* 01.04.1953 – II ZR 235/52 = BGHZ 9, 157, 158 ff.; BGH, *Urt. v.* 23.02.1981 – II ZR 229/79 = BGHZ 80, 346, 349 f.

963 Diesbezüglich zur GmbH *Saenger*, Gesellschaftsrecht, Rn. 765.

964 Dazu *Schöne*, in: BeckOK zum BGB, § 737 Rn. 1 ff., insb. Rn. 15 ff.

965 Hinsichtlich der GmbH etwa *Lorenz*, DStR 1996, 1774, 1776.

966 BGH, *Urt. v.* 17.12.1959 – II ZR 32/59 = NJW 1960, 625; *Roth*, in: Baumbach/Hopt, HGB, § 140 Rn. 1; *Richter*, in: BeckOK zum HGB, § 140 Rn. 1.

967 Vgl. zu den Erscheinungsformen der GbR *Saenger*, Gesellschaftsrecht, Rn. 42 ff.; *Klimke*, in: BeckOK zum HGB, § 105 Rn. 3 ff.

Überwachung auf den Aufsichtsrat, obliegt der Trägerversammlung sodann die Überwachung im „weiteren" Sinn, wovon eine Vorlage des Jahresberichts sowie ein Informations- und Auskunftsrecht umfasst ist. Weiterhin ist diese im Grundsatz für die Bestellung und Abberufung der Direktoriumsmitglieder zuständig, wenngleich letztere nur unter hohen Voraussetzungen möglich ist. Der Trägerversammlung ist ein auf die wirtschaftlichen (Tages-)Geschäfte sowie der Einhaltung des Forschungsplans beschränktes Weisungsrecht gegenüber dem Direktorium zuzuerkennen. Hinsichtlich des (sonstigen) Forschungspersonals ist diese nur dann ersatzweise weisungsbefugt, wenn das Direktorium eigenmächtig von den Vorgaben des Forschungsplans abweicht. Im Außenverhältnis ist diese nur im Falle von Führungslosigkeit vertretungsbefugt. Ein Zustimmungserfordernis für Verfügungen ist abzulehnen. Das Direktorium hat gegenüber der Trägerversammlung einen Anspruch auf die Erteilung einer mit Präklusionswirkung ausgestatteten Entlastung, falls die Voraussetzungen hierfür vorliegen. Eine Zuständigkeit für außergewöhnliche Geschäftsführungsmaßnahmen jenseits eines enumerativ aufgezählten Zuständigkeitskatalogs für Grundlagengeschäfte ist abzulehnen. Dagegen ist die Trägerversammlung als Verhandlungsforum in besonderen, grundlegenden Konfliktsituationen gefragt.

Bestandteil der Trägerversammlung sind nur diejenigen Trägereinrichtungen, die zugleich Gesellschafter der Kooperation sind. Finanzielle Förderer können im fakultativen Aufsichtsrat vertreten sein oder durch das Aufstellen gewisser Förderbedingungen die zweckmäßige Verwendung der Fördergelder sicherstellen. Im Rahmen der Beschlussfassung in der Trägerversammlung wird zum Schutz einzelner Träger das Einstimmigkeitsprinzip statuiert, jedoch mit dispositiver Abweichungsmöglichkeit. Bei der Bestimmung ebenjener Mehrheit gilt als Ausgangspunkt das Prinzip „eine Stimme pro Träger" verbunden mit einer Abweichungsmöglichkeit zur Gewichtung nach finanziellen Anteilen, die jedoch das Vorliegen eines sachlichen Grundes erfordert. Zur Lösung von *deadlock*-Situationen empfiehlt sich die Übertragung der Entscheidungsbefugnis auf das *Scientific Advisory Board*, sofern dieses vorhanden ist, ansonsten auf das Direktorium. Im Falle einer dauerhaften und irreparablen Vertrauensschädigung im Kreis der Kooperationspartner ist der Forschungsverbund hingegen aufzulösen. Zumindest einmal im Jahr und wenn das Wohl der Forschungskooperation es erfordert, ist die Trägerversammlung durch das Direktorium einzuberufen. Daneben können die Kooperationspartner die Trägerversammlung auch selbst einberufen.

Die Übertragbarkeit von Gesellschaftsanteilen hängt von der Zustimmung aller Kooperationspartner ab. Zudem bietet sich die Vereinbarung eines Übernahmerechts zugunsten der anderen Gesellschafter an. Aus wichtigem Grund ist es aber dem einzelnen Gesellschafter möglich, aus dem Forschungsverbund auszutreten. Weder das Ausscheiden einzelner Wissenschaftler noch der Austritt eines Kooperationspartners führt automatisch zur Beendigung der Kooperation. Zuletzt können die Kooperationspartner durch einstimmigen Beschluss in der Trägerversammlung den Ausschluss eines Kooperationspartners aus der Kooperation im Falle des Vorliegens eines wichtigen Grundes als *ultima ratio* herbeiführen.

IV. Überwachung und Begleitung der Forschungstätigkeit

Im Rahmen der Ausgestaltung einer Governance-Struktur für wissenschaftliche Forschungskooperationen wurde bisher auf das Direktorium und die Trägerversammlung als die beiden zwingend einzurichtenden Organe eingegangen. Gerade für Forschungskooperationen von geringem Institutionalisierungsgrad, deren Organisationsverfassung möglichst überschaubar ausgestaltet sein sollte, könnte es nach dem Willen der Kooperationspartner hierbei belassen werden. Denkbar sind jedoch auch größere, auf längere Dauer hin angelegte und mit zahlreichen Förderern ausgestattete Kooperationen, die eine ausdifferenziertere Organstruktur erfordern. Ein bedeutender Aspekt ist dabei gewiss der Umstand, dass sowohl eine professionelle finanzielle Mittelverwendungskontrolle als auch eine kritische Begleitung des wissenschaftlichen Forschungsprozesses Kenntnisse, Befähigungen und Erfahrungen erfordern, die über die Fähigkeiten der involvierten Kooperationspartner hinausgehen können, denn diese haben bereits regelmäßig das am besten qualifizierte Forschungspersonal zur Durchführung der Forschungstätigkeiten in die Kooperation entsandt.[968] Nicht zuletzt haben die Wirtschaftsunternehmen als Kooperationspartner zur Steigerung der Gewinnerzielung ein Interesse an einer möglichst effizienten und kostensparenden Verwendung der zur Verfügung gestellten Forschungsgelder.[969] Gleiches gilt für die institutionellen und projektbezogenen finanziellen Förderer der Kooperation. Dies führt unweigerlich zur Frage nach der organschaftlichen Einbeziehung (gesellschaftsfremder) Dritter, welche über die entsprechenden fachlichen Kompetenzen verfügen und somit sicherstellen können, dass die Forschungstätigkeiten in wissenschaftlicher und finanzieller Hinsicht den höchsten Standards entsprechen.

1. *Aufsichtsrat*

Zum einen könnten die Kooperationspartner (und Förderer) einen Aufsichtsrat im Organgeflecht des Forschungsverbunds installieren. Insbesondere die Beteiligung von Wirtschaftsunternehmen, die dem freien Markt ausgesetzt sind und damit möglichst effizient und ressourcenschonend arbeiten müssen, führt regelmäßig zu einer gewissen Professionalisierung der Überwachungskomponente.[970] Dieser Umstand könnte in der Installation eines Aufsichtsrats münden. Ebenso könnte hierdurch als Anreizmechanismus ein sogenannter Prinzipal-Agent-Konflikt, welcher in dem Umstand begründet liegt, dass sich die Mittelverwender (Forscher) von den Mittelgebern (Trägerinstitutionen und Förderer) in ihrer Interessenslage

---

968 *Eberbach/Hommelhoff/Lappe*, OdW 2017, 1, 6; *Kumpan*, OdW 2018, 115, 121.

969 Zur (pauschalisierten) Interessenslage der Wirtschaftsunternehmen siehe weitergehend Kap. 1 B II 1 b.

970 Siehe Kap. 1 B II 4 c.

sowie deren Informationsbasis unterscheiden, gelöst oder zumindest abgemildert werden.[971]

a. *Finanzwirtschaftliche Kontrolle des Direktoriums*

Das zentrale Anliegen des Aufsichtsrats wäre die Kontrolle sowie die kritische Begleitung der Mittelverwendung bzw. der finanzwirtschaftlichen Handlungen des Forschungsverbunds im Allgemeinen. Wie in der aktienrechtlichen Ausgestaltung würde die Kontrolle nicht nur vergangenheitsbezogen, sondern auch hinsichtlich der zukünftigen Maßnahmen stattfinden.[972] Dabei bezieht sich die Kontrolle auf die Recht- und Zweckmäßigkeit gleichermaßen.[973] Um dieses zu erreichen, wäre er zur Prüfung und – im Gegensatz zur Trägerversammlung – „engeren" Überwachung des Direktoriums berufen.[974] Auf diese Weise ließe sich ein vernünftiges Haushalten mit den zur Verfügung gestellten Mitteln sicherstellen. Gerade Großbeträge, die von externen Förderern in die Kooperation eingebracht werden, erfordern einen sorgsamen und gewissenhaften Umgang. Deshalb empfiehlt es sich, dem Aufsichtsrat neben der reinen Überwachung auch eine Beratungsfunktion zuzuordnen. Aus der Betrachtung des IP-Rechts wurde deutlich, dass im forschungskooperativen Kontext ein gesonderter Bedarf nach der Überwachung der Informationsströme, der Schutzrechtsanmeldungen sowie der Einhaltung bestehender Geheimhaltungsregelungen besteht. Es spricht vieles dafür, dem Aufsichtsrat im Falle seiner Installation auch diese Funktionen zuzusprechen. Stets wird hingegen bei der Ausgestaltung der dem Aufsichtsrat zukommenden Befugnisse darauf zu achten sein, dass diese die Wissenschaftsfreiheit der forschenden Direktoren nicht unangemessen beschneiden, sodass eine wissenschaftliche Begleitung oder gar Kontrolle des Direktoriums durch den Aufsichtsrat ausscheidet, sondern diese allenfalls durch einen anderen Organtypus wahrgenommen werden könnte.[975]

b. *Einrichtung zur Disposition der Kooperationspartner*

Ebenfalls einer Klärung bedarf die Frage, inwieweit die Einrichtung eines Aufsichtsrats (gesetzlich) vorgegeben sein sollte oder ob gewisse Voraussetzungen für dessen Installation vorliegen müssen. Denkbar wäre etwa eine konkrete Schwelle, nach deren Überschreiten die Einrichtung eines Aufsichtsrats möglich oder gar

971 Dazu eingehend etwa *Tröger*, in: Kölner Kommentar zum AktG, § 133 Rn. 12 f.; *Richter/Furubotn*, Neue Institutionenökonomik, S. 173 ff., 225 ff.; vgl. auch *Kumpan*, OdW 2018, 115, 120.

972 Zur AG etwa BGH, *Urt. v.* 25.03.1991 – II ZR 188/89 = BGHZ 114, 127, 129; *Saenger*, Gesellschaftsrecht, Rn. 595.

973 Diesbezüglich zur AG siehe BGH, *Urt. v.* 25.03.1991 – II ZR 188/89 = BGHZ 114, 127, 129 f.

974 *Eberbach/Hommelhoff/Lappe*, OdW 2017, 1, 6; *Kumpan*, OdW 2018, 115, 121.

975 Siehe zum Scientific Advisory Board Kap. 2 A IV 2 a.

verpflichtend wäre. Als Parameter erscheinen *prima vista* die Anzahl an beschäftigten Forschern oder der Umfang an in den Forschungsverbund eingebrachten Finanzmitteln erwägenswert. Je mehr Forscher der Kooperation zugeordnet sind bzw. je mehr Finanzmittel in die Kooperation eingebracht werden, desto eher erscheint die Installation eines Aufsichtsrats angezeigt. In Anknüpfung an die Ausführungen zur Heterogenität wissenschaftlicher Forschungskooperationen muss jedoch konstatiert werden, dass in Abweichung zu diesem Grundsatz sowohl Kooperationen denkbar sind, die nur über eine geringe Anzahl an Forschern und einen überschaubaren Etat verfügen, hingegen einen derart komplexen oder (in finanzieller Hinsicht) riskanten Forschungsgegenstand aufweisen, sodass die Installation eines professionellen Überwachungsorgans angezeigt erscheint. Auf der anderen Seite sind Kooperationen mit einer enormen Anzahl an Forschern und einem immensen Forschungsetat vorstellbar, bei denen die finanzwirtschaftliche Kontrolle allerdings aufgrund eines besonders strikten Forschungsplans, der dem Direktorium kaum größere Handlungsmöglichkeiten in finanzieller Hinsicht belässt, problemlos in den Händen der Kooperationspartner belassen werden kann. Und nicht nur die finanziellen Dimensionen der Kooperation spielen eine Rolle, sondern auch die Zusammensetzung der Träger: Denn regelmäßig werden Wirtschaftsunternehmen, die an der Forschungskooperation entweder als Gesellschafter oder als (sonstige) finanzielle Förderer beteiligt sind, (nahezu) unabhängig vom Institutionalisierungsgrad zur effektiven Überwachung auf die Einrichtung eines Aufsichtsrats oder die Hinzuziehung eines externen Abschlussprüfers[976] drängen. Mit anderen Worten: Verbindliche Vorgaben hinsichtlich der Einrichtung eines Aufsichtsrats verbieten sich in Anbetracht der Heterogenität kooperativen Forschens. Die Einrichtung sollte mithin unter Verzicht auf gewisse Schwellenwerte entlang eines offenen Regelungszuschnitts zur freien Disposition der Kooperationspartner stehen.[977]

c. *Rechte und Pflichten*

In Anknüpfung an die Funktion des Aufsichtsrats bedarf es einer Erörterung der Rechte und Pflichten dieses Organtyps. Bereits konstatiert wurde eine Kompetenz des Aufsichtsrats zur Bestellung des finanzwirtschaftlichen Direktors.[978] Hinsichtlich der weiteren Ausgestaltung wird aufgrund der Ähnlichkeit zum aktienrechtlichen Aufsichtsrat vielfach auf die entsprechenden Regelungen aus dem Aktiengesetz zurückgegriffen werden können, wobei auch gewisse Unterschiede bestehen, die im Einzelnen zu einer Unanwendbarkeit bzw. zu einer abweichenden Gestaltung führen (sollten).[979]

---

976 Dazu weitergehend zum Aufsichtsrat Kap. 2 A IV 1, zum externen Abschlussprüfer Kap. 2 A VI 2 c.

977 So letztlich auch *Eberbach/Hommelhoff/Lappe*, OdW 2017, 1, 7.

978 Zur Benennung des finanzwirtschaftlichen Direktors siehe Kap. 2 A II 3 b.

979 So im Grundsatz auch *Kumpan*, OdW 2018, 115, 121.

aa. Auskunft, Berichterstattung und Einsicht

Um eine effektive Kontrolle der finanzwirtschaftlichen Handlungen des Direktoriums, die in erster Linie durch den finanzwirtschaftlichen Direktor vorgenommen werden, zu erzielen, bedarf es eines Auskunftsrechts seitens des Aufsichtsrats gegenüber dem Direktorium beziehungsweise die Pflicht des Direktoriums zur Berichterstattung gegenüber dem Aufsichtsrat.[980] Im aktienrechtlichen Kontext ergibt sich dieses aus § 90 AktG.[981] Sinn und Zweck dieser Vorschrift ist es nicht nur, für eine sachgerechte Information des Aufsichtsrats zur Ausübung der ihn in § 111 Abs. 1 AktG zugewiesenen Überwachungsaufgabe[982] zu sorgen, sondern auch den Vorstand dazu zu bringen, gegenüber sich selbst Rechenschaft abzulegen und die Entwicklung der Gesellschaft zu beleuchten.[983] Er kann hierdurch auf die Stellungnahme des Aufsichtsrats zurückgreifen und dadurch von dessen Erfahrung und Sachkunde profitieren.[984] Es spricht vieles dafür, eine dem § 90 AktG vergleichbare Regelung für den Aufsichtsrat wissenschaftlicher Forschungskooperationen anzuwenden, allerdings unter Verzicht auf die spezifisch konzernrechtlichen Regelungen nach § 90 Abs. 1 S. 2, S. 3 Hs. 2 AktG. Weil sich finanzwirtschaftliche Maßnahmen in der Praxis oftmals nur schwer gänzlich von wissenschaftlichen Maßnahmen trennen lassen und die Beurteilung finanzwirtschaftlichen Aspekte ohne die dazugehörige wissenschaftliche Komponente nicht vollständig möglich ist, der Aufsichtsrat aber möglichst umfassend informiert sein sollte, erscheint es angezeigt, dass sich das Auskunfts- und Einsichtsrecht auch auf wissenschaftliche Aspekte bezieht, wenngleich dem Aufsichtsrat in dieser Hinsicht keine Kontrollbefugnisse zustehen.

Des Weiteren bedarf es eines Einsichtsrechts in die Bücher und Schriften des Forschungsverbunds.[985] Von besonderer Bedeutung in diesem Kontext ist gewiss das vom Direktorium zu führende Projekttagebuch. Auch hierzu bietet sich die Heranziehung der entsprechenden aktenrechtlichen Regelung in § 111 Abs. 2 AktG an.[986] Durch dieses Einsichts- und Prüfungsrecht kann der Aufsichtsrat auf eigene Initiative an Informationen über die Geschäftsführung gelangen.[987] Beim

980 *Kumpan*, OdW 2018, 115, 121.

981 Dazu *Müller-Michaels*, in: Hölters, AktG, § 90 Rn. 1 ff.; *Saenger*, Gesellschaftsrecht, Rn. 595

982 Hierzu etwa BGH, *Urt. v.* 04.07.1977 – II ZR 150/75 = BGHZ 69, 207, 213 = NJW 1977, 2311, 2312; *Kromschröder/Lück*, DB 1998, 1573 ff.; *Spindler*, in: Spindler/Stilz, AktG, § 111 Rn. 6 ff.

983 *Müller-Michaels*, in: Hölters, AktG, § 90 Rn. 1.

984 *Spindler*, in: MüKo zum AktG, § 90 Rn. 1; *Müller-Michaels*, in: Hölters, AktG, § 90 Rn. 1; *Henze*, BB 2000, 209 ff.; *Koch*, in: Hüffer/Koch, AktG, § 111 Rn. 2 ff.

985 *Kumpan*, OdW 2018, 115, 121.

986 Dazu *Koch*, in: Hüffer/Koch, AktG, § 111 Rn. 19 ff.; vgl. etwa auch *Hüffer*, NZG 2007, 47, 53; *Cahn*, WM 2013, 1293, 1299; *Arnold*, ZGR 2014, 76, 90 ff.

987 *Spindler*, in: Spindler/Stilz, AktG, § 111 Rn. 34; *Habersack*, in: MüKo zum AktG, § 111 Rn. 60.

Verdacht auf Unregelmäßigkeiten ist dieses Recht etwa in der Aktiengesellschaft unerlässlich.[988]

bb. Reservekompetenzen

Bereits in den Ausführungen zur Trägerversammlung wurde auf die Notwendigkeit der Existenz gewisser Reservekompetenzen im Falle von Konflikten oder atypischen Situationen eingegangen. Hierzu zählen etwa die Vertretung nach außen bei Führungslosigkeit des Forschungsverbunds oder die Statuierung eines Weisungsrechts gegenüber dem zugeordnetem Forschungspersonal, falls das Direktorium von den grundlegenden Vorgaben des Kooperationsvertrages in Verbindung mit dem Forschungsplan abweicht. Überdies besteht die Notwendigkeit zur Ausgestaltung eines Verhandlungsforums in Konfliktsituationen, welche potentiell insbesondere aus dem Umgang mit IP-Rechten oder der negativen Publikationsfreiheit nach § 42 Nr. 2 ArbNErfG, sowie mit dem Angriff aus oder der Verteidigung von bestehenden Schutzrechten resultieren können.

Überlegenswert ist eine Übertragung solcher Kompetenzen auf den Aufsichtsrat im Falle seines Vorhandenseins. Je nach der Art und Weise der Besetzung des Aufsichtsrats kann dieser im Vergleich zur Trägerversammlung ein höheres Maß an Neutralität (und Professionalität) aufweisen, was gerade in Krisensituationen zur Erzielung einer Lösung, die alle Beteiligten als bindende Entscheidung akzeptieren, hilfreich wäre. Auf der anderen Seite könnte es den Interessen der Kooperationspartner widersprechen, bedeutende Entscheidungen auf gesellschaftsfremde Dritte zu übertragen und so ihren Einfluss in der Kooperation zu schmälern, insbesondere im Falle staatlicher Beteiligung. Ob und bejahendenfalls in welchem Umfang eine Übertragung von Zuständigkeiten in diesen Bereichen von der Trägerversammlung auf den Aufsichtsrat erfolgt, sollte deshalb letztlich zur Wahrung der nötigen Flexibilität vollständig in der Disposition der Kooperationspartner stehen.

In jedem Fall aber erscheint es lohnenswert, dem Aufsichtsrat in Anlehnung an § 111 Abs. 3 AktG[989] das Recht zur Einberufung der Trägerversammlung einzuräumen, wenn das Wohl der Forschungskooperation es erfordert. Dieses Wohl umfasst etwa die Unterlassung rechtswidriger Maßnahmen des Direktoriums, gerade dann, wenn zu befürchten ist, dass der Forschungsverbund Schaden durch langwierige gerichtliche Auseinandersetzungen nehmen könnte.[990] In Kombination hiermit bietet es sich an, dass der Aufsichtsrat (in Abweichung zur aktienrechtlichen

---

988 *Habersack*, in: MüKo zum AktG, § 111 Rn. 60; Spindler, in: Spindler/Stilz, AktG, § 111 Rn. 37.

989 Hierzu *Koch*, in: Hüffer/Koch, AktG, § 111 Rn. 30 ff.; *Spindler*, in: Spindler/Stilz, AktG, § 111, Rn. 57 ff.; vgl. auch LG Frankfurt am Main, *Beschl. v.* 16.08.2013 – 3-05 O 178/13 = NZG 2014, 1232.

990 Zur entsprechenden aktienrechtlichen Regelung *Spindler*, in: Spindler/Stilz, AktG, § 111 Rn. 57.

Regelung des § 84 Abs. 3 AktG) befugt ist, eine Empfehlung zur Abberufung des gesamten Direktoriums oder einzelner Direktoren abzugeben.[991]

cc. Entlastung durch die Trägerversammlung?

Zuletzt könnte in Anlehnung an die Entlastung des Direktoriums[992] erwogen werden, auch den Aufsichtsrat (im Falle seines Bestehens) zu entlasten bzw. dessen Mitgliedern gar einen Anspruch auf Entlastung zuzugestehen. Der zentrale Aspekt, der bezüglich des Direktoriums zur Empfehlung der Installation eines Entlastungssystems geführt hat, in dem den Direktoren ein Anspruch auf Erteilung der Entlastung verbunden mit einer Präklusionswirkung eingeräumt wird, ist die verfassungsrechtlich gebotene Verwirklichung der Wissenschaftsfreiheit.[993] Die forschenden Direktoren sollten eine möglichst umfassende, rechtssichere Gewissheit hinsichtlich der Geltendmachung von Schadensersatzansprüchen ihnen gegenüber haben, um ihrer Forschungstätigkeit möglichst ungestört und frei nachgehen zu können. Dieser Aspekt kommt hinsichtlich der Aufsichtsratsmitglieder nicht zum Tragen. Denn diese werden nicht forschend tätig, sondern kontrollieren die finanzwirtschaftlichen Handlungen des Direktoriums. Dementsprechend ist die Einräumung eines Anspruchs auf die Erteilung der Entlastung mitsamt präkludierender Wirkung nicht erforderlich.

d. Besetzung und innere Organisation

Hinsichtlich der Besetzung und der inneren Organisation des Aufsichtsrats der Forschungskooperationsgesellschaft erscheint es in Anbetracht der Heterogenität des Forschens im Verbund angezeigt, auf eine allzu detailreiche Ausgestaltung zu verzichten. Wenn es wie nach der hier vertretenen Ansicht im freien Ermessen der Kooperationspartner steht, ob diese einen Aufsichtsrat installieren, sollte diesen ebenso in weiten Teilen überlassen werden, wie sich dieser zusammensetzt und wie sich die Abläufe im Inneren darstellen. Dazu trägt insbesondere der Umstand bei, dass die Aufsichtsratsmitglieder (lediglich) zur finanzwirtschaftlichen Kontrolle des Direktoriums berufen sind, was jenseits des grundrechtsrelevanten Bereichs der Wissenschaftsfreiheit nach Art. 5 Abs. 3 S. 1 Var. 2 GG liegt. Daraus ergeben sich bezüglich der rechtlichen Rahmenbedingungen gesteigerte Freiheiten im Vergleich zur Einbeziehung des Forschungspersonals in die Organisationsverfassung der Kooperation. Insofern könnte ein offener Regelungszuschnitt im Geiste des *enabling law* einen „Entdeckungsprozess" in Gang setzen, der eine Ausformung durch Gerichte sowie Forschungskooperationen selbst ermöglicht[994]. Allerdings

---

991 So bereits *Kumpan*, OdW 2018, 115, 121.
992 Dazu siehe Kap. 2 A III 1 f.
993 Vgl. hierzu weitergehend Kap. 1 A II 1.
994 Vgl. *Möslein*, OdW 2018, 99, 110; weitergehend zur Rechtssetzungslehre vgl. Kap. 1 A I 3 a.

wäre es ebenso verfehlt, gänzlich auf verbindliche Regelungen zu verzichten, um einen Verlust der Funktionsfähigkeit des Organs zu verhindern. Erforderlich ist damit ein Mindestmaß an Vorgaben, die für jedes Überwachungsorgan eines Forschungsverbunds Geltung beanspruchen. Hierzu kann wiederum als Ausgangspunkt auf die aktienrechtlichen Bestimmungen der §§ 95 ff. AktG zurückgegriffen werden, wobei den Besonderheiten des Forschens im Verbund in geeigneter Weise Rechnung getragen werden muss.[995]

aa. Mitgliederzahl und Zusammensetzung

So ist (zumindest auch) der Sinn und Zweck von § 95 AktG die Sicherung der Effektivität der Aufsichtsratstätigkeit, indem ein verbindlicher Rahmen für die Zahl seiner Mitglieder festgelegt wird.[996] Dieser reicht von drei bis höchstens 21 Mitglieder, jedenfalls für Aktiengesellschaften mit einem Grundkapital von mehr als zehn Millionen Euro. Aus den gleichen Gründen erscheint es angezeigt, dass sich die Anzahl an Aufsichtsratsmitgliedern im Forschungsverbund ebenso in diesem Rahmen aufhält. Zur Verhinderung von Pattsituationen wäre überdies eine ungerade Gesamtanzahl an Mitgliedern von Vorteil.

Daneben bedarf es einer Klärung der Zusammensetzung. Dabei sollte es im Grundsatz zunächst den Trägereinrichtungen offenstehen, entweder bereits durch den Kooperationsvertrag oder im Wege einer Beschlussfassung der Trägerversammlung Vertreter in den Aufsichtsrat zu entsenden.[997] Zudem kann es in Anbetracht des Forschungsgegenstands und der damit einhergehenden Komplexität der Aktivitäten der Kooperation in forschender, aber auch in finanzieller Hinsicht erforderlich sein, dass keine Vertreter der Trägereinrichtungen, sondern gesellschaftsfremde, neutrale Dritte mit der nötigen fachlichen Kompetenz in den Aufsichtsrat entsandt werden.[998] Die Notwendigkeit der Öffnung des Aufsichtsrats für gesellschaftsfremde Dritte ergibt sich aus einem weiteren Aspekt: Bereits mehrfach angedeutet wurde die Möglichkeit, dass der Forschungsverbund von institutionellen oder projektbezogenen Förderern in finanzieller Hinsicht unterstützt wird. Dennoch wurde abgelehnt solchen Förderern einen Sitz in der Trägerversammlung einzuräumen.[999] Dementsprechend besteht ein gewisser Bedarf nach der adäquaten Einbeziehung finanzieller Förderer bzw. nach organisatorischen Mitteln, mit denen diese sicherstellen können, dass die von ihnen eingebrachten Forschungsgelder entsprechend dem Forschungszweck sinnvoll verwendet sowie eventuelle sonstige Förderbedingungen eingehalten werden. Diesem anerkennenswerten Interesse sollte dadurch Rechnung getragen werden, dass auch die

995 So auch *Kumpan*, OdW 2018, 115, 121.
996 *Habersack*, in: MüKo zum AktG, § 95 Rn. 1.
997 *Kumpan*, OdW 2018, 115, 121.
998 So auch *Eberbach/Hommelhoff/Lappe*, OdW 2017, 1, 6.
999 Siehe Kap. 2 A III 2 a.

projektorientierten, vor allem aber die institutionellen Förderer nach entsprechender Vereinbarung eigene Vertreter in den Aufsichtsrat des Forschungsverbunds entsenden können.[1000] Indem der finanzwirtschaftliche Direktor nach der hier vertretenen Ansicht vom Aufsichtsrat bestellt wird, können die Förderer zudem über dessen Benennung eine zusätzliche Gewähr zur Sicherstellung der effizienten und zweckgerichteten Verwendung der von ihnen zur Verfügung gestellten Fördergelder erreichen.[1001]

Unter bestimmten Voraussetzungen ist im Aktienrecht die Besetzung des Aufsichtsrats mit Arbeitnehmervertretern gefordert.[1002] Die unternehmerische Mitbestimmung fordert für Unternehmen, die dem Anwendungsbereich des MitbestG unterfallen, eine paritätische Besetzung des Aufsichtsrats.[1003] Eine Ausnahme enthält jedoch § 1 Abs. 4 Nr. 1 Var. 6 MitbestG für Unternehmen, die unmittelbar und überwiegend wissenschaftlichen Bestimmungen dienen. Diese Ausnahmeregelung für sogenannte Tendenzunternehmen soll die Freiheit zu geistig-ideeller Tendenzbildung, Tendenzverfolgung und Tendenzvermittlung sichern und die Ebene der Unternehmensleitung von mitbestimmungsrechtlichen Einflüssen freihalten.[1004] Das Tatbestandsmerkmal der Unmittelbarkeit ist dann erfüllt, wenn der Unternehmenszweck selbst auf die geistig-ideelle Zielsetzung gerichtet ist.[1005] Tendenzschutz nach § 1 Abs. 4 Nr. 1 Var. 6 MitbestG genießen auch rein kommerzielle Forschungsgesellschaften, solange nur „Forschung" im verfassungsrechtlichen Sinne betrieben wird.[1006] Im Übrigen ist das Drittelbeteiligungsgesetz gemäß § 1 Abs. 2 Nr. 2 DrittelbG ebenso nicht anwendbar für Tendenzunternehmen.[1007] Dementsprechend haben die geltenden mitbestimmungsrechtlichen Regelungen keine Auswirkungen auf die Organisationsverfassung wissenschaftlicher Forschungskooperationen, jedenfalls die in dieser Bearbeitung fokussierten „echten", horizontalen Forschungskooperationen, deren alleiniger Verbandszweck die Forschung ist.[1008] Eine verpflichtende Arbeitnehmermitbestimmung im Aufsichtsrat ist damit ausgeschlossen. Dies bedeutet jedoch keineswegs, dass die Belange der forschenden Arbeitnehmer aus rechtlichen Gründen kein Gehör im Organgeflecht der Kooperation finden. Vielmehr fordert die Wissenschaftsfreiheit nach Art. 5 Abs. 3 S. 1 Var. 2

1000 *Eberbach/Hommelhoff/Lappe*, OdW 2018, 1, 7; *Kumpan*, OdW 2018, 115, 121.

1001 Weitergehend zum finanzwirtschaftlichen Direktor vgl. Kap. 2 A II 3 b.

1002 Einen Überblick zu Mitbestimmungsrecht liefert *Saenger*, Gesellschaftsrecht, Rn. 1058 ff.

1003 Dazu etwa *Saenger*, Gesellschaftsrecht, Rn. 1063 ff.; vgl. auch *Hommelhoff*, ZGR 1978, 119 ff.

1004 *Scholz*, Pressefreiheit und Arbeitsverfassung, 1978, S. 14 f.; *Wiedemann*, BB 1978, 5, 9.

1005 *Habersack*, in: Habersack/Henssler, MitbestG, § 1 Rn. 58.

1006 *Kania*, in: Erfurter Kommentar zum Arbeitsrecht, BetrVG, § 118 Rn. 13; a.A. *Theisen*, AG 1998, 153, 157; zur Definition siehe Kap. 1 A II 1 a.

1007 *Saenger*, Gesellschaftsrecht, Rn. 1066.

1008 Zur Festlegung des Forschungsgegenstands vgl. Kap. 2 A I 1 a; weitergehend zur Beschränkung des Verbandszwecks siehe Kap. 2 A I 1 b.

GG höchst selbst unter Umständen die Installation eines Organs, in dem die Forscher ihre Interessen bündeln und wirksam vertreten können. Dieses Organ, die Forscherversammlung, ist jedoch nicht identisch mit dem Aufsichtsrat und wird an späterer Stelle dieser Bearbeitung näher beleuchtet.[1009] Der forschungskooperative Aufsichtsrat sollte im Gegensatz zum aktienrechtlichen Aufsichtsrat hinsichtlich der Besetzung in Anbetracht eines möglichen Entsendungsrechts finanzieller Förderer flexibler sein; die Einbeziehung von Arbeitnehmervertretern spielt dagegen keine Rolle.

bb. Persönliche Voraussetzungen der Aufsichtsratsmitglieder

Weiterhin bedarf es einer Erörterung, welche persönlichen Voraussetzungen die potentiellen Aufsichtsratsmitglieder aufzuweisen haben. In erster Linie sollten diese naturgemäß über die notwendige fachliche Expertise verfügen. In der aktienrechtlichen Ausgestaltung fordert etwa Ziffer 5.4.1 des DCGK, dass dessen „Mitglieder insgesamt über die zur ordnungsgemäßen Wahrnehmung der Aufgaben erforderlichen Kenntnisse, Fähigkeiten und fachlichen Erfahrungen verfügen".[1010] Diese Formulierung trägt der gewandelten Rolle des Aufsichtsrats im Rahmen der modernen Corporate-Governance-Entwicklung Rechnung, die dazu geführt hat, dass den Aufsichtsratsmitgliedern neue Aufgaben zugewiesen wurden, gleichzeitig sich aber auch das Risiko, in Haftung genommen zu werden, erhöht hat.[1011] In Anbetracht dessen ist die Professionalität des Aufsichtsrats sicherzustellen, denn die Qualität der Aufsichtsratstätigkeit hängt entscheidend von der Qualifikation der Aufsichtsräte ab.[1012] Nichts Anderes gilt für die Aufsichtsratsmitglieder wissenschaftlicher Forschungskooperationen. Zur Ausübung der finanzwirtschaftlichen Kontrolle des Direktoriums müssen diese über einen ausreichenden Sachverstand in betriebswirtschaftlicher Hinsicht verfügen.

Besondere Relevanz erlangt zudem die Unabhängigkeit der Aufsichtsräte. Diese haben sich bei der Wahrnehmung ihrer Organrechte und -pflichten am Interesse des Forschungsverbunds zu orientieren und kollidierende Interesse, seien es

---

1009 Vgl. Kap. 2 A V.

1010 Aktuelle Fassung des DCGK vom 07.02.2017, abrufbar unter https://www.dcgk.de//files/dcgk/usercontent/de/download/kodex/170424_Kodex.pdf [zuletzt abgerufen am 14.09.2018], S. 10.

1011 *Bicker/Preute*, in: Fuhrmann/Linnerz/Pohlmann, DCGK, Ziffer 5, Rn. 175; eingehend *Börsig/Löbbe*, in: Krieger/Lutter/K. Schmidt (Hrsg.), FS Hoffmann-Becking, 2013, S. 125 ff.

1012 *Bicker/Preute*, in: Fuhrmann/Linnerz/Pohlmann, DCGK, Ziffer 5, Rn. 175; vgl. auch Grünbuch der EU-Kommission zur Corporate Governance in Finanzinstituten und Vergütungspolitik, KOM(2010) 284, Ziffer 3.3, abrufbar unter http://ec.europa.eu/internal_market/company/docs/modern/com2010_284_de.pdf [zuletzt abgerufen am 14.09.2018], S. 7: „Die wichtigste Qualität eines Verwaltungsrates besteht in seiner Zusammensetzung".

eigene oder auch diejenigen der entsendenden juristischen Person, hintanzustellen.[1013] Auch wenn sich dies in Anbetracht der (zumindest in der aktienrechtlichen Praxis üblichen) Aufsichtsratsstellung als Nebenamt sowie des im forschungskooperativen Kontext wohl regelmäßig vorliegenden Entsendungsgrundes – der Sicherstellung der korrekten Verwendung zur Verfügung gestellter Fördergelder – unter Umständen als problematisch erweist, ist die Unabhängigkeit der Aufsichtsräte letztlich für ein Gelingen des Forschungsvorhabens im Gesamtinteresse aller involvierten Träger und Forscher unablässig.[1014]

Ferner sollten die Mitglieder des Aufsichtsrats in Anlehnung an § 105 AktG[1015] nicht zugleich Mitglieder des Direktoriums sein. Die Statuierung weiterer (gesetzlicher) Hinderungsgründe vergleichbar der Regelung des § 100 Abs. 2 AktG[1016] würde sich dagegen wohl in Anbetracht der Heterogenität sowie der nötigen Flexibilität der Organisationsverfassung als eine zu weitgehende Verschärfung des Regelungszuschnitts erweisen.

cc. Bestellung und Abberufung

Als Ausgangspunkt bei der Bestellung der Aufsichtsratsmitglieder könnte jedem Kooperationspartner das Recht zustehen, im Rahmen des zulässigen Gesamtumfangs je einen Vertreter in den Aufsichtsrat zu berufen.[1017] Abweichende Vereinbarungen sollten jedoch getroffen werden können, etwa aus Kapazitätsgründen oder weil sich die Kooperationspartner zur Bestellung eines neutralen Dritten entschließen. Zudem sollten Förderer bei entsprechender Vereinbarung mit den Trägereinrichtungen im Kooperationsvertrag ein Entsendungsrecht innehaben.[1018] Die nachträgliche Einräumung eines Entsendungsrechts zugunsten eines Förderers bedarf eines dahingehenden Beschlusses der Trägerversammlung.

Bei der Abberufung eines Aufsichtsratsmitglieds lohnt sich wiederum ein Blick in das Aktienrecht. Hier differenziert § 103 AktG neben den besonderen Vorschriften für Arbeitnehmervertreter (§ 103 Abs. 4 AktG) nach dem Akt der ursprünglichen Bestellung. Die Abberufung der von der Hauptversammlung ohne Bindung an einen Wahlvorschlag gewählten Aufsichtsratsmitglieder kann gemäß § 103

1013 Vgl. hierzu im Aktienrecht BVerfG, *Urt. v.* 01.03.1979 – 1 BvR 532, 533/77, 419/78, BvL 21/78 – Mitbestimmung = BVerfGE 50, 290, 377; *Habersack*, in: MüKo zum AktG, § 100 Rn. 75; *Scholderer*, NZG 2012, 168 ff.; vgl. auch Ziff. 5.5.1 DCGK.

1014 Zum aktienrechtlichen Charakter der Aufsichtsratstätigkeit als Nebenamt zu einem Hauptamt vgl. *Lutter*, ZHR 145 (1981), 224, 235; *Koch*, in: Hüffer/Koch, AktG, § 100 Rn. 3 ff.; *Habersack*, in: MüKo zum AktG, § 100 Rn. 75.

1015 Dazu etwa *Habersack*, in: MüKo zum AktG, § 105 Rn. 1 ff.; *Haberkorn*, AG 1964, 231 ff.; *Kahler*, BB 1983, 1382 ff.; *Windbichler*, ZGR 1985, 50 ff.; *Wirth*, ZGR 2005, 327 ff.

1016 Hierzu etwa *Habersack*, in: MüKo zum AktG, § 100 Rn. 16 ff.

1017 *Kumpan*, OdW 2018, 115, 121.

1018 *Kumpan*, OdW 2018, 115, 121.

Abs. 1 AktG durch *actus contrarius* ohne besonderen Grund durch einen Abberufungsbeschluss mit einer Mehrheit von mindestens drei Vierteln der abgegebenen Stimmen erfolgen.[1019] Dagegen regelt § 103 Abs. 2 AktG die Abberufung des entsandten Aufsichtsratsmitglieds. Diese kann jederzeit durch *actus contrarius* und somit durch Abgabe einer Abberufungserklärung des Entsenders erfolgen sowie bei Wegfall des Entsendungsrechts zudem durch die Hauptversammlung vollzogen werden.[1020] Ferner eröffnet § 103 Abs. 3 AktG die gerichtliche Abberufung aus wichtigem Grund, auf die auch eine Aktionärsminderheit hinwirken kann.[1021]

Es spricht vieles dafür, den Gedanken des *actus contrarius* auch auf die Forschungskooperationsgesellschaft anzuwenden. Dies bedeutet als Ausgangspunkt, dass ein durch die Träger berufenes Aufsichtsratsmitglied auch durch diese im Wege eines Beschlusses der Trägerversammlung abberufen werden können sollte. Gleiches gilt für die entsendenden Förderer. Diese können die Abberufung des von ihnen entsandten Aufsichtsratsmitglieds im Wege der Abgabe einer Abberufungserklärung (sowie bei Wegfallen des Entsendungsrechts zudem durch die Trägerversammlung) herbeiführen. Schlussendlich muss auch im Forschungsverbund die Möglichkeit bestehen, ein Aufsichtsratsmitglied aus wichtigem Grund abzuberufen. Dieses Recht sollte jedem, der Einfluss auf die Besetzung des Aufsichtsrats nehmen kann, zustehen.

Zur Beschleunigung und Flexibilität des Verfahrens sowie aufgrund des regelmäßig persönlichen, vertrauensvollen Verhältnisses der Kooperationspartner untereinander empfiehlt es sich aber, dass im Gegensatz zur Aktiengesellschaft im Falle der Abberufung durch die Trägerversammlung nicht zwingend eine gerichtliche Entscheidung, sondern bereits ein (gerichtlich überprüfbarer) Beschluss der Trägerversammlung genügt. Aus Gründen der Rechtssicherheit sollte dagegen den entsendungsberechtigten Förderern die Abberufung eines (jeden) Aufsichtsratsmitglieds aus wichtigem Grund jedoch nur durch einen gerichtlichen Beschluss offenstehen.

dd. Einrichtung von Ausschüssen

Hinsichtlich der inneren Organisation sollte den Kooperationspartnern ein weiter Gestaltungsspielraum belassen werden. Dies betrifft etwa die Entscheidung darüber, ob der Aufsichtsrat aus seiner Mitte heraus einen Vorsitzenden wählt, die Träger alternativ einen solchen bestimmen oder ob auf einen solchen gänzlich verzichtet wird.[1022] Ebenfalls sollte es im freien Ermessen der Trägereinrichtungen

---

1019 Dazu *Habersack*, MüKo zum AktG, § 103 Rn. 1, 8 ff.

1020 *Habersack*, MüKo zum AktG, § 103 Rn. 1, 23 ff.

1021 Eingehend *Habersack*, MüKo zum AktG, § 103 Rn. 1, 33 ff.; *Keusch/Rotter*, NZG 2003, 671 ff.

1022 Zur Wahl des Aufsichtsratsvorsitzenden im Aktienrecht siehe etwa *Habersack*, in: MüKo zum AktG, § 107 Rn. 16 ff.; *Boesebeck*, AG 1967, 39 f.; *v. Schenck*, AG 2010, 649 ff.; *Schlitt*, DB 2005, 2007 ff.; *Servatius*, AG 1995, 223 ff.; *Spindler*, in: Spindler/Stilz, AktG, § 107 Rn. 17 ff.; *Koch*, in: Hüffer/Koch, AktG, § 107 Rn. 4 ff.

liegen, wie oft der Aufsichtsrat (mindestens) einzuberufen ist und ob sich dieser eine Geschäftsordnung geben kann oder muss.[1023] Für die Beschlussfassung im Aufsichtsrat ist es dagegen angezeigt, unter Anwendung des Mehrheitsprinzips allen Mitgliedern ein gleichgewichtetes Stimmrecht einzuräumen.[1024] Einer nähergehenden Betrachtung bedarf hingegen die Einrichtung von Ausschüssen des Aufsichtsrats.

§ 107 Abs. 3 S. 1 AktG gewährt dem aktienrechtlichen Aufsichtsrat das Recht, „aus seiner Mitte einen oder mehrere Ausschüsse" zu bestellen, „namentlich, um seine Verhandlungen und Beschlüsse vorzubereiten oder die Ausführung seiner Beschlüsse zu überwachen". Dem Aufsichtsrat wird damit die Organisationsautonomie zur Einrichtung vorbereitender, überwachender oder in Grenzen auch erledigender Ausschüsse eingeräumt; diese können dabei dauerhaft oder nur vorübergehend bestehen.[1025] Da es sich um eine abschließende Regelung handelt, können weder die Satzung noch die Hauptversammlung die Bildung eines Ausschusses bestimmen oder verhindern; insofern entscheidet der Aufsichtsrat völlig autonom.[1026] Gesetzlich zwingend vorgeschrieben ist lediglich ein Vermittlungsausschuss in den Fällen des § 27 Abs. 3 MitbestG sowie die Einsetzung eines in § 107 Abs. 3 S. 1 AktG erwähnten Prüfungsausschusses in den Fällen des § 324 Abs. 1 S. 1 HGB, allerdings nur dann, wenn die kapitalmarktorientierte Kapitalgesellschaft nicht bereits über einen dem Aktienrecht entsprechenden Aufsichtsrat verfügt.[1027] Darüber hinaus empfiehlt der DCGK die Einsetzung eines Prüfungsausschusses (Ziffer 5.3.2)[1028] sowie eines Nominierungsausschusses (Ziffer 5.3.3)[1029]. Lediglich angeregt wird die Bildung eines Personal- und Vergütungsausschusses, Ziffer 5.1.2 DCGK.[1030] Daneben sind etwa Strategie-, Risiko- sowie Investitions- und Finanzierungsausschüsse gängige Formen.[1031] Neuere Varianten stellen

---

1023 Zur Einberufung in der AG vgl. etwa *Heller*, AG 2008, 160 ff.; *Habersack*, in: MüKo zum AktG, § 110 Rn. 1 ff.; *Neuling*, AG 2002, 610 ff.; *Spindler*, in: Spindler/Stilz, AktG, § 110 Rn. 1 ff.; *Wagner*, NZG 2002, 57 ff.; zur Geschäftsordnung in der AG siehe *Kalss*, in: MüKo zum AktG, § 107 Rn. 177 ff. m.w.N.; *Hommelhoff*, BFuP 1977, 507 ff.; vgl. auch *Hommelhoff*, ZGR 1983, 551 ff.

1024 Dazu im Aktienrecht etwa *Koch*, in: Hüffer/Koch, AktG, § 108 Rn. 6 ff.; *Jürgenmeyer*, ZGR 2007, 112 ff.

1025 *Habersack*, in: MüKo zum AktG, § 107 Rn. 92; *Koch*, in: Hüffer/Koch, AktG, § 107 Rn. 18; dazu auch *Beuthien*, NZG 2010, 333, 334.

1026 Vgl. etwa BGH, *Urt. v.* 17.05.1993 – II ZR 89/92 = BGHZ 122, 342, 355; *Koch*, in: Hüffer/Koch, AktG, § 107, Rn. 18.

1027 *Plagemann*, NZG 2013, 1293, 1294.

1028 Dazu etwa *Koch*, in: Hüffer/Koch, AktG, § 107 Rn. 22 ff.; *Nonnenmacher/Wemmer/v. Werder*, DB 2016, 2826 ff.; *Dreher/Hoffmann*, ZGR 2016, 445, 451.

1029 Vgl. hierzu *Hennrichs*, in: Erle/Goette/Kleindiek et al. (Hrsg.), FS Hommelhoff, 2012, S. 383, 389 f.; *Koch*, in: Hüffer/Koch, AktG, § 124, Rn. 21; *v. Werder/Wieczorek*, DB 2007, 297 ff.

1030 Dazu *Plagemann*, NZG 2013, 1293, 1294.

1031 Eingehend *Krieger*, ZGR 1985, 338 ff.; *Koch*, in: Hüffer/Koch, AktG, § 107 Rn. 20, 28.

Integritäts- oder Compliance- bzw. Antikorruptionsausschüsse dar.[1032] § 107 Abs. 3 S. 4 AktG enthält dagegen eine Eingrenzung des zulässigen Spektrums an Aufgaben, die einem Ausschuss übertragen werden dürfen, wenngleich Ausschüsse stets die dem Plenum vorbehaltenen Aufgaben vorbereiten dürfen.[1033]

Indem Ausschüsse auf eine bestimmte Aufgabe zugeschnitten sowie mit besonders sachkundigen Personen besetzt sind, ermöglichen diese die Bündelung von Expertise und können so die Aufsichtsratsarbeit zum Nutzen des Gesamtaufsichtsrats kanalisieren.[1034] Die Bildung von Ausschüssen trägt hierdurch gerade bei größeren Aktiengesellschaften zu einer effizienteren Entscheidungsfindung bei und kann überdies der Wahrung von Vertraulichkeit sowie der Unabhängigkeit bei der Beschlussfassung dienen.[1035] Diese Umstände können dazu führen, dass sich die Pflicht des Aufsichtsrats zur sachgerechten Organisation seiner Tätigkeit bei größeren Aktiengesellschaften zu einer Pflicht, für einzelne Aufgaben einen Ausschuss einzurichten, verdichtet.[1036] Diese für die Einsetzung eines Ausschusses in der Aktiengesellschaft angeführten Beweggründe können auch beim Aufsichtsrat der wissenschaftlichen Forschungskooperation zum Tragen kommen. Daher sollte es dem Aufsichtsrat des Forschungsverbunds prinzipiell offenstehen, aus seiner Mitte heraus Ausschüsse einsetzen zu können. Allerdings ergeben sich im Vergleich zum Aufsichtsrat aktienrechtlicher Prägung gewisse Besonderheiten, wenn auch klar ist, dass es im Aktienrecht nicht einen idealtypischen Aufsichtsrat mitsamt einem festgelegten Bestand an Ausschüssen gibt, sondern vielmehr der jeweiligen Eigenart des Unternehmens Rechnung getragen werden muss, die sich in einem unterschiedlichen Bestand an Ausschüssen niederschlägt.

Einen Vermittlungsausschuss etwa, welcher nach §§ 27 Abs. 3, 31 Abs. 3 S. 1, Abs. 5 MitbestG dem Gesamtaufsichtsrat Vorschläge für die Bestellung oder Abberufung von Vorstandsmitgliedern unterbreitet, wenn die nach § 31 Abs. 2, 5 MitbestG erforderliche Zweidrittelmehrheit nicht erreicht worden ist[1037], bedarf es aufgrund der Unanwendbarkeit des MitbestG gemäß § 1 Abs. 4 Var. 6 MitbestG von vornherein nicht. Überdies sollten nach der hier vertretenen Ansicht mit Ausnahme des finanzwirtschaftlichen Direktors die Direktoren von der Trägerversammlung und nicht vom Aufsichtsrat bestellt werden.[1038] Ebenso zweifelhaft erscheint die Einrichtung eines Integritätsausschusses, welcher sich typischerweise Fragen der Unternehmenskultur sowie der Einhaltung bestehender Ethik- und

1032 *Dreher*, in: Habersack/Hommelhoff (Hrsg.), FS Goette, 2011, S. 43 ff.; *Freidank/Dürr/Sassen*, BB 2013, 2283 ff.

1033 *Hambloch-Gesinn/Gesinn*, in: Hölters, AktG, § 107 Rn. 152 ff.; *Plagemann*, NZG 2013, 1293, 1295.

1034 *Plagemann*, NZG 2013, 1293, 1295.

1035 *Koch*, in: Hüffer/Koch, AktG, § 107 Rn. 18; *Roth*, ZGR 2012, 343, 353.

1036 *Krieger*, ZGR 1985, 338, 361 f.; *Plagemann*, NZG 2013, 1293, 1296.

1037 Eingehend hierzu etwa *Spindler*, in: Spindler/Stilz, AktG, § 107 Rn. 135 ff.

1038 Siehe hierzu Kap. 2 A II 3 d.

Verhaltenskodizes widmet.[1039] Denn die primäre Aufgabe des hier skizzierten Aufsichtsrats im Forschungsverbund ist die finanzwirtschaftliche Kontrolle. Für die kritische Überwachung und Begleitung des Forschungsprozesses in wissenschaftlicher Hinsicht, was auch beispielsweise die Einhaltung wissenschaftlicher Standards beinhaltet, bietet sich vielmehr die Einrichtung eines wissenschaftlichen Beirats neben dem Aufsichtsrat an.[1040]

Sehr wohl erwägenswert wäre dagegen ein Nominierungsausschuss, welcher in der aktienrechtlichen Ausprägung gemäß Ziffer 5.3.3 des DCGK der Hauptversammlung geeignete Kandidaten zur Wahl von Aufsichtsratsmitgliedern benennt.[1041] Dies könnte zur Wahrung der nötigen Objektivität des Aufsichtsrats bei seinen Kontrollaufgaben beitragen. Zudem kann so sichergestellt werden, dass die neuen Aufsichtsratsmitglieder über den notwendigen wirtschaftlichen und finanziellen Sachverstand verfügen und keine Konflikte mit bereits eingesetzten Aufsichtsratsmitgliedern aufkommen. Weiterhin erscheint in Anbetracht der dem Aufsichtsrat zukommenden Funktion die Einsetzung eines Prüfungsausschusses ratsam. Dieser beschäftigt sich entlang § 107 Abs. 3 S. 2 AktG regelmäßig mit der Überwachung des Rechnungslegungsprozesses, dem internen Risikomanagementsystem sowie der Abschlussprüfung.[1042] Je risikoreicher und komplexer die im Zuge der Durchführung der Forschungsarbeiten zu tätigenden Geschäfte sind, desto empfehlenswerter erscheint dessen Einrichtung.[1043] Auch wenn der Maßstab für die rechtsgeschäftliche Betätigung der Forschungskooperation in erster Linie wissenschaftlicher Natur sein dürfte, so darf gerade bei größeren Vorhaben die finanzielle Seite nicht vernachlässigt werden. Strategieausschüsse haben regelmäßig die beratende Kontrolle von Produkt- und Marktkonzepten, dem Umweltschutz sowie der Qualitätskontrolle zum Gegenstand.[1044] Sobald etwa die Forschungskooperation zumindest auch die Vermarktung oder gar den Betrieb erzielter Ergebnisse beziehungsweise Resultate übernimmt, erscheint auch ein solcher Ausschuss angezeigt. Ebenso denkbar im forschungskooperativen Kontext für größere, finanziell besonders bedeutende Vorhaben dürften darüber hinaus Investitions- und Finanzierungsausschüsse sowie Risikoausschüsse sein.[1045] Mithin besteht eine Vielzahl

---

1039 Vgl. hierzu *Plagemann*, NZG 2013, 1293 ff.

1040 So bereits *Eberbach/Hommelhoff/Lappe*, OdW 2017, 1, 7; *Kumpan*, OdW 2018, 115, 122; dazu weitergehend vgl. Kap. 2 A IV 2.

1041 *Hamblock-Gesinn/Gesinn*, in: Hölters, AktG, § 107 Rn. 113 ff.

1042 *Hambach-Gesinn/Gesinn*, in: Hölters, AktG, § 107 Rn. 103; *Habersack*, in: MüKo zum AktG, § 107 Rn. 112; *Spindler*, in: Spindler/Stilz, AktG, § 107 Rn. 130.

1043 Vgl. hierzu *Kort*, ZGR 2010, 440, 462; *Selter*, NZG 2012, 660, 660 f.

1044 *Hambloch-Gesinn/Gesinn*, in: Hölters, AktG, § 107 Rn. 117; *Servatius*, AG 1995, 223, 224.

1045 Vgl. zum Kreditausschuss in der Finanzbranche *Hommelhoff*, in: Hadding/Immenga/Mertens/Pleyer/Schneider (Hrsg.), FS Werner, 1984, S. 315 ff.; der Risikoausschuss berät etwa gemäß § 25d Abs. 8 KWG „das Verwaltungs- oder Aufsichtsorgan zur aktuellen und zur künftigen Gesamtrisikobereitschaft und -strategie an potentiellen Ausschussformen, welche im forschungskooperativen Kontext zu einer effizienten und strukturierten Arbeit des Aufsichtsrats beitragen könnten.

2. *Wissenschaftlicher Beirat*

Bereits mehrfach angeklungen ist die Möglichkeit, zur Begleitung des Forschungsprozesses einen wissenschaftlichen Beirat zu installieren. Ein solches Gremium, das auch als *Scientific Advisory Board* (SAB) bezeichnet wird, erfreut sich auf nationaler wie auch internationaler Ebener zunehmender Beliebtheit. So verfügen die verschiedensten Institutionen über einen solchen Beirat, beispielsweise das Bundesministerium für Wirtschaft und Energie[1046], die Bundesärztekammer[1047] oder auch die Vereinten Nationen[1048]. Doch in quantitativer Hinsicht ist dieser insbesondere in mittelständischen Unternehmen von Bedeutung.[1049] Laut einer Studie von 2011 haben 60 % der Familienunternehmen in Deutschland einen freiwilligen Beirat eingerichtet.[1050] Wie bereits die Verwendung durch diese unterschiedlichen Institutionen andeutet, kann die konkrete Funktionsweise des (wissenschaftlichen) Beirats deutlich variieren. Dementsprechend gilt es in dieser Bearbeitung, die Ausgestaltung des SAB möglichst nach den besonderen Anforderungen des forschungskooperativen Kontexts auszurichten.

a. *Funktionen*

Hierfür bedarf es einer Klärung, welche Funktion das SAB im Forschungsverbund erfüllt. Ein Beirat ist im Allgemeinen ein Gremium, das in einer Gesellschaft der Geschäftsführung von den Gesellschaftern an die Seite gestellt wird, ohne dass dies gesetzlich vorgeschrieben ist.[1051] Anders als etwa der aktienrechtliche Aufsichtsrat können Beiräte individuell auf das jeweilige Unternehmen zugeschnitten werden und dabei die verschiedensten Funktionen erfüllen. Sie können zur Information der Anteilseigner, zur Beratung oder zur Auswahl und Überwachung

---

des Unternehmens und unterstützt es bei der Überwachung der Umsetzung dieser Strategie durch die obere Leitungsebene".

1046 Vgl. zu dessen Aufgaben und Zusammensetzung https://www.bmwi.de/Redaktion/DE/Artikel/Ministerium/wissenschaftlicher-beirat.html [zuletzt abgerufen am 18.10.2018].

1047 Zum wissenschaftlichen Beirat der Bundesärztekammer siehe http://www.bundesaerztekammer.de/aerzte/medizin-ethik/wissenschaftlicher-beirat/ [zuletzt abgerufen am 18.10.2018].

1048 Zum SAB der UN siehe https://en.unesco.org/themes/science-sustainable-future/scientific-advisory-board-united-nations-secretary-general [zuletzt abgerufen am 18.10.2018].

1049 *Sanders*, NZG 2017, 961, 962.

1050 Hierzu eingehend *Koeberle-Schmid/Groß/Lehmann-Tolkmitt*, BB 2011, 899 ff.

1051 *Sanders*, NZG 2017, 961; vgl. auch *Reichert*, in: Grunewald/Westermann (Hrsg.), FS Maier-Reimer, 2010, S. 543 ff.; *Thümmel*, DB 1995, 2461 ff.

der Geschäftsführung dienen.[1052] Denkbar ist weiterhin der Beirat als Organ zur Schlichtung im Konfliktfall oder als Repräsentativorgan.[1053] In mittelständischen (Familien-)Unternehmen kann etwa auch mit der Versetzung eines unliebsam gewordenen Geschäftsführers in einen Beirat ohne tiefgreifende Kompetenzen eine gesichtswahrende Lösung unter zerstrittenen Anteilseignern herbeigeführt werden.[1054] Mitunter können diese unterschiedlichen Funktionen auch gegenläufig sein.[1055] So steht etwa das Rollenverständnis eines beratenden Beirats regelmäßig im Widerspruch mit dem eines streitentscheidenden Schiedsgerichts.[1056] Deshalb ist es vor der Implementierung eines solchen Organs angezeigt, genau festzulegen, welchen Sinn und Zweck dieses im Organgeflecht der Forschungskooperationsgesellschaft aufweisen soll.

Im wissenschaftlichen Kontext steht das Leitbild der Kooperation einer Hochschule mit einer außeruniversitären Forschungseinrichtung sowie einem Wirtschaftsunternehmen unter gänzlich anderen Vorzeichen als etwa ein Familienunternehmen. Die potenziellen Konfliktfelder Verwandtschaft und Ehe scheiden von vornherein aus. Durch Erbfall ausgelöste Generationenwechsel, der Ausgleich eines Kompetenzdefizits oder eine Interessendivergenz innerhalb eines größeren Gesellschafterkreises, von denen manche nicht über die nötigen Erfahrungen im Bereich des Unternehmensgegenstands verfügen, sind nicht zu befürchten. Vielmehr handelt es sich bei den hier beteiligten Akteuren regelmäßig um größere, professionellere und institutionalisiertere Einrichtungen und Unternehmen ohne eine wie auch immer geartete familiäre Bindung.[1057]

aa. Beratung in wissenschaftlichen Fragen

Ein solches Gremium könnte vielmehr den Forschungsverbund unter wissenschaftlichen Aspekten kritisch begleiten.[1058] Es könnten Gesamtkonzepte wissenschaftlicher Arbeit besprochen sowie methodische Einzelfragen oder Strategien im Forschungsprozess erörtert werden.[1059] Indem das SAB einen erweiterten, neutralen

---

1052 *Sigle*, NZG 1998, 619, 621 ff.; *Lange*, GmbHR 2006, 897 ff.

1053 *Erker*, DStR 2014, 105 ff.; *Sigle*, NZG 1998, 619, 621 ff.; *Sanders*, NZG 2017, 961, 962.

1054 *Sigle*, NZG 1998, 619, 621.

1055 Dazu *Erker*, DStR 2014, 105, 106; *Wicke*, ZGR 2012, 450, 469.

1056 *Erker*, DStR 2014, 105, 106.

1057 Dazu *Lee*, in: Hanebuth/Lee/Meschke/Nicklas (Hrsg.), Corporate Governance und Strukturen, 2015, S. 37, 38 ff.

1058 So auch *Eberbach/Hommelhoff/Lappe*, OdW 2017, 1, 7; *Kumpan*, OdW 2018, 115, 122; vgl. auch zu Beiräten im Allgemeinen etwa *Erker*, DStR 2014, 105 ff.; *Sanders*, NZG 2017, 961 ff.; *Sigle*, NZG 1998, 619 ff.

1059 Dies ist etwa die Aufgabe des SAB des Instituts für Arbeitsmarkt- und Berufsforschung (IAB), einer Forschungseinrichtung der Bundesagentur für Arbeit, https://www.iab.de/de/ueberblick/gremien/wissenschaftlicher-beirat.aspx [zuletzt abgerufen am 24.10.2018] sowie des SAB des Max-Planck-Instituts für Dynamik

Blick auf die Geschehnisse in der Kooperation wirft, kann der Forschungsprozess zukunftsbezogen unterstützt werden. Durch eine Besetzung des wissenschaftlichen Beirats mit international renommierten und erfahrenen Wissenschaftlern kann das SAB etwa neueste Forschungsergebnisse auf internationaler Bühne auf deren Relevanz für die Forschungskooperation hin prüfen und gegebenenfalls Empfehlungen aussprechen, die zu einer Änderung oder gar Neuausrichtung des Forschungsgegenstands oder des Forschungsprozesses führen könnten.[1060] Die Erbringung von Beratungsleistungen ohne damit einhergehende Entscheidungsbefugnisse lässt das Kompetenzgefüge im Forschungsverbund im Übrigen unberührt, sodass sich keine Abgrenzungsschwierigkeiten oder gesellschaftsrechtliche Zulässigkeitsfragen stellen.[1061]

bb. Organisation und Anregungen im Wissenschaftsbetrieb

Neben einer rein beratenden Tätigkeit könnte das SAB zusätzliche Anregungen zur Gestaltung des wissenschaftlichen Lebens sowie Organisationsmaßnahmen in den Wissenschaftsbetrieb des Forschungsverbunds einbringen, wie beispielsweise die Anwerbung von Forschungspersonal oder die Gestaltung von Tagungen und Workshops, die Gewinnung von Experten und Referenten oder die Organisation von Promotionsvorhaben im Rahmen der Kooperation.[1062] Und nicht zuletzt könnte das SAB insbesondere im Falle größerer, institutionalisierter Forschungskooperationen dessen Positionen in aktuellen kontroversen wissenschaftlichen Debatten durch die Erstellung von Positionspapieren oder sonstigen Mitteilungen an die Öffentlichkeit bestimmen oder (sonstige) wissenschaftliche Beiträge veröffentlichen.[1063] Auch derlei Tätigkeiten vermögen zwar aus Sicht der anderen Organe organisatorisch mitunter eine Erleichterung darzustellen, berühren jedoch deren Kompetenzen nicht.

---

komplexer Technischer Systeme in Magdeburg, https://www.mpi-magdeburg.mpg.de/7942/scientific_advisory_board [zuletzt abgerufen am 24.10.2018].

1060 So beispielsweise beschrieben *Scientific Advisory Boards* des Fraunhofer Instituts für Techno- und Wirtschaftsmathematik ITWM, abrufbar unter https://www.itwm.fraunhofer.de/de/ueber-fraunhofer-itwm/partner-netzwerke/scientific-advisor.html [zuletzt abgerufen am 24.10.2018].

1061 *Thümmel*, DB 1995, 2461.

1062 Siehe das *Scientific Advisory Boards* des Fraunhofer Instituts für Techno- und Wirtschaftsmathematik ITWM, abrufbar unter https://www.itwm.fraunhofer.de/de/ueber-fraunhofer-itwm/partner-netzwerke/scientific-advisor.html [zuletzt abgerufen am 24.10.2018].

1063 So etwa der wissenschaftliche Beirat des BUND, https://www.bund.net/ueber-uns/organisation/wissenschaftlicher-beirat/ [zuletzt abgerufen am 24.10.2018].

cc. Kontrolle in wissenschaftlicher Hinsicht

Fraglich ist, ob das SAB darüber hinaus eine Kontrollfunktion übernehmen sollte. Gewiss wurde bereits mit dem Aufsichtsrat ein Organ umrissen, welches sich schwerpunktmäßig mit der Kontrolle des Direktoriums befasst. Jedoch ist diese Kontrolle lediglich auf finanzwirtschaftliche Aspekte begrenzt. So wie der Aufsichtsrat zur finanzwirtschaftlichen Kontrolle des Direktoriums berufen wäre, könnte das SAB dazu spiegelbildlich das Direktorium in wissenschaftlicher Hinsicht überwachen. Mit einer entsprechenden fachkundigen, unabhängigen Besetzung ist das *Scientific Advisory Board* im Vergleich zum Aufsichtsrat (mangelnde Kompetenz in wissenschaftlichen Fragen) und zur Trägerversammlung (mangelnde Unabhängigkeit vom Direktorium) das am besten geeignete Organ zur Gewährleistung einer effektiven Überwachung in Wissenschaftsfragen. Naturgemäß erfordert die Zuweisung einer Kontrollfunktion in dieser Ausgestaltungsvariante vom wissenschaftlichen Beirat verglichen mit einer rein beratenden Tätigkeit ein gesteigertes Pensum an Arbeitskraft sowie eine höhere Tagungsrate. Dies würden die in der Praxis existenten *Scientific Advisory Boards* in ihrer bestehenden Ausgestaltung oftmals nicht bewältigen können.[1064] Doch wenn dieser Umstand von vornherein allen Beteiligten bekannt ist und diese sich auf ebenjene Anforderungen einstellen können, besteht kein Grund, weshalb das SAB eine solche Funktion nicht leisten können sollte. Ebenfalls ist einzuräumen, dass die Aufteilung der Kontrolle des Direktoriums in wirtschaftliche und wissenschaftliche Handlungen in der Praxis zu Abgrenzungs- und Zuordnungsschwierigkeiten führen könnte. Denn nur die wenigsten Maßnahmen dürften sich eindeutig einem Betätigungsfeld zuschreiben lassen. Jedoch kann dieser Aspekt durch die Zusammenlegung des Aufsichtsrats und des wissenschaftlichen Beirats zu einem „großen" Aufsichtsrat ausgeglichen werden.[1065] Zudem ist dies die einzige Möglichkeit sicherzustellen, dass betreffende Maßnahmen von einem in dem jeweiligen Gebiet sachkundigem Personal kontrolliert werden, was in Anbetracht der Tatsache, dass Wissenschaftlichkeit und Wirtschaftlichkeit grundlegend verschiedene Bewertungsmaßstäbe mit sich bringen, besonders bedeutsam ist.

Im Gegensatz zur Beratung sowie (unterstützenden) organisatorischen Maßnahmen stellen Kontrollbefugnisse einen Eingriff in die Handlungsautonomie anderer Organe dar. Gesellschaftsrechtlich sind zur Eingrenzung der Kompetenzverschiebung das Prinzip der Verbandssouveränität sowie der personengesellschaftsrechtliche Grundsatz der Selbstorganschaft heranzuziehen, jedenfalls sofern der Beirat mit gesellschaftsfremden Dritten besetzt werden soll, wovon

1064 So tagt beispielsweise das Scientific Advisory Board des Max-Planck-Instituts für Dynamik komplexer technischer Systeme in Magdeburg, dessen wesentliche Aufgabe die Evaluierung der wissenschaftlichen Tätigkeit des Instituts ist, in der Regel alle zwei Jahre, vgl. https://www.mpi-magdeburg.mpg.de/fachbeirat [zuletzt abgerufen am 03.12.2018].

1065 Siehe Kap. 2 A IV 3.

jedoch nach der hier gezeichneten Ausgestaltung ausgegangen werden kann.[1066] Solange die Einräumung von Mitsprache- und Kontrollrechten widerruflich bleibt und der Beirat nicht abschließend über Grundlagengeschäfte der Gesellschaft wie etwa eine Gesellschaftsvertragsänderung oder Änderungen in den Rechten, die in den Kernbereich der Mitgliedschaft fallen, befindet, liegen jedoch letztlich nach überwiegender Ansicht keine gesellschaftsrechtlichen Bedenken vor.[1067]

Neben dem Gesellschaftsrecht stellt sich zudem die Frage, inwieweit eine Kontrolle des Direktoriums in wissenschaftlicher Hinsicht sowohl bezüglich des Umfangs als auch der Intensität mit der Forschungsfreiheit der Direktoren nach Art. 5 Abs. 3 S. 1 Var. 2 GG vereinbar wäre. Unter Rückgriff auf die Erörterungen zum Verfassungsrecht kommt es darauf an, dass eine strukturelle Gefährdung der Forschungsfreiheit vermieden wird.[1068] Könnte das SAB demnach etwa auf jegliche wissenschaftlichen Entscheidungen des Direktoriums dergestalt Einfluss nehmen, dass das SAB stets seine Entscheidung über die des Direktoriums stellen könnte, sodass das Direktorium im Ergebnis keinen eigenständigen Ermessensspielraum mehr hätte, wäre hierdurch wohl eine strukturelle Gefährdung der Forschungsfreiheit zu bejahen. Deswegen sollte sich nach der Ansicht des Verfassers der Umfang der wissenschaftlichen Kontrolle auf den äußeren Rahmen der Forschungstätigkeit beschränken, nämlich die Einhaltung wissenschaftlicher Standards bei der Durchführung der Forschungstätigkeiten, die Fokussierung auf den vertraglich festgelegten Forschungsgegenstand, die Einhaltung des Forschungsplans sowie die Befolgung der *science judgement rule*.[1069] Dies vorausgesetzt, wäre es zumindest nicht von vornherein ausgeschlossen, dass gewisse Kontrollbefugnisse bestehen können. Dabei dürfte es für die Wahrung der Forschungsfreiheit der Direktoren entscheidend auf die Intensität der jeweiligen Kontrollbefugnisse ankommen, was einer weitergehenden Erörterung im Kapitel zu den Rechten und Pflichten bedarf.[1070]

Mithin wäre eine Ausstattung des wissenschaftlichen Beirats mit Kontrollbefugnissen nicht nur zweckmäßig, sondern auch mit geltenden gesellschafts- und (in Abhängigkeit von der konkreten Ausgestaltung) verfassungsrechtlichen Bestimmungen in Einklang zu bringen.[1071]

1066 *Sanders*, NZG 2017, 961, 963; weitergehend zum Grundsatz der Selbstorganschaft siehe Kap. 1 A I 6 d.

1067 Vgl. zum Grundsatz der Verbandssouveränität *Lange*, GmbHR 2006, 897, 899; *Sanders*, NZG 2017, 961, 963; *Spindler*, in: MüKo zum GmbHG, § 52 Rn. 744; *Grunewald*, ZEV 2011, 283, 286; *Zöllner/Noack*, in: Baumbach/Hueck, GmbHG, § 46 Rn. 94 f.; zum Grundsatz der Selbstorganschaft *Wiedemann*, Gesellschaftsrecht II, 2004, S. 333 ff.; *Grunewald*, in: MüKo zum HGB, § 161 Rn. 159.

1068 Vgl. Kap. 1 A II 1 b cc.

1069 Vgl. auch *Kumpan*, OdW 2018, 115, 122; zur *science judgement rule* siehe weitergehend Kap. 2 A II 4 a bb.

1070 Siehe Kap. 2 A IV 2 c aa.

1071 So wohl letztlich auch *Kumpan*, OdW 2018, 115, 122.

dd. Installation eines *Whistleblower*-Systems

Im Kontext eines adäquaten Compliance-Managements könnte die Installation eines Hinweisgeber-Systems, auch als *Whistleblower*-System bezeichnet, für wissenschaftliches Fehlverhalten des forschenden Personals im SAB einen gewinnbringenden Beitrag zur Einhaltung wissenschafts-ethischer Standards leisten.[1072] So könnte etwa frühzeitig, noch bevor die Öffentlichkeit davon erfährt, auf etwaige Missstände im Forschungsprozess aufmerksam gemacht werden, um einen Imageschaden zu vermeiden. Überdies würde der Erfüllung gesetzlicher Pflichten, namentlich der Legalitätspflicht von Unternehmen sowie die Pflicht zur Vornahme erforderlicher Aufsichtsmaßnahmen gemäß § 130 OWiG Vorschub geleistet.[1073] Insofern erscheint die Implementierung eines solchen Systems auch im forschungskooperativen Kontext im Grundsatz durchaus empfehlenswert. Voraussetzung hierfür ist jedoch stets eine entsprechende Unternehmenskultur. Die beteiligten Forscher müssen zur Kooperation eine positive Einstellung sowie ein notwendiges Maß an Loyalität und Identifikation aufweisen. Bereits mehrfach wurde in dieser Bearbeitung die Frage nach der Ausstattung des Kooperationsvehikels mit eigener Rechtspersönlichkeit thematisiert.[1074] Zur Erzeugung eines identitätsstiftenden Zusammengehörigkeitsgefühls sowie eines hinreichenden Maßes an Loyalität zum Forschungsverbund und damit letztlich auch zum Gelingen eines solchen Hinweisgeber-Systems würde eine eigene Rechtspersönlichkeit, die einen einheitlichen Auftritt des Verbunds nach außen ermöglicht, gewiss einen positiven Beitrag leisten.[1075] Darüber hinaus rechtfertigt wohl erst ein bestimmter Grad an Institutionalisierung den organisatorischen Gründungsaufwand, den ein solches System erfordert. Denn zusätzlich zur Implementierung eines Hinweisgeber-Systems ist sowohl die Verfassung eines Verhaltenskodex, der über die konkreten Ziele und Werte der Forschungskooperation informiert, als auch die Formulierung einer *Whistleblowing*-Richtlinie, die bestimmte Verhaltensweisen als Tatbestände für *Whistleblowing* aufführt, angezeigt.[1076] Indem Zielsetzung und Ausgestaltung des Systems offen und transparent kommuniziert werden, können zudem falsche Assoziationen und unbegründetes Misstrauen vermieden werden.[1077] Dabei ist zur Entgegennahme von entsprechenden Hinweisen ein hohes Maß an Integrität und Unabhängigkeit erforderlich.[1078] Es muss sichergestellt sein, dass das SAB gut über die internen Strukturen und die gefährdeten Bereich informiert ist und

1072 *Wybitul*, ZD 2011, 118 ff.

1073 *Wybitul*, ZD 2011, 118, 122; *Schillo*, StRR 2011, 175, 177; vgl. auch Ziffer 4.1.3 Deutscher Corporate Governance Kodex.

1074 Siehe etwa Kap. 1 A I 5 sowie Kap. 1 A IV 1 b cc.

1075 Dazu *Meschke*, in: Hanebuth/Lee/Meschke/Nicklas (Hrsg.), Corporate Governance und Strukturen, 2015, S. 101, 114 f.

1076 Dazu *Wybitul*, ZD 2011, 118, 119.

1077 Vgl. auch *Gaschler*, CB 2018, 81 ff.

1078 *Wybitul*, ZD 2011, 118, 120.

eingehenden Hinweisen damit schnell und umfassend nachgehen kann.[1079] Zudem sei auf die entsprechenden datenschutzrechtlichen Vorschriften verwiesen.[1080]

b. Besetzung mit gesellschaftsfremden, unabhängigen Dritten

Den Ausgangspunkt für die Erörterung der Besetzung des SAB bilden dessen Funktionen. Diese Aufgaben fordern von den Beiräten insbesondere eine herausragende fachliche Expertise sowie eine Unabhängigkeit von Partikularinteressen. Denn gerade die Zuweisung der Kontrollfunktion sowie die Zuständigkeit als Anlaufstelle für ein *Whistleblower*-System verlangen von den Beiräten, dass diese in keiner sonstigen Verbindung zur Kooperation, einzelnen Kooperationspartnern oder Forschern stehen, um frei von Interessenskonflikten agieren zu können.[1081] Diese Umstände legen nahe, das SAB mit international anerkannten, unabhängigen Forschern zu besetzen.[1082] Durch die Besetzung des Organs mit gesellschaftsfremden Dritten könnten zwar im Grundsatz Konflikte mit dem Prinzip der Verbandssouveränität sowie dem personengesellschaftsrechtlichen Grundsatz der Selbstorganschaft entstehen, doch mit einer wie in dieser Bearbeitung herausgebildeten kompetenziellen Ausstattung bestehen diesbezüglich keine Bedenken.[1083] Ferner besäße ein solcher Beirat hierdurch eine natürliche Autorität, welche die Durchsetzungskraft ergriffener Maßnahmen oder abgegebener Empfehlungen erhöhen würde.[1084] Dies gilt nicht nur im Konfliktfall, sondern auch für die zukünftige, strategische Planung des Forschungsverbunds.

c. Rechte und Pflichten

Ebenso ist eine Antwort auf die Frage zu finden, welche Rechte und Pflichten dem wissenschaftlichen Beirat zustehen sollten, um die ihm zugewiesenen Aufgaben vollumfassend bewältigen zu können. In Anknüpfung an die Ausführungen zur Wahrung der Forschungsfreiheit der Direktoren im Hinblick auf etwaige Kontrollbefugnisse des wissenschaftlichen Beirats ist dabei stets im Auge zu behalten, dass diese nicht zu weit in die Autonomie des Direktoriums eingreifen.

aa. Information und Stellungnahme

Unter dieser Maßgabe erscheint es jedenfalls unbedenklich, dem SAB parallel zu den Befugnissen des Aufsichtsrats[1085] ein Auskunftsrecht gegenüber dem Direktorium

---

1079 *Wybitul*, ZD 2011, 118, 120.
1080 Dazu eingehend etwa *Wybitul*, ZD 2011, 118, 120 ff.; *ders.* BB 2010, 1085 ff.
1081 So auch *Kumpan*, OdW 2018, 115, 122.
1082 *Eberbach/Hommelhoff/Lappe*, OdW 2017, 1, 7; *Kumpan*, OdW 2018, 115, 122.
1083 Siehe zum Grundsatz der Selbstorganschaft insbesondere Kap. 1 A I 6 d; zum Prinzip der Verbandssouveränität vgl. Kap. 2 A IV 2 c bb.
1084 Vgl. herzu auch *Erker*, DStR 2014, 105.
1085 Zu den Kompetenzen des Aufsichtsrats siehe Kap. 2 A IV 1 c.

einzuräumen, welches sich nicht ausschließlich auf wissenschaftliche Aspekte beschränkt, um zu einer umfassenden Einschätzung gelangen zu können. Auch sollte das Direktorium gegenüber dem wissenschaftlichen Beirat zur Berichterstattung verpflichtet sein. Zusätzlich dürfte es sich als geeignet erweisen, wenn das SAB auf eigene Initiative hin Einsicht in Bücher und Schriften der Forschungskooperation nehmen kann, insbesondere auch das Projekttagebuch. Nach Durchsicht sämtlicher relevanter Unterlagen sowie des Berichts des Direktoriums übergibt das SAB sodann in regelmäßigen Abständen eine Stellungnahme an die Trägerversammlung mit Empfehlungen, Anregungen und sonstigen Mitteilungen, wobei es insbesondere darüber Auskunft gibt, ob seiner Meinung nach Forschungsplan, wissenschaftliche Standards sowie die *science judgement rule* eingehalten werden und im Übrigen der Forschungsgegenstand weiterhin verfolgt wird.[1086]

Daneben ist erwägenswert, ob dem SAB weitere Kontrollrechte zukommen sollten, wie etwa eine eigene Sanktionsgewalt oder die Statuierung eines Zustimmungsvorbehalts für rein wissenschaftliche Handlungen des Direktoriums. Auch wenn entsprechende Befugnisse wohl mit geltenden gesellschaftsrechtlichen Bestimmungen im Einklang stünden[1087], würden diese letztlich jedoch zu stark in die Handlungsautonomie des Direktoriums bzw. die Forschungsfreiheit der Direktoren eingreifen.[1088] Denn wie bereits dargelegt, erfordert die Wissenschaftsfreiheit nach Art. 5 Abs. 3 S. 1 Var. 2 GG die freie Entfaltung wissenschaftlicher Tätigkeit, was im forschungskooperativen Kontext mit der Vermeidung einer strukturellen Gefährdung aus Sicht der Grundrechtsträger im Organgeflecht der Kooperation gleichgesetzt werden kann. Daher verbietet sich nach der hier vertretenen Ansicht eine derart weitgehende Überwachung rein wissenschaftlicher Entscheidungen des Direktoriums durch den wissenschaftlichen Beirat. Zum anderen würde ein dementsprechend ausgestalteter Kompetenzkatalog aus Sicht der Kooperationspartner in Form einer konkurrierenden Zuständigkeit deren Interesse an der Wahrung eines angemessenen Einflusses auf den Forschungsprozess wohl übermäßig stark beeinträchtigen.[1089]

bb. Reservebefugnisse

Bereits mehrfach Eingang in dieser Bearbeitung hat die Notwendigkeit des Bestehens gewisser Reservekompetenzen gefunden.[1090] Zunächst wurden diese in Abgrenzung zum Direktorium der Trägerversammlung zugeschrieben. Weiterhin wurde die Möglichkeit nahegelegt, diese bei vorhandenem Willen der Kooperationspartner dem Aufsichtsrat (teilweise) zu übertragen.[1091] Entsprechendes sollte

1086 So auch *Kumpan*, OdW 2018, 115, 122.
1087 Zum Grundsatz der Selbstorganschaft siehe insbesondere Kap. 1 A I 6 d; zum Prinzip der Verbandssouveränität vgl. Kap. 2 A IV 2 c bb.
1088 *Kumpan*, OdW 2018, 115, 122.
1089 Vgl. hierzu *Thümmel*, DB 1995, 2461, 2461 f.
1090 Zum Überblick über die betreffenden Angelegenheiten vgl. Kap. 2 A III 1 g.
1091 Siehe Kap. 2 A IV 1 c bb.

auch für den wissenschaftlichen Beirat gelten. Die wissenschaftliche Ausrichtung des SAB ermöglicht im Gegensatz zum wirtschaftlich geprägten Aufsichtsrat regelmäßig ein verbessertes Verständnis für die vorzunehmenden Forschungsarbeiten, sodass insbesondere die Statuierung eines (Notfall-)Weisungsrechts gegenüber dem zugeordnetem Forschungspersonal, falls das Direktorium von den grundlegenden Vorgaben des Kooperationsvertrages in Verbindung mit dem Forschungsplan abweicht, empfehlenswert wäre.

Zudem könnte zur Aufrechterhaltung der Funktionsfähigkeit des Forschungsverbunds insgesamt könnte erwogen werden, im Fall eines *deadlock* im Direktorium oder in der Trägerversammlung dem wissenschaftlichen Beirat ein Stichentscheidungsrecht einzuräumen. Diesem Gedanken sei jedoch vorangestellt, dass im Falle von Konflikten innerhalb der Forschungskooperation aus den bereits herausgearbeiteten Erwägungen im Grundsatz die Trägerversammlung das geeignete Verhandlungsforum darstellt, wobei es den Kooperationspartnern überlassen bleiben sollte.[1092] Dennoch ist es denkbar, insbesondere im Falle einer paritätisch besetzten Trägerversammlung, dass diese in ihrer Entscheidungsfindung blockiert ist.

Für derartige *deadlock*-Situationen wurden in den Ausführungen zur Trägerversammlung unterschiedliche Lösungsmodelle erwogen und im Zuge dessen die Übertragung der Entscheidungsbefugnis auf ein anderes Organ des Verbunds favorisiert.[1093] Für die Einräumung dieser Befugnis an den wissenschaftlichen Beirat spricht, dass durch die Besetzung mit anerkannten, unabhängigen Forschern sichergestellt ist, dass die zur Entscheidungsfindung nötige Expertise vorhanden ist und darüber hinaus kein Kooperationspartner in verstärktem Maße Einfluss auf die Entscheidung des wissenschaftlichen Beirats nehmen kann, das SAB also neutral im Interesse des Verbunds bzw. des Forschungsprozesses als solchem entscheidet. Aus diesen Gründen sollte dem wissenschaftlichen Beirat letztlich ein Stichentscheidungsrecht in den genannten Fällen zukommen.[1094]

Hierbei muss jedoch beachtet werden, dass die Möglichkeit, verbindliche Entscheidungen in der Kooperation auch gegen den erklärten Willen eines Kooperationspartners zu treffen, unweigerlich zur Emanzipation der Forschungskooperation von den Trägereinrichtungen führt, was regelmäßig nur in einem gewissen, beschränkten Maße erwünscht ist.[1095] Dies könnte zudem auf gesellschaftsrechtliche Probleme in Gestalt des Prinzips der Verbandssouveränität stoßen, da es sich beim Forschungspersonal um gesellschaftsfremde Dritte handelt. In Bezug auf Kapitalgesellschaften ist eine Beschränkung der Selbstbestimmung des Verbandes unzulässig, durch die der Einfluss gesellschaftsfremder Dritter auf die Geschicke der Gesellschaft so stark wird, dass sie nicht mehr als vom Willen der

1092 Hierzu siehe Kap. 2 A III 1 g bb sowie Kap. 2 A IV 1 c bb.

1093 Vgl. Kap. 2 A III 2 b cc (4).

1094 Diesen Gedanken bereits aufwerfend, jedoch hierfür einen Forscherbeirat favorisierend *Lappe*, Kooperationen wissenschaftlicher Einrichtungen, 2019, S. 576.

1095 Eingehend *Lappe*, Kooperationen wissenschaftlicher Einrichtungen, 2019, S. 139 ff.

Gesellschafter getragen angesehen werden kann, was (erst) dann der Fall ist, wenn die Grundlagenkompetenz in die Hände Dritter gegeben wird.[1096] Hinsichtlich der Grenzen im Personengesellschaftsrecht kann als Ausgangspunkt auf die bereits getätigten Ausführungen zum Prinzip der Selbstorganschaft verwiesen werden.[1097] Letztlich ist es den Gesellschaftern hier verwehrt, im Bereich der Geschäftsführung, der Vertretung der Gesellschaft sowie der Änderung des Gesellschaftsvertrages Dritten Mitspracherechte einzuräumen.[1098] Im Übrigen ist dies jedoch in begrenztem Maße zulässig; insbesondere kann Außenstehenden für Pattsituationen ein volles Stimmrecht erteilt werden, solange dieses entziehbar bleibt.[1099] Mithin stehen dieser Gestaltungsvariante keine grundlegenden gesellschaftsrechtlichen Bedenken entgegen. Auch aus dem Verfassungsrecht resultiert kein potentieller Konflikt, denn das allgemeine Verbot der Selbstentmündigung fußt auf der von Art. 2 Abs. 1 GG erfassten Privatautonomie, worauf sich die Kooperationspartner dann nicht berufen können, wenn sie selbst grundrechtsgebunden sind.[1100] Gleiches gilt jedoch auch für Handlungssubjekte, welche zwar *per se* grundrechtsberechtigt (statt grundrechtsgebunden) sind, sich aber mit anderen Akteuren in einem Verbund zusammengeschlossen haben, an welchem überwiegend grundrechtsgebundene Träger beteiligt sind.[1101]

d. Dispositivität der Einrichtung und der inneren Organisation

Um der beschriebenen Heterogenität wissenschaftlicher Kooperationsformen hinreichend Rechnung zu tragen, sollte die Einrichtung eines solchen *Scientific Advisory Boards* zur freien Disposition der Kooperationspartner stehen, insbesondere auch unabhängig davon, ob neben dem SAB ein Aufsichtsrat eingerichtet wird oder nicht.[1102] Während für Kooperationen von geringem Institutionalisierungsgrad regelmäßig ein Direktorium sowie eine Trägerversammlung einen ausreichenden

---

1096 Vgl. *Bayer*, in: Lutter/Hommelhoff, GmbHG, § 45 Rn. 8 ff.; *Liebscher*, in: MüKo zum GmbHG, § 45 Rn. 40 ff.; *Elfring*, NZG 2012, 895, 897; Müller/Wolff, GmbHR 2003, 810 ff.

1097 Siehe Kap. 1 A I 6 d.

1098 Dazu BGH, *Urt. v.* 11.02.1960 – II ZR 198/59 = NJW 1960, 964 ff.; vgl. auch *Kindler*, in: Koller/Kindler/Roth/Morck, HGB, § 109 Rn. 4.

1099 BGH, *Urt. v.* 11.02.1960 – II ZR 198/59 = NJW 1960, 964 ff.; vgl. *Kindler*, in: Koller/Kindler/Roth/Morck, HGB, § 109 Rn. 4.

1100 So bereits *Lappe*, Kooperationen wissenschaftlicher Einrichtungen, 2019, S. 576; zur Privatautonomie als Ausfluss von Art. 2 Abs. 1 GG BVerfG, *Beschl. v.* 29.06.2016 – 1 BvR 1015/15 = NJW-RR 2016, 1349 Rn. 49; BVerfG, *Beschl. v.* 11.07.2006 – 1 BvL 4/00 = NZA 2007, 42, 45; *Lang*, in: BeckOK zum GG, Art. 2 Rn. 5a; vgl. hierzu ferner BVerfG, *Urt. v.* 22.02.2011 – 1 BvR 699/06 – Fraport = BVerfGE 128, 226, 247 f.

1101 Vgl. *Gurlit*, NZG 2012, 249, 251 ff.; *Lappe*, Kooperationen wissenschaftlicher Einrichtungen, 2019, S. 576.

1102 So auch bereits *Eberbach*/*Hommelhoff*/*Lappe*, OdW 2017, 1, 7.

organisatorischen Rahmen bilden dürften, kann bei auf Dauer angelegten, stark institutionalisierten Kooperationen ein verstärktes Bedürfnis zur Verlagerung der kritischen wissenschaftlichen Begleitung der Forschungstätigkeit auf ein separates Organ bestehen. Im Grundsatz können Beiräte dabei gesellschaftsrechtlich oder schuldrechtlich implementiert werden.[1103] Dies kann zudem bereits im Kooperations- bzw. Gesellschaftsvertrag oder aber erst durch Beschluss der Trägerversammlung als Grundlagengeschäft erfolgen, etwa wenn die Kooperation im kleinen Rahmen beginnt, sich jedoch sodann ausweitet und damit fortschreitend institutionalisiert.[1104] Ein solcher offener Regelungszuschnitt empfiehlt sich nicht nur bezüglich der Installation eines SAB, sondern auch hinsichtlich seiner inneren Organisation. Insofern können vollumfänglich die zum Aufsichtsrat getätigten Ausführungen herangezogen werden.[1105]

3. Möglichkeit der Zusammenführung zum „großen" Aufsichtsrat

Zur Begleitung und Überwachung des Forschungsprozesses in der Kooperation wurden bisher als potentielle Organtypen ein Aufsichtsrat sowie ein wissenschaftlicher Beirat beschrieben, deren Kompetenzabgrenzung die Trennlinie zwischen wirtschaftlichen und wissenschaftlichen Angelegenheiten bildet. Jeweils wurde die Installation eines solchen Organs nach der Ansicht des Verfassers zur freien Disposition der Kooperationspartner gestellt, um der Heterogenität wissenschaftlicher Verbunde sowie unterschiedlicher Institutionalisierungsgrade gerecht zu werden. Dass diese beiden Funktionen – finanzwirtschaftliche Kontrolle auf der einen und kritische Begleitung und Überwachung in wissenschaftlicher Hinsicht auf der anderen Seite – von unterschiedlichen Organen ausgeübt werden, hat gute Gründe. So setzt die finanzwirtschaftliche Kontrolle gänzlich andere Kenntnisse, Befähigungen und Erfahrungen voraus als die Begleitung und Überwachung des Forschungsprozesses.[1106] Sollten sämtliche Funktionen von nur einem einzigen Organ erfüllt werden, so müsste dieses mit einer erweiterten Anzahl an Mitgliedern ausgestattet werden, um eine entsprechende fachliche Kompetenz in sämtlichen Fragen zu erreichen, was dieses übermäßig aufblähen könnte.[1107] Hinzu kommt, dass Forschungsprozesse und -ergebnisse im Vergleich zu Zahlenwerken eine andere Herangehensweise erfordern, sodass eine Zusammenführung beider Aspekte einen reibungslosen Tätigkeitsablauf innerhalb des Organs gefährden könnte.[1108]

1103 Dazu *Thümmel*, DB 1995, 2461; zum schuldrechtlichen Beirat vgl. *Reichert*, in: Grunewald/Westermann (Hrsg.), FS Maier-Reimer, 2010, S. 543, 546; *Hommelhoff*, in: Lutter/Hommelhoff, GmbHG, § 52 Rn. 110 f.

1104 Hierzu *Sanders*, NZG 2017, 961, 963.

1105 Vgl. zum Aufsichtsrat Kap. 2 A IV 1 d.

1106 So bereits *Eberbach/Hommelhoff/Lappe*, OdW 2017, 1, 7.

1107 *Eberbach/Hommelhoff/Lappe*, OdW 2017, S. 1, 7; *Kumpan*, OdW 2018, 115, 122.

1108 So auch *Eberbach/Hommelhoff/Lappe*, OdW 2017, 1, 7; *Kumpan*, OdW 2018, 115, 122.

Andererseits es ist durchaus vorstellbar, dass die Kooperationspartner zwar einen Bedarf zur Installation eines Beratungs- und Aufsichtsorgans haben, jedoch eben nur eines einzigen. Ferner bestünde durch die Existenz beider Organtypen im Einzelfall die Gefahr eines ausufernden Organgeflechts, welches den praktischen Bedürfnissen des Forschungsverbunds nicht mehr gerecht zu werden vermag. Außerdem wird es in der Praxis oftmals nicht hinreichend deutlich sein, ob eine betreffende Maßnahme des Direktoriums wirtschaftlicher oder wissenschaftlicher Natur ist. Durch eine Bündelung in ein und demselben Organ wäre eine solche Differenzierung obsolet, zudem könnte ein einheitliches Organ je nach Beschlussgegenstand in unterschiedlicher Zusammensetzung tagen oder Ausschüsse bilden, wodurch den unterschiedlichen fachlichen Anforderungen und Herangehensweisen Rechnung getragen werden würde. Aus diesen Gründen fordert ebenjene Heterogenität in der Verbundforschung wohl letztlich nicht nur die freie Entscheidung der Kooperationspartner darüber, ob ein Aufsichtsrat und/oder ein wissenschaftlicher Beirat ins Leben gerufen werden soll, sondern auch, ob diese beiden Organe in einem einzigen Organ, einem „großen Aufsichtsrat" vereinigt werden sollten, welcher sodann zur vollumfänglichen Begleitung und Kontrolle des Forschungsprozesses berufen wäre.

Welche Vorteile der jeweiligen Ausgestaltung im Einzelfall überwiegen, sollten die Kooperationspartner letztlich selbstständig prüfen und eigenständig entscheiden.[1109] In entsprechender gesetzlicher Ausformung würde sich daher als Regelfall die Bildung zweier Organe mit einer (voraussetzungslosen) Abweichungsmöglichkeit zur Bildung eines „großen" Aufsichtsrats anbieten. Um den Anforderungen einer wachsenden, sich fortschreitend institutionalisierenden Kooperation gerecht zu werden, sollten diese Organtypen auch später nachinstalliert werden können. Dementsprechend sind etwa feste (gesetzliche) Grenzen, deren Überschreitung einen bestimmten Organisationsweg vorgeben, strikt abzulehnen. Im Übrigen würde wohl keine (alleinige) Kennziffer, sei es beispielsweise die Anzahl zugeordneter Forschungskräfte oder der Jahresumsatz in der Lage sein, über den Institutionalisierungsgrad einer Kooperation sowie der Einrichtung eines Beratungs- und Überwachungsorgans abschließend zu befinden.

4. *Zusammenfassung*

In stärker institutionalisierten Kooperationen kann das Bedürfnis nach einer über Direktorium und Trägerversammlung hinausgehenden Organisationsverfassung bestehen. Zudem stellt sich mitunter die Frage, wie finanzielle Förderer angemessenen Einfluss im Kooperationsgeschehen erlangen. Dementsprechend bietet sich eine professionelle Mittelverwendungskontrolle durch einen Aufsichtsrat an, dessen Einrichtung zur Disposition der Kooperationspartner steht. Hinsichtlich der

---

1109 *Eberbach/Hommelhoff/Lappe*, OdW 2017, 1, 7.

Rechte und Pflichten empfiehlt sich im Grundsatz eine Orientierung am Aufsichtsrat aktienrechtlicher Prägung, jedoch ohne die dort vorgesehene Möglichkeit zur Entlastung. So sollte dem Aufsichtsrat im Forschungsverbund ein Auskunfts- und Einsichtsrecht in Kombination mit einer Pflicht des Direktoriums zur Berichterstattung sowie ein Recht zur Einberufung der Trägerversammlung aus wichtigem Grund zustehen. Besetzung und innere Organisation sollten weitestgehend der Gestaltung durch Träger und Aufsichtsratsmitgliedern überlassen werden. Jedenfalls aber ist eine entsprechende fachliche Befähigung unverzichtbar. Um institutionelle oder projektbezogene Förderer organschaftlich integrieren zu können, erscheint es angezeigt, den Aufsichtsrat mit gesellschaftsfremden Dritten zu besetzen. Besondere Bedeutung erlangt die Einrichtung von Ausschüssen. Deren Vorteile, die Bündelung von Expertise zur effizienteren Entscheidungsfindung und der Wahrung von Vertraulichkeit und Unabhängigkeit bei der Beschlussfassung, gelten auch für den Forschungsverbund. Insbesondere Nominierungs-, Prüfungs- und Strategieausschuss erscheinen erwägenswert.

Dagegen sind die Hauptaufgaben des *Scientific Advisory Boards*, das ebenfalls dispositiv eingerichtet werden kann, nicht nur die kritische Begleitung und (Teil-) Organisation der Forschungstätigkeit des Direktoriums, sondern auch dessen Kontrolle hinsichtlich der Einhaltung wissenschaftsethischer Standards, des Forschungszwecks und des Forschungsplans sowie die Befolgung der *science judgement rule*. Hierfür sollte es ebenso ein Auskunfts- und Einsichtsrecht innehaben, kombiniert mit einer Pflicht zur Berichterstattung des Direktoriums. Gegenüber der Trägerversammlung liefert das SAB sodann Stellungnahmen. Weitere Kontrollrechte sind jedoch abzulehnen, stattdessen sollte dem SAB zur Aufrechterhaltung der Funktionsfähigkeit des Verbunds ein Stichentscheidungsrecht beim *deadlock* im Direktorium oder in der Trägerversammlung eingeräumt werden. Ferner ist die Installation eines *Whistleblower*-Systems in stärker institutionalisierten Kooperationen vorteilhaft. Die Besetzung mit gesellschaftsfremden, unabhängigen, international anerkanntem Fachpersonal sichert dem wissenschaftlichen Beirat das nötige Maß an Expertise und Unabhängigkeit zur Bewältigung seiner Aufgaben. Den Kooperationspartnern steht es dabei offen, bei entsprechendem Bedarf Aufsichtsrat und wissenschaftlichen Beirat in einem „großen" Aufsichtsrat als einheitliches Beratungs- und Kontrollorgan zusammenzufassen.

V. Forscherversammlung

Neben Direktorium, Trägerversammlung, Aufsichtsrat und wissenschaftlichem Beirat könnte zur Ausformung der Governance-Struktur einer Forschungskooperationsgesellschaft ein weiteres Organ erforderlich sein, nämlich die Forscherversammlung als eine Zusammenkunft des in der Kooperation forschenden Personals. Auf diese ist im Zuge dieser Bearbeitung bereits mehrfach, insbesondere in den Ausführungen zur Forschungsfreiheit nach Art. 5 Abs. 3 S. 1 Var. 2 GG in Ansätzen, eingegangen worden.[1110] Im Folgenden soll nun der Versuch unternommen werden, diese im Detail auszuarbeiten.

1. *Funktionen*

Hierfür ist es zunächst nötig, sich über die Funktionen im Klaren zu sein, die die Forscherversammlung in der Organisationsverfassung des Forschungsverbunds übernehmen könnte.

a. *Verwirklichung der Forschungsfreiheit auf organschaftlicher Ebene*

In den Ausführungen zur Forschungsfreiheit nach Art. 5 Abs. 3 S. 1 Var. 2 GG wurde bereits herausgearbeitet, dass in dem (pauschalisierten) Standard-Modell einer horizontalen Forschungskooperation bestehend aus einer Hochschule, einer außeruniversitären Forschungseinrichtung und einem Wirtschaftsunternehmen, mehrere Grundrechtsträger zusammenkommen, die sich jeweils selbst sowie deren entsandtes Personal in unterschiedlich ausgeprägter Weise sowohl hinsichtlich Schutzintensität als auch Schutzrichtung auf die Forschungsfreiheit, aber auch auf andere, teils gegenläufige Grundrechte berufen können.[1111] In dieser grundrechtlichen Gemengelage ist jedoch gewiss der zentrale Aspekt die Implementierung einer Governance-Struktur im Forschungsverbund, welche Verletzungen der Forschungsfreiheit strukturell vorbeugt, da letztlich nur ein solches Umfeld, welches den involvierten Forschern möglichst weitläufige Entfaltungsmöglichkeiten und Freiheiten belässt, den Nährboden schafft, der zur Erzielung wesentlicher, grundlegender Erkenntnisse unabdingbar ist. Diesem Leitbild folgend ist der Hauptzweck der Forscherversammlung die Wahrung der Handlungsfreiheit der Forscher. Als Teil einer grundrechtssichernden Binnenstruktur sowie als Repräsentativorgan der Forscher bildet sie die Institutionalisierung der Forscherinteressen auf organschaftlicher Ebene.[1112] Die Forscher sollen die Möglichkeit erlangen, ihre Interessen zu bündeln und effektiv durchzusetzen. Bei der kompetenziellen Ausgestaltung ist somit stets in besonderem Maße darauf zu achten, dass eine strukturelle Gefährdung der Wissenschaftsfreiheit ausgeschlossen ist.[1113]

Jedoch darf hierbei nicht außer Acht gelassen werden, dass mit der Verlagerung von Entscheidungsbefugnissen hin zu den Forschern wesensnotwendig eine Beschränkung der Kompetenzen der Träger verbunden ist, was letztlich zu einer Emanzipation des Forschungsverbunds von den Trägereinrichtungen führt. Überdies könnte eine überbordende Verlagerung von Kompetenzen auf die Forscherversammlung zu einem Verstoß gegen das gesellschaftsrechtliche Prinzip der

---

1110 Vgl. im Verfassungsrecht Kap. 1 A II 1 d cc, im IP-Recht Kap. 1 IV 4 d.
1111 Siehe Kap. 1 A II 1 a aa, c.
1112 So bereits *Eberbach/Hommelhoff/Lappe*, OdW 2017, 1, 7 f.
1113 *Lappe*, Kooperationen wissenschaftlicher Einrichtungen, 2019, S. 572.

Verbandssouveränität führen.[1114] Im Zuge dieser Bearbeitung gilt es, einen Ausgleich dieser widerstreitenden Positionen zu schaffen. Ferner gilt es zu beachten, dass Forscher, die der Forscherversammlung angehören, Mitglieder eines Organs der Gesellschaft sind und damit einerseits der Treuepflicht gegenüber dieser unterliegen und andererseits dem Unternehmensinteresse verpflichtet sind.[1115] Die Verwirklichung des Vorrangs des Unternehmensinteresses, dessen Gesellschafter mitunter selbst grundrechtsberechtigt sind[1116], kann letztlich jedoch nur dann erfolgen, wenn eine strukturelle Gefährdung der Wissenschaftsfreiheit ausgeschlossen bleibt, da ansonsten der originäre Zweck der Implementierung eines solchen Organs konterkariert werden würde.[1117]

b. Verwaltung von IP-Rechten

Doch haben sich bei einer Betrachtung der rechtlichen Rahmenbedingungen im forschungskooperativen Kontext für die Forscherversammlung jenseits der organschaftlichen Wahrung der Forschungsfreiheit weitere Installationszwecke ergeben, welche ihren Ursprung im Wesentlichen im IP-Recht haben und jenseits bestimmter Partikularinteressen schlicht rechtskonstruktiver Natur sind. So entsteht nämlich im Falle der gemeinschaftlichen Erzielung von Erkenntnissen *ex lege* eine Mehrheit von Berechtigten in Form einer Gesamthands- oder Bruchteilsgemeinschaft nach §§ 741 ff. BGB, da das Schöpferprinzip[1118] eine Loslösung des Rechtserwerbs von den schaffenden Personen (etwa hin zur rechtsfähigen Forschungskooperation) verhindert, sodass Erfinder bzw. Urheber im Grundsatz zunächst nur gemeinschaftlich im Rahmen der geltenden rechtlichen Regelungen über das *foreground-IP* verfügen können.[1119] Erforderlich ist damit eine gemeinschaftliche Verwaltung neu entstandener Schutzrechte. Da die Zusammenarbeit der Forscher in einer horizontalen Forschungskooperation regelmäßig ein

---

1114 Vgl. dazu im Grundsatz *Bayer*, in: Lutter/Hommelhoff, GmbHG, § 45 Rn. 8 ff.; *Liebscher*, in: MüKo zum GmbHG, § 45 Rn. 40 ff.; *Elfring*, NZG 2012, 895, 897; *Müller/ Wolff*, GmbHR 2003, 810 ff.

1115 *Lappe*, Kooperationen wissenschaftlicher Einrichtungen, 2019, S. 542; vgl. zur Treuepflichtbindung von Mitgliedern eines Beirats *Hommelhoff*, in: Lutter/Hommelhoff, GmbHG, § 52 Rn. 123; *Spindler*, in: MüKo zum GmbHG, § 52 Rn. 761.

1116 Siehe hierzu Kap. 1 A II 1 c aa.

1117 So auch *Lappe*, Kooperationen wissenschaftlicher Einrichtungen, 2019, S. 542 f.

1118 Zum Schöpferprinzip *Thum*, in: Wandtke/Bullinger, UrhG, § 7 Rn. 1 ff.; *Ulrici*, RWiss 2015, 318, 319; *ders.*, Vermögensrechtliche Grundfragen des Arbeitnehmerurheberrechts, 2008, S. 64; weitergehend hierzu siehe Kap. 1 A IV 1 b aa.

1119 Vgl. etwa zu § 6 S. 2 PatG BGH *Urt. v.* 16.09.2003 – X ZR 142/01 = GRUR 2004, 50, 51; *Fitzner*, in: BeckOK zum PatG, § 6 Rn. 28 ff.; zum Urheberrecht BGH, *Urt. v.* 23.02.2012 – I ZR 6/11 = GRUR 2012, 1022 f.; *Ahlberg*, in: BeckOK zum UrhG, § 8 Rn. 27 ff.; *Nordemann*, in: Fromm/Nordemann, UrhG, § 8 Rn. 14; *Schulze*, in: Dreier/ Schulze, UrhG, § 8 Rn. 12; zu § 7 Abs. 1 DesignG *Beyerlein*, in: Günther/Beyerlein, DesignG, § 7 Rn. 8.

Wesensmerkmal darstellt, ist auf operativer (erster) Ebene stets mit dem Entstehen solcher Bruchteils- oder Gesamthandsgemeinschaften zu rechnen. Es erscheint dabei sachdienlich, dass die Forscherversammlung als Zusammenkunft des in der Kooperation tätigen Forschungspersonals sich mit diesen Rechtshandlungen als zentrales Willensausübungsorgan ebenso befasst, jedenfalls solange sämtliche an der Erzielung des *foreground-IP* beteiligten Forscher dieser auch angehören (und nicht etwa zur Vermeidung einer übergroßen Forscherversammlung lediglich Repräsentanten in diese versenden).

c. Einbindung der operativen Forschungsebene in die Organisationsverfassung

Neben den (gesetzlich geforderten) rechtsgeschäftlichen Handlungen dient die Forscherversammlung überdies zur Einbindung der operativen Forschungsebene in die Organisationsverfassung des Forschungsverbunds. Wie sich die Forscher im Einzelnen zur Durchführung der Forschungstätigkeit organisieren, dürfte stark vom jeweiligen Einzelfall abhängen und sich überdies mitunter erst während des Forschungsprozesses herauskristallisieren. Jedenfalls aber bedarf es ab dem Erreichen eines gewissen Institutionalisierungsgrads einer zentralen Stelle, welche im Interesse der Forscher mit den sonstigen organschaftlich verfassten Interessenträgern, namentlich dem Direktorium, der Trägerversammlung oder, falls vorhanden, dem Aufsichtsrat sowie wissenschaftlichem Beirat im Austausch steht.[1120] Ähnlich einem Betriebsrat könnte die Forscherversammlung so Wünsche und Bedürfnisse der Forscher vortragen und durchsetzen.[1121] Hinzu kommt ein weiterer Aspekt, dessen Ursprung im IP-Recht liegt, jedoch erst durch einen gesellschaftsrechtlichen Hebel zum Problem für die Forschungskooperation werden kann, namentlich die ungewollte Gründung einer GbR im Falle der gemeinschaftlichen Erzielung von Erfindungen.[1122] Zur Vermeidung der hiermit einhergehenden Folgeproblematiken ist es angezeigt, die Zusammenkunft mehrerer Forscher so in die Organisationsverfassung der Kooperation zu integrieren, dass sich diese nicht als eine von der Kooperation verselbstständigte Einheit begreift, sondern sich stattdessen als Teil des Organgeflechts versteht.

2. Konnex zwischen Institutionalisierungsgrad, Besetzung und (obligatorischer) Einrichtung

Nach einer Festlegung der Funktionen bedarf es einer Ausleuchtung der Bedingungen bzw. Voraussetzungen für die Ein- sowie Besetzung der Forscherversammlung.

1120 So bereits *Eberbach/Hommelhoff/Lappe*, OdW 2017, 1, 7.

1121 Zum Betriebsrat vgl. etwa *Werner*, in: BeckOK zum Arbeitsrecht, § 80 BetrVG Rn. 5 ff.; *Kohte/Schulze-Doll*, in: Düwell, BetrVG, § 80 Rn. 4 ff.

1122 Weitergehend siehe Kap. 1 A IV 1 b aa.

Zentrale Rollen nehmen hierbei die organisationsrechtliche Dimension der Forschungsfreiheit nach Art. 5 Abs. 3 S. 1 Var. 2 GG sowie der Forscherbegriff ein. Bereits mehrfach wurde im Zuge dieser Bearbeitung angedeutet, dass die Konstituierung einer Forscherversammlung wesentlich mit dem Institutionalisierungsgrad zusammenhängt, sodass sich die Frage stellt, wo die Schwelle anzusetzen ist, deren Überschreitung zur Einrichtung einer Forscherversammlung führen sollte oder gar im Falle einer grundrechtsgebundenen Kooperation aus verfassungsrechtlichen Gründen führen muss.

Den Ausgangspunkt bildet dabei jedoch zunächst der für das Direktorium geltende Grundsatz wissenschaftlicher Prägung.[1123] Dieser schlägt sich nach der hier vertretenen Ansicht im Wesentlichen in einer Mehrheit von Forschern gegenüber finanzwirtschaftlichem Personal im Direktorium nieder. In Kooperationen mit einer geringen Anzahl an Forschern, die es erlaubt, dass sämtliche Forscher im Direktorium vertreten sind, ist in Verbindung mit dem beschriebenen Kompetenzkatalog des Direktoriums auf organschaftlicher Ebene eine die Forschungsfreiheit sichernde Binnenstruktur nach dem Dafürhalten des Verfassers letztlich sichergestellt, sodass aus verfassungsrechtlichen Gründen auf die Implementierung einer Forscherversammlung verzichtet werden kann.

Anders verhält es sich, wenn nicht alle durch Art. 5 Abs. 3 S. 1 Var. 2 GG geschützten Forscher dem Direktorium angehören (können). In diesem Fall erscheint die Einrichtung der Forscherversammlung auf der Ebene der Governance-Struktur geboten.[1124] Gewiss vermag hierzu nicht bereits ein einzelner grundrechtsberechtigter Forscher außerhalb des Direktoriums führen, sehr wohl jedoch beispielsweise ein zehnköpfiges Forscherteam. Somit bedarf es der Festlegung einer bestimmten Anzahl an grundrechtsberechtigten Forschern, die zwar der Kooperation zugeordnet, jedoch keine Direktoriumsmitglieder sind. Vieles spricht dafür, ab einer Anzahl von fünf grundrechtsberechtigten Forschern außerhalb des Direktoriums von der Notwendigkeit zur Einrichtung einer Forscherversammlung zur Verhinderung einer strukturellen Gefährdungslage für die Forschungsfreiheit auszugehen.[1125] In diesem Fall sind die Forscher auch konsequenterweise an der Abfassung des Kooperationsvertrages zu beteiligen. Durch eine ausdrückliche Bezeichnung als Mitglieder der Forscherversammlung wird dabei einer unerwünschten Einstufung als Gesellschafter im Wege einer Auslegung des Kooperationsvertrages entgegengewirkt.[1126] Wird diese Zahl hingegen

1123 Vgl. Kap. 2 A II 1.

1124 Siehe Kap. 1 A II 1 d cc.; vgl. auch *Lappe*, Kooperationen wissenschaftlicher Einrichtungen, 2019, S. 572; *Kumpan*, OdW 2018, 115, 122 f.; *Eberbach/Hommelhoff/Lappe*, OdW 2017, 1, 7.

1125 Ebenfalls von einer Anzahl von fünf Forschern ausgehend *Lappe*, Kooperationen wissenschaftlicher Einrichtungen, 2019, S. 572; vgl. hierzu auch *Eberbach/Hommelhoff/Lappe*, OdW 2017, 1, 7 f.; *Kumpan*, OdW 2018, 115, 122 f.

1126 Zu dieser Problematik siehe Kap. 1 A III 2.

nicht erreicht, sollte es zur Vermeidung eines ausufernden Organapparats und aufgrund der nicht hinreichenden Gefährdungslage allerdings ausgeschlossen sein, eine Forscherversammlung zu implementieren.

In diesem Kontext bedarf es einer exakten Begriffsbestimmung von „der Kooperation zugeordneten, grundrechtsberechtigten" Forschern. Denn beließe man eine Festlegung in dieser Frage den Kooperationspartnern, so könnten diese gewillt sein, den Personenkreis möglichst eng zu ziehen, um eine Einflussnahme des Forschungspersonals auf organschaftlicher Ebene möglichst gering zu halten, was letztlich zu einer Gefährdung der Forschungsfreiheit führen könnte.[1127] Hinsichtlich einer exakten Ausformung des Begriffs „Forschung" sowie der Grundrechtsberechtigung kann auf die Ausführungen zur Terminologie sowie zum Verfassungsrecht verwiesen werden.[1128] Fraglich ist an dieser Stelle vielmehr, wann von einem der Kooperation zugeordnetem Forscher auszugehen ist.

Jedenfalls sollte der betreffende Forscher überwiegend in der Kooperation tätig sein.[1129] Eine lediglich gelegentlich erfolgende Nebentätigkeit vermag keine derart weitgehende Gefährdung für die Forschungsfreiheit auszulösen, welche die verpflichtende Implementierung eines zusätzlichen Organs im Forschungsverbund rechtfertigt.

Weiterhin sollte es sich um selbstständig tätiges, weisungsungebundenes Forschungspersonal handeln.[1130] Denn eine Weisungsgebundenheit schließt eine eigenverantwortliche Forschungstätigkeit, deren Bewahrung der Hauptzweck der Forscherversammlung ist, aus. Dieser Umstand bedeutet jedoch keineswegs, dass lediglich Hochschullehrer für die Bildung eines solchen Organs Relevanz entfalten, dagegen etwa wissenschaftliche Mitarbeiter oder technische Assistenten *per se* nicht. Entscheidend sollte vielmehr ihre Funktion in der Forschungskooperation sein, die durchaus von ihrer sonstigen Stellung abweichen kann. Unabhängig hiervon sollte es überdies den Kooperationspartnern offenstehen, die Installation einer Forscherversammlung unterhalb dieser Schwelle freiwillig vornehmen zu können.

Zudem stellt sich die Frage, ob eine Deckelung der zulässigen Gesamtzahl an Wissenschaftlern in der Forscherversammlung angebracht erscheint. Wie bei der Implementierung sonstiger Organtypen würde eine übermäßig große Forscherversammlung mitunter in ihrer Funktionsfähigkeit beeinträchtigt. Es könnte die Entscheidungsfindung unnötig erschwert werden. Überlegenswert erscheint daher, ab einer gewissen Anzahl an Forschern, die bei 21 liegen könnte, zu einem Repräsentativsystem überzugehen, in welchem die Forscher Repräsentanten in die Forscherversammlung wählen.[1131] Wahlberechtigt wären in diesem Fall diejenigen

1127 a.A. *Kumpan*, OdW 2018, 115, 123.

1128 Siehe Einl. C I sowie Kap. 1 A II 1 a.

1129 So auch *Lappe*, Kooperationen wissenschaftlicher Einrichtungen, 2019, S. 439.

1130 *Kumpan*, OdW 2018, 115, 123; *Lappe*, Kooperationen wissenschaftlicher Einrichtungen, 2019, S. 572.

1131 Vgl. dazu *Lappe*, Kooperationen wissenschaftlicher Einrichtungen, 2019, S. 572.

Wissenschaftler, die nach den obigen Ausführungen ebenso Mitglieder der Forscherversammlung sein könnten. Jedoch geht mit einem solchen Repräsentativsystem zwingend ein Teilverlust an Funktionsfähigkeit einher, denn die Verwaltung der IP-Rechte durch Bruchteils- oder Gesamthandsgemeinschaften könnte auf diesem Wege nicht mehr direkt in der Forscherversammlung getätigt werden, sobald dieser nicht mehr sämtliche Wissenschaftler angehören. Aus diesem Grund sollte erst dann zu einem Repräsentativsystem übergegangen werden, wenn die Anzahl von 21 Forschern überschritten wird.

Wie sich die Forscherversammlung allerdings darüber hinaus in Anbetracht der ihr im nächsten Kapitel zugeordneten Rechte und Pflichten intern organisiert, etwa ob aus ihrer Mitte ein Vorsitzender gewählt wird, sollte als Ausdruck der verfassungsrechtlich garantierten Forschungsfreiheit gänzlich zur Disposition der involvierten Wissenschaftler stehen. Jedenfalls aber muss stets gewährleistet sein, dass die Forscherversammlung sämtlichen ihr zugeschriebenen Funktionen und Pflichten nachkommen kann.

3. *Rechte und Pflichten*

Um ihren Funktionen vollumfänglich gerecht zu werden und damit auch den verfassungsrechtlichen Anforderungen, die die Forschungsfreiheit nach Art. 5 Abs. 3 S. 1 Var. 2 GG an die Organisationsverfassung stellt, zu genügen, bedarf es unstreitig eines gewissen Mindestkompetenzkatalogs.[1132] Auf der anderen Seite muss jedoch beachtet werden, dass die Forscherversammlung mitunter sogar als fünftes Organ des Forschungsverbunds neben Direktorium, Trägerversammlung, Aufsichtsrat und wissenschaftlichem Beirat auftritt. Durch die Installation von mehreren Organen, welche allesamt gewisse Initiativ- und Kontrollrechte ausüben könnten, würde die Funktionsfähigkeit der Kooperation insgesamt stark beeinträchtigt werden. Daher ist die verfassungsrechtlich gebotene Verwirklichung der Forschungsfreiheit auf organschaftlicher Ebene mit der Funktionsfähigkeit der Kooperation sowohl nach außen, als auch im Binnengefüge der Organe untereinander in einen angemessenen Ausgleich zueinander zu bringen. So muss etwa sichergestellt bleiben, dass das Direktorium als zentrales Handlungsorgan von den anderen Organen nicht übermäßig stark beeinflusst wird. Als umfassende Kontrollorgane wurden bereits in finanzwirtschaftlicher Hinsicht der Aufsichtsrat sowie der wissenschaftliche Beirat in primär wissenschaftlichen Angelegenheiten ausgemacht.[1133] Der Forscherversammlung in Anbetracht dessen weitere Kontrollrechte einzuräumen, würde wohl letztlich zu einer übermäßigen Beschränkung der Handlungsfreiheit des Direktoriums führen und ist daher abzulehnen.[1134] Zudem ist durch den Grundsatz der wissenschaftlichen Prägung im Direktorium

1132 So auch *Lappe*, Kooperationen wissenschaftlicher Einrichtungen, 2019, S. 575.
1133 Dazu weitergehend Kap. 2 A IV 1 a sowie Kap. 2 A IV 2 a.
1134 So auch *Kumpan*, OdW 2018, 115, 122.

bereits in Teilen sichergestellt, dass die grundrechtsberechtigten Forscher keiner strukturellen Gefährdungslage ausgesetzt sind. Deswegen empfehlen sich für die Forscherversammlung nach der hier vertretenen Ansicht in erster Linie Notfallrechte zur Abwehr von Grundrechtseingriffen.

a. Information und Stellungnahme

Um jedenfalls ein Mindestmaß an Einwirkungsmöglichkeiten auf das Geschehen in der Forschungskooperation in organschaftlicher Hinsicht zu gewährleisten, sollte der Forscherversammlung ein Recht auf Information zugebilligt werden.[1135] Dieses Informationsrecht bestünde sowohl gegenüber dem Direktorium, als auch gegenüber Aufsichtsrat und wissenschaftlichem Beirat, falls vorhanden. Damit die Lage des Forschungsverbunds in jeglicher Hinsicht präzise beurteilt werden kann, sollte sich dieses auf wissenschaftliche und finanzielle Angelegenheiten gleichermaßen erstrecken. Zudem erscheint die Erarbeitung von Stellungnahmen durch die Forscherversammlung und die Zuleitung dieser an die übrigen Organe angezeigt.[1136] Auf diese Weise können durch das „Sprachrohr" der Forscherversammlung Ideen oder Anregungen auf Seiten des Forschungspersonals, etwa bezüglich neuer Projekte oder der Zusammenarbeit mit anderen potentiellen Kooperationspartnern gesammelt und in der Governance-Struktur des Forschungsverbunds zielgerichtet verwertet werden.[1137]

b. Vetorecht bei Änderungen des Forschungsplans

Zur Verhinderung einer strukturellen Gefährdungslage der forschenden Grundrechtsträger könnte es mitunter aber erforderlich sein, diesen im Organgeflecht der Forschungskooperation die Möglichkeit zu gewähren, ihre Auffassung mit Blick auf bestimmte Entscheidungen selbst durchzusetzen, statt diesen lediglich ein Recht zur Stellungnahme einzuräumen.[1138] Nach den Ausführungen des Bundesverfassungsgerichts zur Hochschulorganisation ist den Forschern in Fragen, die unmittelbar den Wissenschaftsbetrieb betreffen, ein Mitentscheidungsrecht zu gewähren.[1139] Allerdings dürfte gerade in einer Forschungskooperation mit im Vergleich zur Hochschulorganisation weniger vorgefertigten Strukturen, Mechanismen und wissenschaftlicher Durchdringung von Seiten der Fachliteratur die hypothetische Trennlinie der Unmittelbarkeit für den Wissenschaftsbetrieb nur

---

1135 Vgl. hierzu *Eberbach/Hommelhoff/Lappe*, OdW 2017, 1, 8; *Lappe*, Kooperationen wissenschaftlicher Einrichtungen, 2019, S. 575.

1136 *Lappe*, Kooperationen wissenschaftlicher Einrichtungen, 2019, S. 575.

1137 Hierzu ebenfalls *Kumpan*, OdW 2018, 115, 123.

1138 Vgl. zur Hochschulorganisation *Wendt/Weth*, JM 2015, 290, 292.

1139 *Starck/Paulus*, in: v. Mangoldt/Klein/Starck, GG, Art. 5 Rn. 519; siehe auch BVerwG, *Beschl. v.* 12.05.2015 – 1 BvR 1501/13 = NVwZ 2015, 1370, 1373 f.; dazu ferner *Hufen*, JuS 2015, 378 ff.

schwer greifbar sein. Dennoch wurde bereits herausgearbeitet, dass der vor Beginn der Forschungstätigkeiten aufzustellende Forschungsplan gegenüber den grundrechtsberechtigten Forschern nur dann Bindungswirkung entfaltet, wenn diese hierzu ihre Zustimmung erklärt haben.[1140] In Anbetracht dessen erscheint es nur folgerichtig, dass die Träger im Falle von Änderungen am Forschungsplan erneut eine Zustimmung des Forschungspersonals einholen müssen, die auf organschaftlicher Ebene zweckmäßig im Rahmen der Forscherversammlung erfolgen könnte.[1141] Allerdings sollte es nicht vollends ins Belieben der Forscherversammlung gestellt werden, ob letztlich wirksam Änderungen am Forschungsplan vorgenommen werden können. Denn auf diese Weise könnte die Forscherversammlung zur Verfolgung eigener, sachfremder Interessen entgegen (anerkennenswerter) Interessen oder Erwägungen der Kooperationspartner eine Blockadehaltung aufbauen und so die (Weiter-)Entwicklung des Kooperationsvorhabens lähmen. Dementsprechend ist für die Ablehnung eines Änderungsvorschlags am Forschungsplan das Vorliegen eines gerichtlich überprüfbaren, sachlichen Grundes zu fordern.[1142]

c. *Abberufungsrecht des Direktoriums aus wichtigem Grund*

Gewiss trägt der Grundsatz der wissenschaftlichen Prägung im Direktorium aus Sicht des der Kooperation zugeordneten Forschungspersonals zur Aufrechterhaltung eines forschungsfreundlichen, grundrechtswahrenden Umfelds bei. Dennoch erscheint es nicht vollends ausgeschlossen, dass auch die im Direktorium vertretenen Wissenschaftler sich gegen die Interessen des (sonstigen) forschenden Personals wenden und damit eine organisationsrechtliche Gefährdungslage für die Forschungsfreiheit provozieren. Zur Eindämmung dieser Gefahrensituation könnte die Kompetenz der Forscherversammlung zur Bestellung und Abberufung des Direktoriums oder einzelner Direktoren erwogen werden. Hinzu kommt, dass je mehr Entscheidungsbefugnisse von den einzelnen Forschern auf das Leitungsorgan übertragen werden, desto eher als Ausgleich die Mitwirkung des Forscherorgans an der Bestellung und Abberufung der Leitung geboten erscheint. So sinnvoll wie dies etwa im Bereich der Hochschulorganisation sein mag[1143], muss dennoch auf die bereits geschilderten Unterschiede verwiesen werden. Gerade der Umstand der regelmäßig fehlenden unmittelbaren Gefährdungslage sowie der Begrenzung der Forschungskooperation auf das konkrete Forschungsvorhaben lassen das Forschungspersonal im Vergleich zur Hochschulorganisation als (deutlich) weniger schutzbedürftig erscheinen. Zudem würde eine Berufungskompetenz der Forscherversammlung tief in die Gestaltungsfreiheit der Träger eingreifen.

1140 Siehe weitergehend Kap. 1 A II 1 d aa.

1141 So auch *Lappe*, Kooperationen wissenschaftlicher Einrichtungen, 2019, S. 575.

1142 Vgl. hierzu auch *Lappe*, Kooperationen wissenschaftlicher Einrichtungen, 2019, S. 575, welcher statt des Vorliegens eines sachlichen Grundes eine Zweidrittelmehrheit in der Beschlussfassung der Forscherversammlung vorschlägt.

1143 Dazu *Wendt/Weth*, JM 2015, 290, 296 f.

Wenn die Kooperationspartner etwa nicht ohne sachlichen Grund dauerhaft die gewünschten Direktoren einsetzen können, weil diese fortwährend von der Forscherversammlung abberufen werden und durch andere ersetzt werden, könnte dies im Extremfall zu einem vorzeitigen Ende des Forschungsverbunds führen, da die Träger eine Verselbstständigung der Kooperation oder eine Loslösung von den ursprünglichen Motiven, die zur Gründung des Verbunds geführt haben, befürchten könnten. Daher ist der Forscherversammlung letztlich die Kompetenz zur Berufung der Direktoren zu versagen, ihr jedoch ein Abberufungsrecht aus wichtigem Grund einzuräumen.[1144] Dieser wichtige Grund läge entlang der von Art. 5 Abs. 3 S. 1 Var. 2 GG geforderten grundrechtssichernden Binnenstruktur in einer strukturellen, abstrakten Gefährdungslage für die Forschungsfreiheit und wäre dementsprechend als *ultima ratio* nur auf Ausnahmesituationen beschränkt.[1145] Einzelne Anordnungen etwa, die das Direktorium im Rahmen der vorhandenen Weisungsbefugnis Forschern erteilt, würden als Einzelfälle die Organisationsverfassung als solche nicht tangieren und diese Schwelle mithin nicht erreichen. In derartigen Situationen ist statt der Abberufung des Direktoriums bzw. einzelner Direktoren vielmehr gerichtlicher Rechtsschutz herbeizuführen.

d. Rechtsgeschäftliche Befugnisse beim Umgang mit IP-Rechten

Sofern der Forscherversammlung kein Repräsentativsystem zugrunde liegt, sondern sämtliche Forscher, jedenfalls in dem an obiger Stelle beschriebenen Sinn, der Forscherversammlung angehören, sind logischerweise auch alle Mitglieder einer Bruchteils- oder Gesamthandsgemeinschaft an neu entstehenden Schutzrechten Teil dieser Versammlung, sodass die entsprechenden gesetzlich verankerten Verwaltungsrechte hinsichtlich des *foreground-IPs* auch dieser Forscher(-unter-)versammlung zustehen.[1146] Namentlich ist dies etwa die Übertragung, also die Zustimmung der Forscher zur Zuordnung des IP-Rechts beziehungsweise des jeweiligen Nutzungsrechts auf die Forschungskooperation oder auf eine oder mehrere Trägereinrichtungen oder die Meldung der Erfindung gegenüber dem Arbeitgeber gemäß § 5 ArbNErfG.[1147] Daneben ist die Anmeldung von Schutzrechten

---

1144 So bereits *Lappe*, Kooperationen wissenschaftlicher Einrichtungen, 2019, S. 575.

1145 Weitergehend zu den verfassungsrechtlichen Anforderungen bezüglich der Forschungsfreiheit vgl. insbesondere Kap. 1 A II 1 b cc; vgl. zu den Voraussetzungen zur Abberufung von Aufsichtsratsmitgliedern aus wichtigem Grund OLG München, *Beschl. v.* 28.08.2018 – 31 Wx 61/17 = NZG 2018, 1389 ff.; zur Abberufung von Vorstandsmitgliedern in der AG aus wichtigem Grund gemäß § 84 Abs. 3 AktG vgl. *Saenger*, Gesellschaftsrecht, Rn. 583; *Koch*, in: Hüffer/Koch, AktG, § 84 Rn. 34 ff.

1146 Zum originären Schutzrechtserwerb im Falle einer Mehrheit von Urhebern bzw. Erfindern siehe Kap. 1 A IV 1 b aa.

1147 Hierzu *Ulrici*, RWiss 2015, 318, 320 f., 324; insbesondere zur Nutzungsrechtseinräumung nach dem UrhG vgl. BGH, *Urt. v.* 12.05.2010 – I ZR 209/07 = GRUR 2011, 59, 60; *Lindhorst*, in: BeckOK, UrhG, § 43 Rn. 17; *Rojahn*, in: Schricker/Loewenheim, UrhG, § 43 Rn. 40, 51.

oder die Erörterung eines Verzichts auf die Geltendmachung der negativen Publikationsfreiheit nach § 42 Nr. 2 ArbNErfG denkbar.[1148] Über diese Befugnisse verfügen die Forscher bereits *ex lege*. Dennoch käme einer entsprechenden Vereinbarung im Kooperationsvertrag mehr als eine bloß klarstellende Wirkung zu, denn auf diese Weise erscheint eine organschaftliche Integration von Erfinder- bzw. Urhebergemeinschaft sichergestellt, die eine (ungewollte) GbR-Gründung ausschließt. Gehören dagegen nicht alle Forscher der Forscherversammlung an und bilden solche im Rahmen der Generierung von *foreground-IP* Bruchteils- oder Gesamthandsgemeinschaften, so kann die Forscherversammlung diese nicht selbst unmittelbar abbilden. In diesem Fall obliegt es dem Direktorium im Rahmen seiner Kompetenz für gewöhnliche Geschäftsführungsangelegenheiten, für die Übertragung von *foreground-IP* zur Kooperation bzw. den Forschungsträgern zu sorgen.[1149]

4. *Zusammenfassung*

Als Zusammenkunft des der Kooperation zugeordneten Personals dient die Forscherversammlung der Verwirklichung der Forschungsfreiheit sowie der Institutionalisierung der Forscherinteressen auf organschaftlicher Ebene. Zudem erfordern die gesetzlichen Regelungen im IP-Recht die Zuweisung bestimmter Aufgaben zur gemeinschaftlichen Verwaltung neu entstandener Schutzrechte an die Forscherversammlung. Sobald dem Forschungsverbund fünf oder mehr grundrechtsberechtigte, eigenverantwortlich handelnde sowie überwiegend in der Kooperation tätige Forscher angehören, welche nicht zugleich Mitglieder des Direktoriums sind, ist zur Vermeidung einer strukturellen Gefährdung der Forschungsfreiheit nach Art. 5 Abs. 3 S. 1 Var. 2 GG die Einrichtung einer Forscherversammlung geboten. Zur Gewährleistung der Funktionsfähigkeit dieses Organs sollte ab 21 Forschern zu einem Repräsentativsystem übergegangen werden. Um den ihr zugewiesenen Funktionen gerecht werden zu können, sollte der Forscherversammlung ein Recht auf Information und Stellungnahme zukommen. Ebenso wäre es von Vorteil, dieser ein Vetorecht für Änderungen des Forschungsplans sowie ein Recht zur Abberufung des Direktoriums oder einzelner Direktoren aus wichtigem Grund zuzugestehen. Komplettiert werden deren Rechte durch die einschlägigen gesetzlichen Befugnisse der Erfinder bzw. Urheber beim Umgang mit neu entstandenen IP-Rechten.

1148 Zu § 42 Nr. 2 ArbNErfG vgl. etwa *Boemke/Sachadae*, in: Boemke/Kursawe, ArbNErfG, § 42 Rn. 25, 30 f.; *Ulrici*, RWiss 2015, 318, 322; ausführlich zur sog. negativen Publikationsfreiheit *Boemke/Sachadae*, in: Boemke/Kursawe, ArbNErfG, § 42 Rn. 91 ff.; *Schwab*, in: Schwab, ArbNErfG, § 42 Rn. 10 ff.

1149 Zur Kompetenz des Direktoriums für gewöhnliche Geschäftsführungsangelegenheiten siehe Kap. 2 A II 2 a.

VI. Informationsströme, Rechnungslegung und Rechenschaft

Bei der Ausgestaltung einer Organisationsverfassung für wissenschaftliche Forschungskooperationen sind nicht nur deren Organe in den Blick zu nehmen, sondern auch die Informationsströme untereinander sowie die Weitergabe an die Allgemeinheit. Aufbauend auf den zugewiesenen Kompetenzen wird im Folgenden deshalb näher darauf eingegangen, welche Grundsätze und Abläufe das Informationsmanagementsystem im Forschungsverbund aufweisen könnte und welche Folgen sich hieraus für die involvierten Akteure, insbesondere auch hinsichtlich deren Verantwortlichkeit, ergeben.

1. Direktorium als zentrale Informationsverwaltungsstelle

Nach der vorangegangenen Ausformung der organschaftlichen Kompetenzen bedarf es einer Zwischenbilanz bezüglich der Aufgaben und Befugnisse in informationeller Hinsicht sowie der Benennung der Grundsätze, die bei der Ausgestaltung des Informationsmanagements des Forschungsverbunds gelten sollten. Wie in sonstigen Formen von Zusammenschlüssen müssen Informationen von dort, wo sie entstehen, zu der Stelle, an der sie (auch) benötigt werden, möglichst effizient gelangen. Zudem müssen alle involvierten Personen und Trägereinrichtungen stets mit den zur Wahrnehmung ihrer jeweiligen Rechte und Pflichten nötigen Informationen versorgt sein. Wie bereits herausgearbeitet, entfaltet im forschungskooperativen Kontext insbesondere das IP-Recht einen gesteigerten Aufwand an Informationsverarbeitung.[1150] Dies resultiert etwa aus einer mitunter undurchsichtigen Berechtigungslage an *background-* und *sideground-IP*, dem Führen eines Projekttagebuchs, der Beschaffung von Zustimmungen im Fall geplanter Veröffentlichungen[1151] oder bei der Zuordnung von *foreground-IP* zu den Trägereinrichtungen sowie der Durchführung sogenannter *Freedom-to-operate-searches.*[1152] Andererseits ist auf die Einhaltung bestehender Geheimhaltungs- oder Veröffentlichungsverbote zu achten. Im Rahmen der Trägerversammlung sollten sich ferner die Kooperationspartner über die Verteidigung von und Angriffe aus in die Kooperation eingebrachtem *sideground-* und *background-IP* gegenseitig informieren.

Der bedeutendste Aspekt ist jedoch gewiss die Interaktion der Organe des Forschungsverbunds untereinander. Denn diese sind zur Ausübung ihrer Rechte und Pflichten auf eine permanente Information angewiesen. So ist der Trägerversammlung im Zuge ihrer Zuständigkeit zur „weiteren" Überwachung der vom finanzwirtschaftlichen Direktor erstellte Jahresbericht zu übergeben.[1153] Ebenso ist die

---

1150 Siehe Kap. 1 A IV 4 c.

1151 Dazu Berliner Vertragsbausteine, S. 21, Ziffer 3.2.5; BMWi-Muster, S. 38, Ziffer 6.7 sowie S. 39, Ziffer 7.2; TUM-Muster, S. 38, § 7; siehe jeweils Fn. 25.

1152 Vgl. etwa BMWi-Muster, S. 35, Ziffer 3.6., siehe Fn. 25; *Lappe*, Kooperationen wissenschaftlicher Einrichtungen, 2019, S. 139.

1153 Hierzu weitergehend vgl. Kap. 2 A III 1 b.

Trägerversammlung berechtigt, über die Verwendung der von den Kooperationspartnern zur Verfügung gestellten Mittel sowie die Ergebnisse der aktuellen Forschungsprozesse durch das Direktorium informiert zu werden.[1154] Daneben ist der Aufsichtsrat als Kontrollorgan nach der hier vertretenen Ansicht unter anderem mit der Überwachung der Informationsströme sowie der Einhaltung bestehender Geheimhaltungsregelungen betraut.[1155] Hierfür bestehen eine Auskunftspflicht des Direktoriums gegenüber diesem sowie eine Pflicht seitens des Direktoriums zur Berichterstattung, und zwar sowohl in finanziellen wie auch in wissenschaftlichen Angelegenheiten.[1156] Ferner stünde dem Aufsichtsrat ein Einsichtsrecht in die Bücher und Schriften zu.[1157] Entsprechende Befugnisse erhielte auch das *Scientific Advisory Board*.[1158] Doch bleibt es aus Sicht des Direktoriums nicht bei einer aktiven Information an die einschlägigen Kontrollorgane, vielmehr gilt es, deren Stellungnahmen, Vorschläge und Berichte ebenso zur Optimierung des Forschungsprozesses zu verarbeiten bzw. an das zuständige Organ weiterzuleiten. Zuletzt ist in informationeller Hinsicht auch eine Berücksichtigung der operativen Forschungsebene in der Governance-Struktur erforderlich, um die Forscher fortwährend gegenseitig über den aktuellen Stand des Forschungsprozesses zu informieren.[1159] Dafür kommt es auf einen effizienten Informationsaustausch zwischen Forscherversammlung und Direktorium an, wozu auch der Forscherversammlung ein Recht auf Information und Stellungnahme zusteht.[1160]

In Anbetracht all dieser zu bewältigenden Angelegenheiten und Zuständigkeiten erscheint es unvermeidbar, im Forschungsverbund eine zentrale Informationsverwaltungsstelle zu bestimmen. Diese sollte idealerweise das Aktivitäts- und Initiativzentrum der Kooperation in Gestalt des Direktoriums sein. Indem sämtliche Informationsströme, beispielsweise eine Stellungnahme des Aufsichtsrats an die Trägerversammlung, über das Direktorium abgewickelt werden, ist sichergestellt, dass eine permanente zuständige Stelle für die gesamte Informationsvermittlung vorhanden ist, wodurch Unsicherheiten oder Störungen im Informationsfluss vermieden werden können.

2. *Wissenschaftsadäquate Rechnungslegung*

Zur Ausgestaltung des Informationsmanagements innerhalb des Forschungsverbunds gehören nicht nur die Informationsrechte der jeweiligen Organe, sondern

1154 So auch *Kumpan*, OdW 2018, 115, 120.
1155 Siehe Kap. 2 A IV 1 a.
1156 So bereits *Kumpan*, OdW 2018, 115, 121.
1157 Siehe weitergehend Kap. 2 A IV 1 c aa; ferner *Kumpan*, OdW 2018, 115, 121.
1158 Vgl. Kap. 2 A IV 2 c aa.
1159 Eine ähnliche Regelung enthält beispielsweise das BMWi-Muster, S. 34, Ziffer 3.3, siehe Fn. 25.
1160 Vgl. hierzu *Eberbach/Hommelhoff/Lappe*, OdW 2017, 1, 8; im Übrigen vgl. Kap 2 A V 3 a.

ebenfalls das dazugehörige Rechnungslegungssystem. So wie das organschaftliche Kompetenzgefüge muss auch die Rechnungslegung den spezifischen Anforderungen und Bedürfnissen im forschungskooperativen Kontext gerecht werden.[1161] Namentlich sind dies etwa bestehende Geheimhaltungsinteressen, die Gewährleistung der Forschungsfreiheit, die Berücksichtigung des Forschungsplans sowie die angemessene Darstellung und (finanzielle) Bewertung gewonnener wissenschaftlicher Erkenntnisse.[1162] Der zentrale Faktor hierbei ist der Jahresbericht, welcher sodann näher beleuchtet wird. Des Weiteren sei den folgenden Ausführungen der Hinweis vorangestellt, dass diese vor dem Hintergrund einer potentiell neu zu schaffenden Rechtsform den Versuch unternehmen, das Idealbild einer wissenschaftsadäquaten Rechnungslegung zu formulieren. Falls sich hingegen die Kooperationspartner zur Verwendung einer bestehenden Rechtsform entschließen, gelten naturgemäß die jeweiligen gesellschafts- und handelsrechtlichen Bestimmungen, auf die hier verwiesen sei.[1163]

a. Erstellung und Zuleitung des Jahresberichts

Bereits nahegelegt wurde die Besetzung des Direktoriums mit einem finanzwirtschaftlichen Direktor, welcher in erster Linie mit den wirtschaftlichen und buchhalterischen Angelegenheiten des Forschungsverbunds betraut ist.[1164] Hierzu gehört die Erstellung eines Berichts.[1165] In Forschungskooperationen, welche auf eine mehrjährige Dauer angelegt sind, sollte dieser jährlich erstellt werden.[1166] Erstreckt sich dagegen die Existenzspanne der Kooperation auf einen kürzeren Zeitraum, so handelt es sich um einen nach der Beendigung des Vorhabens zu erstellenden Abschlussbericht. Im Folgenden dient als Ausgangspunkt eine mehrjährige Kooperationsform, sodass dieser Bericht als Jahresbericht bezeichnet wird, auch wenn sich in inhaltlicher oder funktioneller Hinsicht keine Abweichungen zum Abschlussbericht ergeben.

Neben der Aufstellung des Jahresberichts durch den finanzwirtschaftlichen Direktor, also das technische Anfertigen im Sinne seiner „Vorbereitung bis zur Beschlussreife“[1167], stellt sich die Frage, ob es darüber hinaus einer Mitwirkung der übrigen, „wissenschaftlichen“ Direktoren, also der dem Direktorium angehörenden Forscher, bedarf. Diese könnten in den Erstellungsprozess integriert und durch ein Unterzeichnungserfordernis zur Übernahme von Mitverantwortung verpflichtet

---

1161 Zur Selbststeuerung durch das Bilanzrecht vgl. etwa *Hommelhoff/Schwab*, BFuP 1998, 38 ff.

1162 Vgl. zu den Forschungs- und Entwicklungskosten etwa *Boecker/Künkele*, IRZ 2010, 484 ff.

1163 Hierzu überblicksartig etwa *Saenger*, Gesellschaftsrecht, Rn. 981 ff.

1164 Siehe weitergehend zum finanzwirtschaftlichen Direktor Kap. 2 A II 3 b.

1165 Vgl. hierzu *Eberbach*, OdW 2018, 51, 66.

1166 *Eberbach/Hommelhoff/Lappe*, OdW 2017, 1, 6; *Kumpan*, OdW 2018, 115, 120.

1167 Vgl. BGH, *Urt. v.* 29.03.1996 – II ZR 263/94 = BGHZ 132, 263.

werden.[1168] An dieser Stelle lohnt sich ein Blick in das Handelsgesetzbuch: §§ 245, 264 Abs. 1 S. 1 HGB normieren den Gedanken der kollektiven Verantwortlichkeit (Gesamtverantwortung) durch das Erfordernis der Unterzeichnung des Jahresabschlusses aller Gesellschafter der OHG bzw. Komplementäre der KG bzw. Mitglieder der „Verwaltungs-, Leitungs- und Aufsichtsorgane" von Kapitalgesellschaften ohne Rücksicht auf eine etwaige Ressortzuständigkeit.[1169] Nach herrschender Ansicht ist diese Unterzeichnung eine öffentlich-rechtliche Verpflichtung und hat höchstpersönlich zu erfolgen.[1170] Der Gedanke hinter dieser Ausgestaltungsvariante ist die Übernahme der Verantwortung für die Richtigkeit und Vollständigkeit des unterschriebenen Abschlusses.[1171] Ebenso dient die Unterzeichnung der Dokumentation der Abgabe der im Jahresabschluss enthaltenen Aussagen sowie der Beweiserbringung.[1172] Auch wenn die forschenden Direktoren regelmäßig im Alltagsbetrieb des Forschungsverbunds nicht mit buchhalterischen Fragen betraut sind und von vornherein (vermutlich) nicht über eine gesteigerte Expertise in derlei Angelegenheiten verfügen, bedarf es dennoch auch deren Unterzeichnung, um im Jahresbericht das größtmögliche Maß an Vollständigkeit und Richtigkeit zu verwirklichen, welches diesem auch im sonstigen Rechtsverkehr zukommt.

Der vom finanzwirtschaftlichen Direktor unter Mitwirkung der übrigen Direktoren erstellte Jahresbericht ist sodann durch den Aufsichtsrat zu prüfen und im Anschluss an die Trägerversammlung weiter zu leiten.[1173] Zwar ist auch das *Scientific Advisory Board* zur Kontrolle des Direktoriums berufen, allerdings ausschließlich in wissenschaftlicher Hinsicht. Um sich diesen Fokus zu bewahren, empfiehlt es sich nach der hier vertretenen Ansicht, auf eine Vorlage des Jahresberichts an das SAB zu verzichten.

b. Funktion und Inhalt des Jahresberichts

Neben der Erstellung und Weiterleitung des Jahresberichts bedarf es ebenfalls einer Erörterung, welche Informationen dieser beinhalten sollte. Hierzu erscheint es ratsam, sich zunächst die Funktionen zu vergegenwärtigen, die dieser Bericht zu erfüllen hat. Der Jahresbericht dient der Dokumentation und der Informationsvermittlung.[1174] Die Zahlungsbemessungsfunktion, welche überdies den

1168 So bereits *Kumpan*, OdW 2018, 115, 118.

1169 *Winkeljohann/Schellhorn*, in: BeckOK zum HGB, § 245 Rn. 2; *Reiner*, in: MüKo zum HGB, § 264 Rn. 17; vgl. OLG Karlsruhe, *Urt. v.* 21.11.1986 – 15 U 78/84 = WM 1987, S. 533 ff.; *Eisenhardt/Oser*, DB 2011, 717 ff.

1170 *Winkeljohann/Schellhorn*, BeckOK zum HGB, § 245 Rn. 2; *Ballwieser*, in: MüKo Zum HGB, § 245 Rn. 2.

1171 *Ballwieser*, in: MüKo Zum HGB, § 245 Rn. 1.

1172 *Winkeljohann/Schnellhorn*, in: BeckOK zum HGB, § 245 Rn. 6; *Ballwieser*, in: MüKo Zum HGB, § 245 Rn. 1.

1173 Vgl. *Eberbach/Hommelhoff/Lappe*, OdW 2017, 1, 6.

1174 Vgl. etwa *Ballwieser*, in: MüKo zum HGB, § 242 Rn. 1; *Ruppelt*, in: BeckOK zum HGB, § 242 Rn. 3 f.

handelsrechtlichen Jahresabschlüssen zugrunde liegt und von einer auf Gewinnerzielung ausgerichteten Unternehmung ausgeht, tritt dagegen bei am Erkenntnisgewinn ausgerichteten Forschungskooperationen in den Hintergrund.[1175] Ausgehend von der Informationsfunktion dient der Bericht dazu, die Adressaten so zu informieren, dass diese wiederum den ihren zugewiesenen Funktionen nachkommen können. Damit der Aufsichtsrat also seiner Kontrollaufgabe in finanzwirtschaftlichen Angelegenheiten ordnungsgemäß nachkommen kann und die Kooperationspartner durch die Trägerversammlung über das Geschehen im Forschungsverbund, insbesondere über die Verwendung der zur Verfügung gestellten Forschungsgelder, hinreichend im Bilde sind, muss der vom finanzwirtschaftlichen Direktor aufgestellte und von sämtlichen Direktoren unterzeichnete Bericht im Grundsatz über alle finanziellen Angelegenheiten der Forschungskooperation wahrheitsgemäß und abschließend Auskunft geben, und zwar dergestalt, dass sich hieraus ein klares und verständliches Bild von der finanziellen Lage des Forschungsverbunds gewinnen lässt. Neben einer Information des Aufsichtsrats und der Trägerversammlung könnte der Jahresbericht auch der Gewinnung weiterer Träger oder sonstiger Förderer des Forschungsvorhabens dienen.

aa. Bilanz und GuV

Bezüglich der näheren Ausgestaltung des Jahresberichts würde eine Orientierung an bestehenden Publizitätsformen des HGB sicherstellen, dass die im Fall einer Publikationspflicht geltenden Anforderungen im Rechtsverkehr eingehalten werden.[1176] Außerdem sind so bereits Maßstäbe vorhanden, welche zur Erstellung des Jahresberichts aufgegriffen werden können, was zu einer Effizienzsteigerung bei der Erstellung sowie einer verbesserten Vergleichbarkeit mit anderen Jahresberichten führt. § 242 Abs. 3 HGB unterteilt den Jahresabschluss in eine Bilanz und eine Gewinn- und Verlustrechnung.[1177] Dabei ist die Bilanz nach § 242 Abs. 1 HGB eine auf einen bestimmten Zeitpunkt bezogene Gegenüberstellung von Vermögen und Schulden als Bestandsgrößen, während die Gewinn- und Verlustrechnung gemäß § 242 Abs. 2 HGB Erträge und Aufwendungen für einen bestimmten Zeitraum dokumentiert und daher Stromgrößen beinhaltet.[1178] Aus den genannten Gründen erscheint es angezeigt, dass der Jahresbericht des Forschungsverbunds im Grundsatz ebenfalls aus diesen beiden Komponenten besteht.

Im forschungskooperativen Kontext lassen sich jedoch gewisse Besonderheiten ausmachen, welche auch in der Rechnungslegung Berücksichtigung finden sollten. Namentlich sind dies etwa die zuverlässige Bemessung der Innovationskraft

---

1175 Siehe etwa *Helm/Haaf*, in: Beck´sches Handbuch der AG, § 10 Rn. 5; *Ruppelt*, in: BeckOK zum HGB, § 242 Rn. 3.

1176 Zur Publikationspflicht weitergehend vgl. Kap. 2 A VI 3.

1177 Eingehend etwa *Ballwieser*, in: MüKo zum HGB, § 242 Rn. 19 ff.

1178 *Ballwieser*, in: MüKo zum HGB, § 242 Rn. 6 ff., 21; *Saenger*, Gesellschaftsrecht, Rn. 981; *Ruppelt*, in: BeckOK zum HGB, § 242 Rn. 12 ff., 29 ff.

des Kooperationsvorhabens, die Bewertung des Forschungsaufwands, der bereits erzielte Fortschritt im Forschungsprozess, der allerdings noch nicht vollends ausgereift ist, sowie das eingangs behandelte Know-how.[1179] All diese beispielhaft genannten Faktoren sind schwer in Zahlen messbar und dennoch maßgeblich zur Beurteilung des (Zwischen-)Erfolgs einer Forschungskooperation. Dementsprechend wurde etwa durch das BilMoG[1180] in § 248 Abs. 2 S. 1 HGB ein Wahlrecht zur Aktivierung (auch) selbstgeschaffener immaterieller Vermögensgegenstände des Anlagevermögens statuiert. Problematisch ist hierbei allerdings aus den genannten Gründen die exakte Ausformung des Vermögensgegenstandsbegriffs. Fraglich ist dabei, welche Kriterien für eine Aktivierung erfüllt sein müssen und in welcher Phase der Herstellung des immateriellen Gutes diese Kriterien als erfüllt angesehen werden können.[1181] Bereits in den Ausführungen zur Regelsetzungslehre wurde darauf hingewiesen, dass unter diesem Gesichtspunkt bzw. nach der Regelungsstrategie der Transparenz Schwierigkeiten bestehen hinsichtlich der Bemessung des Erfolgs einer Forschungskooperation, sodass Begründungspflichten eine gesteigerte Bedeutung erlangen.[1182] Daher erscheinen zusätzliche Ausführungen neben den zentralen Rechenwerken einen besonderen Stellenwert einzunehmen. Im Kanon bestehender handelsrechtlicher Publizitätsformen rücken aufgrund dessen der Anhang nach § 284 HGB sowie der Lagebericht nach § 289 HGB in den Fokus der Betrachtung.

bb. Anhang

Der Anhang dient dazu, die Bilanz und die Gewinn- und Verlustrechnung zu erläutern sowie diese gegebenenfalls zu korrigieren und zu vervollständigen.[1183] Dies betrifft insbesondere Positionen, welche zwar nicht bilanzierungsfähig sind, jedoch für die Beurteilung der Vermögens- und Finanzlage bedeutsam sind.[1184] Durch die Möglichkeit zur Verlagerung gewisser Informationen in den Anhang kommt diesem zudem eine Entlastungsfunktion zu.[1185] So ließe sich etwa erwägen, für die Gewinn- und Verlustrechnung einen Zwischensaldo so auszuweisen, dass

---

1179 Weitergehend zum Know-how vgl. Kap. 1 A IV 1 a.

1180 Gesetz zur Modernisierung des Bilanzrechts (Bilanzrechtsmodernisierungsgesetz – BilMoG) v. 25.05.2009, BGBl. 2009 I, S. 1102.

1181 Dazu *Schülke*, DStR 2010, 992 ff., nach dem eine Aktivierung entgegen anderer Literaten nicht bereits dann möglich ist, wenn die Entstehung eines Vermögensgegenstandes lediglich als höchst wahrscheinlich zu beurteilen ist; *Hennrichs*, in: MüKo zum Bilanzrecht, § 248 Rn. 26 ff.

1182 Siehe zur Regelsetzungslehre Kap. 1 A I 3 a.

1183 *Merkt*, in: Baumbach/Hopt, HGB, § 284 Rn. 1 f.; *Poelzig*, in: MüKo zum HGB, § 284 Rn. 1 ff.

1184 Zu den Pflichtangaben und Wahlpflichtangaben *Merkt*, in: Baumbach/Hopt, HGB, § 284 Rn. 3 ff.

1185 *Poll*, in: BeckOK zum HGB, § 284 Rn. 3; *Saenger*, Gesellschaftsrecht, Rn. 999.

die Forschungsaufwendungen von den restlichen Aufwendungen sichtbar getrennt werden. Gleiches gilt für die Kapitalflussrechnung. So ist nach § 285 Nr. 22 HGB im Anhang im Fall der Aktivierung nach § 248 Abs. 2 HGB der Gesamtbetrag der Forschungs- und Entwicklungskosten des Geschäftsjahrs sowie der davon auf die selbst geschaffenen immateriellen Vermögensgegenstände des Anlagevermögens entfallende Betrag anzugeben.[1186]

cc. Lagebericht

Der Lagebericht gemäß § 289 HGB bildet einen selbstständigen Teil der Rechnungslegung, der ein den tatsächlichen Verhältnissen entsprechendes Bild der Gesellschaft vermitteln soll, was auch Risiken der zukünftigen Entwicklung beinhaltet.[1187] Besondere Bedeutung im forschungskooperativen Kontext erlangt die Regelung des § 289 Abs. 2 S. 1 Nr. 2 HGB, nach der im Lagebericht auf den Bereich Forschung und Entwicklung einzugehen ist, „sofern dies für die Beurteilung der Lage oder der voraussichtlichen Entwicklung von Belang ist".[1188] Diese Angaben im Lagebericht, welche etwa Angaben zur finanziellen Bedeutung neuer Patente für das Unternehmen oder getätigte sowie beabsichtigte FuE-Investitionen umfassen, sind unabhängig davon zu machen, ob eine Aktivierung von Entwicklungskosten erfolgte.[1189] Daneben ist, falls der Unternehmensgegenstand des berichtenden Rechtsträgers die Forschung ist, im Lagebericht bereits hinsichtlich der „Geschäftsentwicklung" im Sinne von § 289 Abs. 1 S. 1 HGB ein umfassendes Bild bezüglich der Forschungstätigkeit der Kooperation zu vermitteln.[1190] Überdies können im Chancen- und Risikobericht nach § 289 Abs. 1 S. 4 HGB Angaben bezüglich geplanter Forschungsmethodenwechsel oder zur Veränderung des Forschungsgegenstands in Anbetracht sonstiger Entwicklungen in der Forschungslandschaft getätigt werden.[1191] Dementsprechend würde sich die Integration des Anhangs in den Jahresbericht sowie die Erstellung eines Lageberichts in der Rechnungslegung wissenschaftlicher Forschungskooperationen in ihrem bereits normierten Zusammenwirken anbieten.

1186 *Merkt*, in: Baumbach/Hopt, HGB, § 285 Rn. 24; *Poll*, in: BeckOK zum HGB, § 285 Rn. 72 f.; vgl. auch *C. Schmidt*, DStR 2014, 544 ff.

1187 *v. Kanitz/Hoffmann*, in: BeckOK zum HGB, § 289 Rn. 8 ff.; *Saenger*, Gesellschaftsrecht, Rn. 1000; *Lange*, in: MüKo zum HGB, § 289 Rn. 4 ff.

1188 Dazu *Kleindiek*, in: MüKo zum Bilanzrecht, § 289 Rn. 89 ff.; *Merkt*, in: Baumbach/Hopt, HGB, § 289 Rn. 2.

1189 Vgl. dazu *Kuhn*, DStR 1993, 491 ff.

1190 Hierzu *Grottel*, in: Beck´scher Bilanz-Kommentar, § 289 Rn. 45; *Kleindiek*, in: MüKo zum Bilanzrecht, § 289 Rn. 43 ff.

1191 *Kleindiek*, in: MüKo zum Bilanzrecht, § 289 Rn. 58 ff.

dd. Orientierung am Institutionalisierungsgrad

Es liegt auf der Hand, dass kleinste Kooperationsformen nicht den gleichen Rechnungslegungsaufwand betreiben können und müssen wie auf viele Jahre hin angelegte Forschungsverbünde mit mehreren Abteilungen und einem Fördergeld im dreistelligen Millionenbereich. So würde etwa eine Pflicht zur Erstellung eines Jahresberichts inklusive Anhang sowie eines Lageberichts einen buchhalterischen Aufwand darstellen, welcher zum Institutionalisierungsgrad kleiner Forschungsverbünde in keinem angemessenen Verhältnis steht. Deshalb sollte die Erstellung eines Anhangs sowie eines Lageberichts im Grundsatz zur Disposition der Kooperation stehen. Andererseits erfordern die angeführten Gründe für die Erstellung von Anhang und Lagebericht von Kooperationsformen großen Ausmaßes umso mehr deren Anfertigung. Insofern empfiehlt sich eine Orientierung am Institutionalisierungsgrad der Forschungskooperationsgesellschaft. Eine Differenzierung in den Rechnungslegungspflichten entlang der jeweiligen Größenordnung ist bereits im HGB angelegt: So müssen Kapitalgesellschaften nach § 264 Abs. 1 S. 1 HGB den Jahresabschluss um einen Anhang nach § 284 HGB erweitern, für große und mittelgroße Kapitalgesellschaften im Sinne von § 267 Abs. 2, 3 HGB kommt gemäß § 264 Abs. 1 S. 1, 4 HGB ein Lagebericht nach § 289 HGB hinzu.[1192] Eine ähnliche Vorgehensweise empfiehlt sich nach der hier vertretenen Ansicht auch für die Kooperationsforschung.

ee. Haushaltsrechtliche Vorgaben

Zuletzt gilt es, bestehende gesetzliche Vorgaben zu beachten. Zwar wurde zu Beginn dieses Kapitels darauf hingewiesen, dass die Governance-Struktur losgelöst von geltenden gesellschaftsrechtlichen Rechtsformen oder Prinzipien erfolgen wird, dennoch muss zur Sicherung der Realisierbarkeit auf geltende (sonstige) Normen, insbesondere naturgemäß auf verfassungsrechtliche Bestimmungen Rücksicht genommen werden. Hinsichtlich der Rechnungslegung rückt dabei vor allem die Bestimmung des § 65 Abs. 1 Nr. 4 BHO (sowie entsprechende landesrechtliche Vorschriften[1193]) in den Fokus der Betrachtung.[1194] Demnach soll sich der Bund nur dann an einer Rechtsform des privaten Rechts beteiligten, wenn „gewährleistet ist, dass der Jahresabschluss und der Lagebericht, soweit nicht weitergehende gesetzliche Vorschriften gelten oder andere gesetzliche Vorschriften entgegenstehen, in entsprechender Anwendung der Vorschriften des Dritten Buchs des Handelsgesetzbuchs für große Kapitalgesellschaften aufgestellt und geprüft werden".[1195] Damit gelten für Forschungskooperationen unter der Beteiligung von Bund, Länder oder

---

1192 *Ruppelt*, in: BeckOK zum HGB, § 264 Rn. 5 ff.; *Saenger*, Gesellschaftsrecht, Rn. 981; *Reiner*, in: MüKo zum HGB, § 264 Rn. 5 ff.

1193 Zu den landesrechtlichen Vorschriften siehe vgl. Kap. 1 A V 1.

1194 Vgl. hierzu *v. Lewinski/Burbat*, in: Nomos Kommentar zur BHO, § 65 Rn. 11.

1195 Dazu *v. Lewinski/Burbat*, in: v. Lewinski/Burbat, BHO, § 65 Rn. 11.

Kommunen diejenigen Pflichten, welche das HGB für große Kapitalgesellschaften im Sinne von § 267 Abs. 3 HGB statuiert.[1196]

c. *Kontrolle durch externe Abschlussprüfung*

Unter Berücksichtigung der forschungskooperativen Spezifika erscheint die Prüfung des Jahresberichts durch einen externen Abschlussprüfer erwägenswert.[1197] Im Allgemeinen dient dies der Feststellung, ob die Buchführung sowie die weiteren vom Prüfungsumfang eingeschlossenen Publizitätsbestandteile und regulatorischen Anforderungen wie etwa das interne Kontrollsystem den gesetzlichen Anforderungen sowie den ergänzenden Regelungen des Gesellschaftsvertrags oder der Satzung entsprechen.[1198] Die Erstellung eines Prüfberichts nach § 321 HGB bezweckt zudem die Information der gesetzlichen Vertreter sowie des Aufsichtsrats der prüfungspflichtigen Gesellschaft.[1199] Weiterhin kommt der Prüfung des Jahresabschlusses durch einen Abschlussprüfer eine Beglaubigungsfunktion gegenüber externen Adressaten zu, welche durch den Bestätigungsvermerk manifestiert wird.[1200] Dieser bildet den Anknüpfungspunkt für das Vertrauen des Rechtsverkehrs.[1201] Im Grundsatz lassen sich diese Funktionen uneingeschränkt auf die Prüfung des Jahresabschlusses wissenschaftlicher Forschungskooperationen übertragen. Einzig könnte die Bewertung originär wissenschaftlicher Komponenten, wie etwa die Prognose hinsichtlich der bevorstehenden Erzielung neuer, grundlegender Erkenntnisse über die fachlichen Kompetenzen eines Abschlussprüfers hinausgehen. Dies könnte jedoch durch die Hinzuziehung eines fachlichen Spezialisten, ähnlich eines Aktuars in versicherungsmathematischen Fragestellungen, kompensiert werden.[1202] Im Übrigen bildet die Hinzuziehung eines externen Abschlussprüfers aus Sicht der institutionellen oder projektbezogenen finanziellen Förderer der Kooperation eine gangbare Alternative zur Entsendung eines Vertreters in den Aufsichtsrat. So ließe sich eine Mittelverwendungskontrolle ohne die Entsendung eigenen Personals in Kooperation erreichen. Es liegt bei den Förderern, für welche Gestaltungsvariante diese sich entscheiden und auch in den Verhandlungen mit den Kooperationspartnern durchsetzen können. Die Erteilung des

---

1196 Zur Zuordnung zu den Größenklassen *Poll*, in: BeckOK zum HGB, § 267 Rn. 10 ff.; eingehend zu den Größenmerkmalen *Reiner*, MüKo zum HGB, § 267 Rn. 4 ff.

1197 Vgl. eingehend zum Abschlussprüfer bei der Corporate Governance *Hommelhoff/Mattheus*, in: Hommelhoff/Hopt/v. Werder (Hrsg.), Handbuch Corporate Governance, 2003, S. 639 ff.

1198 *Ebke*, in: MüKo zum HGB, § 316 Rn. 24, 27.

1199 *Scheffler*, in: Lanfermann (Hrsg.), FS Havermann, 1995, S. 651, 666 ff.; *Ebke*, in: MüKo zum HGB, § 316 Rn. 26.

1200 *Ebke*, in: MüKo zum HGB, § 316 Rn. 28.

1201 OLG Düsseldorf, *Beschl. v.* 26.02.1996 – 3 Wx 279/95 = WM 1996, 1777, 1779.

1202 Hierzu *Höfer*, in: Höfer/Veit/Verhuven, Betriebsrentenrecht, Bd. II, § 4c EStG Rn. 21 f.

Prüfungsauftrags für den Jahresabschluss könnte entsprechend der aktienrechtlichen Gestaltung des § 111 Abs. 2 S. 3, 4 AktG dem Aufsichtsrat obliegen. In einer zweigliedrigen Organstruktur aus Direktorium und Trägerversammlung wäre das Direktorium zuständig.[1203] Wie auch hinsichtlich des Umfangs der Rechnungslegungspflichten sollte die Pflicht zur Prüfung durch einen Abschlussprüfer maßgeblich vom Institutionalisierungsgrad der Kooperation abhängen.[1204] Erwägenswert erscheint etwa eine Anlehnung der Kennziffern an diejenigen von großen Kapitalgesellschaften im Sinne von § 267 Abs. 3 HGB.[1205]

d. Rechenschaft durch Abgleich des Jahresberichts mit dem Forschungsplan

Einer gesonderten Betrachtung bedarf die Verknüpfung des Jahresberichts mit dem Forschungsplan sowie die sich hieraus ergebenden Konsequenzen. Der Forschungsplan wird typischerweise bereits zu Beginn des Forschungsvorhabens von den Kooperationspartnern erstellt; aus verfassungsrechtlichen Gründen haben die grundrechtsberechtigten Forscher, die der Kooperation zugeordnet werden, diesem zuzustimmen.[1206] Gerade der im Zuge der Beendigung einer Forschungskooperation zu erstellende Abschlussbericht ermöglicht durch einen Abgleich mit dem Forschungsplan eine präzise Feststellung, ob die ursprünglichen Kooperationsziele erreicht wurden. Auf diese Weise kann im Fall zweckgebundener Zuwendungen, etwa von öffentlicher Seite, exakt ermittelt werden, ob die finanzielle Förderung von Erfolg gekrönt war. Diese Information ist nicht zuletzt auch für die inneren Angelegenheiten der Förderinstitutionen von Bedeutung. Darüber hinaus lässt sich hierdurch regelmäßig beurteilen, ob die handelnden Organe die zur Verfügung gestellten Geldbeträge ordnungsgemäß und vor allem zielgerichtet verwaltet haben. Insbesondere durch die Genehmigung des Jahres- bzw. Abschlussberichts durch sämtliche Direktoren ist sichergestellt, dass alle Mitglieder des zentralen Handlungsorgans stets über die (finanziellen) Vorgänge informiert waren und dementsprechend auch zur Verantwortung gezogen werden können.[1207]

1203 Wie etwa auch die Geschäftsführung in der GmbH, vgl. § 42a Abs. 1 S. 2 GmbHG, hierzu *Kleindiek*, in: Lutter/Hommelhoff, GmbHG, § 42a Rn. 3 ff.

1204 So auch *Kumpan*, OdW 2018, 115, 123.

1205 *Kumpan*, OdW 2018, 115, 123; zu den Größenmerkmalen sowie zur Einordnung in den Größenkategorien i.S.v. § 267 Abs. 3 HGB vgl. *Reiner*, in: MüKo zum HGB, § 267 Rn. 4 ff.

1206 Zu den verfassungsrechtlichen Ausführungen siehe Kap. 1 A II 1 d aa; zur Zuordnung von Forschungspersonal zur Kooperation vgl. Kap. 1 A III 1.

1207 Zur kollektiven Verantwortlichkeit i.S.v. §§ 245, 264 Abs. 1 S. 1 HGB vgl. *Winkeljohann/Schellhorn*, in: BeckOK zum HGB, § 245 Rn. 2; *Reiner*, in: MüKo zum HGB, § 264 Rn. 17; vgl. OLG Karlsruhe, *Urt. v.* 21.11.1986 – 15 U 78/84 = WM 1987, 533 ff.; *Eisenhardt/Oser*, DB 2011, 717 ff.; zur Sanktionierung vgl. etwa *Reiner*, in: MüKo zum HGB, § 264 Rn. 111 ff.

3. *Publizitätspflichten von Forschungskooperationen*

Sollte es zur Einrichtung einer neuen Rechtsform eigens für wissenschaftliche Forschungskooperationen kommen, fragt sich zudem, welchen Publizitätspflichten diese unterliegen könnte. Diese Fragestellung erlangt im Kontext der rechtspolitischen Diskussion der jüngeren Vergangenheit um die Transparenz von Verbindungen zwischen Hochschule und der Industrie im Allgemeinen eine gesteigerte Bedeutung.[1208] Jedenfalls gilt es hierbei, die unterschiedlichen Interessensrichtungen in diesem sensiblen Bereich in einen angemessenen Ausgleich zueinander zu bringen. So stehen die Interessen der Allgemeinheit sowie einzelner (Hochschul-) Forscher an einer möglichst weitgehenden Veröffentlichung der Zustände und Vorgänge in der Kooperation den Geheimhaltungsinteressen außeruniversitärer Forschungseinrichtungen sowie Industrieunternehmen gegenüber.[1209] Einen weiteren Aspekt bilden Informationszugangsansprüche. Durch das Interesse der Allgemeinheit an einer zielgerichteten und effizienten Verwendung von Steuergeldern gewinnen derlei (sachgrundlose) Einsichtsrechte zunehmend an Bedeutung.[1210] Dementsprechend könnte erwogen werden, für eine Forschungskooperation unter Beteiligung einer Gebietskörperschaft ebenfalls einen solchen Informationszugangsanspruch zu statuieren. Mit Bedacht auf legitime Geheimhaltungsinteressen sowie Grundrechte von Wirtschaftsunternehmen und außeruniversitären Forschungseinrichtungen ist dies jedoch kritisch zu sehen. Anders könnte sich hingegen die Lage bei einer Forschungskooperation unter ausschließlicher Beteiligung öffentlicher Trägereinrichtungen gestalten. Allerdings gilt es zu beachten, dass die (potentiellen) Publizitätspflichten von Forschungskooperationen keinen Teil der Governance-Struktur darstellen und sich damit außerhalb des Gegenstands dieser Bearbeitung befinden. Eine detaillierte Auseinandersetzung kann an dieser Stelle daher in Anbetracht des Gesamtumfangs nicht geleistet werden und bleibt einem nachfolgenden wissenschaftlichen Diskurs überlassen.

VII. Resümee

Die Zielsetzung, den Forschern einerseits möglichst viel Handlungsfreiheit einzuräumen, andererseits den Trägereinrichtungen ausreichenden Einfluss auf die Kooperation zu gewähren, zudem noch deren Gleichberechtigung untereinander durchzusetzen und für eine langfristige und stabile Zusammenarbeit zu sorgen, verlangt von der Governance-Struktur in vielerlei Hinsicht die Findung von angemessenen und sachgerechten Kompromissen. *Summa summarum* zeitigt insbesondere die organisationsrechtliche Dimension der Forschungsfreiheit zahlreiche Vorgaben, jedoch dürfen deren Auswirkungen auf Forschungsverbünde durch

1208 Vgl. hierzu *Agarwala/Zimmermann*, „Mit freundlicher Unterstützung", in: DIE ZEIT vom 08.03.2018, S. 63 ff.

1209 Siehe weitergehend zu den Interessenslagen Kap. 1 B II 1 b, c.

1210 Vgl. *Gillich*, WissR 2017, 234, 237 ff.

die beschriebene „Staatsferne“ sowie entgegenstehende Grundrechtspositionen letztlich auch nicht überschätzt werden. Problematischer gestaltet sich eher das weite Spektrum an unterschiedlichen Institutionalisierungsgraden sowie Trägerkombinationen von Forschungskooperationen in Anbetracht des Anliegens dieser Bearbeitung, eine einzige Governance-Struktur für sämtliche horizontalen Kooperationsvorhaben zu entwickeln. Letztlich lässt sich dies nur durch die Bereitstellung zahlreicher Wahlmöglichkeiten erreichen, ohne jedoch dabei auf einen Grundstock an verbindlichen Regelungen zu verzichten. Dennoch verbietet es sich, von diesen selbstgesetzten Maßgaben Abstriche vorzunehmen. Denn zur störungsfreien Durchführung des Forschungsvorhabens sollte von Beginn an ein Vehikel zur Verfügung stehen, welches sowohl in der Lage ist, kleinste Vorhaben organisatorisch adäquat einzurahmen, als auch durch das Hinzubuchen weiterer Komponenten die Kooperation in der Wachstumsphase begleiten kann sowie ferner Großprojekten von vornherein einen passenden organisatorischen Rahmen bereitzustellen vermag. Letztlich lässt sich nur so wirksam der Gefahr einer persönlichen, unbeschränkten Haftung der Forscher durch eine ungewollte GbR-Gründung in der Anfangsphase sowie eines organisatorischen „Zwischenstopps“ begegnen, bei dem die Kooperationen durch entsprechendes Wachstum nicht mehr in ihr bisheriges Rechtskleid passt und in ein neues wechseln muss, um mit den Forschungstätigkeiten fortfahren zu können.[1211] Im Verlauf der Bearbeitung zeigte sich, dass bei einigen Regelungselementen hilfsweise auf bestehende gesellschaftsrechtliche Ausgestaltungen zurückgegriffen werden kann, insbesondere aus dem GmbH- und Aktienrecht.[1212] Dennoch mussten zahlreiche Gestaltungsfragen neu gedacht werden; erst recht ließ sich kein alleiniger gesetzlicher Anknüpfungspunkt ausmachen, welcher eine sachgerechte Antwort auf sämtliche Besonderheiten im forschungskooperativen Kontext gab.

B. Einbettung der erarbeiteten Governance-Struktur in das geltende Recht

Um einen unvoreingenommenen Blick auf die Forschung im Verbund zu werfen, erfolgte die Ausgestaltung der Governance-Struktur weitestgehend losgelöst von geltenden gesellschaftsrechtlichen Prinzipien oder Rechtsformen. Allerdings ist es gleichermaßen von Bedeutung, deren praktische Realisierbarkeit zu gewährleisten, soll es sich nicht lediglich um ein gedankliches Konstrukt ohne Bezug zur bestehenden Rechtswirklichkeit handeln. Daher ist im Folgenden der Frage nachzugehen, wie sich die erarbeitete Organisationsverfassung möglichst reibungslos in das geltende Recht einarbeiten lässt oder aber die Hindernisse derart groß sind,

1211 Dazu weitergehend siehe Kap. 1 A I 5 a.
1212 So auch *Kumpan*, OdW 2018, 115, 123.

sodass es einer gänzlich neuen Rechtsform in Gestalt einer Forschungskooperationsgesellschaft bedarf.

I. Abgleich mit den bestehenden Rechtsformen

Da es sich bei der Inanspruchnahme des Gesetzgebers um eine kostbare Ressource handelt[1213], bedarf es zunächst eines Abgleichs mit den bestehenden Rechtsformen. Schablonenartig sollen die erarbeiteten Gestaltungsvorschläge mit der jeweiligen Gesellschaftsform verglichen werden. Dabei liegt in Anbetracht des Gegenstands dieser Arbeit der Schwerpunkt auf der Organisationsverfassung im engeren Sinn, also der Ausgestaltung der Organe. Dennoch spielen Aspekte wie Außenauftritt, Rechtsfähigkeit, Fremd- oder Selbstorganschaft sowie kapitalgesellschaftsrechtliches oder personengesellschaftsrechtliches Gepräge ebenso eine bedeutende Rolle, da diese oftmals als Vorfrage Auswirkungen auf die jeweiligen Organe zeitigen. Zudem ist klar, dass auf der Suche nach einer passenden Rechtsform für horizontale Forschungskooperationen neben der Governance-Struktur weitere Parameter vorhanden sind, die ebenfalls deren Anforderungen entsprechen müssen. Dies bedeutet im Umkehrschluss, dass im Folgenden die Tauglichkeit vorhandener Rechtsformen für den Forschungsverbund auch aus offensichtlichen Gründen, die jenseits der Organisationsverfassung liegen, verneint werden können muss. Es wäre der Untersuchung insgesamt abträglich, diese Aspekte vollends auszublenden. Im Übrigen sei der Hinweis vorangestellt, dass für besondere, vom Normalfall – sofern dieser in Anbetracht der Heterogenität kooperativer Forschung überhaupt beschriebenen werden kann[1214] – abweichende Kooperationsformen bestimmte vorhandene Rechtsformen gewiss geeignet sein mögen, jedoch diese Bearbeitung sich auf der Suche nach einem „Allzweckmöbel“ für Forschungskooperationen im anfangs beschriebenen Sinn befindet.[1215] Zuletzt kann hinsichtlich der Tauglichkeit existenter Rechtsformen für wissenschaftliche Forschungskooperationen bereits auf ein gewisses Spektrum an Ausführungen in der Literatur zurückgegriffen werden, sodass es für diese Bearbeitung angezeigt erscheint, sich den jeweiligen Rechtsformen in der gebotenen Kürze zu widmen.[1216] Die erste Weichenstellung hat entlang der Grenze zwischen Zivilrecht und öffentlichem Recht zu erfolgen. In welchem Rechtsgebiet finden sich die passenden Rechtskleider?

1213 *Eberbach/Hommelhoff/Lappe*, OdW 2017, 1, 2.

1214 Siehe zur Heterogenität weitergehend Einl. C II.

1215 Zur Festlegung des Gegenstands dieser Bearbeitung vgl. Einl. C III.

1216 So etwa *Eberbach/Hommelhoff/Lappe*, OdW 2017, 1, 2 ff.; *Lappe*, Kooperationen wissenschaftlicher Einrichtungen, 2019, S. 520 ff.; *Eberbach*, OdW 2018, 51, 56 ff.; *Geis*, OdW 2018, 77, 79 ff.

1. Öffentlich-rechtliche Organisationsformen

Dabei fällt der Blick zunächst in das öffentliche Recht, wobei auch hier als Ausgangspunkt danach zu unterscheiden ist, ob die Kooperation auf einem bloßen (schuldrechtlichen) Vertrag beruht oder vielmehr ein eigener Rechtsträger als Vehikel installiert wird.[1217]

Zunächst erscheint der kommunalrechtliche Zweckverband als Verbandskörperschaft des öffentlichen Rechts denkbar, welchem neben Gemeinden und Landkreisen zumindest teilweise auch andere Körperschaften oder sonstige Personen des öffentlichen Rechts und des Privatrechts als Mitglieder angehören können.[1218] Dieser ist rechtfähig und liefert mit dem Verbandsvorsitzenden und der Verbandsversammlung bereits eine gewisse organschaftliche Ausdifferenzierung.[1219] In Gegenüberstellung zu anderen Bundesländern genießt dieser im Rahmen seines gesetzlichen Aufgabenbereichs in Baden-Württemberg zudem die landesverfassungsrechtliche Selbstverwaltungsgarantie des Art. 71 Abs. 1 LV BW.[1220] Andererseits sind die Mitglieder in unbeschränktem Maße zur Leistung von Umlagen an den Verband verpflichtet, soweit die Zweckerfüllung dieses erfordert.[1221] Hinzu kommt, dass es in der Gründungsphase zu einer gesamtschuldnerischen Außenhaftung der Mitglieder kommen kann.[1222] Eine solche Haftungssituation könnte für die Kooperationspartner zu unkalkulierbaren Haftungsrisiken führen. Erforderlich ist vielmehr eine Haftungskanalisierung auf das Kooperationsvehikel, was durch den Zweckverband jedoch nicht erreicht werden kann.[1223] Darüber hinaus unterliegt dieser öffentlich-rechtlichen Bindungen, namentlich dem Vergabe- und Haushaltsrecht, sowie der staatlichen Aufsicht.[1224] Ein weiterer Nachteil besteht darin, dass der Zweckverband nicht bundeseinheitlich zur Verfügung steht, sondern vielmehr von den jeweiligen Landesgesetzgebern bereitgestellt wird.[1225] Dieser Umstand erfordert im Fall einer Zusammenarbeit von Gebietskörperschaften

---

1217 *Geis*, OdW 2018, 77, 79.

1218 Siehe hierzu etwa §§ 2 ff. GKZ Baden-Württemberg; vgl. *Eberbach*, OdW 2018, 51, 60; *Geis*, OdW 2018, 77, 79.

1219 Hierzu *Th. I. Schmidt*, Kommunalrecht, S. 254 ff.; *Gern/Brüning*, Deutsches Kommunalrecht, S. 663; *Eberbach/Hommelhoff/Lappe*, OdW 2017, 1, 3; vgl. auch § 12 GKZ Baden-Württemberg.

1220 *Gern/Brüning*, Deutsches Kommunalrecht, S. 662.

1221 *Gern/Büning*, Deutsches Kommunalrecht, S. 664; *Eberbach/Hommelhoff/Lappe*, OdW 2017, 1, 3; *Geis*, OdW 2018, 77, 79 f.; vgl. auch §§ 5 Abs. 2, 19 Abs. 3 GKZ Baden-Württemberg.

1222 Vgl. BGH, *Urt. v.* 18.12.2000 – II ZR 385/98 = NJW 2001, 748, 749 ff.; *Eberbach/Hommelhoff/Lappe*, OdW 2017, 1, 3.

1223 *Gern/Brüning*, Deutsches Kommunalrecht, S. 664.

1224 *Geis*, OdW 2018, 77, 79.

1225 *Th. I. Schmidt*, Kommunalrecht, S. 254; *Hommelhoff/Lappe*, OdW 2017, 1, 3; vgl. auch im Hochschulbereich § 6 Abs. 5 LHG Baden-Württemberg.

letztlich einen hohen administrativen Aufwand.[1226] Die Notwendigkeit der Festlegung eines Sitz(-bundes-)landes führt überdies dazu, dass Gebietskörperschaften anderer Länder bzw. deren juristische Personen des öffentlichen Rechts der Rechtsaufsicht des Sitzlandes unterfielen, was zu „föderalistischen Unwuchten“ führt.[1227] Zuletzt können in den Entscheidungsorganen des Zweckverbands keine Forscher installiert werden, was die Forschungsfreiheit auf organschaftlicher Ebene strukturell gefährdet.[1228]

Gleiches gilt für die (gemeinsame) Anstalt öffentlichen Rechts sowie die Stiftung öffentlichen Rechts; auch hierfür bedarf es jeweils einer (landes-)gesetzlichen Grundlage, zudem ist dem Forschungspersonal der Zugang zu den Entscheidungsorganen verwehrt und die Verwaltungshoheit der Länder würde je nach Bundesland zu unterschiedlichen Ausgestaltungen führen.[1229] Ebenso kann eine Körperschaft öffentlichen Rechts nur durch oder aufgrund eines Gesetzes eingerichtet werden.[1230] Zwar bestünde hierdurch die Möglichkeit, ein an den spezifischen Bedürfnissen der jeweiligen Kooperationen orientiertes Rechtskleid zu entwerfen. Doch in Anbetracht der Maßgabe, ein taugliches Kooperationsvehikel für alle Institutionalisierungsgrade sowie Trägerkombinationen zu finden, wird deutlich, dass die Erforderlichkeit der Inanspruchnahme des Gesetzgebers mit dem damit einhergehenden zeitlichen Aufwand wohl als ein „Totschlagsargument“ bezeichnet werden kann.[1231]

Ferner könnte der Abschluss eines Staatsvertrags zur Gründung einer Forschungskooperation erwogen werden. Dieses Vorgehen ließe den Beteiligten einen extrem weiten Gestaltungsspielraum.[1232] Da ein Staatsvertrag jedoch von vornherein nur Gebietskörperschaften offensteht und damit etwa außeruniversitäre Forschungseinrichtungen oder Wirtschaftsunternehmen außen vorlässt, wäre der potentielle Teilnehmerkreis zu stark beschränkt.[1233]

Eine nicht rechtsfähige Stiftung öffentlichen Rechts wird per Hoheitsakt oder öffentlich-rechtlichen Vertrag ins Leben gerufen[1234] und kann im Gegensatz zur Körperschaft öffentlichen Rechts auch durch Körperschaften der Staatsverwaltung selbst errichtet werden, sofern die Satzung der errichtenden Körperschaft dies

---

1226 *Eberbach/Hommelhoff/Lappe*, OdW 2017, 1, 3; *Geis*, OdW 2018, 77, 80.

1227 So *Geis*, OdW 2018, 77, 80.

1228 *Geis*, OdW 2018, 77, 80; vgl. hierzu auch BVerfG, *Urt. v.* 29.05.1973 – 1 BvR 424/71, 325/72 – Hochschul-Urteil = BVerfGE 35, 79, 132 f.

1229 Hierzu *Holz/Kürten/Grabolle*, KommJur 2014, 281, 282; *Eberbach/Hommelhoff/Lappe*, OdW 2017, 1, 3; *Geis*, OdW 2018, 77, 79 f.

1230 Vgl. *Lappe*, Kooperationen wissenschaftlicher Einrichtungen, 2019, S. 557; *Wolff/Bachhoff/Stober/Kluth*, Verwaltungsrecht II, S. 457.

1231 So letztlich auch *Eberbach/Hommelhoff/Lappe*, OdW 2017, 1, 3.

1232 *Lappe*, Kooperationen wissenschaftlicher Einrichtungen, 2019, S. 560.

1233 So auch *Lappe*, Kooperationen wissenschaftlicher Einrichtungen, 2019, S. 560.

1234 Vgl. *Wigand/Haase-Theobald/Heuel/Stolte*, Stiftungen in der Praxis, S. 24 Rn. 44.

gestattet.[1235] Zudem kommt als Stifter eine Privatrechtsperson in Betracht.[1236] Wie die Bezeichnung bereits verlauten lässt, mangelt es dieser Rechtsform jedoch an Rechtsfähigkeit, was den Außenauftritt der Kooperation sowie die Immaterialgüterzuordnung enorm erschwert.[1237] Hinzu kommt die Bindung an öffentlich-rechtliche Vorgaben, in erster Linie Bundes- und Landeshaushaltsrecht, was de facto zu einer Nachschusspflicht führen könnte und sich damit letztlich auch als untauglich für die Verbundforschung erweist.[1238]

Eine weitere denkbare Gestaltungsvariante bildet der öffentlich-rechtliche Vertrag, §§ 54 ff. VwVfG.[1239] Sofern allerdings nicht sämtliche Vertragspartner bereits dem öffentlichen Recht zuzuordnen sind, stellen sich im Einzelfall Abgrenzungsschwierigkeiten zwischen öffentlichem Recht und Zivilrecht.[1240] Mitunter könnten diese auch erst während der Durchführung des Forschungsprozesses entstehen, wenn ein neuer Kooperationspartner integriert werden soll, sodass sich nunmehr – während der Forschungsarbeiten – die Frage nach einer neuen, erforderlichen Rechtsform stellen würde.[1241] Weiterhin ermangelt es einem solchen Konstrukt an Rechtsfähigkeit. Außerdem ergeben sich im Vergleich zum zivilrechtlichen Vertrag keine Vorteile, zumal § 62 Abs. 2 VwVfG bereits in weiten Teilen auf das BGB verweist.[1242]

Der Europäische Verbund territorialer Zusammenarbeit (EVTZ) ist ein noch junges Rechtsform-Instrument zur Stärkung grenzüberschreitender, europäischer Zusammenarbeit mit eigener Rechtspersönlichkeit.[1243] Dieser wurde bislang in erster Linie von Gebietskörperschaften zur überregionalen Zusammenarbeit verwendet, kann jedoch auch von Hochschulen eingesetzt werden.[1244] Gemäß Art. 3 Abs. 1 der EVTZ-VO gehören Mitgliedstaaten, „regionale und lokale" Gebietskörperschaften sowie Einrichtungen des öffentlichen Rechts, die der Vergabeordnung unterliegen, zum Kreis der potentiellen Mitglieder.[1245] Art. 3 Abs. 2 EVTZ-VO fordert

1235 Vgl. etwa § 20 der Satzung des DKFZ Heidelberg, BWGBl. Nr. 16 vom 26.08.2014, S. 436; *Lappe*, Kooperationen wissenschaftlicher Einrichtungen, 2019, S. 558 ff.

1236 *Wolff/Bachhoff/Stober/Kluth*, Verwaltungsrecht II, S. 534, § 87 Rn. 28; *Kilian*, in: Werner/Saenger (Hrsg.), Die Stiftung, S. 741 Rn. 1152.

1237 So auch *Lappe*, Kooperationen wissenschaftlicher Einrichtungen, 2019, S. 560.

1238 *Kilian*, in: Werner/Saenger (Hrsg.), Die Stiftung, S. 741 Rn. 1152 f.; *Eberbach*, OdW 2018, 51, 60.

1239 Dazu grundlegend *Kämmerer*, in: BeckOK zum VwVfG, § 54 Rn. 1 ff.

1240 *Kämmerer*, in: BeckOK zum VwVfG, § 54 Rn. 42 ff.

1241 So bereits *Hommelhoff/Eberbach/Lappe*, OdW 2017, 1, 3 f.

1242 *Geis*, OdW 2018, 77, 79.

1243 Eingeführt wurde er durch die Verordnung (EG) Nr. 1082/2006 vom 05.06.2006 über den Europäischen Verbund für territoriale Zusammenarbeit (EVTZ), ABl. EU 2006 L 210/19; zur Vereinfachung der Einrichtung und der Arbeitsweise erfolgte eine Abänderung im Jahr 2013 durch die Verordnung (EU) Nr. 1302/2013 vom 17.12.2013, ABl. EU 2013 L 347/303; vgl. hierzu *Engl*, EuR 2013, 285 ff.

1244 *Blaurock/Henninghausen*, OdW 2016, 73 ff.

1245 *Blaurock/Henninghausen*, OdW 2016, 73, 74.

zudem ein grenzüberschreitendes Element. Damit sind rein nationale Kooperationsformen sowie die Beteiligung von Wirtschaftsunternehmen an der Rechtsform des EVTZ ausgeschlossen. Für eine grenzüberschreitende Kooperation aus dem Kreis potentieller Mitglieder mag diese Rechtsform durchaus passend sein, jedoch stellt diese gewiss kein „Allzweckmöbel" für die Kooperationsforschung dar. Auch die „*European Research Infrastructure Consortium*" (ERIC) als eine europäische Rechtsform für Forschungsinfrastrukturen zur Unterstützung des ESFRI Roadmap-Prozesses erfüllt die hiesigen Kriterien nicht, da deren Mitglieder wiederum nur Mitgliedstaaten, assoziierte Länder, Drittländer, die keine assoziierten Länder sind, sowie zwischenstaatliche Organisationen sein können, Art. 9 Abs. 1 ERIC-VO.[1246]

Nach einer Durchsicht der (mehr oder weniger) naheliegenden öffentlich-rechtlichen Gestaltungsmöglichkeiten lässt sich damit konstatieren, dass das öffentliche Recht kein generell geeignetes Vehikel für die Forschung im Verbund zur Verfügung stellt.[1247]

2. *Privatrechtliche Organisationsformen*

Somit wandert der Blick in das Privatrecht. Vorangestellt sei den Ausführungen zu den jeweiligen zivilrechtlichen Gesellschaftsformen der Hinweis, dass für kleinste Forschungskooperationen der schuldrechtliche FuE-Vertrag nach der Ansicht des Verfassers einen geeigneten rechtlichen Organisationsrahmen bildet, sodass der Bedarf nach einer Rechtsform nicht sämtliche horizontalen Kooperationsformen umschließt, sondern bereits einen gewissen Grad an Institutionalisierung voraussetzt.[1248]

a. *Gesellschaft bürgerlichen Rechts*

Dass die GbR, §§ 705 ff. BGB, die Verfolgung eines gemeinsamen Zwecks voraussetzt und sich dementsprechend nicht zur Auftragsforschung eignet, schadet der Verwendbarkeit als Rechtsform für die in dieser Bearbeitung fokussierten „echten", horizontalen Forschungskooperationen nicht, da diese notwendig eine gemeinsame Zweckverfolgung aufweisen.[1249] Im Gegensatz zur OHG und KG,

---

1246 Verordnung (EG) Nr. 723/2009 vom 25.06.2009 über den gemeinschaftlichen Rechtsrahmen für ein Konsortium für eine Forschungsinfrastruktur (ERIC), Abl. L 206/1; vgl. dazu *Eberbach*, OdW 2018, 51, 61.

1247 So auch *Hommelhoff/Eberbach/Lappe*, OdW 2017, 1, 3 f.; *Eberbach*, OdW 2018, 51, 60; *Geis*, OdW 2018, 77, 80.

1248 Zum FuE-Vertrag siehe *Schmeißer/Zirkel*, MDR 2003, 849; *Zirkel*, in: Mielert/Kaiser (Hrsg.), FS Polter, 2007, S. 51, 57; zur Notwendigkeit einer Unterscheidung zwischen schuldrechtlichen Kooperationen und der Kreation eines neuen Rechtsträgers *Geis*, OdW 2018, 77, 80.

1249 Hierzu *Eberbach*, OdW 2018, 51, 57.

welche den Betrieb eines Handelsgewerbes voraussetzen, ist der gemeinsame Zweck innerhalb der Grenzen des geltenden Rechts bei der GbR frei wählbar, weshalb diese im Grundsatz zu Forschungszwecken verwendet werden kann.[1250] Zudem sind die Regelungen zur Ausgestaltung des Innenverhältnisses in weiten Teilen dispositiv und die zu leistenden Beiträge der Gesellschafter frei wählbar.[1251] Überdies hat die Rechtsprechung inzwischen die Rechtfähigkeit der (Außen-)GbR anerkannt, „soweit sie durch Teilnahme am Rechtsverkehr eigene Rechte und Pflichten begründet".[1252] Auf der anderen Seite schlägt die Ausgestaltung der Haftungssituation besonders schwer zu Buche: Die Gesellschafter einer GbR haften für deren Verbindlichkeiten analog § 128 HGB primär, unbeschränkt und unmittelbar.[1253] Diesen Umstand gilt es jedoch gerade bei der Eingehung einer Kooperation, bei der mit gewissen (finanziellen) Risiken zu rechnen ist, unbedingt zu vermeiden.[1254] Dem kann auch nicht wirksam durch die Verwendung einer „Rechtsformverneinungs"-Klausel begegnet werden.[1255] Die haushaltsrechtlichen Regelungen versperren zudem Bund, Länder oder Kommunen den Weg in eine Beteiligung an einer GbR.[1256] Im Übrigen muss bei der Organisationsverfassung im Rechtskleid der GbR zwingend der personengesellschaftsrechtliche Grundsatz der Selbstorganschaft beachtet werden, welcher eine den verfassungsrechtlichen Anforderzungen der Forschungsfreiheit entsprechende Einbeziehung der Wissenschaftler auf organschaftlicher Ebene gesellschaftsrechtlich verhindert, was letztlich nur durch die komplexe Installation eines schuldrechtlichen Beirats (dann auch nur in Teilen) kompensiert werden könnte.

1250 Zur OHG *Klimke*, in: BeckOK zum HGB, § 105 Rn. 3 f.; zur KG *Grunewald*, in: MüKo zum HGB, § 161 Rn. 7; zur GbR *Servatius*, in: Henssler/Strohn, Gesellschaftsrecht, § 705 BGB, Rn. 4 ff.

1251 Zur Dispositivität des Innenverhältnisses *Sprau*, in: Palandt, BGB, § 705 Rn. 1, 20; *Servatius*, in: Henssler/Strohn, Gesellschaftsrecht, § 705 BGB Rn. 40, zur freien Wählbarkeit der zu leistenden Beiträge *Saneger*, Gesellschaftsrecht, Rn. 41 f.; *Schöne*, in: BeckOK zum BGB, § 706 Rn. 3 ff.

1252 BGH, *Urt. v.* 29.01.2001 – II ZR 331/00 – Weißes Ross = BGHZ 146, 314 = NJW 2001, 105 = NZG 2001, 311; seitdem mehrfach bestätigt, vgl. etwa BGH, *Urt. v.* 24.02.2003 – ZR 385/99 = BGHZ 154, 88, 94; hierzu etwa *K. Schmidt*, NJW 2001, 993 ff.; *Dauner-Lieb*, DStR 2001, 356, 357; *Habersack*, BB 2001, 477 ff.; *Hadding*, ZGR 2001, 712 ff.

1253 BGH, *Urt. v.* 29.01.2001 – II ZR 331/00 – Weißes Ross = BGHZ 146, 341, 358; *Saenger*, Gesellschaftsrecht, Rn. 194 f.

1254 So letztlich auch *Eberbach*, OdW 2018, 51, 57; *Eberbach/Hommelhoff/Lappe*, OdW 2017, 1, 2; *Geis*, OdW 2018, 77, 81.

1255 *Eberbach/Hommelhoff/Lappe*, OdW 2017, 1, 2; *Eberbach*, OdW 2018, 51, 57.

1256 Siehe zum Haushaltsrecht weitergehend Kap. 1 A V 1.

b. Gesellschaft mit beschränkter Haftung

Anders gestaltet sich die Situation bei der GmbH nach §§ 1 ff. GmbHG: Hier haftet potentiellen Gläubigern gemäß § 13 Abs. 2 GmbHG nur das Gesellschaftsvermögen.[1257] Die GmbH ist zudem frei in der Zwecksetzung und nach § 13 Abs. 1 GmbHG rechtsfähig, sodass diese als Zuordnungssubjekt für neu entstandene Schutzrechte, zugewiesenes Forschungspersonal oder im Namen der Kooperation abgeschlossene Verträge fungieren kann.[1258] Jenseits des forschungskooperativen Kontexts wird die GmbH daher oftmals als „Allzweckmöbel" bezeichnet.[1259] Hierzu trägt auch der Grundsatz der Fremdorganschaft bei, der die Besetzung des Leitungsorgans mit gesellschaftsfremden Dritten erlaubt, sofern diese die Voraussetzungen des § 6 Abs. 2 GmbHG erfüllen.[1260] Ferner gewährt die gemeinnützige GmbH (gGmbH) nach § 4 S. 2 GmbHG Forschungskooperationen, welche die Voraussetzungen des § 52 Abs. 2 Nr. 1 AO erfüllen, den Entfall von Gewerbe-, Körperschafts- sowie gegebenenfalls der Umsatzsteuer.[1261] In die gesetzlich vorgesehene, aber dennoch flexibel ausgestaltbare Organisationsverfassung der GmbH mit Geschäftsführer, Gesellschafterversammlung sowie einem fakultativen Aufsichtsrat lässt sich die erarbeitete Idealstruktur für wissenschaftliche Forschungskooperationen zudem in weiten Teilen integrieren.[1262] Des Weiteren kommen dem Geschäftsführer einer GmbH nach herrschender Ansicht (gleich dem Vorstand der AG) haftungsfreie unternehmerische Ermessensspielräume (in den Grenzen des der Gesellschafterversammlung zustehenden Weisungsrechts) zu, in die sich die verfassungsrechtlich gebotene Integration der *science judgement rule* in das Haftungssystem der Forschungskooperationsgesellschaft vornehmen ließe.[1263] Dem Einwand eines aufwendigen Gründungsverfahrens, welches unter anderem die Aufbringung des erforderlichen Grundkapitals, eine notarielle Beurkundung des Gesellschaftsvertrags sowie die Eintragung ins Handelsregister verlangt[1264], kann (in Teilen) die Bereitstellung der „Unternehmergesellschaft (haftungsbeschränkt)" durch den Gesetzgeber entgegengehalten werden, welche ein vereinfachtes,

---

1257 Hierzu *Eberbach/Hommelhoff/Lappe*, OdW 2017, 1, 4.

1258 Zur Zwecksetzung *Fleischer*, in: MüKo zum GmbHG, § 1 Rn. 17 ff.; zur Rechtsfähigkeit *Wilhelmi*, in: BeckOK zum GmbHG, § 13 Rn. 10 ff.

1259 So auch *Eberbach/Hommelhoff/Lappe*, OdW 2017, 1, 4; *Eberbach*, OdW 2018, 51, 57; *Hommelhoff*, in: Lutter/Hommelhoff, GmbHG, Einl. Rn. 6.

1260 Hierzu *Lappe*, Kooperationen wissenschaftlicher Einrichtungen, 2019, S. 531; weitergehend zur Selbst- bzw. Fremdorganschaft vgl. Kap. 1 A I 6 d.

1261 Zu den Voraussetzungen sowie den Auswirkungen der Steuerbegünstigung v. *Holt/Koch*, Gemeinnützige GmbH, Einf., Rn. 193 ff.

1262 Vgl. hierzu *Eberbach/Hommelhoff/Lappe*, OdW 2017, 1, 4; *Geis*, OdW 2018, 77, 82.

1263 *Kleindiek*, in: Lutter/Hommelhoff, GmbHG, § 43 Rn. 23 ff.; *Lappe*, Kooperationen wissenschaftlicher Einrichtungen, 2019, S. 539 ff.; *Altmeppen*, in: Roth/Altmeppen, GmbHG, § 43 Rn. 9 ff.; zur science judgement rule vgl. Kap. 2 A II 4 a bb.

1264 *Eberbach*, OdW 2018, 51, 57; vgl. auch *Eberbach/Hommelhoff/Lappe*, OdW 2017, 1, 4.

kostengünstigeres Gründungsverfahren ermöglicht sowie ein Mindestkapital von nur einem Euro fordert.[1265] Diese Rechtsform findet in der Praxis oftmals für Spin-off-Ausgründungen von Hochschulen Verwendung.[1266]

Gegen die Tauglichkeit der GmbH im forschungskooperativen Kontext spricht jedoch, dass sich die Vorschriften des GmbHG weitgehend mit finanziellen Fragestellungen beschäftigen.[1267] Vor dem Hintergrund, dass die GmbH in erster Linie zur Teilnahme am Wirtschaftsverkehr und zur Erzielung von finanziellem Gewinn bestimmt ist, überrascht dies nicht, steht jedoch im Widerspruch zu der am Erkenntnisgewinn orientierten Forschungskooperation.[1268] Auch die bestehenden Rechnungslegungs- und Publizitätspflichten der GmbH als Kapitalgesellschaft stellen zumindest einen gewissen (zusätzlichen) administrativen Aufwand dar[1269], wenngleich entsprechende haushaltsrechtliche Regelungen unabhängig von der konkreten Rechtsform dahingehende Anforderungen statuieren.[1270] Ebenso gewährt zwar die gGmbH steuerliche Anreize; Gewinnausschüttungen sind allerdings nicht vorgesehen.[1271] Dieser Umstand könnte insbesondere den Interessen kleiner Industrieunternehmen widersprechen, für die reine Forschungstätigkeiten zu kostspielig sind, sodass erzielte Resultate (sofort) auch gewinnbringend verwendet werden müssen. Die freie Übertragbarkeit der Gesellschaftsanteile nach § 15 Abs. 1 GmbHG widerspricht der Vorstellung einer engen, vertrauensvollen Beziehung der Kooperationspartner untereinander.[1272] Die Möglichkeit zur Beschränkung einer Veräußerung nach § 15 Abs. 5 GmbHG kann wegen der Eigentumsgarantie nach Art. 14 GG nicht beliebig ausgestaltet werden.[1273] Kommt hinzu, dass wie sonst auch im Rechtsverkehr das Prestige der Rechtsform eine nicht zu unterschätzende Rolle spielt, bei wissenschaftlichen Forschungsprojekten gilt dies im gesteigerten Maße, etwa was den Zugang zu öffentlichen Kassen oder Förderprojekten betrifft. Die GmbH rangiert im Vergleich zu den sonstigen

---

1265 Zur UG (haftungsbeschränkt) *Rieder*, in: MüKo zum GmbHG, § 5a Rn. 7 ff.; *Miras*, in: BeckOK zum GbmHG, § 5a Rn. 7 ff., 16 ff.

1266 *Geis*, OdW 2018, 77, 82.

1267 *Eberbach*, OdW 2018, 51, 58.

1268 *Grziwotz*, in: Münchener Handbuch des Gesellschaftsrechts, Bd. 3, Rn. 36; zur Verbreitung der GmbH in rechtstatsächlicher Hinsicht *J. Schmidt*, in: Michalski/Heidinger/Leible/Schmidt, GmbHG, Systematische Darstellung 1, Überblick über das GmbH-Recht, Rn. 95 ff.

1269 *Lappe*, Kooperationen wissenschaftlicher Einrichtungen, 2019, S. 524; vgl. hierzu *Henssler/Markworth*, NZG 2015, 1, 2; *Henssler*, NZG 2011, 1121, 1122.

1270 Siehe hierzu Kap. 1 A V 1.

1271 Dazu *Weidmann/Kohlhepp*, Die gemeinnützige GmbH, S. 64 f.

1272 *Eberbach*, OdW 2018, 51, 57.

1273 *Eberbach*, OdW 2018, 51, 57 f.; eingehend zur Vinkulierung *Bayer*, in: Lutter/Hommelhoff, GmbHG, § 15 Rn. 68 ff.; *Löbbe*, in: Ulmer/Habersack/Löbbe, GmbHG, Bd. 1, § 15 Rn. 4; *Saenger*, Gesellschaftsrecht, Rn. 759.

Rechtsformen in dieser Kategorie wohl eher im hinteren Bereich.[1274] Wenngleich die ausgearbeitete Governance-Struktur im Grundsatz unter Verwendung einer GmbH als Kooperationsvehikel implementiert werden kann, ergeben sich näher besehen doch Unstimmigkeiten. So ist nach der hier vertretenen Ansicht das Weisungsrecht der Trägerversammlung im Forschungsverbund aus verfassungsrechtlichen Gründen auf finanzwirtschaftliche Angelegenheiten sowie die Einhaltung des Forschungsplans zu beschränken.[1275] Ebenfalls ist in der GmbH kein Anspruch des Leitungsorgans auf Entlastung durch die Gesellschafterversammlung vorgesehen.[1276]

Zudem ist in der Literatur der Einwand zu vernehmen, dass die GmbH, indem sie über eine eigene Rechtspersönlichkeit verfügt, ihre eigenen Zwecke verfolgt, zudem nach § 3 Abs. 1 Nr. 1 GmbHG notwendigerweise einen eigenen Namen wählen muss und das zentrale Aktivitätszentrum, die Geschäftsführung, in erster Linie im Interesse der Gesellschaft tätig ist, sodass die GmbH letztlich auf eine Verselbstständigung von ihren Gesellschaftern hin angelegt ist, wodurch diese in den Hintergrund treten.[1277] Dieser Umstand ist üblicherweise in der GmbH kein problematischer Aspekt, führt im forschungskooperativen Kontext im Erfolgsfall allerdings dazu, dass den Trägern nicht die ihnen gebührende Aufmerksamkeit sowie ein entsprechendes Ansehen zugeschrieben wird, sondern vielmehr der GmbH selbst.[1278] Hiergegen lässt sich jedoch einwenden, dass die Kooperationspartner durch eine Ausgestaltung der Firma der Kooperations-GmbH entsprechende Hinweise (unter Wahrung der firmenrechtlichen Grundsätze der Unterscheidbarkeit nach §§ 18, 30 HGB sowie des Irreführungsverbots nach § 18 Abs. 2 HGB[1279]) auf ebendiese geben können, etwa durch Firmen oder Firmenteile

---

1274 Vgl. hierzu *Böcker*, RNotZ 2002, 130, 150; zur UG (haftungsbeschränkt) *Wicke*, MittBayNot 2011, 23, 27.

1275 Weitergehend zur Beschränkung des Weisungsrechts der Trägerversammlung vgl. Kap. 2 A III 1 d.

1276 BGH, *Urt. v.* 20.05.1985 – II ZR 165/84 = BGHZ 94, 324, 327; *Bayer*, in: Lutter/Hommelhoff, GmbHG, § 46 Rn. 28; *Liebscher*, in: MüKo zum GmbHG, § 46 Rn. 161; vgl. hierzu auch *Schindler*, in: BeckOK zum GmbHG, § 46 Rn. 73; zum Anspruch des Direktoriums auf Entlastung siehe Kap. 2 A III 1 f.

1277 So etwa *Eberbach/Hommelhoff/Lappe*, OdW 2017, 1, 4; *Eberbach*, OdW 2018, 51, 58; vgl. hierzu *Liebscher*, in: MüKo zum GmbHG, § 37 Rn. 83; *Kleindiek*, in: Lutter/Hommelhoff, GmbHG, § 37 Rn. 4; *Stephan/Tieves*, in: MüKo zum GmbHG, § 35 Rn. 88; zu den firmenrechtlichen Grundsätzen vgl. etwa *Fastrich*, in: Baumbach/Hueck, GmbHG, § 4 Rn. 1 ff.

1278 So *Eberbach/Hommelhoff/Lappe*, OdW 2017, 1, 4 f.; *Eberbach*, OdW 2018, 51, 58; vgl. hierzu ferner *Ortiz*, Kooperationen zwischen Unternehmen und Universitäten, 2012, S. 126 f.

1279 Hierzu *Heidinger*, in: MüKo zum HGB, § 18 Rn. 23 ff., 38 ff.; *Hopt*, in: Baumbach/Hopt, HGB, § 18 Rn. 4 ff., 9 ff.

der Kooperationspartner in der Firma der Kooperations-GmbH.[1280] Zudem kann durch zielgerichtetes Marketing sowie eine entsprechende Außendarstellung das Bewusstsein der Forschungswelt auf die hinter der Kooperation stehenden Trägereinrichtungen gelenkt werden.

c. *Eingetragener Verein*

Auch die den eingetragenen Verein nach §§ 55 ff. BGB prägenden Merkmale rechtfertigen eine nähere Beschäftigung mit dieser Rechtsform als Vehikel für wissenschaftliche Forschungskooperationen. Der Verein ist als juristische Person rechtsfähig und verfügt zudem über eine Mitgliederversammlung als oberstes Beschlussorgan, § 32 BGB, sowie einen Vorstand, § 26 Abs. 1 BGB.[1281] Damit ist bereits eine gewisse Organisationsverfassung vorhanden, die auch im forschungskooperativen Kontext Verwendung finden könnte.[1282] Des Weiteren ist die Mitgliedschaft nach § 38 BGB nicht übertragbar.[1283] Allerdings ist der Verein wesensmäßig unabhängig von seinen Mitgliedern bzw. auf einen Mitgliederwechsel hin angelegt.[1284] Dies steht im Widerspruch zum Leitbild einer Forschungskooperation von einer geringen Anzahl an Kooperationspartnern, welche in vertrauensvollem Maße zusammenarbeiten und sich gegenseitig bewusst als Partner ausgesucht haben, statt sich untereinander für beliebig austauschbar zu halten.[1285] Außerdem sind zur Vereinsgründung nach § 56 BGB mindestens sieben Mitglieder nötig. Eine Forschungskooperation mit einer derart hohen Anzahl an Trägereinrichtungen dürfte jedoch eher die Ausnahme sein.

d. *Stiftung*

Der Stiftung nach §§ 80 ff. BGB ermangelt es jeglicher Form eines mitgliedschaftlichen Elements.[1286] Hierdurch werden die Trägereinrichtungen im Vergleich zur GmbH sogar noch stärker in den Hintergrund gedrängt. Ferner verringert die umständliche, das jeweilige Landesrecht miteinbeziehende Gründung, das Stiftungsgeschäft, die Attraktivität dieser Rechtsform.[1287] Die „Ewigkeitsgarantie“

1280 *Lappe*, Kooperationen wissenschaftlicher Einrichtungen, 2019, S. 524 f.; vgl. hierzu BayOLG, *Beschl. v.* 04.12.1970 – BReg. 2 Z 76/70 = BayObLGZ 1970, 297, 298; *Heidinger*, in: MüKo zum HGB, § 18 Rn. 105.

1281 Hierzu *Saenger*, Gesellschaftsrecht, Rn. 442; *Schöpflin*, in: BeckOK zum BGB, § 32 Rn. 2 ff.; *Leuschner*, in: MüKo zum BGB, § 26 Rn. 3 ff.

1282 *Eberbach*, OdW 2018, 51, 58 f.

1283 Eingehend *Leuschner*, in: MüKo zum BGB, § 38 Rn. 47 f.

1284 *Ellenberger*, in: Palandt, BGB, Einf. V. § 21, Rn. 14.

1285 So auch *Eberbach*, OdW 2018, 51, 59.

1286 *Eberbach/Hommelhoff/Lappe*, OdW 2017, 1, 5; *v. Campenhausen/Stumpf* in: v. Campenhausen/Richter, Stiftungsrechtshandbuch, § 1 Rn. 8.

1287 So auch *Eberbach*, OdW 2018, 51, 59; vgl. hierzu eingehend *v. Campenhausen/Stumpf*, in: v. Campenhausen/Richter, Stiftungsrechtshandbuch, § 1 Rn. 5.

der Stiftung mit der damit verbundenen Begrenzung der Auflösbarkeit nach § 87 Abs. 1 BGB auf die Unmöglichkeit zur Erreichung des Stiftungszwecks sowie die begrenzte Abänderbarkeit des Stiftungszwecks widersprechen dem Leitbild einer zwar womöglich langjährigen, aber dennoch zeitlich begrenzten und auf ein bestimmtes Vorhaben gerichteten Forschungskooperation.[1288] Zuletzt stellt das Vorhandensein einer Stiftungsaufsicht einen weiteren Faktor dar, welcher zu Unregelmäßigkeiten und Problemen führen kann.[1289]

e. *Partnerschaftsgesellschaft*

Die Partnerschaftsgesellschaft, §§ 1 ff. PartGG, weist zunächst als Personengesellschaft eine Nähe zu den Trägereinrichtungen auf, die zu deren Anbindung an das Forschungsgeschehen führt und damit auch diese im Erfolgsfall am Ruhm partizipieren lässt.[1290] Zudem ist die Partnerschaftsgesellschaft von der Gewerbesteuer sowie den handelsrechtlichen Buchführungspflichten befreit.[1291] Mit der Regelung des § 8 Abs. 4 PartGG bietet diese eine Möglichkeit zur Haftungsbeschränkung auf das Gesellschaftsvermögen, sofern die Partnerschaft eine Berufshaftpflichtversicherung unterhält.[1292] Zugänglich ist die Partnerschaftsgesellschaft nach § 1 Abs 1 PartGG allerdings nur den Angehörigen Freier Berufe, was die Beteiligung von Wirtschaftsunternehmen an einer Forschungskooperation im Gewand einer Partnerschaftsgesellschaft wohl letztlich vor unüberwindbare Hindernisse stellt.[1293] Auch ist das Beteiligungsverbot juristischer Personen nach § 1 Abs. 1 S. 3 PartGG zu beachten; die Partnerschaftsgesellschaft steht vielmehr nur natürlichen Personen offen.[1294] Außerdem unterliegt diese als Personengesellschaft dem Grundsatz der Selbstorganschaft, welcher die die Forschungsfreiheit wahrende Berücksichtigung der Wissenschaftler auf organschaftlicher Ebene (rein gesellschaftsrechtlich) ausschließt.[1295]

f. *Eingetragene Genossenschaft*

Für die eingetragene Genossenschaft nach §§ 1 ff. GenG spricht zwar, dass diese trotz ihrer Eigenschaft als (rechtsfähige) juristische Person (§ 17 Abs. 1 GenG)

1288 *Eberbach/Hommelhoff/Lappe*, OdW 2017, 1, 5; *Saenger*, Gesellschaftsrecht, Rn. 477; *Weitemeyer*, in: MüKo zum BGB, § 85 Rn. 2.

1289 *Eberbach*, OdW 2018, 51, 60.

1290 Zur Partnerschaftsgesellschaft als Personengesellschaft *Lenz*, in: Meilicke/v. Westphalen/Hoffmann/Lenz/Wolff, PartGG, § 1 Rn. 19.

1291 Hierzu *Geis*, OdW 2018, 77, 83.

1292 *Schöne*, in: BeckOK zum BGB, § 8 PartGG, Rn. 31 ff.; *Hirtz*, in: Henssler/Strohn, Gesellschaftsrecht, § 8 PartGG, Rn. 30 ff.

1293 Vgl. hierzu *Eberbach*, OdW 2018, 51, 60.

1294 Hierzu eingehend *Hirtz*, in: Henssler/Strohn, Gesellschaftsrecht, § 1 Rn. 39 ff.; *Schöne*, in: BeckOK zum BGB, § 1 PartGG, Rn. 14 ff.

1295 Vgl. hierzu Kap. 1 A I 6 d bb; *Geis*, OdW 2018, 77, 83.

durch ihre Zwecksetzung, die Förderung der Mitglieder gemäß § 1 Abs. 1 GenG, vergleichsweise stark ausgeprägte personalistische Züge aufweist.[1296] Ebenso entfällt im Vergleich zur GmbH ein gesetzlich gefordertes Mindestkapital,[1297] weshalb folglich auch kein vergleichbar strenges Kapitalerhaltungsrecht besteht[1298], obwohl die Genossen im Grundsatz nicht nach außen haften, § 2 GenG. Allerdings erfordert die Genossenschaft nach § 4 GenG eine Mindestanzahl von drei Kooperationspartnern. Überdies können „nur" forschungsfinanzierende, nicht selbst forschende Genossen in einen Konflikt mit dem Mitgliederförderzweck der Genossenschaft gelangen, sofern der ausschließliche Zweck der Kooperation die Forschung ist, da reine Forschung als Betrieb der eG die Belange ausschließlich finanzierender Partner streng genommen nicht (unmittelbar) fördert, sodass diese nur investierende Mitglieder gemäß § 8 Abs. 2 GenG werden können, welche in der Beschlussfassung gegenüber ordentlichen Mitgliedern zwingend benachteiligt sind.[1299] Die nach §§ 57, 54, 11 Abs. 2 Nr. 3 GenG erfolgende Pflichtprüfung einer Genossenschaft stellt ein Risiko für die Geheimhaltung neu entstandener Immaterialgüter dar.[1300] Der Grundsatz der Satzungsstrenge nach § 18 S. 2 GenG sowie das genossenschaftliche Prinzip der Selbstorganschaft stehen der Implementierung einer für Forschungsverbünde passgenauen Governance-Struktur ebenfalls entgegen.[1301] Zuletzt ist hinsichtlich der Beteiligung des Bundes an einer Genossenschaft die Regelung des § 65 Abs. 5 BHO zu beachten, die eine Beschränkung der Haftpflicht der Mitglieder auf eine im Voraus bestimmte Summe verlangt.

g. Sonstige zivilrechtliche Rechtsformen

Neben den beschriebenen Gesellschaftsformen finden sich im Privatrecht weitere potentiell denkbare Kooperationsvehikel, die im Folgenden der Vollständigkeit halber aufgeführt werden. Die Aktiengesellschaft etwa gestattet aufgrund der

---

1296 *Lappe*, Kooperationen wissenschaftlicher Einrichtungen, 2019, S. 545.

1297 Dies ergibt sich aus einem Umkehrschluss zu § 8a GenG; vgl. hierzu *Geibel*, in: Henssler/Strohn, Gesellschaftsrecht, § 7 Rn. 2; *Helios*, in: Beck´sches Handbuch der Genossenschaft, § 1 Rn. 6, S. 30.

1298 Vgl. *Keßler*, in: Berliner Kommentar, GenG, § 8a Rn. 5 f.; *Geibel*, in: Henssler/Strohn, Gesellschaftsrecht, § 8a Rn. 3; *Lappe*, Kooperationen wissenschaftlicher Einrichtungen, 2019, S. 545 f.; *Beuthien*, in: Beuthien, GenG, § 8a Rn. 4.

1299 *Lappe*, Kooperationen wissenschaftlicher Einrichtungen, 2019, S. 547 f.; vgl. weiterhin *Steding*, ZfgG 51 (2001), 131 ff.; *Althanns*, ZfBR-Beilage 2012, 36, 38; *Fandrich*, in: Pöhlmann/Fandrich/Bloehs, GenG, § 8 Rn. 11; *Geibel*, in: Henssler/Strohn, Gesellschaftsrecht, § 8 Rn. 8.

1300 *Lappe*, Kooperationen wissenschaftlicher Einrichtungen, 2019, S. 548 f.; vgl. *Bloehs*, in: Pöhlmann/Fandrich/Bloehs, GenG, § 57 Rn 3 f.; *Beuthien*, in: Beuthien, GenG, § 57 Rn. 4 ff.

1301 Weitergehend zur Selbstorganschaft siehe Kap. 1 A I 6 d.; vgl. ferner *Lappe*, Kooperationen wissenschaftlicher Einrichtungen, 2019, S. 549 ff.

Satzungsstrenge nach § 23 Abs. 5 AktG keine der erarbeiteten Idealstruktur entsprechende angepasste Governance-Struktur.[1302]

Unter der Verwendung der GmbH & Co. KG könnten die Kooperationspartner eine GmbH (ohne eigenen Geschäftsbetrieb) gründen und deren GmbH-Anteile als Kommanditisten sodann als Kommanditeinlage in die KG einbringen.[1303] Neben steuerlichen Vorteilen in Form einer Befreiung von der Körperschaftssteuer wäre hierdurch letztlich eine Haftungsbeschränkung erreicht.[1304] Andererseits ist diese Rechtsform in der akademischen Welt ein Fremdkörper, der wohl nur ein eingeschränktes Maß an Vertrauenswürdigkeit ausstrahlen würde.[1305] Überdies treffen diese Rechtsform uneingeschränkt die geltenden handelsrechtlichen Publizitätspflichten.[1306]

Zuletzt führt die Niederlassungsfreiheit nach Art. 49, 54 AEUV in Verbindung mit der Rechtsprechung des EuGH dazu, dass eine Gesellschaftsform aus dem EU-Ausland mit Haftungsbeschränkung und ohne Mindestkapital, wie beispielsweise die britische Limited, mit Sitz im Ausland hierzulande mit Rechts- und Parteifähigkeit ausgestattet Zweigniederlassungen gründen könnte, ohne die im Inland geltenden Vorschriften hinsichtlich Haftungskapital- oder Publizitätspflichten erfüllen zu müssen.[1307] Dennoch erfordert ein solches Vorgehen regelmäßig einen erhöhten Gründungsaufwand und verlangt Publizitätspflichten sowohl im Sitz- als auch im Inland.[1308]

II. Zwischenergebnis: Erfordernis einer neuen Rechtsform eigens für wissenschaftliche Kooperationen

Damit bleibt nach einer Bestandsaufnahme der Situation *de lege lata* letztlich festzuhalten, dass weder unter den öffentlich-rechtlichen noch unter den zivilrechtlichen Rechtsformen ein die spezifischen Anforderungen erfüllendes „Allzweckmöbel"

1302 *Pentz*, in: MüKo zum AktG, § 23 Rn. 160 ff.; *Geis*, OdW 2018, 77, 81 f.; *Koch*, in: Hüffer/Koch, AktG, § 23 Rn. 34.

1303 Dazu *Geis*, OdW 2018, 77, 81; *Saenger*, Gesellschaftsrecht, Rn. 420 ff.; vgl. auch *v. Bonin*, RNotZ 2017, 1 ff.

1304 Eingehend zur steuerrechtlichen Behandlung der GmbH & Co. KG etwa *Bode*, in: Blümich, EStG, § 15 Rn. 267 ff.; *Breidenbach*, DB 2001, 2067 ff.; *Levedag*, in: Münchener Handbuch des Gesellschaftsrechts, Bd. 2, § 58 Rn. 1 ff.; *Gosch*, in: Gosch, KStG, § 8 Rn. 891 ff.

1305 *Geis*, OdW 2018, 77, 81.

1306 Eingehend hierzu *Streim/Klaus*, BB 1994, 1109 ff.; *Spiegelberger*, ZEV 2003, 391, 398.

1307 *Geis*, OdW 2018, 77, 82; vgl. auch EuGH, *Urt. v.* 09.03.1999 – Rs. C-212/97 – Centros = NJW 1999, 2027 ff.; EuGH, *Urt. v.* 05.11.2002 – Rs. C-208/00 – Überseering = NJW 2002, 3614 ff.; EuGH, *Urt. v.* 30.09.2003 – Rs. C-167/01 – Inspire Art = NJW 2003, 3331 ff.

1308 *Geis*, OdW 2018, 77, 82.

für die Kooperationsforschung vorhanden ist.[1309] Insofern bleibt der Gesetzgeber hinter seinen verfassungsrechtlichen Pflichten in zweierlei Hinsicht zurück.

Auf der einen Seite hat dieser dem objektiv-rechtlichen Gewährleistungsinhalt der Wissenschaftsfreiheit nach Art. 5 Abs. 3 S. 1 Var. 2 GG entsprechend geeignete Verfahrensweisen zur Verwirklichung der Forschungsfreiheit in organisatorischer Hinsicht zur Verfügung zu stellen.[1310] Denn die Wissenschaftsfreiheit fordert als verfahrensabhängiges und organisationsbedürftiges Grundrecht bestimmte organisationsrechtliche Ausformungen im einfachen Recht.[1311] Um Forschungsfreiheit effektiv gewährleisten zu können, bedarf es einer grundrechtssichernden Binnenstruktur, die gegebenenfalls erst geschaffen werden muss.[1312] Auf der anderen Seite ist der Gesetzgeber (in rechtsmethodisch identischer Hinsicht) nach Art. 9 Abs. 1 GG zur Bereitstellung eines Kanons von verschiedenen Gesellschaftsformen verpflichtet, die für ein funktionsgerechtes Vereins- und Gesellschaftsrecht sorgen.[1313] Hierdurch soll den Grundrechtsberechtigten ein Zugewinn an autonomer Handlungsfreiheit gewährt werden, denn zur Verwirklichung der Vereinigungsfreiheit sind diese auf eine einfachgesetzliche Ausgestaltung angewiesen.[1314] Dort, wo bestehende gesetzliche Regelungen die Funktionsfähigkeit von Vereinigungen nicht gewährleisten, erreicht das grundsätzlich bestehende gesetzgeberische Ermessen seine Grenze.[1315]

Gewiss verbietet es sich, für jede Form des Zusammenschlusses von Rechtssubjekten stets die Zurverfügungstellung einer idealen Rechtsform zu fordern. Dies würde die gesetzgeberischen Ressourcen überbeanspruchen und zu einem unübersichtlichen Rechtsformenangebot führen. Es ist im hiesigen Bearbeitungsgegenstand die Wissenschaftsfreiheit, die als Ausdruck des menschlichen Erkenntnisdrangs unverzichtbar ist für die Entwicklung von Gesellschaft, Kultur, Staat und Recht und daher im Vergleich zu sonstigen Fällen eine herausragende, besondere Bedarfslage erzeugt.[1316] Im forschungskooperativen Kontext verstärken sich damit

---

1309 So letztlich auch *Eberbach/Hommelhoff/Lappe*, OdW 2017, 1, 5; *Eberbach*, OdW 2018, 51, 60; *Geis*, OdW 2018, 77, 83.

1310 *Antoni*, in: Hömig/Wolff, GG, Art. 5 Rn. 34; *Kempen*, in: BeckOK Grundgesetz, Art. 5 Rn. 186; weitergehend zum objektiv-rechtlichen Gewährleistungsinhalt der Wissenschaftsfreiheit siehe Kap. 1 A II 1 b aa.

1311 BVerfG, *Urt. v.* 26.01.2005 – 2 BvF 1/03 – Studiengebühren = BVerfGE 111, 226, 258; BVerfG, *Beschl. v.* 12.05.2015 – 1 BvR 1501/13 – 1 BvR 1682/13 = BVerfGE 139, 148; *Bethge*, NJW 1982, 1 ff.

1312 *Bethge*, in: Sachs, GG, Art. 5 Rn. 202.

1313 BVerfG, *Urt. v.* 01.03.1979 – 1 BvR 532, 533/77, 419/78, BvL 21/78 – Mitbestimmung = NJW 1979, 699, 706; *Cornils*, Die Ausgestaltung der Grundrechte, 2005, S. 401 ff.; *ders.*, in: BeckOK Grundgesetz, Art. 9 Rn. 2, 18; siehe weitergehend zur Vereinigungsfreiheit nach Art. 9 Abs. 1 GG Kap. 1 A II 2.

1314 *Cornils*, in: BeckOK zum Grundgesetz, Art. 9 Rn. 18.

1315 Vgl. BVerfG, *Beschl. v.* 09.10.1991 – 1 BvR 397/87 – Lohnsteuerhilfeverein = BVerfGE 84, 372, 378 f.; *Scholz*, in: Maunz/Dürig, GG, Art. 9 Rn. 69.

1316 Dazu *Losch/Radau*, NVwZ 2003, 390, 391.

die Handlungsaufträge an den Gesetzgeber aus Art. 5 Abs. 3 S. 1 Var. 2 GG und Art. 9 Abs. 1 GG gegenseitig und erzeugen in Anbetracht des unbefriedigenden Angebots an vorhandenen Rechtsformen nach der hier vertretenen Ansicht eine über den Normalfall hinausgehende Bedarfslage, die das dem Gesetzgeber zukommende Ermessen nicht nur reduziert, sondern vielmehr zu einer Handlungspflicht verdichtet.

Der Gesetzgeber ist aufgrund dessen, aber auch in rechtspolitischer Hinsicht zur Wahrung der Wettbewerbsfähigkeit des Forschungsstandorts Deutschland im Geiste eines *enabling law* zur Schaffung einer neuen Rechtsform in Gestalt einer Forschungskooperationsgesellschaft aufgerufen. Diese neue Rechtsform eigens für horizontale, echte Forschungskooperationen – im Nachfolgenden als „FK" bezeichnet – sollte die Schwächen der bestehenden Rechtsformen für die Kooperationsforschung überwinden und die erarbeitete Governance-Struktur mit den nötigen Gestaltungsoptionen zur Wahrung der Flexibilität aufweisen, um sämtlichen Kombinationsmöglichkeiten von Trägerinstitutionen (mitsamt der damit einhergehenden Differenzen hinsichtlich der jeweiligen Interessenslagen[1317]) sowie Institutionalisierungsgraden gerecht zu werden.

III. Verortung der neuen Rechtsform im geltenden Recht

Nach diesem Befund stellt sich die Frage, wie sich die FK in das geltende Recht einfügen könnte. Dabei gilt es einerseits zu beachten, dass sämtlichen Spezifika der Forschung im Verbund, insbesondere hinsichtlich der Governance-Struktur, Rechnung getragen werden muss, auf der anderen Seite aber systemwidrige Durchbrüche im jeweiligen Regelungskontext vermieden werden müssen.

1. Systematische Prämisse

Dazu bedarf es zunächst einer Klärung der systematischen Prämisse: Welchen Anwendungsbereich (in Abgrenzung zu sonstigen Organisationsformen, welche bereits einer passenden gesetzlichen Behandlung zugeführt werden können) sollte die FK abdecken? Denn klar ist, dass nicht *alle* wissenschaftlichen Kooperationen mit dem gleichen Kooperationsvehikel betrieben werden können. Es gilt mithin, ein Gesamtkonzept für die organisationsrechtliche Handhabung des Forschens im Verbund unter Berücksichtigung aller Kooperationsformen und Institutionalisierungsgrade zu erarbeiten, in das sich die FK neben den bestehenden Organisationsformen dergestalt einordnet, dass allen Kooperationsformen und Institutionalisierungsgraden ein geeignetes Kooperationsvehikel zur Verfügung steht und darüber hinaus aus Gründen der Übersichtlichkeit und Klarheit keine Überschneidungen im Anwendungsbereich der angebotenen Vehikel bestehen.

1317 Vgl. zu den Interessenslagen Kap. 1 B II 1.

a. Der FuE-Vertrag für Kooperationen geringen Ausmaßes

In einem ersten Schritt richtet sich der Fokus auf die kleinsten Kooperationsformen, welche zweifellos allein schon in quantitativer Hinsicht eine bedeutende Rolle im forschungskooperativen Kontext einnehmen. Hierfür (sowie für Bereiche des kooperativen Forschens außerhalb einer gemeinsamen Zweckverfolgung) bildet der schuldrechtliche FuE-Vertrag im Grundsatz ein geeignetes Mittel.[1318] Dennoch besteht eine Reihe von Gründen, welche im Fall einer Heranziehung dieses Rechtskleids zur Vorsicht mahnen: Denn oftmals werden in der Praxis Gewährleistungs- oder Haftungsfragen entweder gänzlich vernachlässigt oder allenfalls rudimentär geregelt, sodass sich mitunter erst im Konfliktfall die Frage stellt, welche privatrechtlichen Regelungen zur Anwendung kommen.[1319] Weitergehend entspricht das typische bipolare Vertragsmuster zivilrechtlicher Schuldverhältnisse oftmals nicht der Rechtswirklichkeit im forschungskooperativen Kontext. Hier gilt es, neben den Trägereinrichtungen, deren Anzahl bereits in den mehrstelligen Bereich gehen kann, auch das Forschungspersonal auf Augenhöhe und unter der Wahrung sämtlicher verfassungs-, arbeits- und IP-rechtlicher Bestimmungen in das vertragliche Regelwerk der Kooperation zu integrieren, was sich etwa bezüglich der negativen Forschungsfreiheit, des Umgangs mit *background-IP* oder der Zustimmung zum Forschungsplan als problematisch erweisen könnte.[1320] Durchaus bezweifelt werden kann etwa die Qualifizierung eines in der Kooperation eigenverantwortlich tätigen Forschers als Erfüllungsgehilfe im Sinne von § 278 BGB.[1321] Die größte Gefahrenquelle stellt jedoch wohl letztlich die strukturelle Nähe solcher Konstrukte zum Gesellschaftsrecht dar. Durch die gemeinsame Durchführung von Forschungstätigkeiten zum Zwecke des Erkenntnisgewinns und eines womöglich geschlossenen Auftretens im Rechtsverkehr besteht die permanente Gefahr, ungewollt als GbR mit den sich anschließenden Rechtsfolgen qualifiziert zu werden.[1322] Empfehlenswert wäre demnach zweierlei: Zum einen sollte (unabhängig von einer neuen gesellschaftsrechtlichen Rechtsform) ein überschaubares Musterdokument, welches sich insbesondere Haftungsfragen widmet, ohne gleichzeitig (verbindliche) Vorgaben zur Governance-Struktur zu machen, zur Verfügung stehen, um Kleinst-Kooperationsvorhaben einen rechtssicheren und verlässlichen Gestaltungsrahmen an die Hand zu geben. Zum anderen erscheint es aufgrund der

---

1318 Zum FuE-Vertrag *Schmeißer/Zirkel*, MDR 2003, 849 ff.; *Zirkel*, in: Mielert/Kaiser (Hrsg.), FS Polter, 2007, S. 51, 57; siehe im Übrigen Kap. 1 A I 5 a.

1319 *Geis*, OdW 2018, 77, 80.

1320 Hierzu *Geis*, OdW 2018, 77, 80 f.

1321 Vgl. hierzu eingehend *Reimer*, Verwaltungsarchiv 94 (2003), 543 ff.

1322 Siehe hierzu grundlegend BGH, *Urt. v.* 29.01.2001 – II ZR 331/00 – Weißes Ross = BGHZ 146, 341; hierzu *K. Schmidt*, NJW 2001, 993 ff.; *Dauner-Lieb*, DStR 2001, 356, 357; *Habersack*, BB 2001, 477 ff.; *Hadding*, ZGR 2001, 712 ff.; eingehend *Eberbach/Hommelhoff/Lappe*, OdW 2017, 1, 2; *Geibel*, OdW 2018, 87, 89; *Geis*, OdW 2018, 77, 81.

beschriebenen Gefahren erforderlich, den Anwendungsbereich des FuE-Vertrages für Forschungsverbünde nur auf einen untersten, möglichst kleinen Bereich des gesamten Spektrums an kooperativer Forschungszusammenarbeit zu erstrecken.

b. „Die" Gesellschaft daneben

Alle anderen darüberhinausgehenden Kooperationsformen sollten hingegen einer bewusst gesteuerten, gesellschaftsrechtlichen Regelung unterworfen sein, um letztlich der Gefahr einer ungewollten GbR-Gründung zu entgehen. Doch ist mit dieser pauschalen Feststellung der Anwendungsbereich der neuen FK noch nicht hinreichend klar, denn das Gesellschaftsrecht enthält viele Spielarten von Personenzusammenschlüssen, welche durch bestimmte Wesensmerkmale größere oder kleinere Kooperationsvorhaben ansprechen. Damit ist für die FK auch eine Positionsbestimmung innerhalb des Gesellschaftsrechts erforderlich.

Erwogen werden könnte etwa, die FK rechtsdogmatisch in gestufter Ausgestaltung, je nach (gewünschtem) Institutionalisierungsgrad und Vermögensorganisation, in drei Untervarianten aufzuspalten[1323]: Auf der unteren Stufe stünde ein rein schuldrechtliches Gebilde, wobei einem der Kooperationspartner als Treuhänder das Kooperationsvermögen zu geordnet wird, sodass die Kooperationspartner als Gesamtgläubiger im Sinne von § 428 BGB einzuordnen wären. Auf der mittleren Stufe bildeten die Kooperationspartner in ihrer Mehrheit eine nicht rechtstragende, der traditionellen Gesamthandslehre der §§ 718 ff. BGB[1324] entsprechende Gesamthand, in der die Träger nur gemeinsam über die Rechte aus der Treuhandabrede verfügen können. Die dritte Stufe entspräche einer Gesellschaftsgesamthand, die über ein Gesamthandsvermögen verfügt sowie rechtsfähig ist. Dieses Modell, welches (neben zahlreichen weiteren, teilweise *de lege ferenda* zu regelnden Aspekten) die subsidiäre Anwendung des GbR-Rechts für die Binnenorganisation vorschlägt[1325], bietet den Vorteil, dass es sich in der Nähe zu bestehenden personengesellschaftsrechtlichen Strukturen befindet und sich dementsprechend – zumindest im Grundsatz – reibungslos ins geltende Recht integrieren ließe. Ferner kann durch die drei Stufen insbesondere im Bereich von Kooperationen kleineren Institutionalisierungsgrads das im Detail passende Muster hinsichtlich der Vermögensorganisation ausgewählt werden.

Allerdings kommt auch dieses Modell letztlich, was die (verfassungsrechtlich gebotene) Integration des Forschungspersonals auf organschaftlicher Ebene betrifft, nicht ohne einen Verzicht auf das Prinzip der Selbstorganschaft aus.[1326]

1323 So *Lappe*, Kooperationen wissenschaftlicher Einrichtungen, 2019, S. 566 f.

1324 Vgl. zu den „traditionellen" Gesamthandslehren der §§ 718 ff. BGB etwa *Bork*, Allgemeiner Teil des Bürgerlichen Gesetzbuchs, Rn. 195; *Berndt/Boin*, NJW 1998, 2854 ff.; *Hueck*, in: Lieb/Noack/Westermann (Hrsg.), FS Zöllner, 1998, S. 275, 279 ff.; *Hommelhoff*, ZIP 1998, 8 ff.

1325 *Lappe*, Kooperationen wissenschaftlicher Einrichtungen, 2019, S. 567.

1326 *Lappe*, Kooperationen wissenschaftlicher Einrichtungen, 2019, S. 571 f.

Zudem wird eine Haftungsbeschränkung auf das Kooperationsvermögen (nach dem Vorbild der § 54 S. 2 BGB, § 8 Abs. 2 PartGG) gefordert.[1327] Insofern ist letztlich doch ein gewisser Bruch mit den Wesensmerkmalen des Personengesellschaftsrechts erforderlich[1328], will man es im Grundsatz bei einem personengesellschaftsrechtlichen Gepräge belassen, auf der anderen Seite aber auch die speziellen Anforderungen wissenschaftlicher Forschungskooperationen berücksichtigen. Ferner könnte die Notwendigkeit, die Träger zu Beginn eines Kooperationsvorhabens zwangsläufig vor die Entscheidung zu stellen, ob man hinsichtlich der Vermögensorganisation auf ein schuldrechtliches Gebilde mit einem Träger als Treuhänder, auf eine der traditionellen Gesamthandslehre der §§ 718 ff. BGB entsprechende, nicht rechtstragende Gesamthand oder vielmehr auf eine rechtstagende Gesellschaftsgesamthand zurückgreift, in Anbetracht sämtlicher damit verbundener rechtlicher Folgefragen diese womöglich überfordern, mindestens aber den Trägern einen erhöhten administrativen Aufwand abverlangen, welcher zur Verlangsamung des Gründungsprozesses beiträgt. Es entspräche wohl letztlich nicht dem Geiste des *enabling law*, müssten sich etwa einzelne Forscher vor Beginn der Forschungsarbeiten zuerst mit der detaillierten Ausgestaltung der traditionellen Gesamthandslehre auseinandersetzen.

Nach der hier vertretenen Ansicht erscheint es dagegen vorzugswürdiger, neben dem FuE-Vertrag für Kleinst-Kooperationen eine einheitliche Gesellschaftsrechtsform eigens für Forschungskooperationen für alle darüber hinausgehenden Institutionalisierungsgrade anzubieten, welche, ausgestattet mit Rechtsfähigkeit, Außenauftritt und Gesamthandsvermögen, eine leicht verständliche und überschaubare Vermögens- und Governance-Organisation unter Berücksichtigung der forschungskooperativen Spezifika aufweist sowie den unterschiedlichen Institutionalisierungsgraden durch umfangreiche Wahlmöglichkeiten auf organschaftlicher Ebene (jedoch stets mit identischem rechtskonstruktiven Gerüst) Rechnung trägt.[1329] Indem es in Übereinstimmung mit diesem hier vertretenen Gesamtkonzept von vornherein klar ist, ob es bei einer kleinen, schuldrechtlich organisierten Kooperationsform bleibt oder aber eine zumindest etwas stärker institutionalisierte, entwicklungsoffene Kooperation betrieben wird, besteht die Gefahr des Umschlagens eines Vertrages in eine GbR mit der damit verbundenen unmittelbaren persönlichen Haftung der Gesellschafter nicht (mehr), welche als eine der wesentlichen Grundprobleme des Forschens im Verbund und zugleich auch als Hauptargument für eine neue Rechtsform ausgemacht wurde.[1330] Vielmehr läge

---

1327 *Lappe*, Kooperationen wissenschaftlicher Einrichtungen, 2019, S. 584 ff., der diese Haftungserleichterungen aus Verkehrsschutzgründen von einer vorherigen Registrierung der Kooperation in einem entsprechenden Register abhängig machen will.

1328 Zu den Wesensmerkmalen des Personengesellschaftsrecht in Gegenüberstellung zu Kapitalgesellschaften vgl. Kap. 1 A I 6.

1329 Zur nähren Behandlung der Sichtbarkeit und Rechtsfähigkeit der Kooperation vgl. Kap. 1 A I 4, 5; zum Institutionalisierungsgrad siehe Kap. 1 B III.

1330 Zur ungewollten GbR-Gründung vgl. Kap. 1 A I 5 a.

eine verlässliche Abgrenzung vor, die diesen Risikofaktor von vornherein eliminieren würde. Voraussetzung hierfür ist gewiss, dass auch kleineren Kooperationsvorhaben schnell und unkompliziert ein entsprechender gesellschaftsrechtlicher Rahmen zur Verfügung steht, um sicherzustellen, dass wirklich nur Kleinst-Kooperationen im Rahmen eines FuE-Vertrages operieren.

2. *Gesetzlicher Niederschlag*

Ist der Anwendungsbereich für die FK innerhalb des Gesamtkonzepts eines Organisationsrechts für wissenschaftliche Forschungskooperationen hinreichend umschrieben, stellt sich zuletzt die Frage, an welcher Stelle im bestehenden Rechtssystem die FK zu verorten ist. Die erste Abzweigung sollte dabei in Richtung Zivilrecht genommen werden. Denn dieses gestaltet sich in Gegenüberstellung zum öffentlichen Recht pauschal betrachtet deutlich flexibler in der Handhabung. So würden sich etwa Abgrenzungsschwierigkeiten oder die Erforderlichkeit eines Wechsels des Rechtskleids im Zuge des Einstiegs eines (ersten) privaten Trägers in die Kooperation erübrigen.[1331]

Sodann ist zu erwägen, ob es sich empfiehlt, die FK als Variante in eine bestehende Rechtsform einzugliedern oder aber als eine gänzlich neue, eigenständige Gesellschaftsform zu etablieren. Letzteres bringt naturgemäß den Nachteil mit sich, dass sämtliche Aspekte der FK vollständig neu zu formen wären, während sich in einer Anknüpfung an vorhandene Rechtsformen zumindest in Teilen bestehende Strukturen übernehmen ließen. Daher sind zunächst die potentiell tauglichen Anknüpfungspunkte im geltenden Recht zu untersuchen.

a. *Abwandlung zur Partnerschaftsgesellschaft*

Denkbar wäre etwa die Implementierung der FK als eine Untervariante zur Partnerschaftsgesellschaft. Hierfür spricht die Möglichkeit zur Haftungsseparierung nach § 8 Abs. 2 PartGG sowie die weitergehende Haftungsbeschränkung nach § 8 Abs. 4 PartGG.[1332] Für eine solche Haftungsbeschränkung müsste eine gesetzliche Pflicht der Forscher zum Abschluss einer Berufshaftpflichtversicherung eingeführt werden.[1333] Hierbei melden sich jedoch bereits Bedenken an: In geisteswissenschaftlichen Forschungsbereichen, in denen nicht von einer gefahrgeneigten Tätigkeit ausgegangen werden kann, könnte durch die Pflichtversicherung ein unzulässiger Eingriff in die Berufsfreiheit nach Art. 12 GG vorliegen.[1334] Zudem dürfte sich die Suche nach einem Versicherer, der in Anbetracht der vergleichsweise geringen Anzahl an derartigen Kooperationsvorhaben keine extrem hohen Prämien für eine

1331 Vgl. hierzu *Eberbach/Hommelhoff/Lappe*, OdW 2017, 1, 3 f.

1332 Dazu *Römermann*, NJW 2013, 2305, 2307 ff.; *Lappe*, Kooperationen wissenschaftlicher Einrichtungen, 2019, S. 562.

1333 Hierzu *Eberbach*, OdW 2018, 51, 60.

1334 So *Geis*, OdW 2018, 77, 83.

solche Berufshaftpflichtversicherung fordern würde, als schwierig erweisen.[1335] Auch die Anknüpfung der Haftung in § 8 Abs. 2 PartGG an die „Bearbeitung eines Auftrags" birgt Schwierigkeiten für die Kooperationsforschung. Diese gesetzlich geforderte berufsbezogene Sonderverbindung zum Gesellschaftsgläubiger passt regelmäßig nicht in die Vertragsbeziehungen wissenschaftlicher Forschungskooperationen zu Dritten, namentlich wohl nur im Bereich der translationalen Patientenforschung.[1336] Hinzu kommt, dass das Verbot der Beteiligung einer juristischen Person gemäß § 1 Abs. 1 S. 3 PartGG aufgehoben werden müsste. Dies stünde jedoch im Widerspruch zum ursprünglichen gesetzgeberischen Verständnis einer Partnerschaftsgesellschaft als Zusammenschluss natürlicher Personen zur Ausübung freiberuflicher Tätigkeiten mit einem persönlichen Vertrauensverhältnis zum Auftraggeber.[1337] Selbst wenn man dementsprechend für wissenschaftliche, freiberufliche Tätigkeiten im Sinne von § 1 Abs. 2 S. 2 Var. 28 PartGG eine Befreiung für Forschungskooperationen von diesem Beteiligungsverbot statuieren würde, stellt sich die Frage nach einer Rechtfertigung der Schlechterstellung sonstiger, im Übrigen gleich behandelter freier Berufe.[1338] Ebenfalls wäre damit noch nicht die Frage geklärt, welche juristischen Personen „freie Berufe" ausüben, was gerade bei Industrieunternehmen als potentielle Kooperationspartner zu Schwierigkeiten führen dürfte.[1339] Wäre auch hierfür eine Ausnahme zugelassen, würde von der ursprünglichen Typologie der Partnerschaftsgesellschaft kaum mehr etwas übrig bleiben. Und durch die den forschungskooperativen Anforderungen entsprechende Installation eines mit gesellschaftsfremden Dritten besetzten Direktoriums neben der Trägerversammlung wären die die Governance-Struktur der Partnerschaftsgesellschaft tragenden Wesensmerkmale der Partnerschaftlichkeit sowie der Selbstorganschaft hinfällig, womit das PartGG als Verortungsmöglichkeit für die FK letztlich untauglich ist.[1340]

1335 *Geis*, OdW 2018, 77, 83.

1336 Dazu BGH, *Urt. v.* 19.11.2009 – IX ZR 12/09 = DStR 2010, 612, 614; *Lappe*, Kooperationen wissenschaftlicher Einrichtungen, 2019, S. 565; *Hirtz*, in: Henssler/Strohn, Gesellschaftsrecht, § 8 PartGG Rn. 1, 17; *Schäfer*, in: MüKo zum BGB, § 8 PartGG Rn. 1, 15.

1337 *Lappe*, Kooperationen wissenschaftlicher Einrichtungen, 2019, S. 562 f.; vgl. *Saenger*, Gesellschaftsrecht, Rn. 414; *Schäfer*, in: MüKo zum BGB, § 1 PartGG, Rn. 5 ff.; *Schöne*, in: BeckOK zum BGB, § 1 PartGG, Rn. 15 ff.

1338 *Lappe*, Kooperationen wissenschaftlicher Einrichtungen, 2019, S. 563; *Schäfer*, in: MüKo zum BGB, § 1 PartGG, Rn. 41 ff.

1339 *Lappe*, Kooperationen wissenschaftlicher Einrichtungen, 2019, S. 563.

1340 So auch *Geis*, OdW 2018, 77, 83; *Lappe*, Kooperationen wissenschaftlicher Einrichtungen, 2019, S. 565 f.; vgl. *Zöbeley*, RNotZ 2017, 341, 356 f.

b. Abwandlung zur Gesellschaft mit beschränkter Haftung: FmbH

Ferner könnte erwogen werden, die FK ähnlich der UG (haftungsbeschränkt) sowie der gGmbH als eine Untervariante der GmbH zu etablieren. Eine Anknüpfung an die GmbH brächte in vielerlei Hinsicht Vorteile. So stünde den Kooperationspartnern ein rechtsfähiges Kooperationsvehikel kapitalgesellschaftsrechtlicher Prägung zur Verfügung, das als Zuordnungssubjekt für Schutzrechte und Forschungspersonal fungieren sowie einen einheitlichen Auftritt im Rechtsverkehr gewährleisten könnte. Überdies kann das GmbH-Recht in der Zwecksetzung und Typologie uneingeschränkt im forschungskooperativen Kontext verwendet werden und bietet mit der umfassenden Haftungsbeschränkung den Trägern Schutz vor persönlicher Inanspruchnahme, ohne zum Abschluss einer Versicherung verpflichtet zu sein.[1341] Der Grundsatz der Fremdorganschaft sowie die Möglichkeit zur Installation eines Beirats (als Forscherversammlung) gestatten die verfassungskonforme Berücksichtigung des Forschungspersonals auf organschaftlicher Ebene.[1342] Durch die optionale Implementierung eines Aufsichtsrats können Trägereinrichtungen und finanzielle Förderer eine professionelle finanzwirtschaftliche Kontrolle erreichen.[1343] Insofern erscheinen die in den Ausführungen zur Regelsetzungslehre herausgearbeiteten Leitlinien, nämlich die Wahrung der nötigen Breite im Anwendungsbereich (freie Zwecksetzung) einerseits sowie der Passgenauigkeit des Regelungsregimes andererseits, im GmbH-Recht verwirklicht.[1344] Durch die Zurverfügungstellung von Rechtsfähigkeit, Haftungsbeschränkung sowie kapitalgesellschaftsrechtlichem Gepräge bestünde ein stets identisches, geeignetes rechtsstrukturelles Fundament, dennoch wäre mit der optionalen Installation eines Aufsichtsrats oder eines Beirats als dispositive Zusatzmodule ein hinreichendes Maß an Flexibilität gewährleistet, das den Forschungskooperationen in der Praxis einen Entdeckungsprozess ermöglichen würde, sodass letztlich von einem angemessenen Kompromiss im Regelungszuschnitt ausgegangen werden kann.[1345]

Nichtsdestotrotz wären letztlich auch im GmbH-Recht eine Reihe von Anpassungen erforderlich, sonst wäre an vorderer Stelle nicht die Forderung nach der Schaffung einer neuen Rechtsform (FK) aufgestellt worden. So stellt das Stammkapital in Höhe von 25.000 Euro für Kooperationen von geringem Institutionalisierungsgrad eine unverhältnismäßig hohe Hürde dar. Auch das ansonsten

---

1341 *Eberbach/Hommelhoff/Lappe*, OdW 2017, 1, 4; *Eberbach*, OdW 2018, 51, 57; zur Gestaltung der Zwecksetzung in der GmbH *Bayer*, in: Lutter/Hommelhoff, GmbHG, § 1 Rn. 2 ff.

1342 Weitergehend zur Selbst- bzw. Fremdorganschaft siehe Kap. 1 A I 6 d; vgl. *Lappe*, Kooperationen wissenschaftlicher Einrichtungen, 2019, S. 531 ff.

1343 Zur Installation eines Aufsichtsrats im GmbH-Recht *Jaeger*, in: BeckOK zum GmbHG, § 52 Rn. 6 ff.; *Zöllner/Noack*, in: Baumbach/Hueck, GmbHG, § 52 Rn. 20 ff.; *Spindler*, in: MüKo zum GmbHG, § 52 Rn. 34 ff.

1344 Weitergehend zur Regelsetzungslehre siehe Kap. 1 A I 3 a, b.

1345 Vgl. hierzu *Möslein*, OdW 2018, 99, 110.

aufwendige Gründungsverfahren mitsamt dem Erfordernis notarieller Beurkundung erscheint nicht für jedes (gesellschaftsrechtliche) Kooperationsvorhaben geboten.[1346] Mit der Einführung der UG (haftungsbeschränkt) hat der Gesetzgeber jedoch bereits in Teilen zum Ausdruck gebracht, dass an diesen Anforderungen nicht in jedem Fall in Gänze festzuhalten ist.[1347] Auf das Erfordernis der notariellen Beurkundung könnte etwa durch ein Gründungs-Formular, das von staatlicher Seite erstellt und in Hochschulen sowie außeruniversitären Forschungseinrichtungen ausgelegt wird, verzichtet werden, sofern die Kooperationspartner in keinem regelungsbedürftigen Punkt vom Formular abweichen. Durch einen entsprechenden Vordruck könnte auch eine enorme Beschleunigung für die Gründung einer Kapitalgesellschaft durch öffentliche Stellen erreicht werden, die sich derzeit durch entsprechende ministerielle Genehmigungserfordernisse über mehrere Monate hinziehen kann, was im „Massengeschäft" zu unangemessenen Verzögerungen führen würde. In diesem Formular könnten die organschaftlichen Dispositionsmöglichkeiten (Aufsichtsrat, wissenschaftlicher Beirat) baukastenartig niedergelegt sein.[1348]

Auch hinsichtlich der Governance-Struktur besteht Änderungsbedarf: So bedürfte es einer Beschränkung des Weisungsrechts der Gesellschafterversammlung bzw. Trägerversammlung auf finanzwirtschaftliche Angelegenheiten sowie die Einhaltung des Forschungsplans. Ebenfalls sollte ein Anspruch des Direktoriums auf Entlastung durch die Trägerversammlung bestehen.[1349] Überdies erscheint es erforderlich, die Regelungen zur Finanzverfassung für die Kooperationsforschung generell zu entschärfen.[1350] Ferner könnte über Erleichterungen hinsichtlich der Rechnungslegungs- und Publizitätspflichten sowie in steuerlicher Hinsicht ähnlich der gGmbH nachgedacht werden. Zudem sollte – als Verschärfung – die im Grundsatz freie Übertragbarkeit der Gesellschaftsanteile durch die bereits an obiger Stelle erarbeitete Funktionsweise ersetzt werden.[1351]

Dem eher geringen Prestige der Rechtsform GmbH könnte durch die Implementierung einer abweichenden Bezeichnung für die neue Rechtsform, die bisher in dieser Bearbeitung als FK bezeichnet wurde, begegnet werden.[1352] Durch die Haftungsbeschränkung böte sich als Rechtsformzusatz das Kürzel FKmbH

1346 Dazu bereits *Eberbach*, OdW 2018, 51, 57; vgl. auch *Eberbach/Hommelhoff/Lappe*, OdW 2017, 1, 4.

1347 Zur UG (haftungsbeschränkt) *Miras*, in: BeckOK zum GmbHG, § 5a Rn. 7 ff. 16 ff.; *Eberbach/Hommelhoff/Lappe*, OdW 2017, 1, 4; *Servatius*, in: Baumbach/Hueck, GmbHG, § 5a Rn. 8 ff.; *Geis*, OdW 2018, 77, 82.

1348 Zum Baukasten-Prinzip etwa *Eberbach*, OdW 2018, 51, 65.

1349 Siehe nähergehend Kap. 2 A III 1 f.

1350 Zur Finanzverfassung der GbmH siehe *Windbichler*, Gesellschaftsrecht, S. 249 ff.; *Saenger*, Gesellschaftsrecht, Rn. 791 ff.; *Klunzinger*, Gesellschaftsrecht, S. 238 ff.

1351 Zur Beschränkung der Übertragbarkeit der Gesellschaftsanteile vgl. Kap. 2 A III 3 a.

1352 Vgl. *Böcker*, RNotZ 2002, 130, 150; zur UG (haftungsbeschränkt) *Wicke*, MittBayNot 2011, 23, 27.

an, welches aus sprachlichen Gründen zu FbmH verkürzt werden könnte. Hierdurch wäre letztlich auch dem (berechtigten) Einwand von Seiten der Literatur[1353] begegnet, dass die Trägereinrichtungen durch eine fortschreitende Emanzipation der Kooperation, die durch ein kapitalgesellschaftsrechtliches Gepräge fraglos vorangetrieben wird, in den Hintergrund gedrängt werden. Denn diese Rechtsformbezeichnung würde bereits implizieren, dass es sich um eine Kooperation von Trägern handelt und nicht etwa um ein unabhängiges, für sich selbst stehendes Unternehmen, von dem die Anteilseigner nur finanziell profitieren. Indem etwa bei Veröffentlichungen verpflichtend dieser Rechtsformzusatz verwendet würde, wäre auch in literarischen Fachkreisen die Zuordnung von Aufmerksamkeit und Ruhm an die Trägereinrichtungen sichergestellt.

Durch die Ausstattung des Kooperationsvehikels mit Rechtsfähigkeit, einer (im Vergleich zur GmbH) vereinfachten Gründung sowie einer Haftungsbeschränkung ist im Gegenzug auch klar, dass die FmbH nicht um eine Registrierungspflicht herumkommt.[1354] Ein solches Kooperationsregister sollte eigenständig, etwa neben dem Handelsregister, ähnlich dem Vereinsregister nach §§ 55 ff. BGB, geführt werden.[1355] Hierbei bedarf es neben einer Nennung der Träger sowie der vertretungsberechtigten Personen auch einer präzisen Bezeichnung des Forschungsgegenstands. Eine hierfür zuständige Stelle könnte die Behörde sein, die bereits nach dem jeweiligen Landeshochschulrecht die Zustimmung zur Beteiligung einer Hochschule an einer Kooperation gewähren muss.[1356] So wäre sichergestellt, dass im Wege eines konzentrierten Verfahrens neben den Eintragungsvoraussetzungen auch die haushaltsrechtliche Zulässigkeit des Kooperationsvorhabens überprüft werden könnte.[1357]

In der Summe würden diese Änderungen nach der hier vertretenen Ansicht jedoch nicht so weit reichen, dass die typologischen und systematischen Verhältnisse im GmbH-Recht nachhaltig gestört würden. In Kombination mit den grundlegenden Vorteilen, die dieses Regelungssystem im forschungskooperativen Kontext unbestreitbar bietet, empfiehlt es sich daher, die neue Rechtsform für horizontale wissenschaftliche Forschungskooperationen im GmbHG als Untervariante der GmbH mit der Namensbezeichnung FmbH zu integrieren.

1353 *Eberbach/Hommelhoff/Lappe*, OdW 2017, 1, 4; *Eberbach*, OdW 2018, 51, 58.

1354 Vgl. zur Registrierungspflichtigkeit etwa *Lappe*, Kooperationen wissenschaftlicher Einrichtungen, 2019, S. 587 f., 592 f.

1355 Zum Vereinsregister etwa *Saenger*, Gesellschaftsrecht, Rn. 452; *Schöpflin*, in: BeckOK zum BGB, § 21 Rn. 124, § 55 Rn. 1 ff.

1356 Vgl. etwa Art. 73 Abs. 3 S. 3, 1 Abs. 2, S. 3 BayHSchG, § 104 Abs. 4 S. 2 HochSchG-RLP, § 6 Abs. 3 S. 1 SächsHSFG.

1357 So bereits *Lappe*, Kooperationen wissenschaftlicher Einrichtungen, 2019, S. 592 f.

Kapitel 3: Zusammenfassung der Untersuchung in Thesenform

1. Heutzutage werden die grundlegenden wissenschaftlichen Erkenntnisse oftmals in Form von Kooperationen erzielt. Potentielle Kooperationspartner sind dabei Universitäten, außeruniversitäre Forschungseinrichtungen sowie Wirtschaftsunternehmen. Das im Vergleich zur Einzelforschung gesteigerte Potential der Forschung im Verbund besteht darin, dass die unterschiedlichen Kooperationspartner ihre spezifischen Fähigkeiten und Kenntnisse zur Erzeugung von Synergien zusammenbringen können. Zur Erhaltung der Wettbewerbsfähigkeit des Forschungsstandorts Deutschland sowie zur Gewährleistung der verfassungsrechtlich geforderten Forschungsfreiheit hat der Gesetzgeber einen gesetzlichen Rahmen zur optimalen Verwirklichung des hiesigen Entwicklungspotentials bereitzustellen. Im Besonderen gilt dies für die Governance-Struktur wissenschaftlicher Forschungskooperationen.

2. Die Entwicklung einer idealen Governance-Struktur ist nicht isoliert von gewissen rechtlichen Vorfragen zu betrachten. Im Gesellschaftsrecht sind bei der Wahl der geeigneten Rechtsform für Forschungskooperationen im Wesentlichen Haftungskanalisierung, schnelle Gründung und eine möglichst flexible Handhabung bedeutsam. In den Grenzen von *numerus clausus*, Typengesetzlichkeit und zwingendem Recht bleibt dabei ein beträchtlicher Gestaltungsspielraum. Im Fall der Notwendigkeit der Schaffung neuer gesellschaftsrechtlicher Regelungen für die Forschung im Verbund empfiehlt sich im Grundsatz ein Bestand an Kernregelungen als rechtsstrukturelles Fundament, flankiert durch einen offenen Regelungszuschnitt für dispositive Erweiterungen. Des Weiteren sollte die Kooperation über Außenauftritt, Rechtsfähigkeit sowie ein kapitalgesellschaftsrechtliches Gepräge verfügen. Unbedingt ist dagegen eine ungewollte GbR-Gründung zu verhindern.

3. Die in Art. 5 Abs. 3 S. 1 Var. 2 GG geregelte Freiheit von Wissenschaft, Forschung und Lehre entfaltet in vielerlei Hinsicht Relevanz auf die Governance-Struktur der Forschungskooperationsgesellschaft. Hierbei können sich Grundrechtspositionen diametral gegenüberstehen oder aber gegenseitig verstärken. Eine „Flucht ins Privatrecht“ bleibt dem Staat verwehrt. Neben der subjektiven Grundrechtsposition gebietet der objektive Gewährleistungsinhalt die Schaffung einer grundrechtssichernden Binnenstruktur sowie die Vermeidung einer strukturellen Gefährdungslage. Dies könnte in der Pflicht zur Schaffung einer neuen Rechtsform münden, falls sich ein entsprechender Bedarf herausstellen sollte. Konkrete Anforderungen an die Governance-Struktur können die Besetzung des Leitungsorgans mit Forschungspersonal, die Zustimmung der Forscher zum Forschungsplan sowie die Konstituierung einer Forscherversammlung sein.

4. Im Zentrum der arbeitsrechtlichen Betrachtung der Forschungskooperation steht deren Rechtsfähigkeit. Ist diese gegeben, kann das Forschungspersonal dem Verbund auf verschiedenen Wegen zugeordnet werden. Jedenfalls ist darauf zu achten, dass die Forscher dabei nicht (ungewollt) Gesellschafter des Kooperationsvehikels werden. Zusätzlich zur Übertragung des Weisungsrechts an das Leitungsorgan der Kooperation sollte der Trägerversammlung zur Vermeidung einer fortschreitenden Emanzipation der Kooperation ebenfalls ein Weisungsrecht in Form einer Reservekompetenz zukommen. Des Weiteren können die Regelung des § 11 Abs. 7 AÜG sowie der damit einhergehenden Unsicherheiten auf Tatbestands- und Rechtsfolgenebene und die Bildung eines Betriebsrats eine Rolle in der Organisation spielen.

5. Das IP-Recht liefert den Kooperationspartnern eine Reihe regelungsbedürftiger Sachfragen im Kooperationsvertrag. Für manche Angelegenheiten kann eine Lösung jedoch erst im Lauf der Durchführung der Kooperation gefunden werden; hier steht die Governance-Struktur in der Pflicht, geeignete Mechanismen zur Problemfindung bereitzuhalten. Bei der Behandlung neu entstehender Immaterialgüter müssen stets die verschiedenen Ebenen mit dem nötigen juristischen Feingefühl auseinandergehalten werden. Wie die ungewollte GbR-Gründung auf der ersten (operativen) Forschungsebene stellen die Bildung einer Bruchteilsgemeinschaft sowie die negative Publikationsfreiheit der Hochschulforscher auf der zweiten Ebene potentielle Störfaktoren dar. Dabei erweist sich ein rechtsfähiges Kooperationsvehikel als Ort der Bündelung und Verteilung von Schutzrechten als gewinnbringendes Gestaltungsinstrument. Führt man sich die unterschiedlichen Anforderungen vor Augen, die das IP-Recht an die Organisationsverfassung wissenschaftlicher Forschungskooperationen stellt, so empfiehlt sich ein verhältnismäßig breites Spektrum an unterschiedlichen Organtypen: Leitungsorgan, Überwachungsorgan, Forschungsorgan sowie eine Versammlung der Kooperationspartner erscheinen erforderlich. Überdies sollte von vornherein Klarheit über die Zielstruktur der Kooperation bestehen.

6. Haushaltsrechtliche Regelungen von Bund, Ländern und Kommunen verbieten die Beteiligung der öffentlichen Hand an einer Gesellschaft mit unbeschränkter persönlicher Haftung. Zur reibungslosen Einbeziehung der Gebietskörperschaften ist daher eine kapitalgesellschaftsrechtliche Rechtsform inklusive Haftungsbeschränkung erforderlich.

7. Sind an der Forschungskooperation neben staatlichen Trägereinrichtungen auch Wirtschaftsunternehmen beteiligt, ist die Durchführung einer beihilferechtlichen Prüfung unter besonderer Berücksichtigung der Art. 25 ff. AGVO und des FuEuI-Unionsrahmens dringend geboten, nicht zuletzt zur Vermeidung der Nichtigkeit des Kooperationsvertrages nach Art. 108 Abs. 3 S. 3 AEUV i.V.m. § 134 BGB.

8. Hinsichtlich der Ausgestaltung der Organisationsverfassung fallen besonders die Unterschiede in den (pauschalisierten) Interessenslagen und Beweggründen von Hochschulen, Wirtschaftsunternehmen und außeruniversitären Forschungseinrichtungen ins Gewicht. Dabei darf in Anbetracht aller bestehenden Unterschiede nicht vergessen werden, dass sich gerade durch diese Unterschiedlichkeit das kooperative Forschen so reizvoll und ertragsreich gestalten kann. Denn neben der potentiellen Erzielung von Erkenntnissen können die involvierten Trägereinrichtungen in jedem Fall in Methoden und Sichtweisen gegenseitig voneinander lernen. Dennoch zeichnen sich besorgniserregende Konfliktfelder bei der Ausformung des Forschungsgegenstands und der Verwertung neu entstehender Schutzgüter ab. Überdies gilt es, eine gewisse Schutzbedürftigkeit „schwächerer" Kooperationspartner durch eine geeignete Governance-Struktur abzufedern. Die in der Praxis existenten Musterverträge bilden zwar in Teilen einen Leitfaden, können jedoch aufgrund einer fehlenden Verbindlichkeit, ihrer differierenden Zielstruktur sowie den mangelnden Vorgaben im Bereich der Governance das gesetzgeberische Vakuum nicht ausreichend mindern. Weitere Auswirkungen zeitigt der Institutionalisierungsgrad. Dabei gilt die Grundregel: Je institutionalisierter die Kooperation, desto ausdifferenzierter die Governance-Struktur. Zur Erfassung der gesamten Bandbreite wird ein in weiten Teilen dispositiver Regelungskatalog mit einem festem „Grundgerüst" erforderlich sein.
9. Bei der Ausgestaltung der Governance-Struktur sollte darauf geachtet werden, einerseits die Handlungsfreiheit der Forscher zu gewährleisten, gleichzeitig aber auch den Trägereinrichtungen ein hinreichendes Maß an Einfluss auf die Kooperation einzuräumen sowie diese weiterhin nach außen erkennbar bleiben zu lassen. Die Träger müssen sich in der Kooperation, die sich durch Flexibilität in der Gestaltbarkeit und der Sicherung einer langfristigen Zusammenarbeit auszeichnet, auf Augenhöhe begegnen können.
10. Der Gesellschafts- bzw. Kooperationsvertrag legt Forschungsbereich, Verbandszweck sowie die Zielstruktur des Forschungsverbunds fest und enthält eine Regelung für sämtliche Konfliktfelder, welche wesensmäßig nicht im Nachgang durch eine passende Organisationsverfassung gelöst werden können. Neben der Einbringung von personellen und sachlichen Mitteln ist diesem der Forschungsplan anzuhängen. Gesetzlich empfiehlt sich eine weitreichende Satzungsautonomie sowie eine subjektive Auslegung.
11. Zur Sicherung der äußeren Handlungsfähigkeit sowie als zentrales Verwaltungs- und Steuerungsorgan ist die Implementierung eines Direktoriums wissenschaftlicher Prägung ratsam. Diesem obliegen, ausgestattet mit einem Weisungsrecht gegenüber dem Forschungspersonal, die gewöhnlichen, in erster Linie organisatorischen, sowie außergewöhnlichen Geschäftsführungsangelegenheiten. Ein finanzwirtschaftlicher Direktor, der sich durch ein besonderes Maß an Neutralität auszeichnet und im Gegensatz zu den übrigen

Direktoren vom Aufsichtsrat bestellt wird, ist mit der Erledigung wirtschaftlicher und buchhalterischer Tätigkeiten betraut. Das Direktorium kommt bei der Erledigung der ihm zugewiesenen Aufgaben sowohl in wirtschaftlicher, als auch in wissenschaftlicher Hinsicht in den Genuss ermessensfreier Gestaltungsspielräume und hat gegenüber der Trägerversammlung einen Anspruch auf die Erteilung einer mit Präklusionswirkung ausgestatteten Entlastung, falls die Voraussetzungen hierfür vorliegen.

12. Die Trägerversammlung bildet als Zusammenkunft der Kooperationspartner das Basisorgan der Forschungskooperation, sichert den Trägereinrichtungen hinreichenden Einfluss auf die Vorgänge im Forschungsverbund und stellt das zentrale Verhandlungsforum für grundlegende Konfliktsituationen dar. Neben der Zuständigkeit für Grundlagengeschäfte, etwa der Bereitstellung finanzieller Mittel oder des Wechsels im Gesellschafterkreis, ist diese zur weiteren Überwachung des Direktoriums berufen, was die Vorlage des Jahresberichts sowie ein Informations- und Auskunftsrecht umfasst. Im Übrigen werden die Direktoren im Grundsatz von der Trägerversammlung bestellt und abberufen, welche diese zur Einhaltung des Forschungsplans sowie im Bereich finanzwirtschaftlicher Angelegenheiten anweisen kann. Finanziellen Förderern, welche nicht zugleich Gesellschafter der Kooperation sind, ist der Zugang zur Trägerversammlung versperrt. Für die Beschlussfassung kann vom Einstimmigkeitsprinzip abgewichen werden, ebenso vom Prinzip „eine Stimme pro Träger". *Deadlock*-Situationen können, falls vorhanden, vom wissenschaftlichen Beirat, in den übrigen Fällen vom Direktorium aufgelöst werden. Die Übertragung eines Gesellschaftsanteils ist von der Zustimmung aller Kooperationspartner abhängig, ein Übernahmerecht zugunsten eines Trägers ist empfehlenswert.

13. In Kooperationen von fortgeschrittenem Institutionalisierungsgrad ist es ratsam, die finanzwirtschaftliche Kontrolle einem Aufsichtsrat zu übertragen. Dieser böte auch finanziellen Förderern eine Plattform zur Sicherstellung der Einhaltung der Förderbedingungen. Zweckdienlich ist eine Ausgestaltung der Rechte und Pflichten in Nähe zur aktienrechtlichen Ausprägung dieses Organs. Jenseits einer ausreichenden fachlichen Befähigung sind Besetzung und innere Organisation weitestgehend der Gestaltung durch Träger und Aufsichtsratsmitglieder überlassen. Im besonderen Maße eignet sich aber die Einrichtung von Nominierungs-, Prüfungs- und Strategieausschüssen. Demgegenüber obliegt dem *Scientific Advisory Board*, bestehend aus international anerkannten, unabhängigen Wissenschaftlern, die kritische Begleitung und (Teil-)Organisation des Forschungsprozesses sowie die Überprüfung der Einhaltung wissenschaftlicher und wissenschaftsethischer Standards sowie des Forschungszwecks. Die Installation eines *Whistleblower*-Systems bietet zusätzliche Transparenz. Aufsichtsrat und SAB können in einem „großen" Aufsichtsrat vereinigt werden.

14. Die Forscherversammlung bewirkt durch die Institutionalisierung der Forscherinteressen auf organschaftlicher Ebene die Verwirklichung der Wissenschaftsfreiheit im Forschungsverbund. Zusätzlich dient diese als Instrument zur Verwaltung neu entstehender IP-Rechte. Um eine strukturelle Gefährdung der Forschungsfreiheit zu vermeiden, ist die Forscherversammlung im Fall des Vorhandenseins von fünf grundrechtsberechtigten, eigenverantwortlich und überwiegend in der Kooperation tätigen Forschern zwingend zu implementieren, ab 21 Forschern ist zu einem Repräsentativsystem überzugehen. Neben einem Recht auf Information und Stellungnahme erhält diese ein Vetorecht bei Änderungen des Forschungsplans sowie ein Recht zur Abberufung des Direktoriums aus wichtigem Grund.

15. Im Informationsmanagementsystem des Forschungsverbunds fungiert das Direktorium als zentrale Verwaltungsstelle. Der finanzwirtschaftliche Direktor erstellt als Bestandteil einer wissenschaftsadäquaten Rechnungslegung einen Jahresbericht, welcher durch den Aufsichtsrat zu prüfen und der Trägerversammlung zuzuleiten ist. Dieser dient der Dokumentation sowie der Informationsvermittlung. Wenngleich sich als Ausgangspunkt an den bestehenden Publizitätsformen des HGB zu orientieren ist, erfordern die forschungskooperativen Spezifika eine verstärkte Berücksichtigung von Anhang und Lagebericht. Insbesondere das Kontrollbedürfnis finanzieller Förderer könnte eine externe Prüfung des Jahresberichts durch einen Abschlussprüfer erfordern. Überdies besteht im Abgleich des Jahresberichts mit dem anfänglich erstellten Forschungsplan die Möglichkeit Rechenschaft darüber abzulegen, ob die ursprünglichen Ziele der Kooperation erreicht wurden.

16. Ein Abgleich dieser Governance-Struktur sowie sonstiger Aspekte der Forschung im Verbund mit bestehenden Gesellschaftsformen im öffentlichen Recht sowie im Privatrecht liefert ein ernüchterndes Bild. Keine der vorhandenen Rechtsformen vermag als „Allzweckmöbel" im forschungskooperativen Kontext zu fungieren. In Anbetracht der besonderen Eigenschaften und Anforderungen, jedenfalls aber der Heterogenität derartiger Zusammenschlüsse, ist dieser Befund letztlich wohl wenig überraschend. Damit ist der Gesetzgeber aus verfassungsrechtlichen Gründen sowie zur Aufrechterhaltung der Wettbewerbsfähigkeit Deutschlands als Forschungsstandort schon allein aus der Blickrichtung einer für Forschungskooperationen angemessen ausgestalteten Governance-Struktur zur Schaffung einer neuen Rechtsform eigens für wissenschaftliche Forschungskooperationen aufgerufen.

17. Diese neue Rechtsform sollte in Anbetracht der Flexibilität und Gestaltungsoffenheit des Zivilrechts ebendort platziert werden. Es bedarf weiterhin eines Konzepts, welches das gesamte Spektrum des kooperativen Forschens sachgerecht abdeckt. Für Kooperationen auf unterster Ebene ist dafür der schuldrechtliche FuE-Vertrag das taugliche Vehikel, wenngleich dessen Anwendungsbereich aufgrund bestimmter Gefahren und Problemlagen

möglichst geringgehalten werden sollte. Für alle anderen, darüberhinausgehenden, entwicklungsoffenen Kooperationsformen sollte in Gestalt der neuen Rechtsform ein einheitliches, rechtsfähiges, mit kapitalgesellschaftsrechtlichem Gepräge und Haftungsbeschränkung ausgestattetes Kooperationsvehikel bereitstehen. Dieses ist auf organschaftlicher Ebene baukastenartig mit zahlreichen Wahlmöglichkeiten ausgestattet und sollte unter dem Rechtsformenkürzel „FmbH" als Untervariante der GmbH im GmbHG verankert werden. Eine derartige Rechtsform stellte – soweit ersichtlich – ein Novum auf europäischer Ebene dar und könnte im Fall einer erfolgreichen praktischen Anwendung auf nationaler Ebene als Modell für eine entsprechende europäische Rechtsform dienen.

Literaturverzeichnis

I. Aufsätze, Lehrbücher, Monografien

Althanns, Andrea, Genossenschaftliche Modelle bei der Realisierung von Anlagen der erneuerbaren Energien, ZfBR-Beilage 2012, S. 36–42

Ann, Christoph, Know-how – Stiefkind des Geistigen Eigentums?, GRUR 2007, S. 39–43

Arndt, Hans-Wolfgang/*Fetzer*, Thomas, Öffentliches Recht – Grundriss für das Studium der Rechts- und Wirtschaftswissenschaft, 16. Auflage, München 2013

Arnold, Michael, Verantwortung und Zusammenwirken des Vorstands und Aufsichtsrats bei Compliance-Untersuchungen, ZGR 2014, S. 76–106

Auer, Marietta, Materialisierung, Flexibilisierung, Richterfreiheit Generalklauseln im Spiegel der Antinomien des Privatrechtsdenkens, Tübingen 2005

Bachmann, Gregor, Optionsmodelle im Privatrecht, JZ 2008, S. 11–20

Baeck, Ulrich/*Winzer*, Thomas, Drittpersonaleinsatz: Risiko der Fiktion eines Arbeitsverhältnisses mit dem Auftraggeber, NZA 2015, S. 269–274

Bagdassarov, Annett, Wissens- und Technologietransfer an Universitäten – Interne und externe Gestaltungsansätze am Beispiel der Technologietransfer-GmbH, Wiesbaden, 2012

Bank, Stephan, Die Verschwiegenheitspflichten von Organmitgliedern in Fällen multipler Organmitgliedschaften, NZG 2013, S. 801–806

Barlösius, Eva, Ressortforschung, in: Simon, Dagmar/Knie, Andreas/Hornbostel, Stefan (Hrsg.), Handbuch Wissenschaftspolitik, 1. Auflage, Wiesbaden 2010, S. 377–389

Bartenbach, Kurt, Zwischenbetriebliche Forschungs- und Entwicklungskooperation und das Recht der Arbeitnehmererfindung, Köln/Berlin/Bonn/München 1985

Bayer, Walter, Unterschiede im Aktienrecht zwischen börsennotierten und nichtbörsennotieren Gesellschaften, in: v. Grundmann, Stefan/Haar, Brigitte/Merkt, Hanno et al. (Hrsg.), Festschrift für Klaus J. Hopt zum 70. Geburtstag, Berlin 2010, S. 373–390 (zitiert: *Bayer*, in: v. Grundmann/Haar/Merkt et al. (Hrsg.), FS Hopt, 2010, S. 373,)

Berghoff, Silke, Die organschaftliche Vertretung der Gesellschaft bürgerlichen Rechts, Baden-Baden 2005

Berndt, Joachim/*Boin*, Kai T., Zur Rechtsnatur der Gesellschaft bürgerlichen Rechts, NJW 1998, S. 2854–2861

Besen, Marc/*Slobodenjuk*, Dimitri, Die neue Gruppenfreistellungsverordnung für Forschungs- und Entwicklungsvereinbarungen, GRUR 2011, S. 300–306

Bethge, Herbert, Grundrechtsverwirklichung und Grundrechtssicherung durch Organisation und Verfahren – Zu einigen Aspekten der aktuellen Grundrechtsdiskussion, NJW 1982, S. 1–7

Beuthien, Volker, Ist die Genossenschaftsrechtsreform geglückt?, NZG 2008, S. 210–215

ders., Zur Zulässigkeit beschließender Aufsichtsratsausschüsse – Am Beispiel des Personalausschusses NZG 2010, S. 333–335

ders./Gätsch, Andreas, Vereinsautonomie und Satzungsrecht Dritter – Statutarischer Einfluß Dritter auf die Gestaltung von Körperschaftssatzungen, ZHR 156 (1992), S. 459–479

Beyerlein, Thorsten, Der Wegfall des „Hochschullehrerprivilegs" (§ 42 ArbEG) – eine Erleichterung für die Forschung an deutschen Hochschulen?, NZA 2002, S. 1020–1024

Binder, Jens-Hinrich, „Prozeduralisierung" und Corporate Governance – Innerbetriebliche Entschdiungsvorbereitung und Prozessüberwachung als Gegenstände gesellschaftsrechtlicher Regulierung – Entwicklungslinien und Perspektiven, ZGR 2007, S. 745–788

ders., Regulierungsinstrumente und Regulierungsstrategien im Kapitalgesellschaftsrecht, Tübingen 2012

Bitter, Georg/*Heim*, Sebastian, Gesellschaftsrecht, 3. Auflage, München 2016

Blanke, Thomas, Die betriebsverfassungsrechtliche Stellung der Leiharbeit, DB 2008, S. 1153–1159

Blaurock, Uwe/*Henninghausen*, Johanna, Der Europäische Verbund territorialer Zusammenarbeit als (EVTZ) als Rahmen universitärer Kooperation, OdW 2016, S. 73–84

Böcker, Georg, Die kleine AG als Alternative zur GmbH?, RNotZ 2002, S. 130–164

Boecker, Corinna/*Künkele*, Kai Peter, Forschung und Entwicklung im Fokus – Gemeinsamkeiten und Unterschiede zwischen IFRS und HGB i.d.F. des BilMoG, IRZ 2010, S. 484–486

Böhringer, Ingo, Die Novellierung des „Hochschullehrerprivilegs" (§ 42 ArbnErfG), NJW 2002, S. 952–954

Bork, Reinhard, Allgemeiner Teil des Bürgerlichen Gesetzbuchs, 4. Auflage, Tübingen 2016

Borgwardt, Andrea, Neuer Artikel 91b GG – Was ändert sich für die Wissenschaft?, Publikation zur Konferenz am 19. Mai 2015 in der Friedrich-Ebert-Stiftung, Berlin, 1. Auflage, S. 16–22, Schriftenreihe des Netzwerk Exzellenz an Deutschen Hochschulen

Börsig, Clemens/*Löbbe*, Marc, Die gewandelte Rolle des Aufsichtsrats – 7 Thesen zur Corporate Governance Entwicklung in Deutschland, in: Krieger, Gerd/Lutter, Marcus/Schmidt, Karsten (Hrsg.), Festschrift für Michael Hoffmann-Becking zum 70. Geburtstag, München 2013, S. 125–156 (zitiert: *Börsig/Löbbe*, in: Krieger/Lutter/K. Schmidt (Hrsg.), FS Hoffmann-Becking, 2013, S. 125,)

Boesebeck, Ernst, Der Aufsichtsratsvorsitzer ist tot – Es lebe der Aufsichtsratsvorsitzende!, AG 1967, S. 39–40

Breidenbach, Berthold, Steueroptimale Gewinnthesaurierung im Rahmen einer mittelständischen GmbH & Co. KG nach der Unternehmenssteuerreform, DB 2001, 2067–2069

Brönner, Herbert/*Schroller*, Wolfgang, Ertragsteuerliche und umsatzsteuerliche Probleme der Betriebe gewerblicher Art (BgA) im Hochschulbereich – eine Bestandsaufnahme, in: Schneider, Dieter/Rückle, Dieter/Küpper, Hans-Ulrich/Wagner, Franz W. (Hrsg.), Kritisches zu Rechnungslegung und Unternehmensbesteuerung, Festschrift für Theodor Siegel zur Vollendung des 65. Lebensjahres, Berlin 2005, S. 479–498 (zitiert: *Brönner/Schroller*, in: Schneider/Rückle/Küpper/Wagner (Hrsg.), FS Siegel, 2005, S. 479,)

Bullinger, Angelika C., Innovation and Ontologies, Structuring the Early Stages of Innovation Management, Wiesbaden 2008

Bumke, Christian, Universitäten im Wettbewerb, VVDStRL 69 (2010), S. 407–461

Bürkle, Annegret, Rechte Dritter in der Satzung der GmbH, Frankfurt am Main u.a. 1991

Buth, Andrea K./*Hermanns*, Michael, Unternehmenspolitische Erwägungen zum Beirat in der GmbH und der KG, DStR 1991, S. 597–602

Cahn, Andreas, Aufsichtsrat und Business Judgement Rule, WM 2013, S. 1293–1305

Classen, Claus Dieter, Wissenschaftsfreiheit außerhalb der Hochschule – Zur Bedeutung von Artikel 5 Absatz 3 Grundgesetz für ausseruniversitäre Forschung und Forschungsförderung, Trier/Greifswald 1994

Cornils, Matthias, Die Ausgestaltung der Grundrechte, Tübingen 2005

Däubler, Wolfgang, Wissenschaftsfreiheit im Arbeitsverhältnis – Eine erste Skizze, NZA 1989, S. 945–950

Dauner-Lieb, Barbara, Ein neues Fundament für die BGB-Gesellschaft, DStR 2001, S. 356–361

Dendorfer, Renate/*Krebs*, Thomas, Konfliktlösung durch Mediation bei Gesellschafterstreitigkeiten, MittBayNot 2008, S. 85–92

Deutsch, Erwin, Die Fahrlässigkeit im neuen Schuldrecht, AcP 202 (2002), S. 889–911

ders., Multizentrische Studien in der Medizin: Rechtsgestalt und Zugang zu den Daten, NJW 1984, S. 2611–2615

Di Fabio, Udo, Grundrechte als Werteordnung, JZ 2004, S. 1–8

Dienel, Hans-Luidger, Räumliche Bedingungen heterogener Forschungskooperationen, in: Strübing, Jörg/Schulz-Schaeffer, Ingo/Meister, Martin/Gläser, Jochen (Hrsg.), Kooperationen im Niemandsland, Opladen 2004, S. 210–230

Dommach, Hermann, Die Neuregelung des Verwaltungsverfahrens für Zuwendungen des Bundes, NVwZ 2007, S. 53–56

Dreher, Meinrad, Antikorruptionsuntersuchungen durch den Aufsichtsrat, in: Habersack, Mathias/Hommelhoff, Peter (Hrsg.), Festschrift für Wulf Goette zum 65. Geburtstag, Tübingen/Heidelberg 2011, S. 43–55 (zitiert: *Dreher*, in: Habersack/Hommelhoff (Hrsg.), FS Goette, 2011, S. 43,)

ders./Hoffmann, Jens, Die Wirksamkeitsprüfung durch den Prüfungsausschuss nach § 107 Abs. 3 Satz 2 AktG, ZGR 2016, S. 445–504

Drinhausen, Florian/*Eckstein*, Hans-Martin (Hrsg.), Beck´sches Handbuch der AG, 3. Auflage, München 2018 (zitiert: *Bearbeiter*, in: Beck´sches Handbuch der AG,)

Eberbach, Wolfram H., Eine Rechtsform für Wissenschaftskooperationen – Ausgangspunkte und Grundlagen, OdW 2018, S. 51–67

ders./Hommelhoff, Peter/*Lappe*, Johannes, Eine Kooperationsform für die Wissenschaft, ODW 2017, S. 1–12

Eisenhardt, Patrick/*Oser*, Peter, Zur Unterzeichnungspflicht von Jahresabschlüssen im Fall von Meinungsverschiedenheiten zwischen den Geschäftsführern einer GbmH, DB 2011, S. 717–719

Elfring, Claus, „Deadlock“ beim paritätischen Equity Joint Venture, NZG 2012, S. 895–900

Elsing, Siegfried H., Alles entschieden bei der Gesellschaft bürgerlichen Rechts? Die Rechtsprechung zwischen Mosaik- und Meilensteinen, BB 2003, S. 909–915

Enders, Theodor, Know How Schutz als Teil des geistigen Eigentums, GRUR 2012, S. 25–31

Engels, Rainer, Patent- Marken- und Urheberrecht, 10. Auflage, München 2018

Engl, Alice, Ein Instrument zwischen Gemeinschaftspolitik und nationalem Recht: Die Durchführung der Verordnung über den Europäischen Verbund für Territoriale Zusammenarbeit in ausgewählten EU-Mitgliedstaaten, EuR 2013, S. 285–307

Erker, Martin, Beiräte – Der institutionalisierte Einfluss Dritter – Konfliktvermeidung in Familienunternehmen, DStR 2014, S. 105–110

Errass, Christoph, Innovationsfördernde Regulierung als Aufgabe des öffentlichen Rechts?, Schweizerisches Zentralblatt für Staats- und Verwaltungsrecht 111 (2010), S. 203–235

Fahse, Hermann, Artikel 5 GG und das Urheberrecht der Architektur-Professoren, GRUR 1996, S. 331–338

Fett, Torsten/*Spiering*, Christoph, Handbuch Joint Venture, 2. Auflage, Heidelberg 2015

Fieberg, Christian, Die Personalgestellung nach TVöD – kein Fall für das AÜG!, NZA 2014, S. 187–190

Fink, Udo, Der Hochschulverfassungsstreit, WissR 1994, S. 126–143

ders., Gewährt das Recht der Europäischen Gemeinschaften den wissenschaftlichen Hochschulen grundrechtliche Freiheit?, EuGRZ 2001, S. 193–200

Fischer, Ernst, Verwertungsrechte bei Patentgemeinschaften, GRUR 1977, S. 313–318

Fischer, Susanne, Der Schutz von Know-how im deutschen materiellen und Internationalen Privatrecht, Baden-Baden 2012

Fleischer, Holger, Das Aktienrecht und das neue Kapitalmarktrecht, ZIP 2006, S. 451–459

ders., Das unternehmerische Ermessen des GmbH-Geschäftsführers und seine GmbH-spezifischen Grenzen, NZG 2011, S. 521–527

ders./Hahn, Jakob, Das Gesellschaftsrecht der Tippgemeinschaft – ein Lehrstück zur Innengesellschaft bürgerlichen Rechts, NZG 2017, S. 1–9

ders./Schmolke, Klaus Ulrich, Zum Sondervotum einzelner Vorstands- oder Aufsichtsratsmitglieder bei Stellungnahmen nach § 27 WpÜG, DB 2007, S. 95–100

ders./Schneider, Stephan, Zulässigkeit und Grenzen von Shoot-Out-Klauseln im Personengesellschafts- und GmbH-Recht, DB 2010, S. 2713–2719

Flume, Werner, Allgemeiner Teil des Bürgerlichen Rechts, Erster Band, Erster Teil, Die Personengesellschaft, Berlin, Heidelberg u.a. 1977

Forst, Gerrit/*Traut*, Johannes, Die Gesellschaft bürgerlichen Rechts mit öffentlicher Beteiligung, DÖV 2010, S. 210–217

Freidank, Carl-Christian/*Dürr*, Barbara/*Sassen*, Remmer, Entwicklung eines Haftungsmanagementsystems für den Aufsichtsrat, BB 2013, S. 2283–2288

Frieling, Roland, Forschungstransfer – Wem gehören universitäre Forschungsergebnisse?, GRUR 1987, S. 407–415

Fritzsche, Alexander, Die neuen Regeln über horizontale Kooperation im europäischen Wettbewerbsrecht, EuZW 2011, S. 208–213

Fuchs, Thomas, Der Arbeitnehmerurheber im System des § 43 UrhG, GRUR 2006, S. 561–656

Gärditz, Klaus, Die grundrechtliche Stellung der Wissenschaftlerinnen und Wissenschaftler in der Hochschulorganisation, WissR 2016, S. 349–372

Gaschler, Patrick, Whistle Blower Systeme – Unternehmen im Spannungsfeld von Pflicht und Risiken, CB 2018, S. 81–88

Geibel, Stefan J., Rechtsform und Zurechnungen zwischen Transparenz und Abschirmwirkung am Beispiel der Wissenschafts- und Forschungskooperationen, OdW 2018, S. 87–95

Geis, Max-Emanuel, Eigengesetzlichkeit als Strukturprinzip der Wissenschaft: Einige kritische Begriffsreflexionen, in: Geis, Max-Emanuel/Winkler, Markus/Bickenbach, Christian (Hrsg.), Festschrift für Friedhelm Hufen zum 70. Geburtstag, München 2015, S. 333–342 (zitiert: *Geis*, in: Geis/Winkler/Bickenbach (Hrsg.), FS Hufen 2015, S. 333,)

ders., Forschungskooperationen: Öffentliches oder Zivilrecht? – Positionsbestimmungen und Regelungszuständigkeiten, OdW 2018, S. 77–83

ders., Kommunalrecht – Ein Studienbuch, 4. Auflage, München 2016

ders., Universitäten im Wettbewerb, in: Gemeinwohl durch Wettbewerb?, VVDStRL 69 (2010), S. 364–406

ders./Madeja, Sebastian, Kommunales Wirtschafts- und Finanzrecht – Teil I, JA 2013, S. 248–256

Gern, Alfons/*Brüning*, Christoph, Deutsches Kommunalrecht, 4. Auflage, Baden-Baden 2019

Gillich, Ines, Wissenschaftsfreiheit in Gefahr?, WissR 2017, S. 234–262

Gilson, Ronald J./*Sabel*, Charles F./*Scott*, Robert E., Contract, Uncertainty, and Innovation, in: Grundmann, Stefan/Möslein, Florian/Riesenhuber, Karl (Hrsg.), Contract Governance, 2015, S. 155 ff.

Goldhammer, Michael, Grundrechtsberechtigung und -verpflichtung gemischtwirtschaftlicher Unternehmen, JuS 2014, S. 891–895

Götting, Horst-Peter, Gewerblicher Rechtsschutz, 10. Auflage, München 2014

Grunewald, Barbara, Die Auslegung von Gesellschaftsverträgen und Satzungen, ZGR 1995, S. 68–92

dies., Grenzen der Gestaltungsfreiheit bei der Einrichtung von Beiräten und der Schaffung von Vertreterklauseln im Recht der Kommanditgesellschaft, ZEV 2011, S. 283–287

Gummert, Hans /*Weipert*, Lutz (Hrsg.), Münchener Handbuch des Gesellschaftsrechts, Band 2 – Kommanditgesellschaft, GmbH & Co. KG, Publikums-KG, Stile Gesellschaft, 4. Auflage, München 2014 (zitiert: *Bearbeiter*, in: Münchener Handbuch des Gesellschaftsrechts, Bd. 2,)

Gurlit, Elke, Grundrechtsbindung von Unternehmen, NZG 2012, S. 249–255

Gustavus, Eckhart, Probleme der GmbH ohne Geschäftsführer, GmbHR 1992, S. 15–19

Gutermuth, Axel, Der neue Kartellrechtsrahmen für Forschungs- und Entwicklungsvereinbarungen, WuW 2012, S. 237–248

Haberkorn, Kurt, Können leitende Angestellte in den Aufsichtsrat gewählt werden?, AG 1964, S. 231–234

Habersack, Mathias, Wandlungen des Aktienrechts, AG 2009, S. 1–14

ders., Die Besorgung von Rechtsangelegenheiten durch beauftragte Geschäftsführer – kein Problem des RBerG?, BB 2005, S. 1695–1697

ders., Die Anerkennung der Rechts- und Parteifähigkeit der GbR und der akzessorischen Gesellschafterhaftung durch den BGH, BB 2001, S. 477–483

Hadding, Walther, Zur Rechtsfähigkeit und Parteifähigkeit der (Außen-)Gesellschaft bürgerlichen Rechts sowie zur Haftung ihrer Gesellschafter für Gesellschaftsverbindlichkeiten, ZGR 2001, S. 712–743

Harringa, Christian, Zwischen Völkerrecht und Frascati: Praktische Aspekte der Ausgestaltung internationaler Kooperationen am Deutschen Elektronen-Synchroton (DESY), OdW 2018, S. 69–74

Heintzen, Markus, Wissenschaftliche Assistenten im Angestelltenverhältnis, WissR 1997, S. 218–234

Heller, Arne, Die Einberufung von Aufsichtsratssitzungen – ein Risikofaktor?, AG 2008, S. 160–162

Hellgradt, Alexander, Abdingbarkeit der gesellschaftsrechtlichen Treuepflicht, in: v. Grundmann, Stefan/Haar, Brigitte/Merkt, Hanno et al. (Hrsg.), Festschrift für Klaus Hopt zum 70. Geburtstag, Berlin 2010, S. 765–794 (zitiert: *Hellgradt*, in: v. Grundmann/Haar/Merkt et al. (Hrsg.), FS Hopt, 2010, S. 765,)

Helm, Johann Georg/*Wagner*, Horst, Fremdgeschäftsführung und Fremdgeschäftsvertretung bei Personenhandelsgesellschaften, BB 1979, S. 225–233

Henneberger-Sudjana, Sarah/*Henneberger*, Fred, Arbeitnehmererfindungsrecht in der Schweiz und in Deutschland – anreizorientierte Strukturen?, GRUR Int. 2013, S. 985–993

Hennerkes, Brun-Hagen/*Binz*, Mark K./*May*, Peter, Die Steuerungsfunktion des Beirats in der Familiengesellschaft, DB 1987, S. 469–475

Hennrichs, Joachim, Corporate Governance und Abschlussprüfung, Zuständigkeiten, Interaktionen und Sorgfaltsanforderungen, in: Erle, Bernd/Goette, Wulf/Kleindiek, Detlef et al. (Hrsg.), Festschrift für Peter Hommelhoff zum 70. Geburtstag, Köln 2012, S. 383–400 (zitiert: *Hennrichs*, in: Erle/Goette/Kleindiek et al. (Hrsg.), FS Hommelhoff, 2012, S. 383,)

Henssler, Martin, Aufspaltung, Ausgliederung und Fremdvergabe, NZA 1994, S. 294–305

ders., Keine Organisationsfreiheit für Rechtsanwälte – Das Verbot der Rechtsanwalts-GmbH & Co. KG, NZG 2011, S. 1121–1130

ders./*Markworth*, David, Anforderungen an eine Freiberufler-GmbH & Co. KG, NZG 2015, S. 1–7

Henze, Hartwig, Leitungsverantwortung des Vorstands – Überwachungspflicht des Aufsichtsrats, BB 2000, S. 209–216

Herrmann, Christoph, Der gemeinschaftsrechtliche Begriff der Beihilfe, ZEuS 2004, S. 415–445

Hiermaier, Stefan, Leistungszentraum Nachhaltigkeit, in: Neugebauer, Reimund (Hrsg.), Ressourceneffizienz – Schlüsseltechnologien für Wirtschaft und Gesellschaft, 2017, S. 23–44

Hinterhuber, Hans H./*Minrath*, Reiner, Der Beirat einer mittelständischen Familienunternehmung, BB 1991, S. 1201–1210

Hirte, Heribert, Die aktienrechtliche Satzungsstrenge: Kapitalmarkt und sonstige Legitimationen versus Gestaltungsfreiheit, in: Lutter, Marcus/ Wiedemann, Herbert (Hrsg.), Gestaltungsfreiheit im Gesellschaftsrecht, Deutschland, Europa und USA, ZGR Sonderheft Nr. 13, Berlin 1998, S. 61–98 (zitiert: *Hirte*, Die aktienrechtliche Satzungsstrenge: Kapitalmarkt und sonstige Legitimationen versus Gestaltungsfreiheit, in: Lutter/Wiedemann (Hrsg.), ZGR Sonderheft Nr. 13, 1998, S. 61,)

ders., Das neue Genossenschaftsrecht, DStR 2007, S. 2166–2174 und 2215–2219

Hoffmann-Becking, Michael, „Holzmüller", „Gelantine" und die These von der Mediatisierung der Aktionärsrechte, ZHR 172 (2008), S. 231–238

Hoffmann-Riem, Wolfgang, Innovationsoffenheit und Innovationsverantwortung durch Recht. Aufgaben rechtswissenschaftlicher Innovationsforschung, AöR 131 (2006), S. 255–277

Hohlfeld, Matthias, Der Notgeschäftsführer der GmbH, GmbHR 1986, S. 181–185

Hold, Dieter, Verhinderung von Missbrauch bei der Arbeitnehmerüberlassung, NWB 2011, S. 2960–2967

Holland, Ludger, Kooperationen zwischen gemeinnützigen Organisationen – Neues zur Hilfsperson, DStR 2010, S. 2057–2060

Holz, Dagmar/*Kürten*, Nils/*Grabolle*, Sabine, Die Anstalt des öffentlichen Rechts als Organisations- und Kooperationsform, KommJur 2014, S. 281–286

Hommelhoff, Peter, Gestaltungsfreiheit im GmbH-Recht, in: Lutter, Marcus/ Wiedemann, Herbert (Hrsg.), Gestaltungsfreiheit im Gesellschaftsrecht, Deutschland, Europa und USA, ZGR Sonderheft Nr. 13, Berlin 1998, S. 36–60 (zitiert: *Hommelhoff*, Gestaltungsfreiheit im GmbH-Recht, in: Lutter/Wiedemann (Hrsg.), ZGR Sonderheft Nr. 13, 1998, S. 36,)

ders., Für eine wissenschaftsadäquate Kooperationsform – eine Heranführung, OdW 2018, S. 47–50

ders., Unternehmensführung in der mitbestimmten GmbH, ZGR 1978, S. 119–155

ders., Wider das Akzessorietätsdogma in der Gesellschaft bürgerlichen Rechs, ZIP 1998, S. 8–16 *ders.*, Zur Kreditüberwachung im Aufsichtsrat, in: Hadding, Walther/Immenga, Ulrich/Mertens, Hans-Joachim/Pleyer, Klemens/Schneider, Uwe (Hrsg.), Festschrift für Winfried Werner zum 65. Geburtstag, Berlin/New York, 1984, S. 315–337 (zitiert: *Hommelhoff*, in: Hadding/Immenga/Mertens/Pleyer/Schneider (Hrsg.), FS Werner, 1984, S. 315,)

ders., Die Geschäftsordnungsautonomie des Aufsichtsrats – Fragen an die Gestaltungsmacht des Satzungsgebers, BFuP 1977, S. 507–518

ders., Unternehmerische Leitungsstrukturen in der Universität?, in: Mansel, Heinz P./Pfeiffer, Thomas/Kronke, Herbert/Kohler, Christian/Hausmann, Rainer (Hrsg.), Festschrift für Erik Jayme zum siebzigsten Geburtstag, München 2004, S. 1133–1139 (zitiert: *Hommelhoff*, in: Mansel/Pfeiffer/Kronke/Kohler/Hausmann (Hrsg.), FS Jayme, 2004, S. 1133,)

ders., Die Autarkie des Aufsichtsrats – Besprechung der Entscheidung des Bundesgerichtshofs vom 15.11.1982 – II ZR 27/82, ZGR 1983, S. 551–580

ders., Satzungsstrenge und Gestaltungsfreiheit in der Europäischen Aktiengesellschaft, in: Habersack, Mathias/Hommelhoff, Peter/Hüffer, Uwe/Schmidt, Karsten (Hrsg.), Festschrift für Peter Ulmer zum 70. Geburtstag, Berlin 2003, S. 267–278 (zitiert: *Hommelhoff*, in: Habersack/Hommelhoff/Hüffer/K. Schmidt (Hrsg.), FS Ulmer, 2003, S. 267,)

ders./Schwab, Martin, Regelungsquellen und Regelungsebenen der Corporate Governance: Gesetz, Satzung, Codices, unternehmensinterne Grundsätze, in: Hommelhoff, Peter/Hopt, Klaus J./v. Werder, Axel (Hrsg.), Handbuch Corporate Governance, Köln 2003, S. 51–86 (zitiert: *Hommelhoff/Schwab*, in: Hommelhoff/Hopt/v. Werder (Hrsg.), Handbuch Corporate Governance, 2003, S. 51,)

ders./ders., Gesellschaftliche Selbststeuerung im Bilanzrecht – Standard Setting Bodies und staatliche Regulierungsverantwortung nach deutschem Recht, BFuP 1998, S. 38–56

ders./Mattheus, Daniela, Die Rolle des Abschlussprüfers bei der Corporate Governance, in: Hommelhoff, Peter/Hopt, Klaus J./v. Werder, Axel (Hrsg.), Handbuch Corporate Governance, Köln 2003, S. 639–671 (zitiert: *Hommelhoff/Mattheus*, in: Hommelhoff/Hopt/v. Werder (Hrsg.), Handbuch Corporate Governance, 2003, S. 639,)

Hueck, Götz, Drei Fragen zur Gesamthandsgesellschaft, in: Lieb, Manfred/Noack, Ulrich/Westermann, Harm Peter (Hrsg.), Festschrift für Wolfgang Zöllner zum 70. Geburtstag, Berlin/Bonn/München 1998, Band I, S. 275–294 (zitiert: *Hueck*, in: Lieb/Noack/Westermann (Hrsg.), FS Zöllner, 1998, S. 275,)

Hufen, Friedhelm, Grundrechte: Wissenschaftsfreiheit – Organisatorische Ausgestaltung der medizinischen Hochschule Hannover, JuS 2015, S. 378–380

Hüffer, Uwe, Die leitungsbezogene Verantwortung des Aufsichtsrats, NZG 2007, S. 47–54 *ders.*, Zur Holzmüller Problematik: Reduktion des Vorstandsermessens oder Grundlagenkompetenz der Hauptversammlung?, in: Habersack, Mathias/Hommelhoff, Peter/Hüffer, Uwe/Schmidt, Karsten (Hrsg.), Festschrift für Peter Ulmer zum 70. Geburtstag, Berlin 2003, S. 279–303 (zitiert: *Hüffer*, in: Habersack/Hommelhoff/Hüffer/K. Schmidt (Hrsg.), FS Ulmer, 2003, S. 279,)

Ipsen, Jörg, Staatsrecht II – Grundrechte, 20. Auflage, München 2017

Jacobsen, Hendrik, Die Unvereinbarkeit der baden-württembergischen LHG-Novelle 2014 mit Art. 5 Abs. 3 GG nach dem Hamburger-Dekanats-Beschluss, VBlBW 2014, S. 328–335

Jaeniche, Steffen, Die Dritteinflussnahme bei Personengesellschaften, München 1995

Jansen, Nils/*Michaels*, Ralf, Private Law and the State. Comparative Perceptions and Historical Observations, RabelsZ 71 (2007), S. 345–397

Jauch, Oliver, Das Wissenschaftsfreiheitsgesetz des Bundes, NVwZ 2013, S. 32–35

Junker, Abbo, Grundkurs Arbeitsrecht, 14. Auflage, München 2015

Jürgenmeyer, Michael, Satzungsklauseln über qualifizierte Beschlussmehrheiten im Aufsichtsrat der Aktiengesellschaft, ZGR 2007, S. 112–143

Kahl, Wolfgang, Die Innovationsfunktion des Rechts, ZRph 2004 (Heft 1), S. 1–8

Kahler, Ulrich, Die Rechtsfolgen von Verstößen gegen § 105 AktG, BB 1983, S. 1382–1383

Kähler, Lorenz, Private Disposition jenseits der Herrschaft des Gesetzes – zur Abdingbarkeit gesetzlicher Normen, JZ 2002, S. 181–207

ders., Begriff und Rechtfertigung abdingbaren Rechts, Tübingen 2012

Kalenborn, Tristan, Die praktische Konkordanz in der Fallbearbeitung, JA 2016, S. 6–12

Kempen, Bernhard, Die Universitäten im Zeichen der Ökonomisierung und Internationalisierung, DVBl. 2002, S. 1082–1190

Kern, Werner/*Schröder*, Hans-Horst, Forschung und Entwicklung in der Unternehmung, Reinbek bei Hamburg 1977

Keßler, Jürgen, Die Genossenschaftsreform im Lichte des Regierungsentwurfs, BB 2006, S. 561–566

Keusch, Sven/*Rotter*, Klaus, Wirksamer Beschluss über einen Abberufungsantrag gem. § 103 III, 108 AktG durch dreiköpfigen Aufsichtsrat?, NZG 2003, S. 671–674

Kiethe, Kurt, Anfechtbarer Beschluss über die Entlastung des Aufsichtsrats der AG durch unzureichende Berichterstattung, NZG 2006, S. 888–892

Kindl, Johann, Gesellschaftsrecht, 1. Auflage, Baden-Baden 2011

Kindler, Peter, Grundkurs Handels- und Gesellschaftsrecht, 8. Auflage, München 2016

Kirchhain, Christian, Vom Fördern und Gefordertsein – Auslegungsfragen zur Mittelweitergabe gemeinnütziger Förderkörperschaften, DStR 2013, S. 2141–2150

Kirchhof, Paul, Kooperationsvereinbarungen zwischen Hochschulen und Verbänden, ZRP 1976, S. 238–240

Klausing, Friedrich, Gesetz über Aktiengesellschaften und Kommanditgesellschaften auf Aktien (Aktien-Gesetz) nebst Einführungsgesetz und „amtlicher Begründung", Berlin 1937

Kleindiek, Detlef, Ordnungswidrige Liquidation durch organisierte „Firmenbestattung, ZGR 2007, S. 276–318

Klunzinger, Eugen, Grundzüge des Gesellschaftsrecht, 16. Auflage, München 2012

Koch, Jens, Gesellschaftsrecht, 10. Auflage, München 2017

ders., Keine Ermessensspielräume bei der Entscheidung über die Inanspruchnahme von Vorstandsmitgliedern, AG 2009, S. 93–101

Koeberle-Schmid, Alexander/*Groß*, Joachim/*Lehmann-Tolkmitt*, Arno, Der Beirat als Garant guter Governance im Familienunternehmen. Mit dem Vier-Stufen-Modell zum professionellen Beirat, BB 2011, S. 899–906

Koller-van Delden, Martin/*Gallini*, Dominik, Gemeinschaftsbetrieb statt Arbeitnehmerüberlassung, DStR 2017, S. 206–211

Kort, Michael, Risikomanagement nach dem Bilanzrechtsmodernisierungsgesetz, ZGR 2010, S. 440–471

Kraft, Alfons/*Kreutz*, Peter, Gesellschaftsrecht, 11. Auflage, Neuwied/Kriftel 2000

Kraßer, Rudolf, Grundlagen des zivilrechtlichen Schutzes von Geschäfts- und Betriebsgeheimnissen sowie von Know-how, GRUR 1977, S. 177–196

ders./Ann, Christoph, Patentrecht, 7. Auflage, München 2016

ders./Schricker, Gerhard, Patent- und Urheberrecht an Hochschulen: Die Verwertung von Erfindungen und urheberrechtlich geschützten Werken an Hochschulen wissenschaftlich Tätiger, Baden-Baden 1988

Krause, Rüdiger, Arbeitsrecht, 3. Auflage, Baden-Baden 2015

Krekel, Silia, Die Modelle gemeinsamer Berufung und die Zuordnung von Erfindungen – am Beispiel der Fraunhofer-Gesellschaft, in: *Mielert*, Stefanie/*Kaiser*, Lorenz (Hrsg.), Recht und Forschungsmanagement, Festschrift für Dirk-Meints Polter, Stuttgart 2007, S. 201–236

Krieger, Gerd-Werner, Zum Aufsichtsratspräsidium, ZGR 1985, S. 338–364

Kromschröder, Bernhard/*Lück*, Wolfgang, Grundsätze risikoorientierter Unternehmensüberwachung, DB 1998, S. 1573–1576

Kübler, Friedrich/*Assmann*, Heinz-Dieter, Gesellschaftsrecht – Die privatrechtlichen Ordnungsstrukturen und Regelungsprobleme von Verbänden und Unternehmen, 6. Auflage, Heidelberg 2006

Küffner, Thomas/*Rust*, Michael, Reform der Umsatzbesteuerung der öffentlichen Hand – Probleme und Lösungsansätze bei Kooperationen zweier juristischer Personen des öffentlichen Rechts, DStR 2016, S. 1633–1647

Kuhlmann, Stefan/*Holland*, Doris, Erfolgsfaktoren der wirtschaftsnahen Forschung, Heidelberg 1995

Kuhn, Wolfgang, Die Berichterstattung über Forschung und Entwicklung im Lagebericht, DStR 1993, S. 491–496

Kühnberger, Manfred, Rechnungslegung und Rechnungslegungspolitik (Teil I), DStR 2018, S. 755–760

Kumpan, Christoph, Die Governance einer Forschungskooperationsgesellschaft – Struktur, Kompetenzen und Verfahren, OdW 2018, S. 115–124

Kurr, Jochen, Einführung in die Arbeitnehmerüberlassung, JA 1996, S. 717–729

Lange, Knut Werner, Der Beirat als Element der Corporate Governance in Familienunternehmen, GmbHR 2006, S. 897–904

Lappe, Johannes, Kooperationen wissenschaftlicher Einrichtungen, Baden-Baden 2019

Lee, Roh Pin, Corporate Governance und Strukturen, in: Hanebuth, Andrea/Lee, Roh Pin/Meschke, Stephan/Nicklas, Maria (Hrsg.), Forschungskooperationen zwischen Wissenschaft und Praxis, Wiesbaden 2015, S. 37–71

dies./Meschke, Stephan/*Nicklas*, Maria, Vermarktung der Leistung von Forschungskooperationen, in: Hanebuth, Andrea/Lee, Roh Pin/Meschke, Stephan/Nicklas, Maria (Hrsg.), Forschungskooperationen zwischen Wissenschaft und Praxis, Wiesbaden 2015, S. 169–223

Lembke, Mark, AÜG-Reform 2017 – Eine Reformatio in Peius, NZA 2017, S. 1–12

ders./Ludwig, Pascal, Die Leiharbeit im Wechselspiel europäischer und nationaler Regulierung, NJW 2014, S. 1329–1335

Leuchten, Alexius, Das neue Recht der Leiharbeit, NZA 2011, S. 608–612

Leuze, Dieter, Die Urheberrechte der wissenschaftlichen Mitarbeiter, GRUR 2006, S. 552–560

Leyens, Patrick C., Comply or Explain im Europäischen Privatrecht, ZEuP 2016, S. 388–426

Linsenmaier, Wolfgang/*Kiel*, Heinrich, Der Leiharbeitnehmer in der Betriebsverfassung – „Zwei-Komponenten-Lehre“ und normzweckorientierte Gesetzesauslegung, RdA 2014, S. 135–157

Lippert, Hans-Dietrich, Wem gehören die Daten, die im Rahmen von Forschungsprojekten gewonnen werden?, in: Ahrens, Hans-Jürgen/von Bar, Christian/Fischer, Gerfried/Spickhoff, Andreas/Taupitz, Jochen (Hrsg.), Medizin und Haftung – Festschrift für Erwin Deutsch zum 80. Geburtstag, Berlin, Heidelberg,

2009, S. 359–369 (zitiert: *Bearbeiter*, in: Ahrens/von Bar/Fischer/Spickhoff/Taupitz (Hrsg.), FS Deutsch, 2009, S.)

Lorenz, Stephan, Zivilprozessuale Probleme der Zwangseinziehung von GmbH-Anteilen, DStR 1996, S. 1774–1779

Losch, Bernhard/*Radau*, Christine, Forschungsverantwortung als Verfahrensaufgabe, NVwZ 2003, S. 390 - 397

Löwisch, Manfred/*Domisch*, Jörg, Zur Anwendbarkeit des Arbeitnehmerüberlassungsgesetzes auf Personalgestellung durch juristische Personen des öffentlichen Rechts, BB 2012, S. 1408–1410

Lüdecke, Wolfgang, Erfindungsgemeinschaften, Berlin 1962

Lutter, Marcus, Organzuständigkeit im Konzern, in: Lutter, Marcus/Mertens, Joachim/Ulmer, Peter (Hrsg.), Festschrift für Walter Stimpel zum 68. Geburtstag, Berlin/New York 1985, S. 825–854 (zitiert: *Lutter*, in: Lutter/Mertens/Ulmer (Hrsg.), FS Stimpel, 1985, S. 825,)

ders., Bankenvertreter im Aufsichtsrat, ZHR 145 (1981), S. 224–251

Lux, Christina, Rechtsfragen der Kooperation zwischen Hochschule und Wirtschaft, München 2002

Mallmann, Walter/*Strauch*, Hans-Joachim, Die Verfassungsgarantie der freien Wissenschaft, Bonn/Bad Godesberg 1970

Manssen, Gerrit, Staatsrecht II – Grundrechte, 15. Auflage, München 2018

Marschner, Andreas, Die Abgrenzung der Arbeitnehmerüberlassung von anderen Formen des Personaleinsatzes, NZA 1995, S. 668–670

Martini, Mario, Rechtsfragen der Kooperation zwischen Hochschulen und Wirtschaft, NVwZ 2004, S. 713 ff.

Mayer, Markus, Geschäfts- und Betriebsgeheimnis oder Geheimniskrämerei?, GRUR 2011, S. 884–888

McGuire, Mary-Rose, Der Schutz von Know-how im System des Immaterialgüterrechts, GRUR 2016, S. 1000–1008

Medicus, Dieter, Besitzschutz durch Ansprüche auf Schadensersatz, AcP 165 (1965), S. 115–149

Merten, Detlef/*Papier*, Hans-Jürgen (Hrsg.), Handbuch der Grundrechte in Deutschland und Europa, Bd. IV, Heidelberg 2011 (zitiert: *Bearbeiter*, in: Handbuch der Grundrechte in Deutschland und Europa IV,)

Mertens, Hans Joachim, Satzungs- und Organisationsautonomie im Aktien- und Konzernrecht, ZGR 1994, S. 426–441

Mes, Peter, Arbeitsplatz und Geheimnisschutz, GRUR 1979, S. 584–593

Meschke, Stephan, Führung und Motivation von Wissenschaftlern, in: Hanebuth, Andrea/Lee, Roh Pin/Meschke, Stephan/Nicklas, Maria (Hrsg.), Forschungskooperationen zwischen Wissenschaft und Praxis, Wiesbaden 2015, S. 101–132

Meusel, Ernst-Joachim, Außeruniversitäre Forschung im Wissenschaftsrecht, Köln, Berlin, Bonn, München, 2. Auflage, 1999

Milbradt, Claudia/*Balzer*, Miriam, Arbeitnehmererfinderrecht: Die Abschaffung des Hochschullehrerprivilegs und ihre Auswirkungen auf Forschungsverträge mit Universitätskliniken, PharmR 2003, S. 378–382

Misera, Saskia, Drittmittelforschung – Chancen, Risiken und Praxisprobleme, Frankfurt am Main u.a. 2010

Möffert, Franz-Josef, Der Forschungs- und Entwicklungsvertrag, 3. Auflage, München 2008

Molnár-Gábor, Fruzsina/*Korbel*, Jan O., Verarbeitung von Patientendaten in der Cloud – Die Freiheit translationaler Forschung und der Datenschutz in Europa, ZD 2016, S. 274–281

Möslein, Florian, Dispositives Recht – Zwecke, Strukturen und Methoden, Tübingen 2011

ders., Grenzen unternehmerischer Leitungsmacht im marktoffenen Verband – Aktien- und Übernahmerecht, Rechtsvergleich und europäischer Rahmen, Berlin 2007

ders., Privatrechtliche Regelsetzungsfragen der wissenschaftlichen Kooperationsform: Angebot des Gesetzgebers oder selbstgestaltetes Recht?, OdW 2018, S. 99–111

Mülbert, Peter, Shareholder Value aus rechtlicher Sicht, ZGR 1997, S. 129–172

Müller, Klaus J./*Wolff*, Reinmar, Verlagerung von Zuständigkeiten auf den Beirat der GmbH, GmbHR 2003, S. 810–817

Müller-Graff, Peter-Christian, Das „Soft-Law" der europäischen Organisationen, EuR 2012, S. 18–34

Natelski, Karl, Der Schutz des Betriebsgeheimnisses, GRUR 1957, S. 1–8

Neubauer, Caroll H., Universität und Industrie – Die Lebensader für Innovationen, Freiburger Universitätsblätter, 2016, S. 167–175

Neuling, Jasper, Präsenzpflicht in der Bilanzsitzung des Aufsichtsrats, AG 2002, S. 610–614

Nicklisch, Fritz, Kooperation und Risikoverteilung bei FuE-Verträgen, in: Nicklisch (Hrsg.), Forschungs- und Entwicklungsverträge in Wissenschaft und Technik, Heidelberg 2003, S. 5–16

Niedzela-Schmutte, Andrea, Miterfindungen in Forschungs- und Entwicklungskooperationen, Frankfurt am Main 1998

Nitschke, Manfred, Die kapitalistisch strukturierte Personengesellschaft, Bielefeld 1970

Nonnenmacher, Rolf/*Wemmer*, Dieter/*v. Werder*, Axel, Anforderungen an Prüfungsausschüsse, DB 2016, S. 2826–2836

Nothhelfer, Robert/*Bacher*, Urban, Herausforderungen für das Compliance Management in Start-Up-Unternehmen, CCZ 2016, S. 64–69

OECD, Die Messung wissenschaftlicher und technischer Fähigkeiten, Allgemeine Richtlinien für statistische Übersichten in Forschung und experimenteller Entwicklung, Frascati-Handbuch 1980 (Übersetzung herausgegeben vom BMFT), Bonn 1982

Oetker, Hartmut, Das Dauerschuldverhältnis und seine Beendigung: Bestandsaufnahme und kritische Würdigung einer tradierten Figur der Schuldrechtsdogmatik, Tübingen 1994

Ohly, Ansgar, Der Geheimnisschutz im deutschen Recht: heutiger Stand und Perspektiven, GRUR 2014, S. 1–12

Oritz, André, Kooperation zwischen Unternehmen und Universitäten, Wiesbaden 2012

Pauly, Walter/*Schüler*, Yvonne, Der Aufsichtsrat kommunaler GmbHs zwischen Gemeindewirtschafts- und Gesellschaftsrecht, DÖV 2012, S. 339–346

Plagemann, Nikolaus, Der Aufsichtsratsausschuss für Integrität, Unternehmenskultur und Unternehmensreputation am Beispiel des Integritätsausschusses der Deutschen Bank AG, NZG 2013, S. 1293–1299

Potacs, Michael, Effet utile als Auslegungsgrundsatz, EuR 2009, S. 465–488

Priester, Hans-Joachim/*Mayer*, Dieter/*Wicke*, Hartmut (Hrsg.), Münchener Handbuch des Gesellschaftsrechts, Band 3, Gesellschaft mit beschränkter Haftung, 5. Auflage, Hamburg/München 2018 (zitiert: *Bearbeiter*, in: Münchener Handbuch des Gesellschaftsrechts, Bd. 3,)

Raisch, Peter, Zum Begriff und Bedeutung des Unternehmensinteresses als Verhaltensmaxime von Vorstands- und Aufsichtsratsmitgliedern in: Fischer, Robert (Hrsg.), Strukturen und Entwicklungen im Handels-, Gesellschafts- und Wirtschaftsrecht, Festschrift für Wolfgang Hefermehl zum 70. Geburtstag, München 1976, S. 347–364 (zitiert: *Raisch*, in: Fischer (Hrsg.), FS Hefermehl, 1976, S. 347,)

Raiser, Thomas/*Veil*, Rüdiger, Recht der Kapitalgesellschaften, 5. Auflage, München 2009

Rast, Florian, Perspektiven der Förderung sozialen und nachhaltigen Unternehmertums im Rahmen des EU-Beihilfenrechts – zugleich ein Beitrag zum Kriterium der Selektivität, EWS 2018, S. 142–148

Redeke, Julian, Zur gerichtlichen Kontrolle der Angemessenheit der Informationsgrundlage im Rahmen der Business Judgment Rule nach § 93 Abs. 1 Satz 2 AktG, ZIP 2011, S. 59–64

Reetz, Alexander, Erfindungen an Hochschulen, Bonn 2006

Reichert, Jochem, Der Beirat als Element der Organisationsverfassung einer Familiengesellschaft, in: Grunewald, Barbara/Westermann, Harm Peter (Hrsg.), Festschrift für Georg Maier-Reimer zum 70. Geburtstag, München 2010, S. 543–556 (zitiert: *Reichert*, in: Grunewald/Westermann (Hrsg.), FS Maier-Reimer, 2010, S. 543,)

Reif, Peter/*Röck*, Sarah, Anm. zu BGH, Beschluss vom 07.06.2010 – II ZR 210/09 (OLG Bremen), NZG 2010, S. 1381, LMK 2011, 312786

Reuter, Dieter, Der Beirat der Personengesellschaft, in: Baur, Jürgen F./Hopt, Klaus J./Mailänder, K. Peter (Hrsg.), Festschrift für Ernst Steindorff zum 70. Geburtstag, Berlin u.a. 1993, S. 229–247 (zitiert: *Reuter*, in: Baur/Hopt/Mailänder (Hrsg.), FS Steindorff, 1993, S. 229,)

Richter, Rudolf/*Furubotn*, Eirik, Neue Institutionenökonomik, 4. Auflage, Tübingen 2010

Richter, Andreas (Hrsg.)/v. *Campenhausen*, Axel/*Hof*, Hagen/*Jakob*, Dominique/*Richter*, Andreas/*Römer*, Stephan/*Spiegel*, Harald/*Stumpf*, Christoph (Bearbeiter), Stiftungsrechtshandbuch, 4. Auflage, München 2014 (zitiert: *Bearbeiter*, in: v. Campenhausen/Stumpf, Stiftungsrechtshandbuch,)

Richter, Wolfgang, Der Kapitalmarkt und sein Gesellschaftsrecht – Überlegungen zu einem kapitalmarktgemässen Gesellschaftsrecht börsennotierter Gesellschaften, ZHR 172 (2008), S. 419–457

Rödel, Vera Angela Karoline, Rechts- und Planungsunsicherheit durch die drohende Gesamtnichtigkeit beihilfegewährender Forschungs- und Entwicklungsverträge!? Ausweg durch den Entwurf von Klauseln für die Praxis, PharmR 2014, S. 141–148

Röller, Jürgen (Hrsg.)/*Küttner*, Wolfdieter (Begr.), Personalbuch 2017 – Arbeitsrecht, Lohnsteuerrecht, Sozialversicherungsrecht, 24. Auflage, München 2018 (zitiert: *Bearbeiter*, in: Küttner, Personalbuch,)

Römermann, Volker, Die PartG mbB – eine neue attraktive Rechtsform für Freiberufler, NJW 2013, S. 2305–2310

Rosenberger, Hans-Peter, Verträge über Forschung und Entwicklung, Köln 2010

ders., Die neue Gruppenfreistellungsverordnung für Forschungs- und Entwicklungsvereinbarungen im Vergleich zu ihrer Vorgängerin, GRUR 2012, S. 721–734

Roth, Markus, Information und Organisation des Aufsichtsrats, ZGR 2012, S. 343–381

Ruchatz, Ulrich, Praxisprobleme der Entlastung des Geschäftsführers bei bestehendem D&O-Versicherungsschutz, GmbHR 2016, S. 681–686

Rupprath, Philip, Die Rechte an den Ergebnissen aus Forschungs- und Entwicklungsprojekten im Siebten Forschungsrahmenprogramm, Frankfurt am Main 2011

Saenger, Ingo, Gesellschaftsrecht, 4. Auflage, München 2018

Sandberger, Georg, Gestaltungsfragen bei Forschungs- und Entwicklungsverträgen, in: Nicklisch, Fritz (Hrsg.), Forschungs- und Entwicklungsverträge in Wissenschaft und Technik, Heidelberg 2003, S. 17–28

Sanders, Anne, Der Beirat als Instrument der Family Business Governance in der Entwicklung des Familienunternehmens, NZG 2017, S. 961–968

Schäfer, Carsten, Gesellschaftsrecht, 4. Auflage, München 2015

ders., Die Binnenhaftung von Vorstand und Aufsichtsrat nach der Renovierung durch das UMAG, ZIP 2005, S. 1253–1259

Schäfer, Hans/*Missling*, Patrick J., Forschungs- und Entwicklungsallianzen in der Rechtspraxis, NZG 2002, S. 1081–1086

Schaub, Günter (Begr.)/*Koch*, Ulrich (Hrsg.), Arbeitsrecht von A-Z – verständlich, übersichtlich, klar, 22. Auflage, München 2018 (zitiert: *Bearbeiter*, in: Schaub/ Koch, Arbeitsrecht von A-Z,)

Scheffler, Eberhard, in: Lanfermann, Josef (Hrsg.), Internationale Wirtschaftsprüfung: Festschrift für Hans Havermann zum 65. Geburtstag, Düsseldorf 1995, S. 651–680 (zitiert: *Scheffler*, in: Lanfermann (Hrsg.), FS Havermann, 1995, S. 651,)

Schewiola, Sascha, Der neue Anwendungsbereich des Arbeitnehmerüberlassungsgesetzes (AÜG) – Wann liegt eine „wirtschaftliche Tätigkeit" i.S.v. § 1 Abs. 1 S. 1 AÜG vor?, ArbRB 2013, S. 182–184

Schiffer, Talisso/*Wurzel*, Gabriele, Weisungsrecht des Stadtrats gegenüber seinen Vertretern im Aufsichtsrat eines kommunalen Versorgungsbetriebs, KommJur 2012, S. 52–54

Schillo, Franz-Josef, Der Einsatz des Ordnungswidrigkeitenrechts gegen Unternehmen – Aktuelle Entwicklungen und Folgen, StRR 2011, S. 175 ff.

Schlitt, Christian, Der aktive Aufsichtsratsvorsitzende, DB 2005, S. 2007–2013

Schmeißer, Nikolai/*Zirkel*, Markus P., Forschungs- und Entwicklungsverträge – Rechtliche Einordnung und vertragliche Gestaltung, MDR 2003, S. 849–853

Schmidt, Christoph, Die Abbildung pharmazeutischer Forschung und Entwicklung in der HGB- und Steuerbilanz, DStR 2014, S. 544–551

Schmidt, Karsten, Gesellschaftsrecht, 4. Auflage, Köln/Berlin/Bonn/München 2002

ders., „Anwachsung": Was ist das, und ... gibt es das noch? Gedanken zu § 738 Abs. 1 Satz 1 BGB vor dem Hintergrund der „Gesamthandsdiskussion", in: Baums, Theodor/Lutter, Marcus/Schmidt, Karsten/Wertenbruch, Johannes (Hrsg.), Festschrift für Ulrich Huber zum siebzigsten Geburtstag, Tübingen 2006, S. 969–996 (zitiert: *K. Schmidt*, in: Baums/Lutter/Schmidt/Wertenbruch (Hrsg.), FS Huber, 2006, S. 969,)

ders., Anmerkung zu BGH, Beschluss vom 7.6.2010 – II ZR 210/09, JuS 2011, S. 179–181

ders., GmbH-Reform auf Kosten der Geschäftsführer? Zum (Un-)Gleichgewicht zwischen Gesellschaftsrisiko und Geschäftsführerrisiko im Entwurf eines MoMiG und in der BGH-Rechtsprechung, GmbHR 2008, S. 449–457 *ders.*, Die BGB-Außengesellschaft: rechts- und parteifähig – Besprechung des Grundlagenurteils II ZR 331/00 vom 29.1.2001, NJW 2001, S. 993–1003

Schmidt, Thorsten Ingo, Kommunalrecht, 2. Auflage, Tübingen 2014

Schmidt-Aßmann, Eberhard, Die Wissenschaftsfreiheit nach Art. 5 Abs. 3 GG als Organisationsrecht, in: Becker, Bernd/Bull, Hans Peter/Seewald, Otfried (Hrsg.), Festschrift für Werner Thieme zum 70. Geburtstag, Köln u.a. 1993, S. 697–711 (zitiert: *Schmidt-Aßmann*, in: Becker/Bull/Seewald (Hrsg.), FS Thieme, 1993, S. 697,)

Schmoch, Ulrich, Interaktion von Hochschulen und Unternehmen: Neue Formen der Wissensproduktion oder Clash der Kulturen?, in: Strübing, Jörg/Schulz-Schaeffer, Ingo/Meister, Martin/Gläser, Jochen (Hrsg.), Kooperationen im Niemandsland, Opladen 2004, S. 189–209

Schneider, Ingrid, Innovationsfreiheit- und Innovationsverantwortung: Geistiges Eigentum und öffentliche Ziele, in: Eifert/Hoffmann-Riem (Hrsg.), Geistiges Eigentum und Innovation, Innovation und Recht I, Berlin 2008, S. 310–353

Schneider, Sven H., Unternehmerische Entscheidungen als Anwendungsvoraussetzung für die Business Judgement Rule, DB 2005, S. 707–712

Schockenhoff, Martin, Geheimnisschutz bei Aktiengesellschaften mit Beteiligung der öffentlichen Hand, NZG 2018, S. 521–528

Scholderer, Frank, Unabhängigkeit und Interessenkonflikte der Aufsichtsratsmitglieder – Systematik, Kodexänderungen, Konsequenzen, NZG 2012, S. 168–176

Scholz, Rupert, Pressefreiheit und Arbeitsverfassung, Berlin 1978

Schröder, Friedrich, Die steuerbegünstigte und steuerpflichtige GmbH bei Non-Profit-Organisationen (Gründung, Ausgliederung und Hilfspersonen) – Teil I, DStR 2004, S. 1815–1819

Schröder, Meinhard, Die Je-desto-Formel des Bundesverfassungsgerichts in der Esra-Entscheidung und ihre Bedeutung für Grundrechtsabwägungen, DVBl. 2008, S. 146–150

Schülke, Thilo, Zur Aktivierbarkeit selbstgeschaffener immaterieller Vermögensgegenstände, DStR 2010, S. 992–998

Schulte, Knut/*Schwindt*, Karl-Heinz/*Kuh*, Christian, Joint Ventures – Nationale und internationale Gemeinschaftsunternehmen, München 2009

Schulte, Norbert/*Sieger*, Jürgen J., „Russian Roulette“ und „Texan Shoot Out“ – Zur Gestaltung von radikalen Ausstiegsklauseln in Gesellschaftsverträgen von Joint-Venture-Gesellschaften, NZG 2005, S. 24–31

Schulze, Gernot, Die Übertragungszwecklehre – Auslegungsregel und Inhaltsnorm?, GRUR 2012, S. 993–996

Schulz, Florian, Berichterstattung zur Diskussion im Anschluss an den Vortrag von Christian Harringa, Administrativer Direktor am Deutschen Elektronen-Synchroton (DESY), OdW 2018, S. 75–76

Schulze, Marcel, Materialen zum Urheberrechtsgesetz, Band 1, 2. Auflage, Weinheim u.a. 1997

Schunk, Martin, Kooperationen zwischen gemeinnützigen Körperschaften und das Unmittelbarkeitsgebot nach § 57 AO, Hamburg 2014

Schüppen, Matthias, To comply or not to comply – that´s the question! „Existenzfragen“ des Transparenz- und Publizitätsgesetzes im magischen Dreieck kapitalmarktorientierter Unternehmensführung, ZIP 2002, S. 1269–1279

Schütz, Robert/*Runte*, Julia, Das Ehrenamtsstärkungsgesetz – neue Impulse für den Non-Profit-Bereich?, DStR 2013, S. 932–936

Schwendinger, Gerd, Beihilfenrechtskonformer Umgang mit geistigem Eigentum in der Auftragsforschung, GRUR 2013, S. 447–456

Schwipper, Markus/*Panzer-Heemeier*, Andrea, Gewillkürter Gemeinschaftsbetrieb unter Verwendung einer Personalsführungsgesellschaft, DB 2017, S. 1584–1591

Seckelmann, Margrit, „Föderalismusreform III“ im Wissenschaftsbereich? – zur aktuellen Neuordnung der föderalen Kooperation, NVwZ 2015, S. 248 – 252

Seel, Henning-Alexander, Neue Risiken bei der Arbeitnehmerüberlassung – „Gemeinschaftsbetrieb“ als Alternative?, öAT 2017, S. 48–51

Selter, Wolfgang, Die Pflichten von Aufsichtsratsmitgliedern zur eigenständigen Risikoanalyse, NZG 2012, S. 660–662

Servatius, Bernhard, Ordnungsgemäße Vorstandskontrolle und vorbereitende Personalauswahl durch den Aufsichtsratsvorsitzenden, AG 1995, S. 223–225

Sigle, Walter, Beiräte, NZG 1998, S. 619–622

Simons, Cornelius/*Hanloser*, Marlene, Vorstandsvorsitzender und Vorstandssprecher, AG 2010, S. 641–648

Sodan, Helge/*Ziekow*, Jan, Grundkurs öffentliches Recht – Staats- und Verwaltungsrecht, 8. Auflage, München 2018

Soltész, Ulrich, Das neue europäische Beihilferecht, NJW 2014, S. 3128–3133

Spiegelberger, Sebastian, Die Familien-GmbH & Co. KG, ZEV 2003, S. 391–399

Spindler, Gerald, Regeln für börsennotierte vs Regeln für geschlossene Gesellschaften – Vollendung des Begonnenen?, AG 2008, S. 598–604

ders., Prognosen im Gesellschaftsrecht, AG 2006, S. 677–689

ders., Big Data und Forschung mit Gesundheitsdaten in der gesetzlichen Krankenversicherung, MedR 2016, S. 691–699

ders., Miturhebergemeinschaft und BGB-Gemeinschaft, in: Ohly, Ansgar/Bodewig, Theo/Dreier, Thomas/Götting, Horst-Peter/Haedicke, Maximilian W./Lehmann, Michael (Hrsg.), Perspektiven des Geistigen Eigentums und des Wettbewerbsrechts, Festschrift für Gerhard Schricker zum 70. Geburtstag, 1. Auflage, München 2005, S. 539–558 (zitiert: *Spindler*, in: Ohly/Bodewig/Dreier/Götting/Haedicke/Lehmann (Hrsg.), FS Schricker, 2005, S. 539,)

Steding, Rolf, Der Förderzweck – nach wie vor punctum saliens der genossenschaftlichen Rechtsform? – Ein Diskussionsbeitrag zu einem fundamentalen Aspekt der Reform des GenG, ZfgG 51 (2001), S. 131–138

Steinbeck, Anja, Vereinsautonomie und Dritteinfluß – Dargestellt an den Verbänden des Sports, Berlin 1999

Steinhaus, Jörg, Gesetze mit Verfallsdatum – ein Instrument des Bürokratieabbaus?, Münster 2008

Steinmeyer, Heinz-Dietrich, Was bedeutet „vorübergehend"? – Die neue Grundsatzfrage des deutschen Arbeitsrechts, DB 2013, S. 2740–2744

Streim, Hannes/*Klaus*, Hans, Zur Rechnungslegung, Prüfung und Publizität der GmbH & Co. KG, BB 1994, S. 1109–1116

Theisen, Manuel René, Die Rechtsprechung zum MitbestG 1976 – eine vierte Zwischenbilanz, AG 1998, S. 153–170

Thiele, Markus, Die Erstautorenschaft bei wissenschaftlichen Publikationen, GRUR 2004, S. 392–395

Thümmel, Roderich C., Möglichkeiten und Grenzen der Kompetenzverlagerung auf Beiräte in der Personengesellschaft und der GmbH, DB 1995, S. 2461–2465

Thüsing, Gregor/*Thieken*, Jan, Der Begriff der „wirtschaftlichen Tätigkeit" im neuen AÜG, DB 2012, S. 347–350

Trute, Hans-Heinrich, Die Forschung zwischen grundrechtlicher Freiheit und staatlicher Institutionalisierung – Das Wissenschaftsrecht als Recht kooperativer Verwaltungsvorgänge, Tübingen 1994

Ulf, Johann, Zur IP-Strategie von Forschungsorganisationen, in: Mielert, Stefanie/Kaiser, Lorenz (Hrsg.), Recht und Forschungsmanagement, Festschrift für Dirk Polter, Stuttgart 2007, S. 19–50

Ullmann, Elke, Das urheberrechtlich geschützte Arbeitsergebnis – Verwertungsrecht und Vergütungspflicht, GRUR 1987, S. 6–14

Ulmer, Peter, Zur Anlegerhaftung in geschlossenen (Alt-)Immobilienfonds, ZIP 2005, S. 1341–1346

Ulrici, Bernhard, Das Recht am und auf das Arbeitsergebnis, RWiss 2015, S. 318–334

ders., Vermögensrechtliche Grundfragen des Arbeitnehmerurheberrechts, Tübingen 2008

ders., Das Recht am Arbeitsergebnis, RdA 2009, S. 92–99

Ulsenheimer, Stefan, Die zwischenbetriebliche Forschungs- und Entwicklungskooperation, Frankfurt am Main, 2002

v. Bonin, Anna, Die Einheits-GmbH & Co. KG in der notariellen Praxis, RNotZ 2017, S. 1–16 *v. Falck*, Andreas/*Schmaltz*, Christiane, Hochschulerfindungen: Zuordnung und Vergütung in Deutschland, den Niederlanden, Frankreich, Großbritannien, den USA und Japan, GRUR 2004, S. 469–474

v. Gierke, Otto, Deutsches Privatrecht, Band I, Allgemeiner Teil und Personenrecht, Leipzig 1895, Neudruck 1936

v. Holt, Thomas/*Koch*, Christian, Gemeinnützige GmbH, 3. Auflage, München 2015

v. Schenck, Kersten, Der Aufsichtsrat und sein Vorsitzender – eine Regelungslücke, AG 2010, S. 649–657

v. Werder, Axel/*Wieczorek*, Bernd J., Anforderungen an Aufsichtsratsmitglieder und ihre Nominierung, DB 2007, S. 297–303

Wagner, Hellmut, Forschungsfreiheit und Regulierungsdichte, NVwZ 1998, S. 1235–1241

Wagner, Jens, Aufsichtsratssitzung in Form der Videokonferenz – Gegenwärtiger Stand und mögliche Änderungen durch das Transparenz- und Publizitätsgesetz, NZG 2002, S. 57–64

Wälholz, Eckhard, Der Beirat im mittelständischen Unternehmen – Chancen, Grenzen und Probleme, DStR 2003, S. 511–515

Waltermann, Raimund, Arbeitsrecht, 18. Auflage, München 2016

Wandtke, Artur-Axel, Urheberrecht, 6. Auflage, Berlin/Boston 2017

Wank, Rolf, Änderungen im Leiharbeitsrecht, RdA 2017, S. 100–115

Weidmann, Christina/*Kohlhepp*, Ralf, Rechtsprechung zum Gemeinnützigkeitsrecht 2014 – Entscheidungen der Finanzgerichte und des Bundesfinanzhofs, DStR 2015, 1273–1286

dies./ders., Die gemeinnützige GmbH – Errichtung, Geschäftstätigkeit und Besteuerung einer GmbH, 3. Auflage, Wiesbaden 2014

Weipert, Lutz/*Oepen*, Klaus, Der Beirat in Organersatzfunktion bei der Kommanditgesellschaft, ZGR 2012, S. 585–605

Weitemeyer, Birgit, Die Entlastung im Aktienrecht, ZGR 2005, S. 280–308

Weitnauer, Wolfgang, Handbuch Venture Capital – Von der Innovation zum Börsengang, 6. Auflage, München 2019 (zitiert: *Bearbeiter*, in: Weitnauer, Handbuch Venture Capital,)

Wellbrock, Rita, Datenschutzrechtliche Aspekte des Aufbaus von Biobanken für Forschungszwecke, MedR 2003, S. 77–82

Wendt, Rudolf/*Weth*, Stephan, Zukunft der deutschen Hochschulen? – Versuch einer Antwort anhand der Entscheidung des Bundesverfassungsgerichts vom 24.06.2014 – 1 BvR 3217/07, JM 2015, S. 290–298

Werner, Rüdiger, Kautelarjuristische Strategien zur Trennung zerstrittener Gesellschafter, GmbHR 2005, S. 1554–1557

Werner, Horst Siegfried, Rechtsfragen der Miturhebergemeinschaften, BB 1982, S. 280–282

Wicke, Hartmut, Mehrheitsentscheidungen in Personengesellschaften, MittBayNot 2017, S. 125–130

ders., Corporate Governance-Fragen in der Kautelarjurisprudenz kleiner und mittelgroßer Unternehmen, ZGR 2012, S. 450–488

ders., Kontinuität und Wandel im Recht der GmbH, MittBayNot 2011, S. 23–32

Wiedemann, Herbert, Gesellschaftsrecht, Band I, Grundlagen, München 1980

ders., Gesellschaftsrecht, Band II, Recht der Personengesellschaften, München 2004

ders., Aufgaben und Grenzen der unternehmerischen Mitbestimmung der Arbeitnehmer, BB 1978, S. 5–12

Wiedemann, Herbert/*Schultz*, Oliver, Grenzen der Bindung bei langfristigen Kooperationen, ZIP 1999, S. 1–12

Wigand, Klaus/*Haase-Theobald*, Cordula/*Heuel*, Markus/*Stolte*, Stefan, Stiftungen in der Praxis, 4. Auflage, Wiesbaden 2015

Windbichler, Christine, Gesellschaftsrecht – Ein Studienbuch, 24. Auflage, München 2017

dies., Empfehlen sich besondere Regeln für börsennotierte und für geschlossene Gesellschaften?, JZ 2008, S. 840–846

dies., Zur Trennung von Geschäftsführung und Kontrolle bei amerikanischen Großgesellschaften, ZGR 1985, S. 50–73

Winzer, Wolfgang, Forschungs- und Entwicklungsverträge, 2. Auflage, München 2011

Wirth, Gerhard, Anforderungsprofil und Inkompatibilitäten für Aufsichtsratsmitglieder, ZGR 2005, S. 327–347

Wissenschafsrat, Allgemeine Empfehlungen zur Universitätsmedizin, 2007

Wolf, Manfred/*Neuner*, Jörg, Allgemeiner Teil des Bürgerlichen Rechts, 11. Auflage, München 2016

Wolff, Johanna, Der neue Artikel 91b GG – Erweiterte Kooperation im Wissenschaftsföderalismus, DÖV 2015, S. 771–780

Wolff, Hans J./*Bachhoff*, Otto/*Stober*, Rolf/*Kluth*, Winfried, Verwaltungsrecht II, 7. Auflage, München 2010

Wörlen, Rainer/*Kokemoor*, Axel, Arbeitsrecht – Lernbuch, Strukturen, Übersichten, 12. Auflage, München 2017

Wüst, Günther, Gestaltungsfreiheit und Typenkatalog im Gesellschaftsrecht, in: Pawlowski, Hans-Martin (Hrsg.), Festschrift für Konrad Duden zum 70. Geburtstag, München 1977, S. 749–771 (zitiert: *Wüst*, in: Pawlowski, FS Duden, 1977, S. 749,)

Wybitul, Tim, „Whistleblowing" – datenschutzkonformer Einsatz von Hinweisgebersystemen? Für und Wider zum rechtskonformen Betrieb, ZD 2011, S. 118–122

ders., Wie viel Arbeitnehmerdatenschutz ist „erforderlich"?, BB 2010, S. 1085–1089

Ziekow, Jan, Öffentliches Wirtschaftsrecht, 4. Auflage, München 2016

Zirkel, Markus, Innovation durch Vertragsforschung, in: Mielert, Stefanie/Kaiser, Lorenz (Hrsg.), Recht und Forschungsmanagement, Festschrift für Dirk-Meints Polter, Stuttgart 2007, S. 51–76 (zitiert: *Zirkel*, in: Mielert/Kaiser (Hrsg.), FS Polter, 2007, S. 51,)

Zöbeley, Anna, Die Partnerschaftsgesellschaft mit beschränkter Berufshaftung in der notariellen Praxis, RNotZ 2017, S. 341–365

Zöllner, Wolfgang, Die Schranken mitgliedschaftlicher Stimmrechtsmacht bei den privatrechtlichen Personenverbänden, München 1963

II. Kommentare

Ahlberg, Hartwig/*Götting*, Horst-Peter (Hrsg.), Beck´scher Online-Kommentar zum Urheberrecht, 18. Edition, Stand: 01.11.2017 (zitiert: *Bearbeiter*, in: BeckOK zum UrhG,)

Altmeppen, Holger/*Roth*, Günther H. (Hrsg.), Gesetz betreffend die Gesellschaft mit beschränkter Haftung, 8. Auflage 2015 (zitiert: *Bearbeiter*, in: Roth/Altmeppen, GmbHG,)

Bader, Johann/*Ronellenfitsch*, Michael (Hrsg.), Beck´scher Online-Kommentar zum VwVfG, 41. Edition, Stand: 01.10.2018 (zitiert: *Bearbeiter*, in: BeckOK zum VwVfG,)

Bamberger, Georg/*Roth*, Herbert/*Hau*, Wolfgang/*Poseck*, Roman, Beck´scher Online-Kommentar zum BGB, 43. Edition, Stand: 15.06.2017 (zitiert: *Bearbeiter*, in: BeckOK zum BGB,)

Bartenbach, Kurt/*Volz*, Franz-Eugen (Hrsg.), Kommentar zum Arbeitnehmererfindungsgesetz, 5. Auflage 2013 (zitiert: *Bearbeiter*, in: Bartenbach/Volz, ArbNErfG,)

Baumbach, Adolf (Begründer)/*Hueck*, Alfred (Fortführer)/*Beurskens*, Michael/*Fastrich*, Lorenz/*Haas*, Ulrich/*Kersting*, Christian/*Noack*, Ulrich/*Servatius*, Wolfgang (Bearbeiter), Kommentar zum Gesetz betreffend die Gesellschaft mit beschränkter Haftung, 22. Auflage 2019 (zitiert: *Bearbeiter*, in: Baumbach/Hueck, GmbHG,)

Baumbach, Adolf (Begründer)/*Kumpan*, Christoph/*Markt*, Hanno/*Roth*, Markus (Bearbeiter), Kommentar zum Handelsgesetzbuch, 38. Auflage 2018 (zitiert: *Bearbeiter*, in: Baumbach/Hopt, HGB,)

Bayer, Walter/*Hommelhoff*, Peter/*Kleindiek*, Detlef (Bearbeiter), Kommentar zum GmbH-Gesetz, 20. Auflage 2020 (zitiert: *Bearbeiter*, in: Lutter/Hommelhoff, GmbHG,)

Benkard, Georg (Begründer), Kommentar zum Patentgesetz, Gebrauchsmustergesetz und Patentkostengesetz, 11. Auflage 2015 (zitiert: *Bearbeiter*, in: Benkard,)

Beuthien, Volker (Hrsg.), Genossenschaftsgesetz, 15. Auflage 2011 (zitiert: *Bearbeiter*, in: Beuthien, GenG,)

Boecken, Winfried/*Düwell*, Franz Josef/*Diller*, Martin/*Hanau*, Hans (Hrsg.), Gesamtes Arbeitsrecht, 1. Auflage 2016 (zitiert: *Bearbeiter*, in: Boecken/Düwell/Diller/Hanau, Gesamtes Arbeitsrecht,)

Boemke, Burkard/*Kursawe*, Stefan (Hrsg.), Kommentar zum Gesetz über Arbeitnehmererfindungen, 1. Auflage 2015 (zitiert: *Bearbeiter*, in: Boemke/Kursawe, ArbNErfG,)

ders./Lembke, Mark, Kommentar zum Arbeitnehmerüberlassungsgesetz, 3. Auflage 2013 (zitiert: *Bearbeiter*, in: Boemke/Lembke, AÜG,)

Calliess, Christian/*Ruffert*, Matthias (Hrsg.), EUV/AEUV Kommentar, 5. Auflage 2016 (zitiert *Bearbeiter*, in: Calliess/Ruffert,)

Däubler Wolfgang/*Hjort*, Jens Peter/*Schubert*, Michael/ *Wolmerath*, Martin, Individualarbeitsrecht mit kollektiven Bezügen, Handkommentar, 4. Auflage 2017 (zitiert: *Bearbeiter*, in: Däubler/Hjort/Schubert/Wolmerath, ArbR,)

Dreier, Horst (Hrsg.), Grundgesetz-Kommentar, Bd. I, 3. Auflage 2013 (zitiert: *Bearbeiter*, in: Dreier, GG Bd. I,)

Dreier, Thomas/*Schulze*, Gernot, Kommentar zum Urheberrechtsgesetz, 5. Auflage 2015 (zitiert: *Bearbeiter*, in: Dreier/Schulze, UrhG,)

Düwell, Franz Josef, Handkommentar zum Betriebsverfassungsgesetz, 5. Auflage 2018 (zitiert: *Bearbeiter*, in: Düwell, BetrVG,)

Ebenroth, Carsten Thomas/*Boujong*, Karlheinz (Begründer)/*Joost*, Detlev (Begründer und Hrsg.)/*Strohn*, Lutz (Hrsg.), Kommentar zum Handelsgesetzbuch, Band 1, §§ 1 – 342e, 3. Auflage 2014 (zitiert: *Bearbeiter*, in: Ebenroth/Boujong/Joost/Strohn, HGB,)

Eichmann, Helmut/*Kühne*, Marcus/*von Falckenstein*, Roland, Kommentar zum Designgesetz, 5. Auflage 2015 (zitiert: *Bearbeiter*, in: Eichmann/von Falckenstein/Kühne, DesignG,)

Epping, Volker/*Hillgruber*, Christian, Beck'scher Online-Kommentar zum Grundgesetz, 33. Edition, Stand: 01.06.2017 (zitiert: *Bearbeiter*, in: BeckOK Grundgesetz,)

Fitzner, Uwe/*Lutz*, Raimund/*Bodewig*, Theo, Beck´scher Online-Kommentar zum Patentrecht, 7. Edition, Stand: 03.01.2018 (zitiert: *Bearbeiter*, in: BeckOK zum PatG,)

Fleischer, Holger/*Goette*, Wulf, Münchener Kommentar zum GmbHG, Band 1, 3. Auflage 2018 (zitiert: *Bearbeiter*, in: MüKo zum GmbHG,)

Fromm, Jan Bernd/*Nordemann*, Axel, Urheberrecht, Kommentar zum Urheberrechtsgesetz, zum Verlagsgesetz und zum Urheberrechtswahrnehmungsgesetz, 11. Auflage 2014 (zitiert: *Bearbeiter*, in: Fromm/Nordemann, UrhR,)

Fuhrmann, Lambertus/*Linnerz*, Markus/*Pohlmann*, Andreas (Hrsg.), Deutscher Corporate Governance Kodex, Kommentar, 2016 (zitiert: *Bearbeiter*, in: Furhmann/Linnerz/Pohlmann (Hrsg.), DCGK,)

Goette, Wulf/*Habersack*, Mathias/*Kalss*, Susanne, Münchener Kommentar zum Aktiengesetz, Band 2, 4. Auflage 2014 (zitiert: *Bearbeiter*, in: MüKo zum AktG,)

Gosch, Dietmar (Hrsg.), Kommentar zum Körperschaftssteuergesetz, 3. Auflage 2015 (zitiert: *Bearbeiter*, in: Gosch, KStG,)

Grabitz, Eberhardt (Begründer)/*Hilf*, Meinard/*Nettesheim*, Martin (Hrsg.), Das Recht der europäischen Union, 61. Auflage 2017 (zitiert *Bearbeiter*, in: Grabitz/Hilf/Nettesheim,)

Gröpl, Christoph, Staatliches Haushaltsrecht, Bundeshaushaltsordnung/Landeshaushaltsordnung (BHO/LHO), Kommentar, 2011 (zitiert: *Bearbeiter*, in: Gröpl, Staatliches Haushaltsrecht,)

ders./Windthorst, Kay/*von Coelln*, Christian, Studienkommentar zum Grundgesetz, 3. Auflage 2017 (zitiert: *Bearbeiter*, in: Gröpl/Windthorst/von Coelln, GG,)

Grottel, Bernd/*Schmidt*, Stefan/*Schubert*, Wolfgang J./*Winkeljohann*, Norbert (Hrsg.), Beck´scher Bilanz-Kommentar – Handels- und Steuerbilanz, 11. Auflage 2018 (zitiert: *Bearbeiter*, in: Beck´scher Bilanz-Kommentar,)

Grunewald, Barbara (Hrsg.), Erman, Bürgerliches Gesetzbuch, 14. Auflage 2014 (zitiert: *Bearbeiter*, in: Erman, BGB,)

Günther, Philipp H./*Beyerlein*, Thorsten, Kommentar zum Designgesetz, 3. Auflage 2015 (zitiert: *Bearbeiter*, in: Günther/Beyerlein, DesignG,)

Häberle, Peter (Hrsg.)/*Erbs*, Georg (Begr.)/*Kohlhaas*, Max (vormals Hrsg.), Strafrechtliche Nebengesetze, Kommentar, Band 1, Stand: Oktober 2017 (zitiert: *Bearbeiter*, in: Erbs/Kohlhaas, Strafrechtliche Nebengesetze,)

Hailbronner, Kay/*Walter*, Hannfried/*Großkreutz*, Peter (Begründer)/*Geis*, Max-Emanuel (Hrsg.), Hochschulrecht in Bund und Ländern, Heidelberger Kommentar, Band 3, 50. Aktualisierung, Stand: März 2018 (zitiert: *Bearbeiter*, in: Geis (Hrsg.), Hochschulrecht in Bund und Ländern, MitbestG)

Hanau, Peter/*Ulmer*, Peter (Begründer)/*Habersack*, Mathias/*Henssler*, Martin (Bearbeiter), Kommentar zum Mitbestimmungsrecht, 4. Auflage 2018 (zitiert: *Bearbeiter*, in: Habersack/Henssler,)

Hasselblatt, Gordian N. (Hrsg.), Münchener Anwaltshandbuch Gewerblicher Rechtsschutz, 5. Auflage 2017 (zitiert: *Bearbeiter*, in: MAH Gewerblicher Rechtsschutz,)

Häublein, Martin/*Hoffmann-Theinert*, Roland, Beck´scher Online-Kommentar zum HGB, 20. Edition, Stand: 15.04.2018 (zitiert: *Bearbeiter*, in: BeckOK zum HGB,)

Heermann, Peter W./*Schlingloff*, Jochen (Hrsg.), Münchener Kommentar zum Lauterkeitsrecht, 2. Auflage 2014 (zitiert: *Bearbeiter*, in: MüKo zum Lauterkeitsrecht,)

Helios, Marcus/*Strieder*, Thomas (Hrsg.), Beck´sches Handbuch der Genossenschaft, 1. Auflage 2009 (zitiert: *Bearbeiter*, in: Beck´sches Handbuch der Genossenschaft,)

Hennrichs, Joachim/*Kleindiek*, Detlef/*Watrin*, Christoph (Hrsg.), Münchener Kommentar zum Bilanzrecht, Band 2, 1. Auflage 2013 (zitiert: Bearbeiter, in: MüKo zum Bilanzrecht,)

Henssler, Martin/*Strohn*, Lutz (Hrsg.), Gesellschaftsrecht, 3. Auflage 2016 (zitiert: *Bearbeiter*, in: Henssler/Strohn, Gesellschaftsrecht,)

Heuermann, Bernd/*Brandis*, Peter (Hrsg.), Kommentar zum EstG, KStG, GewStG, Band 1, Stand: August 2018 (143. EL) (zitiert: *Bearbeiter*, in: Blümich, EStG,)

Hillebrand, Klaus-Peter/*Keßler*, Jürgen (Hrsg.), Berliner Kommentar zum Genossenschaftsgesetz (GenG), 2. Auflage 2010 (zitiert: *Bearbeiter*, in: Berliner Kommentar, GenG,)

Hirte, Heribert/*Mülbert*, Peter/*Roth*, Markus (Hrsg.), Großkommentar zum AktG, 5. Auflage 2015, Band 4/1, §§ 76 – 91 (zitiert: *Bearbeiter*, in: Großkommentar zum AktG,)

Höfer, Reinhold/*Veit*, Annekatrin/*Verhuven*, Thomas, Betriebsrentenrecht (BetrAVG), Band II – Steuerrecht/Sozialabgaben – HGB/IRFS, Kommentar, 18. Auflage, Stand: Juli 2018 (zitiert: *Bearbeiter*, in: Höfer/Veit/Verhuven, Betriebsrentenrecht,)

Hölters, Wolfgang, Kommentar zum Aktiengesetz, 3. Auflage 2017 (zitiert: *Bearbeiter*, in: Hölters, AktG,)

Hömig, Dieter/*Wolff*, Amadeus (Hrsg.)/*Seifert*, Karl-Heinz/*Hömig*, Dieter (Begr.), Grundgesetz für die Bundesrepublik Deutschland, Handkommentar, 12. Auflage 2018 (zitiert: *Bearbeiter*, in: Hömig/Wolff, GG,)

Hüffer, Uwe (Begründer)/*Koch*, Jens (Bearbeiter), Kommentar zum Aktiengesetz, 13. Auflage 2018 (zitiert: *Bearbeiter*, in: Hüffer/Koch, AktG,)

Jarass, Hans D./*Pieroth*, Bodo, Kommentar zum Grundgesetz, 14. Auflage 2016 (zitiert: *Bearbeiter*, in: Jarass/Pieroth, GG,)

Jauernig, Othmar (Begr.)/*Stürner*, Rolf (Hrsg.), Kommentar zum Bürgerlichen Gesetzbuch, 16. Auflage 2015 (zitiert: *Bearbeiter*, in: Jauernig, BGB,)

Joecks, Wolfgang/*Miebach*, Klaus (Hrsg.), Münchener Kommentar zum StGB, 2. Auflage 2015 (zitiert: *Bearbeiter*, in: MüKo zum StGB,)

Klein, Franz/*Orlopp*, Gerd (Begründer), Abgabenordnung, 13. Auflage. 2016 (zitiert *Bearbeiter*, in: Klein, AO,)

Koenig, Ulrich (Hrsg.), Abgabenordnung, 3. Auflage 2014 (zitiert *Bearbeiter*, in: Koenig AO,)

Köhler, Helmut/*Bornkamm*, Joachim/*Feddersen*, Jörn (Hrsg.), Gesetz gegen den unlauteren Wettbewerb, 36. Auflage 2018 (zitiert: *Bearbeiter*, in: Köhler/Bornkamm, UWG,)

Koller, Ingo/*Kindler*, Peter/*Roth*, Wulf-Henning/*Morck*, Winfried, Kommentar zum Handelsgesetzbuch, 8. Auflage 2015 (zitiert: *Bearbeiter*, in: Koller/Kindler/Roth/Morck, HGB,)

Loewenheim, Ulrich/*Leistner*, Matthias/*Ohly*, Ansgar/(bis zur dritten Auflage) *Schricker*, Gerhard (Hrsg.), Kommentar zum Urheberrecht, 5. Auflage 2018 (zitiert: *Bearbeiter*, in: Schricker/Loewenheim, UrhG,)

Maunz, Theodor/*Dürig*, Günter (Begründer), Grundgesetz, 84. EL, August 2018 (zitiert *Bearbeiter*, in: Maunz/Dürig, GG,)

Meilicke, Wienand/*Graf v. Westphalen*, Friedrich/*Hoffmann*, Jürgen/*Lenz*, Tobias/*Wolff*, Reinmar, Kommentar zum Partnerschaftsgesellschaftsgesetz, 3. Auflage 2015 (zitiert: *Bearbeiter*, in: Meilicke/v. Westphalen/Hoffmann/Lenz/Wolff, PartGG,)

Mes, Peter, Patentgesetz/Gebrauchsmustergesetz, 4. Auflage 2015 (zitiert: *Bearbeiter*, in: Mes, PatG/GebrMG,)

Michalski, Lutz/*Heidinger*, Andreas/*Leible*, Stefan/*Schmidt*, Jessica (Hrsg.), Kommentar zum Gesetz betreffend die Gesellschaften mit beschränkter Haftung (GmbH-Gesetz), 3. Auflage 2017 (zitiert: *Bearbeiter*, in: Michalski/Heidinger/Leible/J. Schmidt, GmbHG,)

Müller-Glöge, Rudi/*Preis*, Ulrich/*Schmidt*, Ingrid (Hrsg.)/*Dietrich*, Thomas/*Hanau*, Peter/*Schaub*, Günter (Begründer), Erfurter Kommentar zum Arbeitsrecht, 18. Auflage 2018 (zitiert *Bearbeiter*, in: Erfurter Kommentar zum Arbeitsrecht,)

Oetker, Hartmut (Hrsg.), Kommentar zum Handelsgesetzbuch (HGB), 4. Auflage 2015 (zitiert: *Bearbeiter*, in: Oetker, HGB,)

Ohly, Ansgar/*Sosnitza*, Olaf, Kommentar zum UWG, 7. Auflage 2016 (zitiert: *Bearbeiter*, in: Ohly/Sosnitza, UWG,)

Palandt, Otto (Begründer), Kommentar zum Bürgerlichen Gesetzbuch, 77. Auflage 2018 (zitiert: *Bearbeiter*, in: Palandt, BGB,)

Pöhlmann, Peter/*Fandrich*, Andreas/*Bloehs*, Joachim (Hrsg.), Genossenschaftsgesetz, 4. Auflage 2012 (zitiert: *Bearbeiter*, in: Pöhlmann/Fandrich/Bloehs, GenG,)

Richardi, Reinhard, Kommentar zum Betriebsverfassungsgesetz mit Wahlordnung, 16. Auflage 2018 (zitiert: *Bearbeiter*, in: Richardi, BetrVG,)

Rolfs, Christian/*Kreikebohm*, Ralf/*Giesen*, Richard/*Udsching*, Peter, Beck'scher Online-Kommentar zum Arbeitsrecht, 49. Edition, Stand 01.09.2018 (zitiert *Bearbeiter*, in: BeckOK zum Arbeitsrecht,)

Sachs, Michael (Hrsg.), Kommentar zum Grundgesetz, 8. Auflage 2018 (zitiert: *Bearbeiter*, in: Sachs, GG,)

Säcker, Franz Jürgen/*Rixecker*, Roland/*Oetker*, Hartmut/*Limperg*, Bettina, Münchener Kommentar zum Bürgerlichen Gesetzbuch, 7. Auflage 2016 (zitiert *Bearbeiter*, in: MüKo zum BGB,)

Schlegelberger, Franz/*Quassowski*, Gustav/*Geßler*, Ernst/*Hefermehl*, Wolfgang, Kommentar zum Gesetz über Aktiengesellschaften und Kommanditgesellschaften auf Aktien vom 30. Januar 1937, Band 1, §§ 1 – 124, 3. Auflage 1939 (zitiert: *Schlegelberger*/*Quassowski*, 3. Auflage 1939,)

Schmidt, Karsten (Hrsg.), Münchener Kommentar zum Handelsgesetzbuch, Band 2, §§ 105 – 160 HGB, 4. Auflage 2016 (zitiert: *Bearbeiter*, in: MüKo zum HGB,)

ders./*Lutter*, Marcus, Kommentar zum Aktiengesetz, 3. Auflage 2015 (zitiert: *Bearbeiter*, in: K. Schmidt/Lutter, AktG,)

Schmidt-Bleibtreu, Bruno/*Klein*, Franz (Begr.)/*Hofmann*, Hans/*Henneke*, Hans-Günter (Hrsg.), Kommentar zum Grundgesetz, 14. Auflage 2018 (zitiert: *Bearbeiter*, in: Schmidt-Bleibtreu/Hofmann/Henneke,)

Schüren, Peter/*Brors*, Christiane/*Hamann*, Wolfgang/*Riederer Freifrau von Paar*, Britta/*Stracke*, Martin, Kommentar zum Arbeitnehmerüberlassungsgesetz, 4. Auflage 2010 (zitiert: *Bearbeiter*, in: Schüren, AÜG,)

Schwab, Brent, Handkommentar zum Arbeitnehmererfindungsrecht, 4. Auflage 2017 (zitiert: *Bearbeiter*, in: Schwab, ArbNErfG,)

Soergel, Theodor (Begr.), Bürgerliches Gesetzbuch mit Einführungsgesetz und Nebengesetzen: BGB, Band 12, 13. Auflage 2005, Band 11/1, 13. Auflage 2011 (zitiert: *Bearbeiter*, in: Soergel, BGB,)

Spindler, Gerald/*Schuster*, Fabian, Recht der elektronischen Medien, Kommentar, 3. Auflage 2015 (zitiert: *Bearbeiter*, in: Spindler/Schuster, Recht der elektronischen Medien,)

ders./*Stilz*, Eberhard, Kommentar zum Aktiengesetz, Band 1, 3. Auflage 2015 (zitiert: *Bearbeiter*, in: Spindler/Stilz,)

Streinz, Rudolf, EUV/AEUV, Kommentar, 2. Auflage 2012 (zitiert: *Bearbeiter*, in: Streinz,)

Ulmer, Peter/*Habersack*, Mathias/*Löbbe*, Marc, Großkommentar zum GmbHG, Band 1, 2. Auflage 2013 (zitiert: *Bearbeiter*, in: Ulmer/Habersack/Löbbe, GmbHG,)

Urban-Crell, Sandra/*Germakowski*, Gudrun/*Bissels*, Alexander/*Hurst*, Adrian, Kommentar zum Arbeitnehmerüberlassungsgesetz, 3. Auflage 2017 (zitiert: *Bearbeiter*, in: Urban-Crell/Germakowski/Bissels/Hurst, AÜG,)

Volmer, Bernhard/*Gaul*, Dieter, Gesetz über Arbeitnehmererfindungen, 2. Auflage 1983 (zitiert: *Bearbeiter*, in: Volmer/Gaul, ArbNErfG,)

v. der Groeben, Hans (Begr.)/*Schwarze*, Jürgen/*Hatje*, Armin (Hrsg.), Europäisches Unionsrecht, 5. Auflage 2015 (zitiert *Bearbeiter*, in: von der Groeben/Schwarze/Hatje,)

v. Lewinski, Kai/*Burbat*, Daniela, Nomos-Kommentar zur Bundeshaushaltsordnung, 1. Auflage 2013 (zitiert: *v. Lewinski*/*Burbat*, in: Nomos Kommentar zur BHO,) *v. Mangoldt*, Hermann (Begr.)/*Klein*, Friedrich/*Starck*, Christian (fortgef.)/*Huber*, Peter/*Voßkuhle*, Andreas (Hrsg.), Kommentar zum Grundgesetz, Bd. 1, Präambel, Art. 1 – 19, 7. Auflage 2018 (zitiert: *Bearbeiter*, in: v. Mangoldt/Klein/Starck, GG,)

v. Münch, Ingo/*Kunig*, Philip, Kommentar zum Grundgesetz, Band 1: Präambel bis Art. 69, Band 2: Art. 70 bis Art. 146 und Gesamtregister, 6. Auflage 2012 (zitiert: *Bearbeiter*, in: v. Münch/Kunig, GG,)

v. Staudinger, Johannes (Begr.), Kommentar zum BGB, §§ 255 – 304, Neubearbeitung 2014 (zitiert: *Bearbeiter*, in: Staudiner, BGB,)

Wandtke, Artur-Axel/*Bullinger*, Winfried, Praxiskommentar zum Urheberrecht, 5. Auflage 2018 (zitiert: *Bearbeiter*, in: Wandte/Bullinger, UrhR,)

Werner, Olaf/*Saenger*, Ingo (Hrsg.), Die Stiftung, 1. Auflage 2008 (zitiert: *Bearbeiter*, in: Werner/Saenger (Hrsg.), Die Stiftung,)

Winheller, Stefan/*Geibel*, Stefan J./*Jachmann-Michel*, Monika (Hrsg.), Gesamtes Gemeinnützigkeitsrecht, 2016 (zitiert: *Bearbeiter*, in: Winheller/Geibel/Jachmann-Michel, Gesamtes Gemeinnützigkeitsrecht,)

Ziemons, Hildegard/*Jaeger*, Carsten, Beck´scher Onlinekommentar zum GmbHG, 35. Edition, Stand: 01.05.2018 (zitiert: *Bearbeiter*, in: BeckOK zum GmbHG,)

Zöllner, Wolfgang/*Noack*, Ulrich (Hrsg.), Kölner Kommentar zum Aktiengesetz, Band 3/1 Teil 7, 3. Auflage 2016 (zitiert: *Bearbeiter*, in: Kölner Kommentar zum AktG,)

Kolibri 360 GmbH
Ferdinand-Jühlke-Straße 7
99095 Erfurt, Deutschland
produktsicherheit@kolibri360.de

Druck:
CPI Druckdienstleistungen GmbH
im Auftrag der
Kolibri 360 GmbH
Ferdinand-Jühlke-Str. 7
99095 Erfurt